国家社会科学基金项目（09CXW017）成果
浙江省中青年学科带头人学术攀登项目（PD2013300）成果
浙江省一级重点学科（新闻传播学）建设成果

数字时代国民阅读行为嬗变研究

李新祥 著

中国社会科学出版社

图书在版编目(CIP)数据

数字时代国民阅读行为嬗变研究/李新祥著. —北京：中国社会科学出版社，2014.8
ISBN 978-7-5161-4440-4

Ⅰ.①数… Ⅱ.①李… Ⅲ.①阅读倾向—研究 Ⅳ.①G252

中国版本图书馆 CIP 数据核字（2014）第 134009 号

出 版 人	赵剑英	
选题编辑	田　文	
责任编辑	王　琪	
责任校对	石春梅	
责任印制	李　建	

出　　版	中国社会科学出版社	
社　　址	北京鼓楼西大街甲 158 号（邮编 100720）	
网　　址	http://www.csspw.cn	
	中文域名：中国社科网　　010-64070619	
发 行 部	010-84083685	
门 市 部	010-84029450	
经　　销	新华书店及其他书店	

印　　刷	北京市大兴区新魏印刷厂	
装　　订	廊坊市广增区广增装订厂	
版　　次	2014 年 8 月第 1 版	
印　　次	2014 年 8 月第 1 次印刷	

开　　本	710×1000　1/16	
印　　张	26.75	
插　　页	2	
字　　数	450 千字	
定　　价	69.00 元	

凡购买中国社会科学出版社图书，如有质量问题请与本社联系调换
电话：010-64009791

版权所有　侵权必究

目　录

序 …………………………………………………………（1）

第一章　引言 ……………………………………………（1）
 第一节　研究背景与意义 …………………………（1）
  一　研究背景 …………………………………………（1）
  二　研究意义 …………………………………………（2）
 第二节　国内外研究现状述评 ……………………（2）
  一　我国国民阅读行为研究的文献统计与方法选择 …（2）
  二　我国国民阅读行为研究成果述评 ………………（6）
  三　评析：我国国民阅读研究存在的问题 …………（30）
  四　国外对数字时代阅读行为问题的研究述评 ……（36）
 第三节　研究内容与方法 …………………………（46）
  一　研究目标：本研究要解决的问题 ………………（46）
  二　范畴界定 …………………………………………（47）
  三　数字时代我国国民阅读行为嬗变的可操作化描述 …（64）
  四　研究的基本框架 …………………………………（73）
  五　研究的理论工具与方法 …………………………（74）

第二章　已有调查结果的整合分析 ……………………（82）
 第一节　与本课题有关的调查 ……………………（82）
 第二节　我国阅读媒介发展状况 …………………（86）
  一　纸质阅读媒介发展情况 …………………………（86）
  二　数字阅读媒介发展情况 …………………………（88）

第三节 我国成年人阅读媒介接触情况 …………………… (90)
　一　我国成年人媒介接触状况 ………………………… (90)
　二　我国成年人媒介使用目的 ………………………… (92)
　三　我国成年人使用各种阅读载体的场所 …………… (94)
第四节 我国成年人图书阅读状况 ………………………… (94)
　一　我国成年人图书阅读状况及变化 ………………… (94)
　二　我国成年人读书目的及不读书的原因 …………… (96)
　三　我国成年人的图书获取途径与家庭藏书量 ……… (97)
　四　我国成年人最喜爱的图书与作者 ………………… (97)
第五节 我国国民报刊阅读状况 …………………………… (98)
　一　我国成年人报纸阅读率与阅读量 ………………… (98)
　二　我国成年人的期刊阅读状况 ……………………… (99)
第六节 我国成年人音像电子出版物阅读状况 …………… (100)
　一　我国音像电子出版物出版情况 …………………… (100)
　二　我国成年人音像电子出版物价格承受力 ………… (101)
第七节 我国成年人数字出版物阅读状况 ………………… (102)
　一　我国成年人数字出版物阅读总体情况 …………… (102)
　二　我国成年人电子书刊阅读状况 …………………… (104)
　三　我国成年人上网情况及网络阅读状况 …………… (105)
　四　我国成年人手机及移动阅读状况 ………………… (108)
第八节 启示 ………………………………………………… (112)

第三章 研究设计与研究过程 ……………………………… (114)
第一节 研究流程 …………………………………………… (114)
第二节 问卷调查 …………………………………………… (115)
　一　问卷设计 …………………………………………… (115)
　二　采样过程 …………………………………………… (116)
　三　调查实施 …………………………………………… (125)
　四　数据分析 …………………………………………… (126)
第三节 个人访谈 …………………………………………… (127)
　一　开展个人访谈的目的 ……………………………… (127)
　二　个人访谈问卷 ……………………………………… (127)

三　挑选被采访者的原则 …………………………………………… (128)
　　四　采访人 …………………………………………………………… (128)
　　五　采访情况 ………………………………………………………… (128)
第四节　专家访谈 ……………………………………………………… (129)
　　一　专家访谈的目的 ………………………………………………… (129)
　　二　专家访谈问卷 …………………………………………………… (129)
　　三　挑选被采访者的原则 …………………………………………… (130)
　　四　采访人 …………………………………………………………… (130)
　　五　采访情况 ………………………………………………………… (130)
　　六　采访内容的记录与分析 ………………………………………… (131)

第四章　数字时代我国国民阅读行为嬗变的表现 ………………… (132)
第一节　基于阅读主体维度的国民阅读行为嬗变表现 ……………… (132)
　　一　我国国民对阅读重要性的认知及嬗变 ………………………… (132)
　　二　我国国民对阅读前景的认知及嬗变 …………………………… (148)
　　三　我国国民阅读需求的嬗变 ……………………………………… (155)
　　四　我国国民的阅读素养认知及嬗变 ……………………………… (165)
　　五　我国国民的阅读效果认知及嬗变 ……………………………… (198)
　　六　我国国民对阅读习惯变化的认知及嬗变 ……………………… (205)
第二节　基于阅读媒介维度的国民阅读行为嬗变表现 ……………… (216)
　　一　我国国民的媒介使用率变化 …………………………………… (216)
　　二　我国国民的媒介使用频率嬗变 ………………………………… (245)
　　三　我国国民的媒介使用时长嬗变 ………………………………… (249)
　　四　我国国民的数字阅读付费行为及嬗变 ………………………… (257)
第三节　基于阅读内容维度的国民阅读行为嬗变表现 ……………… (264)
　　一　我国国民的阅读主题偏好及嬗变 ……………………………… (264)
　　二　我国国民的作品符号类型偏好及嬗变 ………………………… (266)
　　三　我国国民的作品长度类型偏好及嬗变 ………………………… (267)
　　四　我国国民对广告的接受度及嬗变 ……………………………… (268)
第四节　基于阅读方式维度的国民阅读行为嬗变表现 ……………… (274)
　　一　泛读与研读并存 ………………………………………………… (274)
　　二　职业/专业阅读 …………………………………………………… (276)

三　通过网络分享阅读心得 …………………………………（278）
　第五节　基于阅读环境维度的国民阅读行为嬗变表现 …………（280）
　　一　我国国民的阅读场所偏好及嬗变 ……………………（280）
　　二　我国国民对阅读环境的评价及嬗变 …………………（282）
　　三　我国国民对阅读对策的认知 …………………………（282）

第五章　数字时代我国国民阅读行为嬗变的原因 ……………（285）
　第一节　影响国民阅读行为的因素 ………………………………（285）
　第二节　阅读媒介的变化 …………………………………………（286）
　　一　数字化技术引发的阅读媒介变革 ……………………（286）
　　二　中国媒介发展的市场化与产业化 ……………………（290）
　第三节　阅读的社会环境因素 ……………………………………（292）
　　一　政治环境 ………………………………………………（292）
　　二　经济环境 ………………………………………………（294）
　　三　文化环境 ………………………………………………（296）
　第四节　阅读主体因素 ……………………………………………（299）
　　一　人口发展 ………………………………………………（299）
　　二　阅读需求 ………………………………………………（300）
　　三　生活形态 ………………………………………………（301）

第六章　数字时代我国国民阅读行为嬗变的影响 ……………（303）
　第一节　国民阅读行为嬗变影响分析的角度设置 ………………（303）
　第二节　阅读行为嬗变在国民个体层面的影响 …………………（304）
　　一　阅读行为嬗变对国民个体产生的积极影响 …………（304）
　　二　阅读行为嬗变对国民个体产生的消极影响 …………（308）
　第三节　阅读行为嬗变在社会整体层面的影响 …………………（315）
　　一　阅读行为嬗变在社会整体层面的积极影响 …………（315）
　　二　阅读行为嬗变在社会整体层面的消极影响 …………（319）

第七章　数字时代我国国民阅读行为嬗变的对策 ……………（324）
　第一节　国民个体与家庭组织的对策 ……………………………（324）
　　一　国民个体的对策 ………………………………………（324）

二　家庭组织的对策 …………………………………………（328）
第二节　政府组织的对策 ………………………………………（331）
　　一　国际社会与国外政府在促进国民阅读方面的部分举措 …（331）
　　二　我国政府组织应对国民阅读行为嬗变的对策建议 ………（335）
第三节　教育组织的对策 ………………………………………（342）
　　一　教育组织应对国民阅读行为嬗变的特殊作用 ……………（342）
　　二　基础教育组织的对策 ………………………………………（343）
　　三　高等教育组织的对策 ………………………………………（346）
第四节　媒介组织的对策 ………………………………………（348）
　　一　媒介组织向读者传播阅读产品的基本策略 ………………（348）
　　二　媒介组织向读者提供怎样的阅读产品 ……………………（355）
　　三　媒介组织通过什么渠道向读者提供阅读产品 ……………（365）
第五节　公共图书馆及其他社会组织的对策 …………………（370）
　　一　公共图书馆的对策 …………………………………………（370）
　　二　其他社会组织的对策 ………………………………………（372）

第八章　结语 …………………………………………………（374）
第一节　研究结论 ………………………………………………（374）
第二节　本研究的创新与不足 …………………………………（377）
第三节　后续研究的设想与建议 ………………………………（378）

参考文献 …………………………………………………………（380）

附录　调查问卷 …………………………………………………（407）

跋 …………………………………………………………………（415）

序

本书是国家社会科学基金项目"数字时代我国国民阅读行为嬗变及对策研究"（09CXW017）与浙江省中青年学科带头人学术攀登项目"我国成年国民阅读行为的数字化转型及对策研究"（PD2013300）的最终成果。

全书共分八章。前三章为研究的基础部分，后四章为研究的结论部分。第一章引言，全面梳理了国内外数字时代读者阅读行为研究文献，描述了研究现状，讨论了已有研究存在的问题，对抽象的、理论化的"国民阅读行为嬗变"进行可操作化描述，提炼出一个包括阅读主体、阅读媒介、阅读环境三个维度的指标体系。第二章整合分析了我国历年全国国民阅读及相关调查的数据。第三章研究设计与研究流程，主要内容是对这一指标体系设计问卷，并展开调查。

基于调查所得的4256个样本数据，展开量化研究，第四章描述我国国民阅读行为嬗变的具体表现。调查发现：（1）数字化时代作为阅读主体的读者，在数量上是不断扩大的，总体阅读率上升。但阅读主体的素质是参差不齐的，结构异常复杂。数字时代我国国民对阅读重要性进一步认可，对纸质阅读的前景不如网络出现前那么乐观，但依然有相当比重的读者对"数字阅读会取代纸质阅读"的观点不太认可。读者的阅读需求进一步多元化，知识需求依然是第一需求，但资讯需求提升明显。值得注意的是，思想需求和审美需求没有随着数字化进程减弱，反而有提升的趋势。读者的阅读耐心减弱是数字时代我国国民阅读行为嬗变表现出的一个重要特点，而阅读能力、阅读目的、阅读积极性、阅读范围、阅读量等指标总体上呈现出积极的变化。个人阅读总体满意度提升不明显，尤其是女性读者的阅读满意度比会上网前还有所降低。读者阅读习惯发生改变的比例较高，但认为"改变程度有限"的比"改变很大"的还是要多，而且读者比较认可自己的阅读习惯。(2)从阅读媒介维度看，数字阅读媒介兴起，书报刊等传统纸质媒介的阅读率提升乏力。但远未到唱衰纸本阅读的时刻，纸本阅读依旧有其魅力，将在很长时期内与数字阅读并存。数字阅读的付费意愿有所增强，但仍然维持在一个较低的水平。(3)阅读内容方面，功利阅读超越人文阅读，"浅阅读"、泛阅读的取向明显。流行阅读超越经典阅读，信息获取超越知识习得，新闻关注超越文学感受，娱乐追求超越理论探讨，但这并不表明经典、知识、文学、理论阅读的缺失。(4)阅读方式上，由过去单纯地读，变为现在的读、听、看三种方式并存。随着多种媒体的兴起，尤其是互联网的飞速发展，快速浏览和扫读超越慢速凝视和审读，选择性阅读超越接受性阅读，跳跃性阅读超越连续性阅读，"F"式阅读超越"Z"式阅读。在传统纸质文献上深度阅读的频率和时长均有下降的趋向，但研究性阅读并没有受到轻视。(5)阅读环境方面：第一，在途阅读兴起，传统的图书馆、书店作为阅读场所吸引力有所降低，去咖啡馆阅读的兴起说明读者对阅读环境的舒适度要求进一步提高；第二，读者对个人阅读环境改善的认可度高于对社会总体阅读环境改善的认可度，说明社会阅读环境尚有更大的提升空间；第三，读者认可社会各界为改善和促进国民阅读作出的积极努力，大多数读者个人也愿意为此付出努力。

结合个人访谈和专家访谈，质化方法与量化方法相结合，多学科交叉探寻国民阅读行为嬗变的原因和影响。第五章探讨国民阅读行为嬗变的原因。作者认为数字化技术引发的阅读媒介发生变化，是我国国民阅读行为嬗变的直接原因；现代市场化、产业化体制下发展的中国媒介的重合性和叠加性，是我国国民阅读行为嬗变的特殊原因；社会政治、经济、文化、教育体制的变化，是国民阅读行为嬗变的环境因素；作为阅读主体的读者，在信息素养、生活形态等方面发生的变化导致阅读需求的变化是国民阅读行为嬗变的基础原因。

第六章探讨国民阅读行为嬗变产生的影响。就个体读者而言，阅读行为嬗变的积极影响是阅读更自由便捷，相应的，读者的精神生活也获得更大的自由空间。消极影响可以概括为数字阅读硬件设备存在的缺陷形成不良影响、阅读耐心的减弱、思想深度的缺失等。就社会性影响而言，积极的方面表现为阅读行为的嬗变会推动政治民主、经济发展、文化繁荣和社会和谐的进程，消极的方面则表现为对政治权威的怀疑、对经济发展的迷茫、对文化发展的失望和对社会共同理想的消解。

面对数字时代我国国民阅读行为嬗变，第七章集中提出应对之策。（1）就国民个体而言，首先要树立能够适应数字时代发展的"大阅读观"，要有"阅读是一种权利""阅读并非万能"的意识；其次要提升阅读素养；最后要建构自己的意识框架。家庭组织可以在优化家庭阅读硬环境、塑造家庭阅读软环境两方面努力，特别注意要避免数字媒介成为孩子的"保姆"。（2）政府组织的对策包括：将促进国民阅读作为国家战略并切实加强制度建设，而加大对文化教育事业的投入是促进阅读的根本之策，加强阅读的权利意识，政府在主导文化发展的过程中要释放全社会的积极性，努力消除"阅读障碍"和"阅读歧视"，加强基层阅读服务组织建设，提高阅读推广活动的协同性和长效性，提升社会组织参与阅读推广的积极性等。（3）教育组织应该承担特殊重要的角色并发挥重要的功能。就基础教育组织而言，理念层面要明确"掌握知识和技能不是阅读教育的落脚点"，阅读教育的目标是培养具有独立精神、思想自由和敢于表达的公民。操作层面主要是建设专业的阅读指导教师队伍、推进分级阅读、迎接数字化等。高等教育组织应成为国民阅读的示范中心，要改善大学生的阅读结构，要发挥高校教师意见领袖的作用，大学生可成为推广国民阅读的志愿者，高校的阅读资源向社会开放，高校应为社会培养专业的阅读指导人才等。（4）媒介组织的对策：遵循扩大信息流量、追求阅读价值、追求易读指数、追求美学品格的原则，优化传播渠道，顺应媒介融合，生产与传播能满足和引导读者需求的阅读产品。（5）公共图书馆应充分利用其所拥有的公共阅读资源，提高阅读服务水平；顺应阅读媒介形态的变动潮流，开展新型阅读服务。其他社会组织也应该为促进国民阅读贡献自己的力量。社会各界应该通力合作，构建更个性化、更快捷、更有效、更准确的交流信息、知识、情感、思想的阅读生态。

第八章结论，对研究结论作了总结，概括了本研究的创新与不足，并对后续研究提出设想与建议。

总体而言，就数字时代我国国民阅读行为嬗变这一主题，本书的研究比较系统全面，既注重理论构建，又注重对策研究，具有较强的综合性、理论性、科学性、创新性与前瞻性。

第一章

引　言

第一节　研究背景与意义

一　研究背景

随着数字时代的到来，传统的图书、报纸、杂志等纸质出版产业出现了全球性的危机。欧美发达国家图书出版产业呈现低增长甚至负增长态势，日本的图书出版业也已连续多年不景气，甚至发出了"出版大崩溃"的悲观论调。我国图书出版业也出现所谓"滞涨现象"，品种上升明显但利润增长乏力。国内外的报刊产业纷纷转型，实体书店经营困难。

与此同时，网络与新媒体产业发展势头强劲，以计算机、互联网、通信、人工智能、多媒体信息处理、云计算、生命科学等为主体的数字信息技术延伸了人类的肢体，也拓展了人类的中枢神经系统，进而深刻影响着人类的学习、生活和思维。相应的，国民阅读方式日趋多样化，阅读行为发生前所未有的嬗变，并由此引发困惑、思考与讨论。

周蔚华先生认为："这种现象从本质上反映的不是阅读的危机，而是传统阅读和现代阅读方式的危机。"[①] 他认为，我们要正视国民阅读方式的嬗变趋势，客观分析这种嬗变给出版与社会带来的积极和消极影响，推动出版从传统出版向现代出版乃至后现代出版转型，并从社会各个层面做好应对。本书正是基于上述背景，力求对数字时代我国国民阅读行为嬗变

---

① 周蔚华：《后现代阅读方式的兴起与出版转型》，《中国人民大学学报》2007年第2期。

及对策开展系统、全面、科学的研究。

二　研究意义

在我国乃至全世界，数字时代国民阅读行为嬗变的系统研究起步不久。无论是在学理探讨和研究方法的理论创新方面，还是在数字化背景下开展国民阅读推广的政策制定和国民阅读引导的实践操作层面，都需要倾注更多的人力和物力。

深入研究我国国民在数字时代阅读行为的嬗变规律，有利于捕捉读者的显性阅读需求，并间接推断与发掘其隐性阅读需求，帮助阅读服务系统克服建设中的盲目性，增强阅读管理与服务的主动性与针对性，提高读者满意度，从而促进我国阅读服务系统的不断完善。

我们认为这项研究颇具探索意义，可以概括为实践和理论两个方面。

实践意义有三：第一，对传媒产业发展尤其是出版产业发展具有现实指导意义；第二，对制定实施关涉阅读问题的法律法规、政策措施具有参考价值；第三，对国民个体正确开展阅读活动具有指导价值。

理论意义有二：其一，能促进阅读学的研究，尤其是对构建具有中国特色的阅读社会学的研究体系具有理论指导意义；其二，有助于丰富出版学、传播学、图书馆学等相关学科的研究内容。

第二节　国内外研究现状述评

一　我国国民阅读行为研究的文献统计与方法选择

（一）文献计量统计

2013年3月10日20时通过中国知网（http：//www.cnki.net）检索，篇名中含"阅读"一词的文献高达120333篇，含"阅读"关键词的文献有40895篇。"国民阅读"主题文献有521篇，摘要中含有"国民阅读"的文献有375篇，题名中含有"国民阅读"的文献有204篇，含"国民阅读"关键词的论文文献25篇（见表1—1）。从文献计量学的角度分析，这些数据肯定存在统计误差，原因包括文献未能入库、重复入库、内容偏移等，不过还是可以从一个侧面反映出我国国民阅读这一领域研究成果的基本情形。

表1—1　　　题名中含"国民阅读"文献分组筛选情况①

发表年度	学科类别	来源数据库	文献出版来源	研究层次
2013（2）	出版（120）	中国学术期刊网络出版总库（119）	出版参考（21）	行业指导（54）
2012（32）	图书情报与数字图书馆（35）		中国新闻出版报（11）	基础研究（53）
2011（28）	新闻与传媒（11）	特色期刊（21）	中国图书商报（9）	职业指导（36）
2010（28）	成人教育与特殊教育（10）	中国优秀硕士学位论文全文数据库（1）	出版发行研究（8）	政策研究（9）
2009（21）	中国政治与国际政治（7）		光明日报（7）	基础教育与中等职业教育（10）
2008（21）	经济体制改革（5）		图书情报工作（6）	
2007（20）	文化（5）	中国重要会议论文全文数据库（5）	当代图书馆（4）	大众文化（8）
2006（23）	中国文学（3）		语文教学与研究（4）	政报、公报、公告、文告（4）
2005（9）	中国近现代史（2）			
2004（11）	社会学及统计学（2）	国际会议论文全文数据库（1）	中国文化报（4）	高级科普（1）
2003（1）	中等教育（2）		中国教育报（3）	
2002（7）	马克思主义（1）	中国重要报纸全文数据库（53）	中国当代文学研究会第十三届学术年会论文集（2）	
2000（3）	计算机软件及计算机应用（1）			
1999（1）	初等教育（1）	中国学术辑刊全文数据库（5）	中国出版（2）	
1998（1）	教育理论与教育管理（1）			
	心理学（1）			
	投资（1）			
	经济统计（1）			
	体育（1）			
	信息经济与邮政经济（1）			
	高等教育（1）			
	宏观经济管理与可持续发展（2）			
	文化经济（1）			
	经济统计（1）			
	工业经济（1）			
	企业经济（1）			
	市场研究与信息（1）			

① 本表数据由中国知网（www.cnki.net）中国学术文献网络出版总库自动生成的检索报告整理所得，括号内为文献篇数。

与"国民阅读"相近、相关的主题包括"全民阅读""大众阅读""公众阅读""社会阅读"等，表1—2反映的是这些相近、相关主题的文献检索情况。

表1—2 　　题名中含与"国民阅读"相近、相关主题的文献篇数

主题	全民阅读	社会阅读	阅读社会	公众阅读	大众阅读	文化阅读	阅读文化	阅读推广
篇数	749	338	351	56	175	304	219	515
主题	阅读调查	图书阅读	书籍阅读	杂志阅读	期刊阅读	报纸阅读	阅读力	阅读率
篇数	347	206	77	87	161	92	46	163
主题	网络阅读	电子阅读	手机阅读	数字阅读	女性阅读	男性阅读	家庭阅读	亲子阅读
篇数	539	524	316	441	131	41	91	190
主题	泛阅读	浅阅读	超阅读	少儿阅读	少年阅读	小学阅读	婴儿阅读	青年阅读
篇数	15	264	14	191	80	645	32	64
主题	幼儿阅读	中年阅读	大学生阅读	中学阅读	老年阅读	文学阅读	影视阅读	音像阅读
篇数	246	38	599	98	43	491	54	41
主题	干部阅读	农村阅读	农民工阅读	城市阅读	教师阅读	公务员阅读	阅读行为	阅读变迁
篇数	16	23	30	32	254	8	209	10
主题	阅读嬗变	阅读变化	农家书屋	阅读习惯	阅读心理	阅读疗法	阅读障碍	阅读活动
篇数	34	12	4255	1005	582	472	537	906

分析表1—1和表1—2，可以得出以下结论：

（1）研究人员对这一领域的重视程度有增强的趋势，因为研究成果数量总体上呈上升态势。

（2）研究成果的学科分布主要集中在出版、图书情报与数字图书馆学科。这一方面说明了关注国民阅读问题的学科主要集中于出版学等，另一方面反映了当前我国国民阅读研究主体的学科背景。此外，成人教育与特殊教育、中国政治与国际政治、新闻与传媒、文化等学科对国民阅读也有较高关注。

（3）研究成果的形式以期刊与报纸文献为主，不过通过学术期刊发表的研究论文偏少。文献出版来源以发布出版行业信息为主的报刊为主，这与研究层次集中于行业指导和职业指导相吻合，从某种意义上说研究深度有待进一步加强。

（4）相关研究成果不少，尤其是农家书屋、阅读活动、阅读推广、数字阅读、网络阅读、电子阅读、全民阅读、浅阅读、大众阅读、图书阅读、期刊阅读等主题。

（二）研究方法使用

问卷调查法是我国国民阅读研究使用较多的方法。为了解全国国民阅读倾向发展趋势与文化消费现状，中国新闻出版研究院（前身为中国出版科学研究所）从1999年开始进行连续性、大规模的全国国民阅读与购买倾向抽样调查，这是一项基础性国家工程，迄今已完成十次。此外，不同的研究主体针对不同的读者实施了许多目的不同、规模不等、内容有异的阅读状况调查。虽然其中有些调查不能算是科学理性的国民阅读研究，但调查结果无疑对我们全面认识国民阅读的状况有所帮助。

我们基于中国知网跨库检索，得出题名中含"阅读"和"调查"、关键词含"阅读"和"调查"的文献共有2004篇（参见表1—3）。

表1—3　　　　　阅读调查类文献分布

发表年度	学科类别	来源数据库	研究层次
2013（14）	中等教育（517）	中国学术期刊网络出版总库（1094）	基础研究（社科）（846）
2012（268）	外国语言文字（441）	特色期刊（381）	基础教育与中等职业教育（457）
2011（315）	图书情报与数字图书馆（362）	中国优秀硕士学位论文全文数据库（191）	职业指导（社科）（253）
2010（236）	出版（246）	中国重要会议论文全文数据库（26）	行业指导（203）
2009（179）	初等教育（145）	国际会议论文全文数据库（1）	高等教育（72）
2008（165）	高等教育（112）	中国重要报纸全文数据库（270）	政策研究（49）
2007（178）	中国语言文字（57）	中国学术辑刊全文数据库（41）	工程技术（自科）（42）
2006（142）	成人教育与特殊教育（45）		大众文化（31）
2005（107）	学前教育（31）		基础与应用基础研究（自科）（23）
2004（77）	职业教育（27）		文艺作品（9）
2003（59）	中国文学（25）		行业技术指导（自科）（5）
2002（36）	新闻与传媒（25）		大众科普（2）
2000（23）	教育理论与教育管理（20）		高级科普（社科）（1）
1999（17）	医学教育与医学边缘学科（20）		党的建设与党员教育（1）
1998（22）	政党及群众组织（14）		
1998（22）	心理学（11）		

续表

发表年度	学科类别	来源数据库	研究层次
1997（20）	中国共产党（10）		
1996（12）	中国政治与国际政治（9）		
1995（14）	社会学及统计学（8）		
1994（10）	文化（8）		
1993（7）	临床医学（7）		
1992（5）	市场研究与信息（5）		
1991（11）	行政学及国家行政管理（5）		
1990（10）	体育（5）		
1989（10）	信息经济与邮政经济（4）		
1988（8）	文化经济（4）		
1987（4）	数学（4）		
1986（2）	军事（4）		
1985（3）	工业经济（3）		
1984（6）	公安（3）		
1983（4）	企业经济（3）		
1982（1）	基础医学（2）		
1981（1）	计算机软件及计算机应用（2）		
1966（1）	眼科与耳鼻咽喉科（2）		
1964（1）	人才学与劳动科学（2）		
1962（1）	宏观经济管理与可持续发展（2）		
	服务业经济（2）		
	世界文学（1）		
	预防医学与卫生学（1）		
	金融（1）		

除了问卷调查法，关涉国民阅读问题的研究，文献分析法、经验总结法、个案研究法等方法也经常被用到。

二 我国国民阅读行为研究成果述评

（一）国民阅读的功能与价值研究

无论是对个人发展，还是对社会发展，阅读均具有重要功能和重大价值，这几乎是所有阅读研究的理论假设。因此，功能与价值研究构成国民阅读研究的重要内容。

1. 阅读对个人发展的功能和价值

古往今来，人们对阅读有助于个人发展似乎一直比较肯定。但阅读活动对于人生究竟能产生多大影响，人们应该如何正确看待阅读，仍然见仁见智。

就读书而言，人们认为读书是人生最重要的投资，读书可以使人更好地了解社会、融入社会和服务社会。中国诗人杜甫说："读书破万卷，下笔如有神。"2009年2月28日，温家宝与网友在线交流时说："我非常希望提倡全民读书。我愿意看到人们在坐地铁的时候能够手里拿上一本书，因为我一直认为，知识不仅给人力量，还给人安全，给人幸福。"[①] 曾祥芹认为阅读是一种能决定学业成功与否的智力技能，[②] 具有求知、开智、立德、审美、养身、教育、文化和生产价值。陈音研究了阅读爱好对人格的影响。[③] 甘其勋认为阅读孕育着创造。首先，阅读伴随创造主体成长。积累性阅读扎下创造根基、发展性阅读培养创造性思维、探究性阅读催生创造成果。其次，阅读贯穿创造活动始终。准备期要广博阅读，丰富积淀；酝酿期要定向阅读，发现问题；明朗期要批判阅读，提出新见；验证期要反思阅读，完善成果。再次，阅读孕育科学技术发明。科学理论建构源于创造性阅读，实验科学成果离不开阅读。[④] 谢鸣敏认为阅读在人的全面发展中有三方面的作用：一是阅读能使人不断增长知识，从而促进人的精神生活的全面发展；二是阅读过程是人充分发挥自主性的过程，符合人个性的自由发展；三是阅读能促进人的素质的全面发展。[⑤]

阅读并不是人类先天遗传的本能，而是通过后天的学习和实践习得的一种技能。彭妍认为，阅读比会话需要更高的能力和智力，同时，人们的知识结构和智力水平会随着阅读能力的提高而提高。她说："通过阅读，我们不仅获得了实实在在的知识，还学会了理智和深刻的思考。同时，我

---

① 江作苏：《有感于温总理倡导全民读书》，《新闻前哨》2009年第4期。
② 曾祥芹、韩雪屏：《阅读学原理》，大象出版社1992年版，第1页。
③ 陈音：《阅读爱好对人格影响的研究》，广州中医药大学，2006年版。
④ 甘其勋：《阅读孕育创造》，《图书与情报》2006年第1期。
⑤ 谢鸣敏：《简论阅读与人的全面发展》，《福建图书馆理论与实践》2006年第1期。

们的知识结构和智力水平的提高又会反过来促进阅读能力的提高。"①

对于不同类型的阅读对人的发展的作用,史庆华认为文学阅读具有思想政治教育功能,②孙延蘅认为网络阅读具有创新功能。③ 总体而言,国民可以通过阅读来实现自己的多重需求。阅读具有获取知识信息、开发智力潜能、培养远见卓识、陶冶高尚情操的积极作用。广泛阅读能有效激发创新意识。首先,广泛的阅读能不断促进知识的积累和技能的增长。其次,一个人的知识越丰富,对事物的观察就越敏锐、深刻,而在诸多能力中起决定作用的思维活动(智力结构的核心因素)就能在广阔的领域中进行。阅读者通过阅读可以达到个人娱乐、学习的目的,也可以满足工作和生活的需求,拓展个人的知识储备、丰富精神世界,还可以通过阅读参与社会活动。④

基于此,阅读被认为是影响一个人终身的一种能力。一个人的精神发育史就是阅读史。阅读也是人的一种权利。⑤ 杜金卿提出:"到目前为止,书籍仍是人类文明智慧最主要的承载者,阅读仍是人们获取真知灼见、培养独立思考能力和想象力、创造力以及修身养性的最有效途径。"⑥ 朱永新认为,个体的精神成长与后天的阅读息息相关。他说:"个体的精神发育历程是整个人类精神发育历程的缩影。每个个体在精神成长过程中,都要重复祖先经历的过程。这一重复,是通过阅读来实现的。"⑦

社会学研究表明,人的运用语言文字的能力是人的社会化的重要基础,阅读是个体社会化的有效方式,阅读也是学校教育的基本方式。由于一个人的经历总是有限的,不可能也不必事必躬亲才获得知识和技能,阅

---

① 彭妍:《从关联理论的角度探讨阅读本质》,《长沙铁道学院学报》(社会科学版)2006年第3期。
② 史庆华:《论文学阅读的思想政治教育功能》,《辽宁工程技术大学学报》(社会科学版)2005年第5期。
③ 孙延蘅:《网络阅读的创新功能》,《泰山学院学报》2005年第4期。
④ 罗阳佳:《阅读素养:孩子面向未来的基础能力》,http://paper.jyb.cn/zgjyb/html/2011-03/17/content_43647.htm。
⑤ 王余光:《总序:让阅读成为我们生活的一部分》,载陈幼华《畅销书风貌》,武汉大学出版社2007年版,第1页。
⑥ 杜金卿:《阅读:国民不可或缺的精神涵养——美国书展引发的思考》,《中国出版》2006年第11期。
⑦ 朱永新:《一个民族的精神境界取决于阅读水平》,http://paper.jyb.cn/zgjyb/html/2011-03/17/content_43647.htm。

读成为普遍有效地获取知识、习得间接经验的途径。[1] "在整个阅读活动中，阅读者都调动了自己所有的文化沉淀（包括知识结构、情感意识、道德观念等）来加深理解、补充或更换自己已有的认知系统。"[2]

近年来，有一种新的提法，即把人们的阅读能力和写作能力称为"第一文化"，把掌握电子计算机语言称为"第二文化"，而"第一文化"是获得"第二文化"的前提和基础。可见，阅读能力对每一个人来说都是必须具备的基本功。[3] 即使实体书店和纸质书完全消失，你总还得从网上买书、看电子书，流通渠道和载体的变化改变不了阅读的启蒙性质。[4] 在阅读社会，我们的内心世界是被漫长的阅读过程所塑造的。阅读是一种个人化的行为，它要求个人的独处状态，要求安静的环境与心态。"阅读使我们向我们自己的内心深处走去。"[5] 阅读是读者的个体行为，也是社会的集体行为。阅读行为具有实践性和社会性两重属性。读者个体阅读媒介这个载体，实际上是在与媒介的生产者进行信息、思想和情感的交流，是一种交际上的实践。通过阅读实践，读者个体的知识得到了丰富，思想会发生改变。从社会的角度来讲，阅读又是一项具有社会性的行为，它是以书面材料作为社会交际的中介而存在的社会现象。[6]

阅读作为信息摄取的主要方式和文化传承的在场行为，必然要在人类社会中养成和习得，其中识字教育是文化身份养成的关键。这无疑就为文化身份打上了社会分层和分级的烙印，这一烙印主要是由阅读体现出来的。阅读是身份的象征。阅读作为教育的一大功能，它将人分为不同的人群和阶层，并使其在社会地位、自身修养、家庭收入、从事职业等方面判然有别。[7]

2. 阅读于社会发展的功能与价值

近年来，强调读书、阅读的社会功能与价值的新观点、新论断不断出

---

[1] 黄晓新：《试论阅读与社会的联系》，《出版发行研究》1991年第2期。
[2] 黄晓新：《阅读的社会过程研究》，《出版发行研究》1989年第6期。
[3] 《解读高中生阅读心理现状》，http://news.xinmin.cn/rollnews/2012/12/21/17751151.html。
[4] 王国华：《文化，从阅读开始》，http://www.wenming.cn/wxys/shuhua/201112/t20111227_440965.shtml。
[5] 耿占春：《阅读的社会学》，http://acmilanzhu.blog.163.com/blog/static/10664356120074151110976/。
[6] 郭成等：《论语文阅读的内涵与理念》，《山东教育学院学报》2011年第1期。
[7] 石义彬等：《阅读方式变革与文化身份认同的两极互动》，《新闻与传播研究》2010年第4期。

现。朱永新说:"一个国家、一个民族的共同阅读决定了其精神力量,而精神的力量对于一个国家软实力与核心竞争力的培育,起着关键作用。"①邬书林指出,国民素质的高低在很大程度上可以通过国民阅读能力和阅读水平的高低反映出来。②李东东提出应该将全民阅读提升为民族文化复兴战略工程。她说:"一本好书可以影响人的一生,而国民的阅读水平,则直接关系着一个国家的命运和未来。"③许嘉璐提出:"中国要实现可持续发展,很重要的一点就是民族要创新,而不读书就学不到创新的观念和方法。"④

王余光认为,阅读有助于提高民族素质。⑤因为,人的心灵净化、人类的文化积累都离不开阅读,人类最伟大的智慧、最伟大的思想没有办法从父母那里通过基因遗传。没有阅读就没有个人心灵的成长,就没有人类的精神文明,因此,一个民族的精神境界很重要的是取决于这个民族的阅读水平。读书是提高国民素质、进而推动社会进步的有效工具,是一个社会文明发达程度的重要标志。郭文斌强调:"体育强健一个民族的体格,阅读强健一个民族的灵魂,建设社会主义文化强国需要从全民阅读开始,尤其需要从净化阅读环境开始。小而言之,阅读形成一个人的潜意识,大而言之,阅读形成一个民族的集体无意识。现代社会,有许多危机困扰着人们,食品危机、金融危机、道德危机等,在我看来,一切危机,追根溯源,都来源于阅读危机。因此,引导读者读善书,读绿色书,读安全书,就成了时代最迫切的主题。"⑥

聂震宁特别提出"国民阅读力"的概念,他指出国民阅读力"应当包括国民阅读率和国民阅读水平评价"⑦,"阅读是传承文明、更新知识、提高民族素质的基本途径。中国应该学习发达国家把推进国民阅读作为软实力建设的重要措施,通过国家行为加以推动。提升'国民阅读力',并

---

① 朱永新:《一个民族的精神境界取决于阅读水平》,http://cul.sohu.com/20120426/n341706743.shtml。
② 邬书林:《阅读是事关个人和社会的大事》,《刊授党校》2009年第7期。
③ 李东东:《将全民阅读提升为民族文化复兴战略工程》,《现代出版》2011年第3期。
④ 许嘉璐:《实话实说"全民阅读与社会进步"》,《中华读书报》2007年5月9日。
⑤ 王余光:《总序:让阅读成为我们生活的一部分》,载陈幼华《畅销书风貌》,武汉大学出版社2007年版,第2页。
⑥ 朱玲:《书博会首设阅读大使》,http://bjyouth.ynet.com/3.1/1112/03/6558977.html。
⑦ 聂震宁:《国民阅读状况的改善不能搞政绩工程》,《中国职工教育》2008年第4期。

将它作为评价我国文化建设成就的重要指标"。① 郝振省从阅读与出版业的关系入手研究了国民阅读的重要性,认为国与国之间的角逐和较量最终将取决于国民在多大程度上把阅读作为自己基本生活方式的一部分。②

曾祥芹从四个方面描述了阅读行为的社会效益,包括:阅读为社会心理提供了平衡杠杆;阅读为社会人才提供了备用资源,人们通过阅读提高自身的文化科学素质,社会通过阅读提高全民族的文化科学水平;阅读为社会生产力提供了潜在因素;阅读为社会精神文明提供了发展动力。③ 刘孝学认为阅读不仅具有完善读者自我的功能,而且具有巨大的社会价值,包括教育价值、文化价值、经济价值和政治价值。④ 黄晓新曾对阅读与社会之间的互动关系做过系统的研究与论述。⑤

黄曼华从社会动力学的角度考察,认为国民阅读是综合国力的重要标志和重要源泉。⑥ 读者通过"阅读"方式消费各种出版物,从中汲取了文化的、科技的、精神的营养,将其转化为自己的业务能力和综合素质,作用于工作对象,取得工作业绩。一个人通过这种"阅读"方式对书刊等出版物消费得越多,消费得越充分。一个国家以"阅读"方式消费出版物的人群规模越大,这个国家的综合国力可能越强。在知识经济时代尤其如此。余秋英认为营造"书香社会"是构建和谐社会的理想捷径,公众阅读率低迷对构建和谐社会的负面影响表现为:第一,直接影响民族整体素质的提高;第二,助长急功近利的社会倾向;第三,容易诱发社会不安定因素。⑦ 裴秀贤与王桂生认为消遣阅读是社会主义精神文明的一块重要思想文化阵地,人们的消遣阅读行为对于社会主义精神文明建设有着不可忽视的作用和影响。⑧ 刘承华特别强调原典阅读是培养原创力的重要途径。⑨ 他认为,创造力的方向必须符合人类文明发展的方向才可能有效地

---

① 聂震宁:《国民阅读力问题应引起关注》,《工人日报》2007年3月9日。
② 郝振省:《让阅读成为国民基本生活方式的一部分》,《出版参考》2003年第29期。
③ 曾祥芹:《阅读学原理》,大象出版社1992年版,第294页。
④ 刘孝学:《浅论阅读的社会价值》,《上饶师范学院学报》1999年第1期。
⑤ 黄晓新:《试论阅读与社会的联系》,《出版发行研究》1991年第2期。
⑥ 黄曼华:《浅谈构建理想阅读生态》,《福建省图书馆理论与实践》2007年第4期。
⑦ 余秋英:《公众阅读与和谐社会构建》,《江西图书馆学刊》2006年第3期。
⑧ 裴秀贤等:《论消遣阅读的社会意义》,《大学图书馆学报》1998年第2期。
⑨ 刘承华:《原典阅读:培养原创力的重要途径——从芝加哥大学"社会思想委员会"谈起》,《教育与现代化》1997年第2期。

得以实现，而人类文明的发展正是在无数原典的阐释和接续中进行的。只有在原典中才真实而深刻地体现了创造的过程，蕴涵着巨大的创造张力。原典中的创造是紧贴着生命感性，伴随着直接的生命冲动，因而其影响也强烈而深刻。

黄俊贵认为，阅读未必"决定人生"，但一个国家能否具有广泛的大众阅读，和乐于读书的社会风尚，决定着人们能否主动吸收各种文化营养，在潜移默化的滋养中，提升国民素质，营造文明氛围，促进社会发展进步。这些对于一个国家、民族的宏观而言，无疑是正确的。[①]

此外，还有不少文献从不同的层面论述了国民阅读的功能和意义。包括：王余光的《民族精神境界取决于阅读水平》（2009年3月18日《中华新闻报》），豆剑香的《略论网络时代"全民阅读"的价值和意义》（《农业图书情报学刊》2009年第2期），庄鹏的《读书活动对于建构阅读社会的意义》（《华中师范大学研究生学报》2009年第2期），崔波的《大学生阅读文化经典的意义与途径》（《天中学刊》2009年第2期），许嘉璐的《阅读对当今中国具有紧迫的现实意义》（《中国出版》2007年第5期），刘立祥的《国民阅读与青年成才问题研究》（《陕西青年管理干部学院学报》2007年第3期），谢鸣敏的《简论阅读与人的全面发展》（《福建图书馆理论与实践》2006年第1期），甘其勋的《阅读孕育创造》（《图书与情报》2006年第1期），张琼芬、孙绍华的《阅读是一个社会最重要的精神文化活动》（《玉溪师范学院学报》2001年第6期），陈春丽的《最是书香能致远——谈阅读对青少年人格塑造的影响》（《今日科苑》2007年第14期），徐光春的《最是书香能致远》（2007年4月25日《中华读书报》）等。

综上所述，国内外学者对国民阅读与社会发展之间存在互动关系都是肯定的。有的还上升到非常高的高度。不管怎么说，人类社会的发展本身就是包含着人类阅读行为的发展。反之，人类阅读行为的发展对社会发展也会形成影响。

（二）国民阅读基本状况与嬗变表现研究

始于1999年的十次全国国民阅读与购买倾向抽样调查调查，从宏观

---

① 黄俊贵：《关于社会阅读的思考》，《图书·情报·知识》2010年第6期。

上历时性地揭示了数字时代我国国民阅读的现状及发展变化。此外,其他一些调查结果也叙述了我国国民阅读的状况及变化情况。北京开卷信息技术有限公司所作的"开卷六城市读者调查"表明,阅读图书确实已经成为人们生活和工作中不可或缺的重要部分。全民阅读活动组织协调办公室于2008年对全国各省市自治区进行过一次读书活动调查,认为读书活动的形式内容有所创新。①

  针对数字媒体技术发展给予国民阅读行为的影响日益显现,研究人员对此开展了大量调查和研究。邓香莲等基于上海市民阅读现状展开新媒体环境下阅读引导与读者服务的协同推进研究,涉及国民对阅读重要性和阅读目的的认知、现代家庭的阅读消费、国民传统阅读时间的变化、国民的首选阅读方式、国民阅读的特点等方面。②时少华、何明生的《网络阅读一般模式的构建》,在韦斯特利—麦克莱恩阅读模式的基础上,经过信息需要、信息搜索、信息使用三个方面的改进,构建出了网络阅读的一般模式,较有创新性。③黄晓斌对于数字化时代大学生不同的阅读方式之间所用时间的关系进行研究后认为,浏览、选择性、非线性的阅读方式所花的时间比例大幅度上升,而在传统纸质文献上应用广泛的深度阅读所花的时间比例则有明显下降。④江苏出版传媒集团董事长陈海燕、安徽新华发行(集团)控股有限公司总经理曹杰、京东商城CEO刘强东、南京大学研究生院常务副院长许钧教授就阅读方式的改变以及数字出版的发展等问题进行了交流探讨。⑤

  吴赟、杨锋概括了新媒体环境下中国国民阅读发展变化的四个特征:

---

  ① 全民阅读活动组织协调办公室:《推动阅读成为时尚——关于全国读书活动的调查报告》,《中国新闻出版报》2008年4月23日第4版。

  ② 可参阅:邓香莲等《解析新媒体环境下国民对阅读重要性和阅读目的的认知》(《科技与出版》2012年第1期);邓香莲、张卫《解析新媒体环境下国民传统阅读时间的变化》(《科技与出版》2012年第2期);邓香莲等《解析新媒体环境下现代家庭的阅读消费》(《科技与出版》2012年第3期);邓香莲等《解析新媒体环境下国民的首选阅读方式》(《科技与出版》2012年第4期)等。

  ③ 时少华、何明生:《网络阅读一般模式的构建》,《哈尔滨工业大学学报》(社会科学版)2003年第12期。

  ④ 黄晓斌、林晓燕、刘子明:《数字媒体对大学生阅读行为影响的调查分析》,《图书情报工作》2008年第2期。

  ⑤ 朱烨洋:《业界畅谈阅读的改变》,《中国出版》2012年第6A期。

第一，新媒体的开放性和包容性导致读者阅读身份发生变化，即读者有机会成为内容的创造者和传播者，阅读反馈更为便捷；第二，新媒体的个性化和移动化导致读者阅读习惯和阅读时空的分化；第三，新媒体的超时空性和超媒体性导致读者阅读兴趣和阅读方式的变化；第四，新媒体的交互性和消费性导致读者阅读能力和阅读效率的变化。①

来晓航、夏晓玲、陈葵珍等学者也研究了我国国民网络阅读的状况。这类文献包括：来晓杭、夏晓玲的《弘扬纸本阅读精神，走向读网时代——浅议读书时代与读网时代》（《高校图书馆工作》2009 第 3 期），来晓杭的《网络阅读与传统阅读浅说》（《中小学图书情报世界》2008 年第 8 期），陈葵珍的《试析现代阅读新趋势及对策》（《农业图书情报学刊》2008 年第 7 期），张钦恩的《阅读三境界：纸读、网读与馆读》（《图书馆论坛》2008 年第 12 期），薛梅的《浅谈纸本阅读与网络阅读的开展》（《内蒙古科技与经济》2007 年第 20 期），曾克宇的《网络时代的大众阅读——"网络阅读"研究综述》（《高校图书馆工作》2007 年第 2 期），张红燕的《网络阅读中存在的问题及对策》（《中国现代教育装备》2007 年第 1 期），曹琳的《网络阅读浅析》（《内蒙古图书馆工作》2007 年第 2 期），袁静的《网络阅读与传统图书阅读的区别》（《西昌学院学报》2007 年第 2 期），贺子岳的《论网络阅读模式的构建》（《武汉大学学报》2006 年第 3 期），赵燕的《网络时代大众阅读方式的选择》（《图书馆学刊》2006 年第 4 期），金嘉毓的《网络阅读与纸质阅读的行为分析》（《图书馆论坛》2006 年第 5 期），尚飞的《读书、读网都是读》（《编辑学刊》2005 年第 2 期），傅敏和许欢的《不再沉默的大多数——从 blog 阅读看网络阅读的发展》（《图书情报知识》2005 年第 4 期），王素芳的《网络阅读的发展现状和前景探析》（《图书与情报》2004 年第 3 期），裘伟廷的《网络学习的基本功——超文本阅读》（《江苏广播电视大学学报》2002 年第 3 期）等。

乔菊英、李海燕等从中外对比的角度讨论了我国当下国民阅读的状况和特征。可参见：李海燕的《当前我国与欧美主要国家国民阅读现状之比较研究》（《山东图书馆学刊》2009 年第 5 期）；乔菊英、蔡兴彤的

---

① 吴赟等：《新媒体环境下中国国民阅读行为嬗变的特征及其问题反思》，《出版广角》2012 年第 12 期。

《当前亚洲主要国家的国民阅读状况之比较研究——以日本、新加坡、中国为例》（《图书情报工作》2009年第13期）；蔡兴彤、李蕊平的《当前我国与欧洲主要国家国民阅读状况之比较研究——以中国、德国、俄罗斯为例》（《图书情报工作》2009年第13期）等。

有些学者提出数字化时代所特有的阅读倾向包括浅阅读、泛阅读、超阅读、读图等，并进行了研究分析。陈晓阳对后图书时代及其文化特征作了解读。他认为德里达"书的解构"论断并不意味着图书真正地被解构和消灭，而是图书的后现代转型的理论基础。在经历了前图书时代、古典图书时代和现代图书时代之后，后图书时代正在到来。在后图书时代，书的存在形式日趋多样化，图书内容被"误读"、戏仿和颠覆，功能呈现出"超阅读"的多元化趋势，阅读方式也表现为"误读"、浅阅读、碎片阅读、互动阅读、视觉阅读等多种样态。[①] 三石认同浅阅读"符合大众流行文化和销售文化的特点，是一种快餐文化"；蓝亭认为浅阅读是一种浅层次的、简单轻松的、以获取信息为主的阅读形式。[②] 相关文献有：三石的《"浅阅读"迅速上升当需引导》（2008年7月25日《中国新闻出版报》第4版），秦晓鹰的《"浅阅读"和"浅决策"》（《中国经济周刊》2008年第13期），刘世芮、刘妍的《关于消费时代阅读状况的反思》（《社科纵横》2006年第5期），郝振省的《"不阅读"·"浅阅读"·"功利性阅读"——关于阅读问题的再议论》（《出版参考》2003年第22期）等。

叶诗茹以解构主义的眼光来思考超阅读真正的价值。她认为，超阅读通过网络链接将众多超文本碎片整合成整体；通过超文本，读者看的不仅是各个简单的事例碎片，还包括了与之相关的各种社会的、历史的、哲学的、文学的思考，从而引发了读者作出自己的再阐释。[③] 相关文献还有：任福兵的《微时代浅阅读对网络信息危机生成的影响机制》（《情报理论与实践》2013年第4期），董二林的《移动阅读如何走出"浅阅读"困境》（《中国出版》2013年第2期），杜恩龙的《数字阅读不等于浅阅读》

---

① 陈晓阳：《后图书时代及其文化特征的解读》，《出版发行研究》2011年第6期。
② 蓝亭：《浅阅读与深阅读：读还是不读》，《图书馆建设》2008年第4期。
③ 叶诗茹：《超阅读：碎片背后的整体——以解构主义的眼光来思考超阅读真正的价值所在》，《浙江工商职业技术学院学报》2002年第2期。

(《出版参考》2013年第3期），刘晗的《超阅读：理念及其悖论》（《吉首大学学报》2002年第1期），黄鸣奋的《超阅读：数码时代的文本变革》（《厦门大学学报》2001第1期）等。

阎海东认为，近三十年来，我国社会阅读发生了一种转型，那就是：阅读内容从崇尚经典的传统阅读转向大众俗文化阅读，阅读形式从经典的书籍阅读转向视觉媒体、网络等多元的"泛阅读"[①]。葛连升、张春晓认为，随着因互联的迅速发展和普及，"图"的形式、"读"的方式、传者与受者间的关系、"图"的生产与销售都有了新的内涵与定义，由此带来了媒介整合的全新契机和媒介功能的全新定义，形成了对读图时代的消解和颠覆，从而产生了一种新的"图"传播状态——后读图时代。[②] 李培林界定读图时代是"现代社会高速发展，科学不断进步，传播环境较为完善的背景下，使用图片在信息传播中实现的量的提高与质的飞跃，与文字共同促进信息传播优化的一种状态"[③]。相关文献还有：王春梅的《读书时代大学生的浅阅读倾向剖析》（《农业图书情报学刊》2013年第5期），周世辟的《读图时代的到来和现代阅读的兴起》（《广东技术师范学院学报》2007年第11期），唐红的《图像时代背景下对学生阅读方式的反思》（《宁波教育学院学报》2008年第5期）等。

吴琼基于iResearch、Alexa、Google Ad Planner等国内外知名网站流量统计工具，针对网络小说网站的流量、点击量及用户使用情况进行查询分析发现，排名前五位的文学网站分别为起点中文网、快眼看书、晋江原创网、搜读网及纵横中文网。卓越网、当当网两个国内知名图书销售网站的小说销售排行榜显示，网络小说在实际销售中所占的比例较高，发展潜力巨大，其中悬疑探险类、言情类小说是现今网络读者喜爱的类型，有很大的市场需求。[④]

王钱国忠、赵林等学者则集中讨论了我国国民阅读存在的不良状况。王钱国忠提出，国民在阅读的内容、趣味、方式、载体等方面也随之发生新变化，概括而言，呈现了"三化"（"网络化""通俗化""图片化"）

[①] 阎海东：《从经典阅读到泛阅读30年》，《中国图书商报》2008年4月22日。
[②] 葛连升、张春晓：《论后读图时代》，《山东大学学报》（哲学社会科学版）2009年第4期。
[③] 李培林：《读图时代的媒体与受众》，新华出版社2005年版，第61页。
[④] 吴琼：《网络小说及其读者关注度分析》，《图书馆建设》2012年第3期。

及 "二性"（"娱乐性""刺激性"）的特点。① 赵林总结了国民在阅读方面存在四个误区，② 包括过分沉溺于感性化和平面化的知识获取方式、过分流连于细枝末节、过分地沉迷于对中国传统文化的品玩之中、功利主义的价值取向等。慕毅飞提出国民阅读有三大尴尬，③ 即最该读书的时候没人读书、最该读书的人不读书、最该读的书没人读。

（三）国民阅读存在的问题与国民阅读行为嬗变的原因分析

1. 探究国民图书阅读率不高的缘由

针对图书阅读率下降，学者总结出的原因很多，包括：电视、互联网等多元媒介的冲击，生活节奏加快和生存压力增加导致没有时间阅读或者阅读时间减少，公共图书馆网点尚未普及，缺乏精品图书影响阅读兴趣，没有良好的阅读习惯，没有阅读条件或目标等。这方面的研究文献主要包括：冯瑜的《国民阅读率下降的原因及建议》（《图书馆学刊》2010年第4期），刘其云、张雪的《国民阅读率持续走低的原因及对策》（《廊坊师范学院学报》2009年第4期），邢军的《社会阅读率低的成因与图书馆的对策》（《图书馆工作与研究》2008年第7期），付晓丽的《公众阅读现状与对策》（《当代图书馆》2008年第4期），鲍咏梅的《谈谈阅读率走低及文化逆差对图书质量的挑战》（《中国出版》2007年第1期），乔菊英的《我国国民阅读危机的成因及对策分析》（《现代情报》2007年第1期），王冬冬的《纸质媒介：如何应对国民阅读危机》（《传媒观察》2006年第11期），汪修荣的《阅读率下降的三大因素》（《编辑学刊》2005年第2期），姚萍的《国民阅读率下降之我见》（《出版发行研究》2005年第5期），宋玲的《图书馆提高国民阅读率的对策》（《新世纪图书馆》2005年第4期），余秋英、陈明善的《公众阅读率低迷的原因及其对策建议》（《河南图书馆学刊》2005年第5期）等。

周慧虹、杨军等学者从其他方面寻找原因。比如，周慧虹认为造成国

---

① 王钱国忠：《文化传媒机构在国民阅读中的社会责任》，《图书馆研究与工作》2009年第1期。

② 赵林：《关于我的两部演讲集——兼论当今国民阅读的误区》，《中国图书评论》2007年第4期。

③ 慕毅飞：《国民阅读三大尴尬》，《语文新圃》2006年第10期。

民阅读率不高的原因是书价太高、"阅读力"不强、读书活动不均衡。①

2. 讨论国民阅读行为嬗变的成因

许多文献不约而同地指出，数字化技术引发的阅读媒介发生变化，是阅读行为嬗变的直接和根本原因。杨军认为人类的阅读行为依存于承载信息符号的媒介形态，媒介形态是阅读行为得以存在的基础，媒介形态的变迁引起阅读行为的嬗变。② 杨帆认为网络文本是一种超文本，"人们从一个节点跳到另一个节点，这种非线性的阅读方式直接导致人们阅读方法、阅读习惯、阅读心理甚至思维方式发生改变"③。陈七妹认为网络媒介集文字、声音、图像等多种传播符号为一体，"重新调整了传统纸质媒介强调线性视觉而导致人们感官投入的分配比例，使传统的读写方式发生了改变，从而引起包括认知习惯、思维模式在内的许多变化"④。持有类似观点的还有杨飞飞、王余光等。⑤

南长森等学者从传播学角度总结了跨媒体传播和受众阅读方式变革的互动规律。⑥ 胡悦晗等从社会变迁的视角探讨了国民阅读行为发生变化的原因：知识结构需求是国民阅读增长的原动力；出版业面向市场导致国民阅读内容的大众化、娱乐化、通俗化趋势；图书发行体制及方式的变化导致国民阅读方式的多样化；新型大众传媒塑造的阅读品味促进国民阅读的趣味导向。⑦ 黄俊贵认为阅读的社会大环境的变化、文献出版等社会信息量度的变化对读者阅读习惯有一定影响。⑧ 此外，徐剑凌探讨了大学生阅读兴趣的变化，既与大学生的成才心理、职业心理、猎奇心理和从众心

---

① 周慧虹：《"点"击国民阅读》，《山西老年》2008年第6期。
② 杨军：《媒介形态变迁与阅读行为的嬗变——以印刷媒介与网络媒介为例的考察》，《图书馆工作与研究》2006年第3期。
③ 杨帆：《阅读的革命》，《图书与情报》2003年第1期。
④ 陈七妹：《从媒介分析角度看网络对传统阅读方式的影响》，《新闻界》2004年第6期。
⑤ 可参阅：王余光、汪琴《世纪之交读者阅读习惯的变化》，《图书情报知》2005年第4期；杨飞飞《数字时代的读者阅读研究》，《第六届中国社区和乡镇图书馆发展战略研讨会2007》等。
⑥ 南长森、朱尉：《跨媒体传播与国民阅读方式变革对文化消费的启示》，《图书馆论坛》2010年第6期。
⑦ 胡悦晗、万华：《社会变迁下的当代国民阅读与国民素质》，《图书情报工作》2009年第13期。
⑧ 黄俊贵：《提升阅读理论构建阅读社会》，《图书馆论坛》2005年第6期。

理、娱乐心理有关，又与人类知识的不断更新和快速发展等社会因素有关。[1] 高爱民探讨了高职生文学经典阅读兴趣低迷的原因。[2]

(四) 国民阅读行为嬗变的影响研究

对国民阅读行为嬗变会产生怎样的影响，也是研究人员关注的问题。

1. 认为数字化阅读的负面影响效应明显

崔磊提出数字出版环境中的受众阅读习惯呈现出内容的娱乐化、形式的新体验、场所的形态变革等特征，新阅读方式中的社会群体趋向多样化，但这种阅读变化是否符合人类理性阅读的趋势值得思考。[3] 赵维森认为视觉媒体技术的发展对传统阅读行为会产生重大影响，它使现代文化大众的阅读对象、阅读方式、阅读性质、阅读质量发生根本性的逆转，包括读者注意力的转移、阅读行为由直接阅读转变为间接阅读、阅读的自主自由性变成了被动受控性、对作品意义的创造性阐释变为对作品意义的简单复制等。[4] 杨敏分析指出，随着网络技术的迅猛发展，大学生获取信息、进行交流的方式发生了很大的改变，大学生不再局限于花大量的时间去专心阅读厚重的传统纸质图书，更愿意使用电子化载体阅读。[5] 李新娥指出了一些传统阅读载体和网络阅读载体对于少年儿童阅读的冲击。[6] 贺子岳指出网络阅读过程中读者需要耗费更多的时间才能进入与学习相关的阅读阶段。[7]

随着数字时代的到来，大量不良信息随着信息的膨胀同时出现，这给读者阅读造成了负面影响。谢晓波认为，网上信息发布具有很大的随意性和自由度，缺乏筛选和把关机制，信息质量良莠不齐。[8] 陈鹏飞指出，充斥网络的随意用语成为少儿阅读的内容，对少儿的正常受教育过程也会产

---

[1] 徐剑凌：《大学生阅读兴趣变化原因初探》，《攀枝花大学学报》1997 年第 1 期。
[2] 高爱民：《文学经典阅读兴趣低迷的原因探析》，《职业教育研究》2009 年第 3 期。
[3] 崔磊：《数字出版环境中的受众阅读及其反思》，《编辑之友》2012 年第 4 期。
[4] 赵维森：《远离图像，亲近文字——关于文化工业时代阅读的社会学意义的思考》，《阅读与写作》2000 年第 8 期。
[5] 杨敏：《大学生网络阅读中存在的问题与对策探析》，《新西部》2008 年第 9 期。
[6] 李新娥：《大众传媒对少年儿童阅读的影响及对策》，《江西图书馆学刊》2007 年第 3 期。
[7] 贺子岳：《论网络阅读模式的构建》，《武汉大学学报》（人文科学版）2006 年第 3 期。
[8] 谢晓波：《青少年网络阅读导读及其策略》，《图书馆工作与研究》2008 年第 9 期。

生负面影响。[1] 张岚等人认为当读者阅读传统文本时会进入一个既有的文化传统中展开思考,而网络无法做到这一点。[2] 张智君从认知心理学的角度研究了网络阅读的负面效应。[3] 持相似观点的学者还有梁涛、张宁等。[4]

对于浅阅读持否定态度的学者认为,"浅阅读"可能加剧阅读功利化倾向,造成国民文化素质下降、思维能力弱化等,还可能影响民族素质,降低民族创新能力,尤其可能对青少年价值观养成、人格成长等产生不利影响。刘昕亭认为,"浅阅读"时代的真正可怕之处,是我们日益接受乃至默认眼下现实的犬儒态度,拒绝去思考乃至实现一个更好明天的立场。[5] 相关文献还可参见李劲的《论浅阅读时代图书馆对大众阅读的深度引导》(《图书馆学研究》2008年第4期),罗志尧、周群芳的《高校图书馆应担负引导大学生"深阅读"的职责》(《浙江工业大学学报》2008年第1期),杨红的《"浅阅读"时代图书馆的应对策略》(《图书馆》2008年第2期)等。

2. 主张数字化阅读具有积极影响

赵哲认为阅读正处于革命之中,"阅读革命"将带来阅读的普及时代,意味着摆脱浅俗走向完善的理想追求,意味着图书馆人肩负使命任重道远,意味着超越阅读自身的文化大发展。[6] 韩立红认为阅读革命的积极意义表现为阅读功能的进一步拓展,阅读逐渐成为一种交流方式、交往方式、工作方式、休闲方式、生活方式,甚至成为一种新的生存方式,阅读革命对人们的价值观念和传统知识生产部门产生前所未有的冲击。[7] 传播和阅读体验条件的发展变化,正在和必将从根本上改变我们的出版传播方式和阅读学习方式,这是一场历史性的深刻变革。沈水荣认为阅读新变革的表现就是知识点阅读、融合式阅读、互动式阅读和无缝隙阅读四种阅读方式的兴起。[8] 所谓知识点阅读,就是从"一本一篇"的阅读发展到对按

---

[1] 陈鹏飞:《少年儿童网络阅读现象及对策》,《大众文艺》2008年第10期。
[2] 张岚等:《大学生经典名著阅读与网络阅读透视》,《图书馆论坛》2008年第2期。
[3] 张智君:《超文本阅读中的迷路问题及其心理学研究》《心理学动态》2001年第2期。
[4] 可参阅:梁涛《青少年网络阅读的负效应及对策》,《中国青年研究》2007年第6期;张宁《网上阅读挑战传统》,《安徽农业技术师范学院学报》2000年第4期等。
[5] 刘昕亭:《浅阅读:书展时代的读书生活》,《中国图书评论》2011年第12期。
[6] 赵哲:《对国民阅读问题的时代性思考》,《理论学刊》2011年第8期。
[7] 韩立红:《阅读革命带来的利好与冲击》,《领导之友》2011年第4期。
[8] 沈水荣:《新媒体新技术下的阅读新变革》,《出版参考》2011年第9期。

一定主题排列展现的知识点进行阅读。所谓融合式阅读，就是从单一文字信息的阅读发展到以文字信息为基础的多种形态信息相融合的阅读体验。所谓互动式阅读，就是从个体阅读发展到人与人之间在交流互动中阅读。所谓无缝隙阅读，是指从特定场合条件下的阅读发展到随时随地进行阅读。

陈力丹、朱健桦等学者不认可我国国民阅读率下降的观点，如陈力丹的《通过什么载体阅读？理性要求我们向前看》（《中国图书评论》2007年第9期）和《国民阅读率果真下降了吗》（《新闻记者》2007年第9期）。朱健桦和王鹤提出，网络的发展及新媒体的丰富只是造成没时间端着书本进行阅读的原因，并非不能阅读的原因。[1]

这类观点认为数字化载体不会对传统载体的生存造成威胁。曾克宇总结了网络阅读的五个优势：阅读环境开放性、阅读内容丰富性、阅读过程互动性、阅读行为共时性和阅读方式虚拟性。[2] 刘琨珊区分了网络载体和传统载体对于大学生阅读的影响，认为网络载体虽然具有无可比拟的优势，不过传统载体的作用仍然不可替代。[3] 对于微阅读短平快的方式，刘净植有着更乐观的看法："阅读形式的转变，对'读物'的要求可能会有变化，但字数应该不是最关键的，正如我们祖先的简牍一样，数行文字也许就是一篇经典，这也是对快餐'厨师'们的考验，如何浓缩、如何表达，我想只要操作与成品能和微博的表现模式适应，让人们简单快捷地获取到知识应该是可以做到的。"[4] 也有学者认为浅阅读是一种有效的阅读形式，并且也是社会发展的必然现象。[5] 刘德寰则从实证研究的层面验证了"上网对读书时间的影响"，通过建立上网与读书关系的模型，经过分析得出"上网是公民读书的催化剂，对于同等社会经济地位和同一年龄段的人群来说，上网会增加其读书时间；低文化程度，上网对增加阅读时

---

[1] 朱健桦等：《世界读书日前夕审视中国国民阅读》，《中国图书评论》2007年第4期。
[2] 曾克宇：《网络时代的大众阅读——"网络阅读"研究综述》，《高校图书馆工作》2007年第2期。
[3] 刘琨珊：《网络时代大学生阅读规律的研究》，《全国新书目》2008年第13期。
[4] 刘净植：《微阅读盛行，未必是阅读之危》，http://bjyouth.ynet.com/3.1/1212/14/7681053.html。
[5] 杨红：《"浅阅读"时代图书馆的应对策略》，《图书馆》2008年第2期。

间的催化剂作用更大"的重要结论。[1] 孙延蘅认为网络阅读这一独特新颖的阅读形式能激发人的创新意识。[2] 持有类似观点的还有杨帆、范凡、梁建生等，可参见杨帆的《阅读的革命》（《图书与情报》2003年第1期）、范凡的《"阅读革命"总是领先于图书的革命》（《图书馆杂志》2007年第3期）、梁建生的《阅读革命——论多媒体文献对人类阅读方式的影响》（《现代情报》2001年第4期）。

2011年深圳市在读书月活动期间，举办了"中国移动手机阅读季·中外新阅读论坛"。来自国内外的文化人士和深圳本城的学者专家一起，共同探讨新媒体如何改变阅读形态，展望新旧阅读的未来发展趋势。深圳大学心理学教授马克·威廉姆斯说："虽然越来越多的人在互联网或手机上读书，但书籍的力量是永不会消失的。"战略学者胡思远则对新媒体阅读保持着高度乐观的态度，他认为，时代的变迁与技术的进步，必然推动阅读方式的改变；来自荷兰的珍妮特博士带来各地优秀的教学案例，阐释借助科技的力量来开展阅读；中国移动手机阅读基地内容总编辑傅晨舟认为手机阅读是未来阅读的主流和趋势。[3] 徐雁认为："纸本书籍在现代和将来的阅读生活中的不断边缘化，其'后果'可能并不会如经验主义者们所设想的那么严重……不必说'纸书'肯定不会消亡，就是在主流阅读载体的队伍中真的不幸消失了，阅读也永远不会消亡。"[4]

3. 对数字化阅读的负面影响和积极作用作两分法分析

辽宁大学新闻学专业刘艳妮同学撰写了题为《数字化阅读对传统阅读的影响研究》的硕士学位论文，文章在梳理阅读含义、阅读媒介嬗变轨迹和界定数字化阅读的内涵的基础上，比较分析了两种阅读方式的不同，思考了数字化阅读对传统阅读的影响。南京艺术学院广播电视艺术学专业朱俊融同学撰写了题为《新媒体时代受众阅读习惯研究》的硕士学位论文，认为受众在新媒体时代阅读习惯会发生网络在线阅读、快餐式阅读、碎片式阅读、多元化阅读等方面的变化。

宋新军认为，惊呼"文学的死亡"有一定的合理性，不过，因种种

---

[1] 刘德寰：《上网、读书时间与催化剂》，《广告大观》（理论版）2007年第6期。
[2] 孙延蘅：《网络阅读的创新功能》，《泰山学院学报》2005年第4期。
[3] 邓燕婷：《深圳新媒体阅读写作引领风潮》，http://roll.sohu.com/20111216/n329204366.shtml。
[4] 徐雁：《国民的阅读效率和阅读量"不断倍增"》，http://news.eastday.com/gd2008/e/2011/1231/1654478802.html。

原因，数字阅读还难以取代纸媒阅读。文学可能会进一步被边缘化，但文学精神赋予读者的深思考、深阅读，还是会成为人类超越"物化"社会的最后慰安。① 陈东华指出安于浅层阅读的人，喜欢"知识保姆""精神保姆"的灌输……这类解读者对现今国民重新走入书斋、重新亲近书本起到了很好的引导作用。② 刘儒德等认为，互联网环境下自由发表的快意，读者参与的热情提高了，作者与读者的互动加强了，不过也导致网络阅读的内容良莠不齐，降低了网络文本的可靠性。③ 李红梅认为，作为一种新载体，网络拓展了大学生阅读的空间和渠道，但数字化生存会使人的存在进一步虚拟化，进一步远离自然。④ 类似的文献还有姚彤的《手机阅读的利弊及发展趋势》（《当代图书馆》2012年第2期），李路辉的《试论网络阅读环境之利弊》（《科技创新与应用》2012年第1期），赵娟的《浅析传统阅读与电子阅读的利弊》（《山西青年管理干部学院学报》2003年第2期）等。

（五）改善和促进国民阅读的对策研究

改善和促进国民阅读可谓国民阅读研究的基本落脚点，研究人员针对我国国民阅读存在的不同问题从不同角度探讨了改进措施。这方面的研究成果可分为以下几个方面：

1. 探讨增强国民阅读热情、提高国民阅读率的对策

郝振省提出让阅读成为国民基本生活方式的一部分，⑤ 颇有意义。他提出在理念上把建设学习型社会与阅读生活方式联系起来，通过国家的干预建立某种标志和构建某种规范让这种理念和生活方式巩固与发展起来；全国所有机关、企业、团体、社区单位要把阅读看作一种生产性环节和生产性投入来保证、来检查、来督促，把阅读融入单位或企业的整个生产和经营的全系统和全过程；公民个人也要从就业、发展、家庭等方面思考，合理安排实施自己的阅读计划。

---

① 宋新军：《刍论"网络时代"的阅读革命》，《理论导刊》2011年第1期。
② 陈东华：《试论大众阅读对国民素质养成的意义》，《中国出版》2007年第4期。
③ 刘儒德等：《网上阅读与纸面阅读行为的对比调查》，《电化教育研究》2004年第5期。
④ 李红梅：《大学生网络阅读中存在的问题及引导措施》，《中国成人教育》2007年第15期。
⑤ 郝振省：《让阅读成为国民基本生活方式的一部分》，《出版参考》2003年第29期。

云南大学图书馆学专业冯留燕同学撰写了题为《全民阅读推广活动中的阅读推广项目运作策略研究》的硕士学位论文，文章探讨阅读推广项目的策划及运作流程，系统地总结基于项目实施的环境、主体和对象分析的项目运作策略。李保东以珠三角为研究视角，探讨全民阅读与新闻出版强国建设的内在联系与规律，旨在从深化全民阅读的角度为建设新闻出版强国提出六个方面的对策。[①]

还有许多学者提出了多种对策，包括：借鉴外国的经验，倡导全民阅读风尚，设立"国家阅读节"；健全推动全民阅读的有效机制；发挥图书馆的主阵地作用，重点加强县级图书馆、乡镇及社区图书馆等基层图书馆建设；从小培养人的阅读习惯；推动重点出版工程，打造阅读精品，提供丰富的阅读资源；加强图书的再利用工程，促进人人有书读的图书流通渠道的建设；加快建设公共文化服务体系；加强网络监管进行媒体素养教育；在中小学广泛开设"阅读课"，等等。

这方面的文献包括何明丽、杨军的《对农家书屋服务模式的探索与思考》（《经营与管理》2011年第6期），郭斌的《浅议"农家书屋"的管理发展模式创新》（《现代出版》2011年第5期），杨智慧的《农家书屋建设模式选择和发展对策探讨》（《中国出版》2011年第2期），张曼玲的《提高国民阅读兴趣是传统出版的不竭之源》（《北京印刷学院学报》2011年第1期），王蘋的《大力推动全民阅读，切实提高国民阅读率》（《内蒙古科技与经济》2010年第14期），刘彤、王关义的《关于构筑"国民阅读工程"的思考》（《出版广角》2008年第10期），李秀菊的《增强国民阅读热情的探讨》（《齐齐哈尔大学学报》2008年第3期），乔菊英的《我国国民阅读危机的成因及对策分析》（《现代情报》2007年第1期），王冬冬的《纸质媒介：如何应对国民阅读危机》（《传媒观察》2006年第11期），宋玲的《图书馆提高国民阅读率的对策》（《新世纪图书馆》2005年第4期）等。

2. 从社会组织机构的角度探讨对策

李秋芳认为"无纸化"意味着可以通过更加方便、快捷、廉价的方式实现纸媒阅读可以做到的一切。原本基于人们发展需要的单一学习性阅

---

① 李保东：《以深化全民阅读力促新闻出版强国建设——基于珠三角地区的视角》，《中国出版》2011年第2期。

读逐步分化，大量的生存性乃至于享受性阅读开始扩大其在社会阅读总量中的份额。基于此，开展研究型出版，深化和优化出版产品的质量及学术水平，并最终通过"走出去"，与世界市场接轨成为未来一段时间出版产业发展的基本思路。① 乔丽认为应以全民阅读为目标，创新大众出版，包括拓展大众出版的目标和范围、精准确定大众出版的市场定位、打造大众图书精品等。② 韩琳提出出版企业的四个应对策略：整合出版资源，实现跨媒体经营；细分图书市场，经营读者需求；发挥成本优势，合理定价；打造出版业的品牌。③ 周国清研究了编辑主体如何应对读者阅读方式的变化。他认为，编辑主体要主动适应，并将之贯穿于编辑活动过程的始终，通过不断地自我调适，与读者建立科学合理的和谐关系，即进行读者调研，了解读者的结构与层次、动机与心理、现阶段的兴趣与需要、潜在读者与现实读者的布局等；分析、把握读者，制订具体有效的读者方案与编辑策略；方便、服务读者，实现编辑活动的价值目标；重视读者信息反馈，调整编辑主体行为，调节出版物的生产。④

王钱国忠则系统地论述了文化传媒机构的社会责任和应对策略，包括：坚持正确的舆论导向，科学地组织引导国民阅读活动；发挥公共图书馆的社会传播功能，提升国民阅读的总体质量；加强对"阅读学"的研究与推广；广泛宣传普及正确的阅读方法，为新时代培养更多的通才；向青年学子普及目录学知识及基本书目。⑤ 这类文献还有王琳、杨惠芳、龙梅宁、陈瑶、张桂兰、王敏、李华等学者的文章。可参见王琳的《全民阅读现状及公共图书馆推进全民阅读的措施探讨》（《青海师范大学》2012 年第 1 期），杨惠芳的《国民阅读需求变化规律及图书馆应对方略》（《河北经贸大学学报》2012 年第 1 期），王晓舟的《大学生数字媒体阅读实证研究》（《图书馆论坛》2012 年第 6 期），龙梅宁的《倡导全民阅

---

① 李秋芳：《出版的大阅读时代：当纸媒遭遇网络》，《编辑之友》2012 年第 10 期。
② 乔丽：《全民阅读与大众出版创新》，《出版发行研究》2012 年第 8 期。
③ 韩琳：《由国民阅读与购买倾向看出版企业经营战略》，《西安财经学院学报》2007 年第 2 期。
④ 周国清：《读者及其阅读方式变化与编辑主体的自我调适议》，《河南大学学报》2012 年第 3 期。
⑤ 王钱国忠：《文化传媒机构在国民阅读中的社会责任》，《图书馆研究与工作》2009 年第 1 期。

读，构建和谐社会》（《青海师范大学学报》2011年第11期），陈瑶的《从国民阅读的数字化趋势谈图书馆数字化建设》（《福建图书馆理论与实践》2011年第1期），赵秀敏、高洁的《公共图书馆促进国民阅读的对策探讨》（《科技情报开发与经济》2011年第21期），林少芳的《公共图书馆提高国民阅读率的对策》（《图书馆界》2011年第5期），张桂兰、赵宣的《引领社会阅读：政府与图书馆责无旁贷——兼对"于丹现象"进行理性审视》（《山东图书馆季刊》2008年第2期），王敏的《网络阅读与图书馆的对策》（《图书馆学刊》2008年第6期），李华的《网络阅读与图书馆对策》（《四川图书馆学报》2008年第5期），曾敏灵的《电子阅读发展与图书馆建设的对策》（《图书馆论坛》2008年第3期），宣泽文的《危机与亮点并存——深刻变化中的社会阅读与公共图书馆的对策》（《图书馆理论与实践》2008年第2期），李玉梅的《后阅读时代图书馆服务对策探析》（《河南图书馆学刊》2008年第2期），王振铎的《阅读、出版与教育——数字阅读、文本阅读与编辑出版教育之变革》（《河南大学学报》2008年第11期），付明霞的《简论国民图书馆意识培养与阅读社会的形成》（《情报探索》2007年第4期），徐群群、孙进的《力挺"国家阅读日"——朱永新三驳余秋雨》（2007年4月5日《中国新闻出版报》），宋玲的《图书馆提高国民阅读率的对策》（《新世纪图书馆》2005年第4期），余训培的《网络阅读指导研究》（《图书情报知识》2005年第4期），薛梅的《浅谈纸本阅读与网络阅读的开展》（《内蒙古科技与经济》2007年第20期）等。

3. 数字阅读对策研究

华中科技大学物流工程专业潘文娜同学撰写的题为《手机阅读现状分析与用户接受行为研究》的硕士学位论文，北京邮电大学管理科学与工程专业苏帆帆同学撰写的题为《移动阅读业务持续使用行为影响因素研究》的硕士学位论文，分别对手机用户接受行为和移动阅读业务使用行为展开研究。中央美术学院设计艺术学专业包莹莹同学的硕士学位论文，题为《阅读的革命——电子书阅读体验的创新性研究》，以iPad版电子书为例，对电子书阅读体验及设计的问题展开研究。安徽大学新闻学专业江叶婵同学撰写了题为《手机阅读内容研究》的硕士学位论文，文章试图以保罗·莱文森的手机媒介学说为理论基础，对中国手机阅读进行内容研究。

基于 Web2.0 发展的聚合阅读技术已经成型并且在国外广泛利用，但目前在国内还未大范围开展。张璐运用媒介环境学相关理论，通过介绍这一新技术的特点、使用方法、适用范围，分析技术变革为社会、个人带来的变化，从技术作为人体功能性延伸，技术本身所承载的信息，新技术带来受众角色转变以及新的政治隔离出现等方面论述聚合技术的影响。同时，就技术标准、版权、媒体变革等方面，论述了这一技术需要解决的问题。①

李迎辉的《移动阅读，传统出版业的新挑战》分析了 Kindle、盛大文学、中国移动较为成熟的移动阅读模式，总结了这几种商业模式的成功原因。② 相关文献还有郭慧娟的《"读屏时代"大学生手机阅读研究——以天津部分高校大学生手机阅读为例》（天津师范大学 2012 年硕士论文），陈勇的《我国电子图书的阅读现状分析与发展策略思考》（《中国出版》2012 年第 7 期），毛文思的《手机阅读：春天在哪里？》（《出版参考》2012 年第 2 期），张炯的《移动数字阅读的差异化竞争之路》（《新闻爱好者》2011 年第 8 期），唐佳希的《移动互联新媒体的阅读特点以及编辑应关注的几个问题》（《中国编辑》2011 年第 2 期）等。

4. 针对特定内容或者特定读者人群的阅读状况提出对策

洪缨、李朱认为出版物这一重要媒介记录、保存和传播信息，信息以文字形态被承印，认知个体通过视觉系统接收并推测文字内容的表达意图，从而获取信息，而认知个体对信息的接受能力和程度取决于信息的可读性与易读性。他们提出文字形态、围合文字的空间以及认知个体之间的相互作用，共同影响了信息的可读性与易读性，从而决定了信息接收的量与质。③ 新生代农民工在城市化进程中出现的问题成为社会关注热点。有针对性的公益出版刊物获得了很大发展，但出版和传播机制仍未健全。朱韫慧、王炎龙提出，在媒体融合趋势下，应调动各方力量，积极打造新媒体传播平台，建立针对新生代农民工群体的公益出版体系。④

何山石以钱钟书的《谈艺录》《管锥编》为例，考察了学术著作长效

---

① 张璐：《聚合技术发展与阅读革命——以 RSS 技术为例》，《新闻天地》2011 年第 4 期。
② 李迎辉：《移动阅读，传统出版业的新挑战》，《中国出版》2011 年第 8 期。
③ 洪缨等：《印刷出版物文字信息传递的可读性与易读性研究》，《现代传播》2011 年第 9 期。
④ 朱韫慧等：《新生代农民工公益出版物现状及平台构建》，《新闻界》2011 年第 6 期。

阅读价值的生成因素，认为真正有生命力的长效阅读机制的形成，只能由学术创作主体、编辑、出版社三极共同作用来完成，这种阅读机制是这三极各自的良性发展和相互之间的良性互动而带来的最优资源配置。[①] 在女性图书消费群体日益成熟和市场空间逐步扩大的背景下，全国各地有近百家出版机构纷纷角逐女性图书市场，形成了"悦读纪""花间坊""蝴蝶季"等多个女性阅读品牌，孙黎针对这一现状，就我国女性阅读品牌的可持续发展提出四方面的策略：内容定位方面应强调差异化与专业意识；品牌塑造要以人为本并强化品牌识别度；商业逻辑方面则要更新营销管理理念，加快数字化进程；身份建构方面则是构建负责任的女性阅读文化品牌。[②]

林金芳提出在"消费主义"的影响下注意以原著为依托进行"资源开发"从而促进经典阅读。[③] 张智君针对读者在网络阅读过程中容易迷失的问题，认为提供导航辅助（结构导航和概念导航）是重要的解决途径。[④]

荣梅、张劲等学者针对青少年读者的阅读状况提出对策，可参见荣梅的《当代青少年课外阅读现状的实证分析》（《出版发行研究》2012年第12期），张劲的《教辅期刊如何引领初中生阅读》（《湖北第二师范学院学报》2011年第11期），于翠玲的《中学生名著读物的出版偏向——简论从媒介素养角度引导中学生阅读名著》（《编辑之友》2011年第4期），陈鹏飞的《少年儿童网络阅读现象及对策》（《大众文艺》2008年第10期），程欣的《网络时代少儿阅读需求与阅读指导》（《中小学图书情报世界》2008年第5期），梁涛的《青少年网络阅读的负效应及对策》（《中国青年研究》2007年第6期），马厚海的《农村中小学生课外阅读的现状与对策》（《新课程研究》2008年第2期），俞世燕的《对小学生课外阅读低效积累的思考与对策》（《教育实践与研究》2007年第10期）。

杨光、张春、田小瑞等针对编辑群体的阅读状况提出对策，参见杨光的《编辑的阅读与三种能力》（《出版发行研究》2011年第4期），张春

---

① 何山石：《学术著作长效阅读价值生成因素考察——以钱钟书〈谈艺录〉、〈管锥编〉为例》，《出版发行研究》2011年第7期。
② 孙黎：《探析我国女性阅读品牌的可持续发展之路》，《中国出版》2011年第11期。
③ 林金芳：《"消费主义"下的国民阅读》，《四川党的建设》（城市版）2006年第11期。
④ 张智君：《超文本阅读中的迷路问题及其心理学研究》，《心理学动态》2001年第2期。

的《数字时代面向深度阅读的编辑素养探析》（《中国出版》2011 年第 1 期），田小瑞的《阅读危机与编辑的文化传播使命》（河南大学 2010 年硕士论文），唐励的《浅阅读时代报纸编辑的把关人素养》（《中国出版》2011 年第 1 期），杨卫民的《新媒体时代图书编辑的新阅读观》（《出版科学》2008 年第 1 期），陈伟军的《新媒体时代编辑的阅读取向和人文守望》（《探求》第 1 期），周奇的《编辑阅读与校对阅读比较研究》（《中国编辑》2007 年第 4 期），杨卫民的《数字出版与图书编辑阅读创新》（《福建师范大学学报》2009 年第 6 期），齐爱军的《阅读节奏：现代杂志编辑策略的核心》（《编辑之友》2004 年第 6 期）等。

张哲、杨敏等学者分别针对大学生等群体的阅读状况提出对策。可参见陈丹、杨萌、李蒲的《大学生数字化阅读现状及特征分析》（《科技与出版》2013 年第 1 期），张巧明、王爱云、闫国利的《大学生阅读知觉广度影响因素的回归分析》（《心理与行为研究》2013 年第 2 期），张哲的《"后现代阅读"与当代大学生思想政治教育关系研究》（兰州大学 2012 年硕士论文），柴浩军等的《农业高校大学生文学阅读取向分析及对策——以河北农业大学为例》（《河北农业大学学报》2009 年第 1 期），杨敏的《大学生网络阅读中存在的问题与对策探析》（《新西部》2008 年第 9 期），刘琨珊的《网络时代大学生阅读规律的研究》（《全国新书目》2008 年第 13 期），张岚等的《大学生经典名著阅读与网络阅读透视》（《图书馆论坛》2008 年第 2 期），李国锋的《浅谈大学生阅读及服务对策》（《辽宁科技学院学报》2007 年第 6 期），毛志伟的《高职生阅读现状与对策》（《科技情报开发与经济》2007 年第 12 期）等。

5. 对国外推广国民阅读的介绍与研究

总体而言，这方面的研究不够系统深刻，除散见于一些著作和文章的介绍外，专门讨论国外国民阅读情况的主要是一些期刊文章。可参阅闫伟东的《国外政府及图书馆的多元化推动阅读策略及模式》（《图书与情报》2013 年第 1 期），莫启仪的《国外城市公共阅读服务实践及启示》（《图书情报工作》2013 年第 7 期），程文艳、张军亮、郑洪兰、周红梅的《国外高校图书馆推广阅读文化的实例及启示》（《图书馆建设》2012 年第 5 期），宫丽颖的《以日本为例探析如何推广国民阅读》（《中国出版》2011 年第 1 期），乔菊英、蔡兴彤的《当前亚洲主要国家的国民阅读状况之比较研究——以日本、新加坡、中国为例》（《图书情报工作》2009 年第13期)、王翠萍、宋志强、张艳婷的《国外阅读活动现状及启示》(《图书馆学研究》2009年第9期)、姜晓娟的《国外的阅读调查与杂志出版企业的市场研究》(《出版发行研究》2009年第4期)、王杨的《经济危机影响下的英国国民阅读状况》(《出版参考》2009年8月下旬刊)、汤天甜的《日本人文社科类图书的阅读、出版与发行》(《中国图书评论》2009年第5期)、姜晓娟、王卉莲等的《西欧三国国民图书阅读情况》(《出版发行研究》2008年第9期)、傅西平的《巴西:致力于提高国民阅读率》(《出版参考》2008年第28期)、谢明辉的《葡萄牙"国家阅读计划"》(《思想理论教育》2008年第4期)、辰目的《且看英国如何培养学生的阅读习惯》(《出版发行研究》2006年第9期)等。

三 评析:我国国民阅读研究存在的问题

(一)研究方法相对比较单一

当前我国国民阅读研究在方法上存在过分依赖问卷调查法和直接归纳法的局限。许多研究通过简单的问卷调查获取基本数据进行统计分析,并直接归纳出结论。这种研究方法的优点是量化、直观,但片面依赖调查会弱化研究的理论性、深刻性和指导性。

"国内学者对'数字化时代对国民阅读的影响和对策研究'这一课题的研究成果主要是一些论文资料,几乎没有任何相关学术专著,同时,还缺乏大规模、系统化、科学化的调查。"[①] 中国新闻出版研究院自1998年以来,坚持开展国民阅读状况调查,提供了大样本的国民阅读行为研究数据,但由于调查目的是为了获取我国出版业国民基本阅读数据,为提高国民综合文化素质和促进我国出版事业与出版产业发展提供决策参考,所以它不属于专门的国民阅读行为嬗变研究。比如,历次全国国民阅读与购买倾向抽样调查数据都显示我国国民总体阅读率不高(尤其是图书阅读率持续走低),这引起社会的广泛关注和深深忧虑。研究人员从多个方面展开了探讨,但不少研究结论存在一定的片面性。常见的逻辑思路是:数字化背景下媒介发展出现多元化,我国国民阅读率不高,还存在经典阅读不

---

① 刘德寰等:《数字化时代对国民阅读影响的文献综述》,《广告大观》(理论版)2009年第2期。

足、阅读功利化浅层化等阅读危机，这种危机会导致国民创造力不足的社会危机，因此需要包括政府在内的社会各界共同努力，创造良好的阅读环境，鼓励国民多读书、多读好书（尤其是文学经典）。这种逻辑思路存在诸多矛盾和缺陷，比如对阅读本质的理解不够全面科学、社会阅读水平与社会创新能力之间的逻辑关系揭示不透、经典阅读功能发挥的内在机理研究不深、改善阅读状况的对策笼统简单等。

一些调查本身也存在一些问题。有的调查样本少、范围小，只停留于调查数据的简单统计分析和阅读现象的简单描述，缺少深度的理论分析和宏观的研究视野，得出的结论代表性弱、指导性差。即便是包括国民阅读调查在内的几项全国性调查，也需要不断完善，尤其需要警惕调查过分商业化的倾向。

梁桂英综合文献指出，网络阅读对人类创新思维的影响，多囿于经验描述，尚待心理学实验的支持。[①] 而对诸如国民阅读的功能、价值和意义的研究，学者、政府领导往往习惯于采用思辨定性的方法，直接对阅读如何如何重要下结论。似乎国民阅读的重要性是不言自明的。其实，国民阅读与个人发展、社会发展之间到底存在怎样的勾连，需要作一些量化实证研究方可定性。只有建立在实证研究的基础上，得出的结论才可能更有解释力和科学指导意义。

（二）研究主体缺乏交叉融合

近年来，国民阅读研究著述成果逐渐丰富起来。不同类型的学术刊物上发表了从心理学、文学、历史学、心理学、脑科学、医学等不同学科方法入手对国民阅读进行的实证研究、理论探索性质的文章。但从研究文献的总体分布情况看，国民阅读研究主体主要是集中于从事出版学、文学、图书馆学、教育学等学科研究的学者，学科背景比较单一。从研究成果看，缺乏不同学科的交叉融合。一方面，发表论文的署名以单人为主，多人署名的论文较少。另一方面，研究成果基本停留在社科层面，从事自然科学研究的人员或者熟悉自然科学研究方法的研究人员参与较少，多学科交叉所形成的研究成果还不多见。

国民阅读研究其实是涉及多学科交叉的较大的研究领域，单靠某一个

---

① 梁桂英：《1997—2007年国内网络阅读研究综述》，《图书馆杂志》2008年第4期。

人或者某一个学科的研究人员是很难研究透彻的，需要学科背景不同、立场不同的学者协同攻关。尽管不同学科背景的学者合作会增加取得一致性意见的难度，但这种团队整合却是非常需要的，因为研究命题的一致性和促进国民阅读这一研究目的的一致性要求研究最终得出比较客观的结论并进而指导实践。否则，各唱各的调，难以实现学术效益最大化。

（三）研究取向存有一定的非理性

国民阅读研究的基本取向应该是促进国民阅读，进而促进社会发展。这一取向大体上又可以分为两个层面：一是个体层面，即帮助国民个体正确认识阅读，科学实施阅读；二是社会层面，即为了改善和促进国民阅读向包括政府在内的各种社会组织提出对策。可见，研究的最终落脚点是为了整个社会，而不是为了某一部门或某一集团的利益。

但现实中有一些国民阅读研究在取向上却存有明显的非理性，不少研究自觉或者不自觉地站在部门利益或者社会的局部利益之上。比如，图书出版界的人抱怨国民买书不够、读书不多。"很多人感叹中国人不读书更多是来源于与海外读者调查的购书情况比较，但把中国读书人的比例与国外发达国家比，是不甚科学的。对阅读的理解仅限于纸本图书阅读太过狭隘。将读教科书、培训书视为非阅读也不合理。"[①] 再比如，文学界不少人片面担心国民不读文学经典。其实对经典阅读的理解不应该迷信。在《获得教养的途径》中，黑塞就曾说："世界文学的辉煌殿堂对每一位有志者都敞开着，谁也不必对它收藏之丰富望洋兴叹，因为问题不在于数量。有的人一生中只读过十来本书，却仍然不失为真正的读书人。还有人见书便生吞下去，对什么都能说上几句，然而一切努力全都白费。"[②] 又比如，图书馆界的人希望国家对图书馆事业多投入，但对如何改革既有的图书馆服务体制往往着墨不多。还有一些研究成果把数字阅读与纸质阅读作简单的二元对立，总认为纸质阅读是好的，数字阅读是有问题的，研究取向上存在偏差。

---

① 朱健桦、王鹤：《世界读书日前夕审视中国国民阅读》，《中国图书评论》2007年第4期。
② ［德］黑塞：《获得教养的途径》，2009年9月10日，http://baike.baidu.com/view/1745619.htm。

(四) 研究视野不够开阔

现有的国民阅读研究成果，过分地集中于数字化阅读的冲击、国民阅读率不高、经典阅读不足、浅阅读趋势、出版界和图书馆界的应对等有限的几个论题。这说明研究视野不够开阔，研究深度也有限，需要突破创新。

首先，国民阅读研究的理论视野需要拓新。缺乏理论支撑和理论视野狭隘的国民阅读研究肯定是有局限的，没有理论指导的国民阅读实践往往是盲目的。我国已有曾祥芹、徐雁、王余光、韩雪屏、周庆华、王龙等一批阅读问题研究专家，他们为我国的阅读学理论体系建构付出了很多心血，并取得了诸多成果。他们的理论成果理应成为新时期国民阅读研究的重要基础。比如，周庆华认为，阅读终究是一种社会现象。它必须在具体的社会情境中得到定位以及规定可能的意义和价值，而不再只是个人受用，也不再只是单纯求知的表征。如果有这样的认知，那么所有相关的阅读行为和阅读活动，甚至阅读教学等，也就有提升到"助益"或"促进"文化发展层次的机会，而从此摆脱"素朴"理解阅读和"粗略"实践阅读的命运。[①] 这就为我们站在阅读社会学的视阈考察国民阅读问题提供了理论支持。

其次，重复研究较多，国民阅读研究的问题意识需要加强。缺乏问题意识，或者说缺乏新的研究课题，有关国民阅读问题的研究存在低水平重复的困境。应该说，研究者对同一课题感兴趣无可厚非，而且学术思想的交流与碰撞往往能增进大家对某一问题更加深入的理解和研究，并最终将研究成果运用于实践中，实现理论与实践的统一。从某种意义上说，越多人关注越说明该问题存在的学术意义，它的价值通过不同研究者从不同的方向、不同的层面逐步挖掘出来，最终服务于阅读实践。"但一再重复前人研究只会造成研究资源的浪费，这类研究本身的价值有限，同时不利于下一步研究工作的开展。"[②] 这是洪莉对国内英语阅读十年研究综述时提出的观点，笔者认为这同样适用于国民阅读的研

---

① 周庆华：《阅读社会学》，2009 年 11 月 8 日，http://210.34.4.28/opac/item.php?marc_no=0000479836。

② 洪莉：《国内英语阅读十年研究综述》，《绥化学院学报》2011 年第 3 期。

究。国民阅读研究文献在内容上过于偏重在数字阅读、国民阅读率、经典阅读、学生阅读上，对象上过多关注于教育类用户、科研类用户等。刘德寰等人认为当前国民阅读研究"对于阅读内容变化的原因并没有进行充分的论证"，对于阅读行为各方面的影响，比如深阅读是否还存在以及存在状态、浅阅读和重点阅读的对比等，也没有进行研究。[1]

关于研究领域或者课题，多位学者做过罗列。王龙在其2003年出版的《阅读研究引论》一书中从宏观、中观、微观三个层次提出了十个阅读研究的领域：阅读研究总论、阅读史、阅读的文化研究、阅读社会学、阅读政治学、阅读的卫生学、阅读活动研究、阅读的语言学、儿童阅读学、阅读活动信息论。[2] 他在《阅读社会学二论》一文中介绍了国际阅读协会（IRA）所出版的《阅读研究年度摘要》"阅读社会学"专题所列的17个研究领域，并对阅读社会学的内容范围勾画了大致轮廓。[3] 万宇提出阅读社会学中一些重要的领域与课题包括：阅读与社会发展，阅读与政治，阅读与经济，阅读与宗教信仰，读写文化的边缘地带及阅读人类学，阅读社会形成的社会因素、国家干预和个人计划，阅读与家庭，阅读与社会控制，社区阅读研究，阅读与闲暇社会，社会群体阅读研究等很多领域。[4] 王余光提出社会阅读研究可以有以下几方面：经济基础与教育条件对社会阅读的影响；政治意识、国家的文化政策对阅读的影响；群体意识与阅读；宗教信仰与阅读；出版业与社会阅读；图书馆与社会阅读；推荐书目；禁书与畅销书。[5]

应该说，这样的问题清单于国民阅读研究是很有启发意义的。对照这样的问题清单，一方面可以让研究者明确有很多问题有待深入探讨；另一方面我们还可以继续增列问题清单：国民阅读水平评价（包括国民阅读力的量化指标体系、中国国民阅读力在世界上的位置、我国区域国民阅读力的比较与排名等）；国民阅读形态的流变史及其规律（音读社

---

[1] 刘德寰等：《数字化时代对国民阅读影响的文献综述》，《广告大观》（理论版）2009年第2期。
[2] 王龙：《阅读研究引论》，天马图书有限公司（香港）2003年版。
[3] 王龙：《阅读社会学二论》，《图书情报论坛》1998年第4期。
[4] 万宇：《谈谈阅读社会学的发展前景》，《中国图书评论》2005年第3期。
[5] 王余光：《图书馆与社会阅读研究》，《中国图书馆学报》2008年第2期。

会—默读社会—视读社会);外国推进国民阅读的措施与实效;家庭情况对社会总体阅读行为的影响;"阅读虚荣";① 企业图书馆或阅览室的设置及我国企业员工的阅读状况;② 不同阅读方式是否存在影响以及有何影响;扫盲与国民阅读;农村如何普及网络,如何针对广大农村儿童推广阅读,如何指导农民正确开展网络阅读;使用平板电脑、手机、电子阅读器等移动终端读书的效果;如何把传统阅读和现代电子阅读很好地集合起来,如何在阅读中把开发智力和伦理道德教育结合起来;③ 如何使政府、社会和家长形成推动国民阅读的合力;特殊人群的无障碍阅读推广,等等。只有进一步加强问题意识,国民阅读研究才可以有效深入。

最后,国民阅读研究的一些具体思路也需要理清。比如,阅读率和阅读时间都是衡量国民阅读的重要指标,但在数字化时代它们都发生了相应的变化。目前已有的研究虽然对影响阅读时间的因素如上网进行了一些探讨,但未能深入挖掘影响阅读时间的各种因素,因而未能就"如何增加国民阅读时间"提出切实可行的对策。再比如,对国民阅读行为在数字时代的嬗变原因的探讨,不应该仅关注媒介的变化。实际上,任何事物的变化总是由多种因素造成的,这其中有些因素是直接的、特殊的,有些因素则是间接的、普遍的。

---

① 姜晓娟、王卉莲等在《西欧三国国民图书阅读情况》(《出版发行研究》2008 年第 9 期)一文中介绍道:2007 年 5 月,英国《图书馆和信息快报》(Library and Information Update)杂志对 4000 个读者进行了调查,结果发现,1/3 的被调查者阅读"高深的文学"是为了显得自己能力强,实际上他们根本看不懂。几乎有一半的被调查者说他们阅读经典著作是为了让自己显得有文化。该调查还显示,40% 的人在自己读过的书方面撒过谎,理由是"为了让自己能够参与到话题中去"。10% 的男性说他们会为了给异性留下一个好印象而假装自己读过某本书,而"大多数人"会为了讨约会对象欢喜而去阅读。在工作中,曾经对新同事和雇主谎称读过某些书的被调查者分别占 15% 和 5%。年轻人最容易把书作为交际的工具,19—21 岁的人中有超过一半在读书方面说过谎。这种现象是否可以概括为"阅读虚荣"呢?国内研究人员对这一现象缺乏专门研究。

② 英国劳工联合会(Trades Union Congress,TUC)在 2006 年对 1432 名雇员进行了在线调查,结果显示只有 23% 的英国企业设有公开书库或是图书俱乐部。我国的情况怎样呢?这方面的研究也很有必要。

③ 吴晶:《"E 时代的阅读"成为中国幼儿成长新课题》,http://news.xinhuanet.com/edu/2012-05/13/c_111940886.htm。

四 国外对数字时代阅读行为问题的研究述评

(一) 国外学者对阅读功能与意义的研究

国外学者和中国学者一样,也非常重视阅读,留下了不少名言警句和科学论断。英国哲学家培根说:"读史使人明智,读诗使人智慧,数学使人精密,哲学使人深刻。"法国作家拉伯雷说:"在文明社会这个总画面中,各人的地位取决于各人读书的总量。"① 苏霍姆林斯基认为:"真正的阅读能够吸引学生的理智和心灵,激起他对世界和对自己的深思,迫使他认识自己和思考自己的未来。没有这样的阅读,一个人就会受到精神空虚的威胁。"② 夏尔·丹齐格说:"阅读并非生活的对立面。阅读就是生活。在功利主义的世界里,阅读维系着超脱,而超脱有利于我们的思考。读书毫无用处。正因为这个,读书才是一件大事。我们在阅读一本书,因为它毫无用处。"③ 法国著名思想家萨特说:"事实上,阅读似乎是观念和创造的综合……我们不必把阅读看作是一种机械动作,认为符号对人产生的印象与光对照相底片产生的作用一样,因为如果一个人心不在焉,疲倦不堪,生性愚钝或粗心大意,那么作品中叙述的大部分故事他都会视而不见……如果他各方面都处于最佳状态,他会超越文字而构想出一个综合形式来……"④ 美国著名的阅读研究专家吉姆·崔利斯在他著名的《朗读手册》中有这样一句话:"阅读是消灭无知、贫穷与绝望的终极武器,我们要在它们消灭我们之前歼灭它们。"⑤

由道格拉斯·韦普尔斯、伯纳德·贝雷尔松和富兰克林·R. 布兰德肖三人合著的《阅读对人们起了什么作用》(芝加哥大学出版社1940年版)认为,阅读对社会具有工具的、声望的、加强的、审美的和休闲的

---

① 汪少林等:《书的知识手册》,百花洲文艺出版社1990年版,第236页。
② [俄] 瓦·阿·苏霍姆林斯基:《给教师的建议》,杜殿坤编译,教育科学出版社1984年版,第399页。
③ 石剑峰:《在功利的世界中,阅读维系着超脱》,http://www.dfdaily.com/html/150/2012/5/9/788773.shtml。
④ 顾晓鸣:《阅读的战略》,上海人民出版社1985年版,第56页。
⑤ 金星:《堪忧的阅读量》,http://news.163.com/12/0829/07/8A2CK0E500014AED.html。

作用。阅读的价值可以分为互相联系而又递进的三个层次。[1] 德国出版界龙头苏尔坎普出版社的创始人苏尔坎普1947年写过一篇题为《关于阅读》的文章。该文提到，阅读不只是为了获取知识和净化灵魂，其本身更是一种心灵的对话、一种艺术……当阅读成为多数人的习惯的时候，就形成了不同阶层大众的文化底蕴，并会成为一个民族思想发展的奠基石。[2]

艾森贝格专门探讨了书籍阅读对个性发展的重要作用。他认为在科技进步时期，书对人生的作用大大增加，阅读的选择性和强度有所提高，书籍选择的社会心理机制具有特殊的意义。与看电视、听广播等视听传播形式相比，阅读是一个较具创造性和个性化的过程。[3] 林奇和哈德逊（Lynch & Hudson）指出：在当今的社会，所有的知识都取决于不同层面、不同方式、不同形式的阅读以及从阅读材料中获取知识的能力，在学术领域尤其如此。[4] 美国曾对1310个科学家在五年内的发明创造进行了统计，发现凡是出成果的多数是"通才"，即知识面比较广博的人。[5] 科学家证实小说阅读能改变性格。[6] 2002年年底公布的PISA（国际学生评估项目）研究报告指出："今天，有多大比例的学生具备了第五级阅读能力，可能会决定每个国家在未来的全球经济中，能拥有多少世界级知识工作者"，"有多少公民具备最高的第五级阅读能力，是考察未来国家竞争力的重要指标"。[7]

韩国学者李正春指出，检讨一代人阅读的历史，其意义并不亚于对一个时代的检讨，阅读包蕴着一代人人生成长和思想寻求的历史。作为一种"文化技术"，阅读是在信息社会中广泛参与政治、经济、文化活动的前

---

[1] 范凡：《芝加哥学派的阅读研究》，《高校图书馆工作》2007年第2期。
[2] 赵蕾蕾：《阅读对大众文化的影响——彼得·苏尔坎普的〈读者〉》，《当代艺术与投资》2010年第10期。
[3] ［俄］艾森贝格：《阅读与自修在个性发展中的社会文化作用》，鲁军译，《国外社会科学文摘》1987年第3期。
[4] 刘雪梅：《从阅读的本质探索英语阅读教学规律》，《中国成人教育》2008年第22期。
[5] 戴炜：《加强社会阅读，提高人民素质》，《证券日报》2006年2月26日。
[6] ［美］娜塔莉·萨姆森：《科学家证实小说阅读能改变性格》，http://www.bookdao.com/article/26394/。
[7] 潘涌：《阅读教育的革命——论PISA阅读素养观的内涵扩展和升华》，《首都师范大学学报》2012年第6期。

提条件,阅读的生活化更是能动的信息追踪、信息接收、信息认知,以及创造性运用信息的前提。①

(二) 研究焦点集中于数字阅读方式的变化及其影响

总体而言,数字时代读者阅读行为研究在国外也是一个重要的学术议题。研究成果较多,涉及阅读行为变化的历史人文学回顾、阅读方式变化调查、数字阅读的特征和影响、数字阅读设备的发展、读者的应对等诸多问题。研究焦点则集中于数字阅读方式的变化及其影响上。

美国著名批评家斯文·伯克茨的《读书的挽歌——从纸质书到电子书》于2001年1月由中国对外翻译出版公司出版。该书谈论"电子书"诞生以后,人们的阅读方式发生的根本变化。作者对此感到恐惧,但也能持宽容的心态。② 刘子明(Ziming Liu)在《数字环境下的阅读行为》中系统研究了人们在数字环境中阅读行为的变化表现。这种变化主要包括阅读介质的数字化转向、网络阅读的增加等。③ 他提出,人们越来越偏向于简单浏览、一次性阅读、选择性阅读、非线性阅读,而减少了深入和集中的阅读。在深入阅读中,人们习惯于注视。在深入阅读时读者更加偏好纸质媒体,在浏览时则可能偏向于数字媒体。他指出,纸质媒体和电子媒体均有其优点和局限性,两者并不能完全成为替代品。阅读行为的变化受到多种因素的综合影响,在未来的发展中仍然会出现很多无法预计的影响因素。艾米·格德瓦舍(Amy Goldwasser)相信,电子邮件、博客和即时聊天是新兴的写作方式,网络浏览是新兴的阅读方式。④ 玻克特斯(Birkerts)等人探讨了互联网与传统小说的不同特质,指出互联网阅读会消解对传统小说的阅读,而从人的发展过程看,小说阅读有其独特魅力,在数字时代还是应该坚

---

① [韩] 李正春:《数字时代出版与阅读环境变化的诊断与预测》,《现代出版》2011年第3期。

② 朱静亚:《中国阅读学的"拿来主义"》,《图书与情报》2006年第1期。

③ Ziming Liu, "Reading Behavior in the Digital Environment: Changes in Reading Behavior Over the Past Ten Years", *Journal of Documentation*, 2005, Vol. 61, Issue 6, pp. 700 – 712. Ziming Liu, "Reading Behavior in the Digital Environment", *Documents In The Information Age*, London, 2008, pp. 53 – 70.

④ Xiao Chuan Lian, "Reading in the Digital Age", *The 2nd International Conference on Publishing Industry and Publishing Education in the Digital Age* (Preprint Papers).

持下去。① 罗伯特（Roberto Simanowski）研究了文学在数字阅读环境下的境遇。②

杰桑·伊丽莎（Dresang Eliza T.）和科奇拉·鲍伊（Kotrla Bowie）用协同理论来解释网络阅读的特点。所谓协同阅读就是一种特殊形式的阅读，其中大量的读者、读者及文本，以及文本的构成大于某个特定部分的作用。③ 网络环境下数字阅读的协同性与传统环境下纸质阅读的独立性是有本质不同的。网络环境下，表面上看人们的阅读杂乱无章，不成系统，似乎没有什么创造性，但众多的看似没有关联的阅读因素基于网络的力量却能产生巨大的创造性。莎夫卡特·特伊德（Shafquat Towheed）探讨了网络资料的使用对学者的研究造成的影响。④ 瑞典的两位专家以乌拉·约翰逊－斯玛拉蒂（Ulla Johnsson－Smaragdi）和安内立斯·琼森（Annelis Jonsson）对1976—2002年间青少年的图书阅读习惯发生的变迁做了研究。他们得出的结论是：每一时期每一种新的媒介形态进入媒介环境中都会带有其特殊的媒介文本特征，相应的，青少年图书阅读习惯也会受新媒介特征的影响。⑤ 安妮·伯克（Anne Burke）和詹妮弗·罗塞尔（Jennifer Rowsell）研究了青少年数字阅读实践与他们理解互动文本所需关键技能的复杂程度。⑥ 以斯帖·乌森·杰（Esther Uso－Juan）和罗尼娅·鲁兹·玛德瑞（Noelia Ruiz Madrid）合作研究了EFL（英语作为外语）学习者的阅读行为。⑦ 研

---

① Birkerts, Sven, "Reading in a Digital Age: Notes on Why the Novel and The Internet Are Opposites, and Why The Latter Both Vndermines The Former and Makes It More Necessary", *American Scholar*, Spring 2010.

② Roberto Simanowski, "What is and Toward What End Do We Read Digital Literature?".

③ Dresang Eliza T., Kotrla Bowie, "Radical Change Theory and Synergistic Reading for Digital Age Youth", *Journal of Aesthetic Education*, Vol. 43, No. 2, pp. 92－107, Sum 2009.

④ Shafquat Towheed, "Reading in the Digital Archive", *Journal of Victorian Culture*, Vol. 15, No. 1, April 2010, pp. 139－143.

⑤ Ulla Johnsson－Smaragdi, Annelis Jonsson, "Book Reading in Leisure Time: Long－Term Changes in Young Peoples' Book Reading Habits", *Scandinavian Journal of Educational Research*, Vol. 50, No. 5, November 2006, pp. 519－540.

⑥ Anne Burke & Jennifer Rowsell, "Screen Pedagogy: Challenging Perceptions of Digital Reading Practice", *Changing English: Studies in Culture and Education*, 2008, 15: 4, pp. 445－456.

⑦ Esther Uso－Juan & Noelia Ruiz Madrid, "Reading Printed versus Online Tests, A Study of EFL learners' Strategic Reading Behavior", *International Journal of English Studies*. vol. 9 (2), 2009, pp. 59－79.

究结论认为,超文本介质阅读(在线阅读网络期刊)不仅没有影响学生的整体阅读理解,而且还提升了读者的阅读策略。马克·普林斯基(Marc Prensky)认为在数字原生代的现今,孩子越来越依赖数字媒体技术的应用,他们花费了太多的时间在这些数字技术上,而这种行为会导致他们的大脑组织结构与属于数字技术移民的老师有所不同。[1] 肯特·奥哈拉(Kenton O'Hara)和阿比盖尔·塞伦(Abigail Sellen)也进行过纸质阅读和在线文档阅读的比较研究。[2] 他们提出,文档在线阅读相比纸质阅读的关键差异是在线阅读时支持注释、快速导航,并有灵活的空间布局等主要优势。这些特征能让读者加深对文本的理解,提取某种意义上的结构框架,创建编写计划,并交叉参照其他文档,进行交错阅读与写作。莱奥波尔迪娜·弗顿娜蒂(Leopoldina Fortunati)与简·文森特(Jane Vincent)从社会学的视角探讨了数字技术在教育领域的影响,他们研究了在纸上阅读写作和在键盘上写作在屏幕上阅读的互补性。[3] 陈成年(Chen Nian-Shing)、滕·丹尼尔·蔡恩(Teng Daniel Chia-En)和李政翰及金苏克(Lee Cheng-Han & Kinshuk)认为理解是阅读的核心,然而学生常因缺乏背景知识和合适的阅读策略在阅读中遇到问题。纸质文本只能有限的通过静态的标识、段落给人们很有限的帮助。基于纸质文本的更完整的数字阅读更能给读者了解纸质文本知识的机会。[4]

黑内森德(Hillesund)研究专家型读者的阅读习惯,通过他们处理印刷和电子文本的方式,来寻找电子版和纸质版阅读之间的差异。[5] 这项研究结果反映了长篇文本是怎样被大量转移到数字阅读空间的。苏桥科(Sochocky)和克里斯汀·未(Christine M.)研究了乌克兰14岁至24岁

---

[1] Marc Prensky, "Digital Natives, Digital Immigrants Part 2: Do They Really Think Differently?", *On the Horizon*, Vol. 9, 2001, pp. 1-6.

[2] Kenton O'Hara & Abigail Sellen, "A Comparison of Reading Paper and On-Line Documents", *CHI*, March 1997, pp. 22-27.

[3] Leopoldina Fortunati & Jane Vincen, "Sociological Insights on the Comparison of Writing/Reading", http://dx.doi.org/10.1016/j.tele.2013.02.005.

[4] Chen Nian-Shing, Teng Daniel Chia-En, Lee Cheng-Han & Kinshuk, "Augmenting Paper-Based Reading Activity With Direct Access to Digital Materials and Scaffolded Questioning", *Computers & Education*, Sep 2011, Vol. 57, Issue 2, pp. 1705-1715.

[5] Hillesund, Terje, "Digital Reading Spaces: How Expert Readers Handle Books, the Web and Electronic Paper", *First Monday*, Apr 2010, Vol. 15, Issue 4, p. 1.

之间的年轻人的阅读习惯。[1] 理查德·西摩（Richard Seymour）提出了"电子出版物会引起非洲人的阅读革命么"的命题，作者从非洲人的阅读天性和如何打造属于非洲本土的电子出版物的内容两方面讨论了这一问题。[2] 几位以色列的研究者则对厕所阅读（toilet reading, TR）做了调查研究，研究发现在以色列成年人在厕所阅读是很普遍的现象，它不是一个所谓的医学问题，更多的是一个有趣的生活习惯而已。[3] 纽曼（Neuman）和苏珊·比（Susan B.）研究了看电视与阅读行为之间的干扰关系。[4] 库以德·默克塔瑞（Kouider Mokhtari）、卡拉·艾·理查德（Carla A. Reichard）和安妮·加德纳（Anne Gardner）则研究了大学生的网络阅读、电视收视与阅读行为之间的关系，结果表明网络和电视对书本阅读也存在干扰作用。[5] 梅纳德（Maynard）和莎莉（Sally）讨论青少年的电子书阅读与纸本书阅读之间的相关性。[6] 阿鲁亚·E. 阿鲁亚（Arua E. Arua）和康福特·E. 阿鲁亚（Comfort E. Arua）研究了博茨瓦纳的初中生在假期里的阅读行为。[7] 桑德拉·休斯—哈塞尔（Sandra Hughes-Hassell）和普拉德亚·罗捷（Pradnya Rodge）合作研究了美国城市青少年的课余阅读习惯，结果表明学生的学习成绩与课余阅读行为之间密切相

---

[1] Sochocky, Christine, M., "Young Adult Reading Habits in Ukraine", *The Annual Conference of the International Association of School Librarianship* (23rd, Pittsburgh, Pennsylvania, July 17 – 22, 1994).

[2] Richard Seymour, "Will E – Publishing Revolutionise Africa's Reading Habits".

[3] O. Goldstein, Y. Shaham, T. Naftali, F. Konikoff, A. Lavy & R. Shaoul, "Toilet Reading Habits in Israeli Adults", *Neurogastroenterol Motil* (2009) 21, pp. 291 – 295.

[4] Neuman, Susan, B., "The Relationship between Television Viewing and Reading Behavior", *The Annual Meeting of the International Reading Association* (25th, St. Louis, MO, May 5 – 9, 1980). Neuman, Susan, B., "The Effects of Television Viewing on Reading Behavior", *The Annual Meeting of the International Reading Association* (26th, New Orleans, LA, April 27 – May 1, 1981).

[5] Kouider Mokhtari, Carla A. Reichard, Anne Gardner, "The Impact of Internet and Television Use on the Reading Habits and Practices of College Students", *Journal of Adolescent & Adult Literacy*, April 2009.

[6] Maynard, Sally, "The Impact of E – Books on Young Children's Reading Habits", *Publishing Research Quarterly*, Dec 2010, Vol. 26, Issue 4, pp. 236 – 248.

[7] Arua E. Arua, Comfort E. Arua, "The Reading Behavior of Junior Secondary Students During School Holidays in Botswana", *Journal of Adolescent & Adult Literacy*, May 2011.

关。[①] 莎瑞扎（Shahriza）等人研究了马来西亚国际伊斯兰大学的计算机科学硕士生和艺术专业硕士生的数字阅读习惯和态度。[②] 一项由惠普公司赞助、电信网络安全研究组（TNS）所做的研究说明了"被电话、电子邮件以及短信所干扰的员工，他们脑功能所受到的不良影响，甚至高过吸大麻的人"[③]。

阅读生理学权威玛雅内·沃尔夫（Maryanne Wolf）从脑神经科学的角度重点研究了阅读型大脑的结构在数字阅读方式的影响下，会发生根本性的改变，并由此带来思考方式、行为模式的改变。[④] 她认为，阅读最核心的秘密在于可以让读者的大脑获得自由思考的时间，这一思考取决于大脑中的"延迟神经"，这种延迟可以对阅读进行概览和思考。在数字阅读过程中，这一延迟思考基本停滞。2009年，斯坦福大学教授克利福德·纳斯受美国国家科学院委派进行了一项研究，他选择两类人作为研究样本，一类人周旋于黑莓手机、推特和电视之间，不愿错过任何一条新闻；另一类是很少进行多任务处理的人。研究结果显示，追随跟踪媒体越多，选择性记忆越差，导致总结能力下降，乃至工作能力明显下降。[⑤]

著名科技作家、《卫报》《连线》等杂志知名撰稿人尼古拉斯·卡尔，曾出版《浅薄》《IT不再重要》《要紧吗？》等著作系统论述过互联网对人的影响，其中对阅读方式的影响则是他论述的重点。他的观点客观冷静，带有强烈的科技色彩。他认为，电子书将会颠覆出版行业的本来面貌，人们的阅读习惯也将会被彻底改变……因为图书的文字不再永远印刻在一页页纸上，而是逐渐呈现于一闪一闪的屏幕上。他指出，"从纸面转到屏幕，改变的不仅是我们的阅读方式，它还影响了我们投入阅读的专注程度和沉浸在阅读之中的深入程度"。"互联网没有违背我们的意愿去改变我们的思

[①] Sandra Hughes-Hassell, Pradnya Rodge, "The Leisure Reading Habits of Urban Adolescents The Leisure Reading Habits of Urban Adolescents", *Journal of Adolescent & Adult Literacy*, September 2007.

[②] Shahriza. Reading, "Habits and Attitude in the Digital Age", *Electronic Library*, 2007, Vol. 25, Issue 3, pp. 285-298.

[③] "E-mails 'Hurt IQ More Than Pot'", http://edition.cnn.com/2005/WORLD/europe/04/22/text.iq/.

[④] Maryanne Wolf, "Learning to Think in a Digital World", http://www.boston.com/news/globe/editorial_opinion/oped/articles/2007/09/05/learning_to_think_in_a_digital_world/.

[⑤] 屈一平：《微博：碎片阅读之忧》，http://news.sohu.com/20120514/n343112971.shtml。

维习惯，而是在顺应我们意愿的情况下，改变了我们的思维习惯。"①

太阳微系统公司创始人之一比尔·乔伊（Bill Joy）认为互联网并不适合正规学习。他提出，互联网可以有非常好的用途，不过用博客、电子游戏和社交网站当作教育工具，那就是没有将互联网用在正道。② 艾丽卡·帕卡德（Erika Packard）针对儿童的网络阅读与学习成绩之间的关系展开研究，得出的结论与乔伊（Joy）相似。"网络是有趣的，但不会使你变得更聪明。"③ 2007年诺贝尔文学奖得主多丽丝·莱辛（Doris Lessing）表达了对数字阅读的忧虑，她担心人们在网上花费太多时间，而没有时间去阅读纸质图书，导致读者的思维逐步缺乏深度。④ 著名阅读指导专家莫提摩·J. 艾德勒、查尔斯·范多伦也有同感，"太多的资讯就如同太少的资讯一样，都是一种对理解力的阻碍。换句话说，现代的媒体正以压倒性的泛滥阻碍着我们的理解力"⑤。1994年，俄国的《哲学问题》杂志就"书籍在荧屏时代的命运"这一问题展开讨论，有专家认为电视看多了，人们思维没有系统，言语表达困难。《星期日泰晤士报》首席书评人约翰·凯里在他的《阅读的至乐——20世纪最令人快乐的书》的前言中也曾指出"（图书）阅读和文明是共同发展的，谁也不知道二者是否能够离开彼此独立存活下去"⑥。

据百道网报道，美国帕里什·莫里斯的研究表明，利用电子书阅读器的孩子对故事的理解力远远差于那些和家长们一同用纸本书进行阅读的孩子。由范德堡大学的加布里·埃尔斯特劳斯、美国布鲁金斯研究院的教育政策主任格罗弗·怀特赫斯特的研究都表明，家长与孩子对话互动的"对

---

① ［美］尼古拉斯·卡尔：《浅薄：互联网如何毒化了我们的大脑》，刘纯毅译，中信出版社2010年版，第96—97页。

② Bill Joy, "On the Internet and Education", http：//www.theatlantic.com/magazine/archive/2006/10/the–aspen–ideas–festival/5206/2/.

③ Erika Packard, "It's Fun, But Does It Make You Smarter", *Monitor Staff*, November 2007.

④ Doris Lessing, "On Not Winning the Nobel Prize", http：//nobelprize.org/nobel_prizes/literature/laureates/2007/lessing–lecture_en.html.

⑤ ［美］莫提摩·J. 艾德勒、查尔斯·范多伦：《如何阅读一本书》，郝明义、朱衣译，商务印书馆2004年版，第8页。

⑥ ［英］约翰·凯里：《阅读的至乐——20世纪最令人快乐的书》，骆守怡译，译林出版社2009年版。

话式阅读"对于孩子学习能力的培养至关重要。而人与人的直接互动却是在电子书中很难直接呈现的。①

新型阅读设备的发展及其阅读体验研究。史蒂芬·列维(Steven Levy)提出图书不会消亡，但在形式上会实现数字化。② 科林·约翰逊（R. Colin Johnson）在《电子书：显示技术的选择之争》一文中讨论各种可应用于电子书的显示技术。③ 洛塔·C. 拉尔森（Lotta C. Larson）探讨了电子书的优点，并提出将电子书技术与传统学习技术结合起来促进读写能力的提高。④ 安德鲁·伯格（Andrew Berg）认为数字图书虽然仍处于发展阶段，但最终会停留在一两种形态上，他以亚马逊的电纸书以及 Adobe 公司为例，从价格方面、开端及市场开拓方面探讨电子图书的未来。⑤

如何应对数字阅读？雅各布·尼尔森（Jakob Nielsen）提出网络读者需要在头脑中先建立起一个意识框架，用以理解网络上得到的资料、事实和数据，才能有效地利用网络展开学习。⑥ 大卫·麦卡洛（David McCullough）认为网络提供"信息"，但不是"知识"……知识来自优秀的教师，来自个人的努力。⑦ 詹妮弗·罗塞尔（Jennifer Rowsell）和安妮·伯克（Anne Burke）合作的研究探讨了数字阅读实践应如何展开。⑧ 对成人来说，树立

---

① 许光耀：《数字阅读可能影响儿童学习能力提高》，http://www.people.com.cn/h/2012/0131/c25408-2828724368.html。

② Steven Levy, "The Future of Reading: Books Aren't Dead, They're Just Going Digital", *Newsweek Cover Feature*, 26, Nov 2007, pp. 57-64.

③ R. Colin Johnson, "E-Books: Battle Brews over Display Alternatives", *Electronic Engineering Times*, February 22, 2010, p. 26.

④ Lotta C. Larson, "Digital Readers: The Next Chapter in E-Book Reading and Response", *The Reading Teacher*, 64 (1), pp. 15-22. More to Explore: Lotta C. Larson, "Going Digital: Using E-Book Readers to Enhance the Reading Experience".

⑤ Andrew Berg, "Reading the Future of the Digital Book", *Wireless Week*, May/June 2009, p. 10.

⑥ Xiao Chuan Lian, "Reading in the Digital Age", *The 2nd International Conference on Publishing Industry and Publishing Education in the Digital Age* (Preprint Papers).

⑦ David McCullough, "'The Love of Learning'——Address to the Graduates", *Commencement Exercises*, Boston College, May 19, 2008.

⑧ Jennifer Rowsell & Anne Burke, "Reading by Design: Two Case Studies of Digital Reading Practices", *Journal of Adolescent & Adult Literacy* 53 (2), October 2009; Jennifer Rowsell & Anne Burke, "Screen Pedagogy: Challenging Perceptions of Digital Reading Practice", *Changing English*, Vol. 15, No. 4, December 2008, p. 456.

一种积极的阅读态度很重要。史密斯（Smith）和穆·塞西尔（M. Cecil）的研究表明：对阅读持有积极的态度会促进成人在阅读上比那些持消极态度的人花费更多的时间。① 马哈茂德（Mahmood）和哈利德（Khalid）针对图书馆改进数字阅读习惯方面提出了一些措施。②

（三）研究方法以量化和实证研究为主

注重使用量化和实证研究方法是西方科学研究的传统，对阅读行为的研究同样十分重视量化与实证。问卷调查、控制实验、个案分析等方法经常被使用。比如，罗塞尔（Rowsell）和伯克（Burke）对学生的数字化阅读实践做研究时，重点考察了两名在美国和加拿大的中学生所实践的数字化阅读学习。作者采用一个多模态话语理论框架，仔细考量什么是数字化阅读教学实践，具体讨论了线上文本阅读与以印刷为本及以学校为本的读写文化教学实践之间有什么区别。作者聚焦于两种不同体裁的线上文本，描绘出数字化阅读所产生的多样性阅读实践，同时亦把阅读实践与阅读者的主观看法作对照，说明两者之间的互相影响力。③ 雅各布·尼尔森（Jakob Nielsen）使用"眼球跟踪仪"来探测、跟踪读者眼球在网页上的移动，记录读者在网页哪一部分停留以及停留时间的长短。④ 以斯帖·乌森·杰（Esther Uso–Juan）和罗尼娅·鲁兹·玛德瑞（Noelia Ruiz–Madrid）在研究网络阅读与纸质阅读对学生理解能力的影响时，采用控制实验的方法，将50名来自旅游专业的大学生分为两组，一组阅读纸质文献，另一组在线网络阅读。研究分析两组学生对材料的阅读理解情况和所使用的阅读方法的不同。结果表明，网络阅读没有影响学生的综合理解力，但促进了学生采用更多的阅读方法，包括从上往下读和从下往上读。⑤

---

① Smith, M. Cecil, "Relationship of Adults' Reading Attitude to Actual Reading Behavior", *Reading Improvement*, Sum 1990, Vol. 27, No. 2, pp. 116–121.

② Mahmood, Khalid, "Libraries and Promotion of Reading Habits in the Digital Age", *kistan Library & Information Science Journal*, Sep. 2004, Vol. 35, Issue 3, pp. 18–24.

③ Rowsell, J., & Burke, A., "Reading by Design: Two Case Studies of Digital Reading Practices", *Journal of Adolescent & Adult Literacy*, 2009 October, 53 (2), pp. 106–118.

④ http://www.useit.com/alertbox.

⑤ Esther Uso–Juan, Noelia Ruiz–Madrid, "Reading Printed versus Online Texts. A Study of EFL Learners' Strategic Reading Behavior", *International Journal of English Studies*, Vol. 9 (2), 2009, pp. 59–79.

（四）研究主体分布较为广泛

除了从事教育研究、图书资讯科学研究的学者之外，还有大量计算机科学、心理科学、认知神经科学等领域的专家学者对这一命题也开展了深入研究。还有一个特点就是，欧美发达国家大多有专门的机构从事读者阅读习惯的调查和研究。希腊国家图书中心定期推出《希腊国民的阅读行为》报告。[①] 美国国家艺术基金会定期开展关于美国国民阅读及相关问题趋势的调查和研究，并定期发布报告。2002 年的调查结果是《阅读危机：美国成人文学阅读调查》[②]，2007 年发布《阅读，还是不阅读：一个影响国家命运的问题》[③]，2009 年则发布报告《上升中的阅读：美国文化史的新篇章》[④]。英国出版商协会的图书营销委员会也定期开展读者阅读行为调查与研究。[⑤]

第三节 研究内容与方法

一 研究目标：本研究要解决的问题

一项科学研究总是从具体的研究问题开始的。本研究要解决的问题主要是：

第一，提出一个国民阅读行为嬗变的理论模型（框架）。

第二，在这个理论模型（框架）下，对抽象的、理论化的"国民阅

[①] Chorianopoulos, et al., "Reading Behaviour of the Greek Population 1998 – 1999: National Book Centre of Greece", *Publishing Research Quarterly*, Summer 2000.

[②] National Endowment for the Arts, "Reading at Risk: A Survey of Literary Reading in America", 2004, www.nea.gov/pub/reading at risk.pdf; Sarah Ann Long, "Who's reading in the United States?", *New Library World*, Vol. 106, No., 1208/1209, 2005, pp. 80 – 82.

[③] National Endowment for the Arts, To Read or Not to Read: A question of National Consequence, 2007.

[④] National Endowment for the Arts, "Reading on the Rise: A New Chapter in American Literacy, 2009.

[⑤] Leslie Henry, "Books and The Consumer: The Who, What, and Why of Consumer Book Purchasing", *Publishing Research Quarterly*, Fall 1993.

读行为嬗变"进行可操作性描述,提炼出一个内容丰富、科学准确的指标体系。

第三,将指标体系通过问卷的形式呈现出来,通过问卷调查采集数据,以此为基础研究我国国民阅读行为嬗变的表现。

第四,质化方法与量化方法相结合,探寻国民阅读行为嬗变的原因,探讨这种嬗变已经产生并可能会产生哪些影响,以及社会如何应对。

上述四个相互关联的问题,构成本研究的目标体系。其中,第二个是研究的基础,第三个是研究重点,第四个是研究的落脚点。

二 范畴界定

(一) 基础范畴:行为与行为嬗变

1. 行为的定义

笔者主张在人类行为的范畴下来考察阅读问题,也就是说我们主张将阅读视作人类特有的行为之一。那什么是行为呢?

生理学家认为行为是指可以观察到的肌肉和外分泌腺的活动。伦理学家认为行为是基于自由意志的动作。哲学家认为行为是受思想支配的表现在外面的活动。行为科学认为,行为就是人的有机体用以适应环境变化的各种身体反应的组合,又是人通过一连串动作实现其预定目标的过程。人类所有的行为都是后天习得的,有的表现为身体外部,有的隐藏在身体内部。狭义的行为(外显行为)是指人能被直接观察、测量与记录的外显活动。内省行为则是无法以肉眼观察或科学仪器加以记录的,需要行为主体自己去体验、评估,再加以陈述出来的行为。

可见,行为的内涵是丰富复杂的,可涵盖人们在受到外部刺激后产生某种需要和动机,并在一定的目的指引下表现出来的一切活动。心理学将人类行为概括为 S－O－R 的历程,即个体因外在刺激而产生的反应。[1]

2. 行为过程及其要素

影响行为的因素是很多的。德国社会心理学家卢因(K. Lewin)认为人的行为是环境与个体相互作用的结果。他于1951年提出人类行为公式:$B = f \cdot (P \cdot E)$,B 表示行为,P 表示个人因素,E 表示情境因素,f 为

---

[1] 钱玉芬:《传播心理学》,威仕曼文化事业股份有限公司(台北)2007年版。

PE 的函数。公式表示：一个人的行为（B）是个人因素（P）和情境因素（E）的乘积，这一乘积还要受个人与环境相互作用之类变量的影响，所以用一个函数值 f 来表示。总之，一个人在某一特定环境中将表现出什么样的行为，是由主客观因素所决定的。

人的行为一方面是对其所处环境作出的反应，另一方面又与人体自身的身心状况有关。这里的环境不仅是物理环境，还包括政治和经济等社会环境。同时，行为动作与心理活动之间是相互作用、相互影响、交织进行的。

心理学的研究表明，人在一定环境下，会产生某种生理和社会的需要。当这些需要得不到满足时，会产生一种紧张不安的心理状态。在一定的外界诱因条件下，这种紧张感驱使人们采取某种行动来满足需要。这样，紧张、不安的心理，就转化为动机。在动机的推动下，进行满足需要的活动——行为。行为是有一定目标的。目标就是目的，是期望达到的结果，是需要的明确化和具体化。当人们达到目标，满足了需要，紧张不安的心理状态就会消除。如果行为受挫，目标不能达到，需要不能满足，心理上的紧张不安就会加剧。这就要调整动机、重选目标、调节行为，直到需要满足，紧张消除。这时，又会在新的环境下，逐渐产生新的需要，萌发新的动机，再去追求新的目标，引起新的行为。这样周而复始，直到人的生命终止。正是在客观环境、主观需要、动机驱使、目标导向等的不断相互作用中，引起了一个又一个的行为。这种基本心理过程表现如图 1—1 所示。

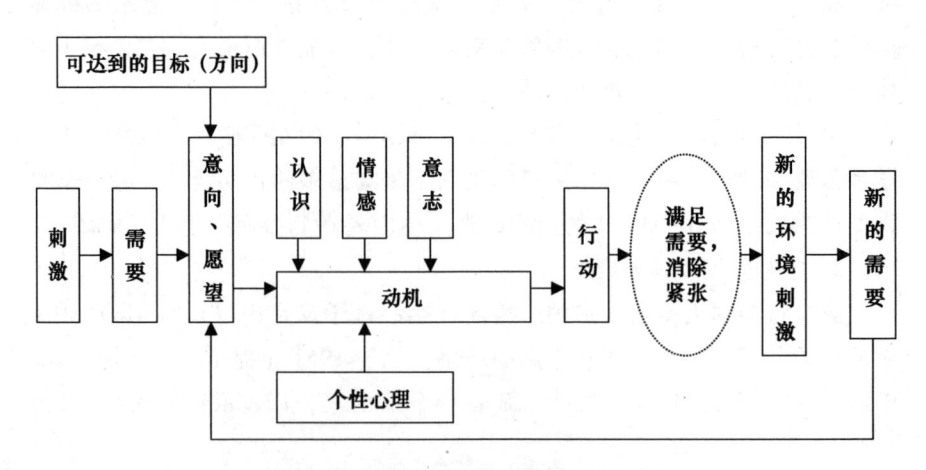

图 1—1 人类行为过程示意图

认识人类行为和心理活动的基本过程和基本规律，有助于我们具体地去揭示和把握读者阅读行为的特殊规律。

3. 行为嬗变

本书研究的是国民阅读行为的嬗变，重在从演变、变迁的角度来考察，强调的是国民阅读行为在一个时间段里发生的改变。

关于行为嬗变的内容。由于人的行为是由多种因素构成的，所以人的行为嬗变是一个复杂的过程。仅改变某一方面或者某一个因素往往不能使人的行为发生改变。从引起个体阅读行为的内部因素来分析，行为的嬗变可以分为阅读知识、阅读态度和阅读行动的嬗变三个方面。阅读知识的嬗变是阅读行为嬗变的一个必要的条件，相对容易实现，它可以通过阅读和学习来实现有关阅读技能、阅读方法方面的知识结构的嬗变，使人认识到改变阅读行为的必要性。阅读态度的嬗变指的是人们对阅读行为的评价倾向发生改变。比如说，一个读者在掌握上网技能前对网络阅读是排斥和抵触的，随着网络使用水平的提高，慢慢喜欢上网络阅读，这就是一种阅读态度的改变。阅读态度带有个人感情色彩，并会受群体、朋友、亲人等影响，比阅读知识的改变要相对复杂一些。阅读行动的嬗变是阅读行为结构系统中的一个关键方面。在阅读行为嬗变过程中，从阅读认识、阅读态度的嬗变到阅读行动的嬗变是一次飞跃，阅读认识、阅读态度的嬗变是阅读行为嬗变的前提条件，阅读行动嬗变则是阅读行为嬗变的最终结果，只有读者的阅读行动发生嬗变才能达到阅读行为嬗变的目的。

关于阅读行为嬗变的阶段。美国心理学教授普罗察斯卡（Prochaska）在1983年提出行为嬗变理论模式，也称为行为阶段嬗变理论模型。它着眼于行为嬗变过程及对象需求，理论基础是社会心理学。它认为人的行为嬗变是一个复杂、渐进、连续的过程，在不同的行为阶段，每个改变行为的人都有不同的需要和动机，对目标行为会有不同的处理方式。人的行为可分为五个不同的阶段，即没有准备阶段（precontemplation）、犹豫不决阶段（contemplation）、准备阶段（preparation）、行动阶段（action）和维持阶段（maintenance）。参照这样的理论，我们也可以将读者阅读行为的嬗变分为没有准备、犹豫不决、准备、行动和维持的阶段。

(二) 核心范畴：阅读（行为）

1. 有关"阅读"定义的类型分析

诚如卢峰所说，现代阅读日益呈现多样化和层次化的景观，对阅读本质的不同理解会直接影响着对阅读价值、意义的不同认识，在倡导全民阅读、推进阅读社会构建的今天，深刻认识阅读的本质具有重要的现实意义。①"阅读"本是一个司空见惯但科学能指意义偏少、偏弱的范畴，但作为研究课题，不仅发展出相对独立的阅读学科，而且在教育学、图书馆学、语言学、心理学、哲学等诸多学科领域均有所涉及。不同学科视野中的阅读研究内涵有异，但无疑均为人类对阅读的理性认识，每一种定义都尝试揭示阅读这一人类行为的本质。总的来说，"阅读"是一个跨学科的理论范畴，它可以与其他学科相结合，将本来不十分相关的一些理论结合起来，使这些理论在"阅读"范畴内有机结合起来。

如前所述，行为是在一定的目的指引下发生的，阅读行为也不例外。陈建龙认为，"行为是人格化的，有其不可分割的主体，它既是由主体的内在本质决定的自觉活动，又是由主体受外界刺激而作出的各种反应。同时，行为又是各种目的的实现过程，目的是行为的核心，活动是行为的表现"②。因此，我们可以根据对阅读目的的不同认识对国内外阅读定义进行归类梳理。中国台湾学者王先𬙂曾将国外常见的有关阅读定义的界定按照阅读目的分为五类，即解释说、沟通说、改写说、构造说和显现价值说。③参考这一分类研究法，结合国内的情形，我们将国内外阅读定义分成以下八类。

第一类：解释说。

主张阅读是一种解释，强调挖掘阅读客体所蕴涵的特定意义，即获取意义。史柯尔斯提出"一切阅读，在某种程度上，都是把原作归结为一个特定意义的过程；这个意义我们是从原作中挖掘出来的"，所以"'解释'就是我们对特定作品的'阅读'"④。道林和莱昂认为广义的阅读乃

---

① 卢锋：《阅读本质的再思考》，《山东图书馆学刊》2010 年第 4 期。
② 陈建龙：《信息市场经营与信息用户》，科学技术文献出版社 1994 年版。
③ 转引自周庆华《阅读社会学》，扬智文化事业股份有限公司（台北）2003 年版，第 61—62 页。
④ 同上书，第 62—63 页。

是对于记号（sign）的解释，狭义的阅读乃是对于符号（symbol）的解释。①福勒认为，读者阅读文本的过程，基本上就是透过对语言形式的反应来释放知识的过程，而这些形式则是作者在对该作品的深层结构进行编码时予以部署的。这是一种发现的行为，作为读者群体的一员，他已经具备了去发现的条件：读者所阅读的小说是他自身所隶属的类同符号系统的一部分。②史密斯和维彻特认为阅读乃是向文本（text）提出问题并使问题得到回答的过程，即读者所具有的经验与书写符号发生联系的过程。③古德曼认为阅读是"对书写语言所传播内容的接收，是读者与书写语言之间的相互作用"，吉布森和利文认为阅读是"从文本中提取意义的过程"④。美国宾夕法尼亚州阅读能力评估咨询委员会把阅读界定为"阅读是一个读者与文本相互作用、构建意义的动态过程"⑤。美国国家教育发展评估委员会认为，阅读是一个积极且复杂的过程，涉及理解书面文章、形成并理解含义，根据文章类型、目的与情景，恰当使用含义。⑥

这类定义可谓国外学者对阅读的主流定义。同样的，国内学者和文献也多从获取意义的角度界定阅读。唐宁和陈康梁认为，阅读是对有意义符号的解释。⑦洪材章等主张阅读就是人们透视视觉器官接受符号所标记的意义的过程；这一过程的目的，就是交流思想、沟通情况。⑧沈德立提出有效的阅读应该包含两个主要含义：第一，具有较快的阅读速度；第二，保证对阅读材料主要内容的准确理解。⑨周振甫认为，"阅读指读书，但

---

① 转引自张必隐《阅读心理学》，北京师范大学出版社2004年版，第2页。
② 转引自周庆华《阅读社会学》，扬智文化事业股份有限公司（台北）2003年版，第62—63页。
③ 转引自张必隐《阅读心理学》，北京师范大学出版社2004年版，第1页。
④ 同上书，第2页。
⑤ 转引自郭成、高淳海等《论语文阅读的内涵与理念》，《山东教育学院学报》2011年第1期。
⑥ 罗阳佳：《阅读素养：孩子面向未来的基础能力》，http://paper.jyb.cn/zgjyb/html/2011-03/17/content_43647.htm。
⑦ 转引自李广建《青少年阅读心理与读书方法》，海洋出版社1993年版，第1页。
⑧ 转引自周庆华《阅读社会学》，扬智文化事业股份有限公司（台北）2003年版，第2页。
⑨ 沈德立：《学生汉语阅读过程中眼动研究》，教育科学出版社2001年版，前言第1页。

它的含义还有待阐发"[①]。《现代汉语词典》的界定：看（书报刊）并领会其内容。[②]《辞海》的解释：看（书报）并领会其内容。《中国大百科全书》的解释：阅读是一种从印的或写的语言符号中取得意义的心理过程。[③]《心理学大辞典》的解释："从书面材料（如印刷文字、图画、图解、图表等）获取信息或意义的过程。"[④] 彭妍主张，阅读是一种语言行为，因此它所涉及的语言使用和理解同样具有语言的认知本质……阅读作为人类认知行为的一部分，其目的是通过对文本意义的把握来增加个体的知识积累。[⑤] 曾祥芹、韩雪屏认为，"一般地说，阅读是读者从写的或印刷的书面材料中提取意义或情感信息的过程"[⑥]。沈小丁、郑辉认为，"如果把阅读过程加入了动机、情绪、情感等因素，可以给阅读下这样的定义：阅读是读者从书面材料中提取意义并影响其非智力因素的过程"[⑦]。王余光、徐雁综合了个体获取意义与个体与阅读对象互动关系，认为阅读是"一种从书面语言和符号中获得意义的社会行为、实践活动和心理过程，是读者与文本相互影响的过程"[⑧]。阳海清提出，"阅读是人类自我学习的一种重要方式，是从书面语言和其他书面符号中获取知识、信息的社会行为和心理过程，是自文字、特别是文献产生以来人类社会的一项基本活动"[⑨]。王素芳认为"阅读是人从符号中获得意义的一种社会实践活动和心理过程，也是信息知识的生产者和接受者借助于文本实现的一种信息知识传递过程"[⑩]。朱作仁提出狭义的阅读"是一种从书面语言符号中取得意义的心理过程，它是一种智力技能。学习阅读，就是学习一系列的规

---

① 周振甫：《引言》，载曾祥芹、张伟坤、黄果泉编著《古代阅读论》，大象出版社1992年版，第1页。

② 中国社会科学院语言研究所词典编辑室：《现代汉语词典》，商务印书馆2001年版，第1427页。

③ 中国大百科全书编写委员会：《中国大百科全书·教育卷》，中国大百科全书出版社1985年版，第464页。

④ 林崇德、杨治良等：《心理学大辞典》，上海教育出版社2003年版。

⑤ 彭妍：《从关联理论的角度探讨阅读本质》，《长沙铁道学院学报》（社会科学版）2006年第3期，第3页。

⑥ 曾祥芹、韩雪屏：《阅读学原理》，大象出版社1992年版，第273页。

⑦ 沈小丁、郑辉：《论阅读》，《图书馆》2007年第6期。

⑧ 王余光、徐雁：《中国读书大辞典》，南京大学出版社1999年版，第350页。

⑨ 阳海清：《建立"阅读学"断想》，《图书情报论坛》2007年第3期。

⑩ 王素芳：《网络阅读的发展现状和前景探析》，《图书与情报》2004年第3期。

则，学习如何从基本上是语言的书面材料中取得信息的方法"[1]。郭成等人在分析语文阅读时，认为阅读就是个体（读者）与阅读对象（阅读材料）之间相互作用、构建意义的过程。[2] 卢峰认为广义的阅读是指"人类从文本中获得意义的过程和活动"[3]。国际阅读素养进展研究认为阅读是"阅读者在阅读过程中积极建构意义、了解有效的阅读策略并反思所读的内容"[4]。罗慧说："阅读的本质是人依靠脑中的原有知识，主动获取信息，从文字中建构意义的过程。或者说阅读是大脑接收外界视觉符号信息并对其进行加工，以理解符号所代表的意义的过程。"[5]

第二类：沟通说。

这类定义主张阅读是沟通，强调阅读是阅读主体和阅读客体的互动，阅读被视作读者和语言成品以及读者和自己互动的过程。温尼尔特提出："阅读为我们提供了一个潜在空间；在这个空间中，'在里面'和'在外面'之间的区别模糊了，就像我们把外部世界吸收到我们正在发展的心理过程中那样。大量事物和人物作为变化着的物体呈现在我们面前，而我们发现它们既是真实的又是被创造的符号。"[6] 韦德森认为阅读是一种积极的过程，是"读者与文章（或作者）的交流过程"[7]。普莱主张："所谓阅读，就是一个思想在我的脑子里找到一个并不是我自己的主体。每当我阅读的时候，我在心中叨念一个我，然而我叨念的那个我并不是我自己"，而"阅读就是这种情况：不仅是向一大堆陌生的词语、形象和观念屈服的过程，而且也是向吐露和庇护那些词语、形象和观念的陌生的本原屈服的过程"，"因此，阅读是这样一种行为：我称之为我的主体本原受到很大限制，以至严格地说，我不再有权利认为它是我的我了。我租借给另一个人，而

---

[1] 朱作仁：《教育辞典》，江西教育出版社1987年版，第599页。
[2] 郭成、高淳海等：《论语文阅读的内涵与理念》，《山东教育学院学报》2011年第1期。
[3] 卢锋：《阅读本质的再思考》，《山东图书馆刊》2010年第4期。
[4] 罗阳佳：《阅读素养：孩子面向未来的基础能力》，http://paper.jyb.cn/zgjyb/html/2011-03/17/content_43647.htm。
[5] 罗慧：《教师的阅读研究——基于城区小学、幼儿园的调研》，《内蒙古民族大学学报》2008年第5期。
[6] 转引自周庆华《阅读社会学》，扬智文化事业股份有限公司（台北）2003年版，第63页。
[7] 赵俊玲等：《阅读推广：理念·方法·案例》，国家图书馆出版社2013年版，第1页。

这另一个人在我的身内活动着、思想着、感受着、并忍受着痛苦"①。纳托尔（Nuttal）指出阅读是一种不断进行假设、再假设的"心理语言学猜测游戏"②。

  国内也有不少学者在定义阅读时强调读者与作者之间、读者与文本之间的交流与沟通。曾祥芹曾主张阅读行为包括读者、读物和阅读时境三大要素，阅读是读者通过作品与作者进行的一种信息交流，也是读者对读物的认知、理解、鉴赏和运用的过程。③ 韩雪屏解释阅读活动是一个人的心理要素整体能量的反映。④ 巴丹主编的《阅读改变人生》一书写道："阅读的本质是什么？简而言之，读书，就是与文本沟通。详说，就是对一套符号系统的破解，对文本内容的体验，对未知事物的求知，发展思维并拓展想象力，与文本进行信息、思想、观念、情感的交流。而阅读的超越，就是通过文本感悟新的内容，发现新的线索，寻找新的答案。"⑤ 曹明海认为阅读是一项融合了语言、心理和文化的复杂的心智活动过程。⑥ 曹光灿认为"阅读是以文本为中介的作者传达——读者接受过程"⑦。端木庆一主张阅读"不仅是作者给词，读者辨意"的语言解码（decoding）活动，更是读者与作者在意识深层相互作用的心理活动。⑧ 有学者对阅读的界定上升到哲学的高度，认为阅读"就是读者与创作者（即文章）的对话和交流活动"⑨。洪岗提出，阅读是"一种高度积极主动的创造性行为"，是"读者通过语篇与作者相互作用的交际行为"⑩。卢峰界定的狭义

---

① 转引自周庆华《阅读社会学》，扬智文化事业股份有限公司（台北）2003年版，第63页。
② 转引自洪岗《从阅读的本质看高校英语专业阅读课教学》，《浙江师大学报》（社会科学版）1995年第3期。
③ 曾祥芹、韩雪屏：《阅读学原理》，大象出版社1992年版，第39页。
④ 曾祥芹、张伟坤等：《古代阅读论》，大象出版社1992年版，第3页。
⑤ 巴丹：《阅读改变人生——中国当代文化名人读书启示录》，东方出版社2004年版，第53页。
⑥ 转引自郭成、高淳海等《论语文阅读的内涵与理念》，《山东教育学院学报》2011年第1期。
⑦ 曹光灿：《阅读本质论》，《西南师范大学学报》（哲学社会科学版）1996年第1期。
⑧ 端木庆一：《阅读学及外语阅读教学理论发展简析》，《河南师范大学学报》（哲学社会科学版）2000年第1期。
⑨ 曹明海、宫梅娟：《理解与建构——语文阅读活动论》，海洋大学出版社1998年版，第10页。
⑩ 洪岗：《英语专业阅读课教学模式的探讨》，《现代外语》1994年第2期。

的阅读指"通过与文本的对话交流,读者提升智慧、促进个人精神成长的过程和活动,甚至是专指深阅读、厚阅读、经典阅读等"①。

第三类:改写说。

伊格顿在谈到文学阅读时,他说"一切文学作品都会被阅读它们的社会所'改写';即使仅仅是无意识地改定……任何作品的阅读同时都是一种'改写'"②。托多洛夫说:"对作品的一种肉眼看不到的而却最近似理想的描述是阅读,这是指阅读作为展现作品而说的。然而,阅读的过程就是已经产生它自己的后果。对于一门作品的两次阅读,它的后果永远不会相同;因为阅读的同时会产生一种被动文字,就是读者依据各自的爱好和愿望对被阅读的作品进行任意增删。"③ 由此可见,这类定义强调阅读主体依照自己的需求对阅读客体进行解读。

第四类:构造说。

主张阅读是构造,认为阅读是对阅读客体的语义转换或再编码。布洛姆菲尔德(Bloomfield)视阅读为"从视觉信号到听觉信号的一种转变"。认知心理学家雷斯尼克认为:"阅读是一种构造的过程,在这个过程中,读者的推断能力与他原来的知识起到关键的作用。"④ 佩利的观点:"文本的任何阅读都是一个构造某种假说或框架系统的过程;这一系统能够在文本的各种资料之间创造最大限度的相关性(能够根据来源于'现实'以及文学或文化传统等的模型促动它们在文本中的'共现')。这些假说的每一个都是一种'标签',包含着一个对一下这类问题的回答:正在发生什么事?事态如何?发生地点在何处?动因是什么?目的是什么?叙述者的位置如何?文本所'反映'的论点或观点是什么?诸如此类。"⑤ 拖多洛夫曾说:"阅读是对作品在空间范畴内的浏览,它不局限于按照字母的排列从左到右、从上到下,而是把相连接的拆开,把相互远离的连接起

---

① 卢锋:《阅读本质的再思考》,《山东图书馆学刊》2010年第4期。
② 转引自周庆华《阅读社会学》,扬智文化事业股份有限公司(台北)2003年版,第64页。
③ 同上。
④ 陈芳序、李川子:《广州城市阅读文化初探》,《城市观察》2009年第3期。
⑤ 转引自周庆华《阅读社会学》,扬智文化事业股份有限公司(台北)2003年版,第65页。

来，是按照真正的空间结构而不是线性结构的形式来接受作品的。"① 巴特曾说："阅读就是竭尽全力命名，就是对文本中的句子进行语义转换。这种转换是游移不定的；它的实质就是在几个名称之间犹豫不定。如果文本告诉我们：萨拉辛具有'那种从不知障碍的坚强意志'，那么我们该怎样解读？毅力、精力、固执、冥顽等等？""由于阅读的'命名过程'是用一些代码去取代文本原有的代码，阅读就不仅是'解码'，而且是'再编码'，又由于文本中的语义游移不定，阅读就又有'游戏'的性质。"② 史蒂文·罗杰·费希尔在《阅读的历史》中认为：原始意义的阅读即"对记忆之物和图示进行解码"，阅读的是"结构简单的文本"③。杜学增认为："阅读是一种接受性心智技能，是一个解码过程，即阅读是语言符号（文字）刺激人的感觉器官耳和目，将其携带的语言信息传入大脑，进行记忆分析和作出判断的过程。"④

第五类：显现价值说。

主张阅读是显现价值，即把阅读客体所蕴涵的价值呈现出来。拖多洛夫认为"阅读不仅是展现作品的一个行动，也是一个价值化的过程。"⑤ 霍加特提出阅读是"把文本所蕴涵和传达的复杂价值形式显现出来"⑥。巴特主张："作品之所以是永恒的，不是因为它把单一的意义施加于不同的人，而是因为它向单个的人表明各种不同的意义。"⑦ 戴炜主张："完整的阅读过程不仅是从读物中提取意义，还要由意及物，把阅读心得化为文字，并运用于改造主观世界的客观世界的实践。所以说，阅读的最高境界是创造性阅读和阅读后的创造实践。这里即有表达，也有信息的输出。"⑧

第六类：接受信息说。

这类定义只是强调获取或者接受了信息，但遮蔽了是否理解或者怎么

---

① 转引自周庆华《阅读社会学》，扬智文化事业股份有限公司（台北）2003年版，第65页。
② 同上。
③ [新西兰]史蒂文·罗杰·费希尔：《阅读的历史》，商务印书馆2009年版，第44页。
④ 杜学增：《英语阅读的方法和技能》，外语教学与研究出版社1996年版，第76页。
⑤ 转引自周庆华《阅读社会学》，扬智文化事业股份有限公司（台北）2003年版，第66页。
⑥ 同上。
⑦ 同上。
⑧ 戴炜：《加强社会阅读提高人民素质》，《证券日报》2006年2月26日B2版。

理解信息。王欣欣认为："阅读是人们通过一定的载体,接受载体所提供的文字、图像等信息的过程。"① 张必隐说："阅读是从书面材料中获取信息并影响读者的非智力因素的过程。"② 胡继武主张："阅读是以视觉感知作为主要活动形式,其目的在于获取知识和信息,陶冶情操,丰富人生的精神世界,在这个过程中伴随着思维的活动和情感活动。"③ 及树楠提出："阅读本质上是一种接受文字信息的、复杂的思维活动。阅读过程实际上就是大脑进行想象、联想,运用概念进行判断、推理、分析、综合、比较的复杂思维活动过程。"④ 曾祥芹曾提出："阅读是人类最普遍的一种社会活动,是读者从作者的精神产品中提取信息和加工信息的心智过程。"⑤

第七类:思考说。

马笑霞界定阅读"就是通过视线的扫描,筛选关键性语言信息,结合头脑中储存的思想材料,引起连锁性思考的过程"⑥。刘英莲从语言学的角度提出："阅读被认为是一种具有四方面意义的复杂脑力活动,即认字、释文、思索和融会贯通。"⑦ 黄晓新考察了"读"的字义。她说,在中国,"读"与"籀"两字是互训的。诵而能释其义曰"籀",东汉许慎《说文解字》中说："读,籀书也;籀,读书也。"读即是通过"看"和"诵"而达到对阅读物含义的理解。她总结道,虽然人们对阅读给予不同的定义,但有一点是共同的："即阅读是以个人已有的经验知识(包括直接和间接经验)为基础,对阅读物内容的感知过程。"⑧ 黄俊贵认为阅读的本质是一种思维活动,是将传入大脑中的书面信息通过思考、想象、判断、推理等一系列思维活动将其转换成各种概念和思想的过程。⑨ 倪锦诚

---

① 王欣欣:《阅读的本质与图书馆服务》,《图书馆论坛》2006 年第 2 期。
② 张必隐:《阅读心理学》,北京师范大学出版社 2004 年版,第 3 页。
③ 胡继武:《现代阅读学》,中山大学出版社 1991 年版,第 21—23 页。
④ 及树楠:《阅读的本质和阅读教学规律》,《湖南教育》1999 年第 2 期。
⑤ 转引自周庆华《阅读社会学》,扬智文化事业股份有限公司(台北)2003 年版,第 21 页。
⑥ 马笑霞:《阅读教学心理学》,河北教育出版社 1997 年版,第 5 页。
⑦ 刘英莲:《阅读的本质和阅读理解中的知识提取》,《辽宁工学院学报》(社会科学版)2005 年第 3 期。
⑧ 黄晓新:《阅读的社会过程研究》,《出版发行研究》1989 年第 6 期。
⑨ 黄俊贵:《提升阅读理论构建阅读社会》,《图书馆论坛》2005 年第 6 期。

提出，读者在阅读过程中利用文章的各种语言现象所形成的刺激，选择性地获取文章中有意义的文字符号信息，并进行一系列的体验、预测、验证和判断的思维活动。①

第八类：广义说。

20世纪下半叶以来，阅读被西方现代阐释学、精神现象学、符号学、传播学、认知学、文献学等领域广泛借用而呈现普泛化趋势，具有了多重视角和意义。于是产生了诸多广义视角的阅读界定。

首先体现在阅读客体（阅读对象、阅读材料）范围的广泛上，主张广义的阅读是指对一切形式材料的阅读，如文字材料、声音材料、影像材料等，这就形成了所谓大阅读观。王欣欣认为，凡是人类通过感觉器官能接受到的信号，并反馈到大脑，进而对信息进行存储、感受、分析、判断的过程，都可以称为阅读。② 曾祥芹指出：阅读是披文得意的心智技能，是缘文会友的交往行为，是书面文化的精神消费，是人类素质的生产过程。③ 文本阐释理论中的阅读范畴更是超越了一般意义上的阅读概念；在宏观上，阅读不仅仅是一种社会现象或精神现象，更是一种人类文化与精神的最基本的"对话"模式、文献传播与文本阐释的核心形式以及人类生命体验的重要形态；在微观上，文本阐释理论则更多地注意、考察个体阅读行为的本质特征、价值意义与结构。④ 从伽达默尔的哲学解释学看阅读的本质：文本是在不断地被理解的过程中达到它的完全存在的；文本的意义来自传统，体现在现在，面向着将来；理解的过程是创作实践和接受实践的"融合"过程。⑤ 对于文本的阐释过程——阅读被人们赋予了与生命体验相关的更广泛和更深刻的含义："天文学家阅读一张不复存在的星星图，动物学家阅读森林中动物的臭迹，舞者阅读编舞者的记号法，而观众则阅读舞者在舞台上的动作……"⑥ 王玉娥认为："阅读始终在激发与呼唤着人的主体性——积极、创造与想象，始终认同与实现着人的本真状

---

① 倪锦诚：《阅读理解的本质和层次研究》，《湖南医科大学学报》（社会科学版）2009年第5期。
② 王欣欣：《阅读的本质与图书馆服务》，《图书馆论坛》2006年第2期。
③ 曾祥芹：《阅读学新论》，语文出版社1999年版，第181—195页。
④ 韩小梅：《超越阅读——文本阐释理论中的阅读范畴》，《图书馆理论与实践》2005年第1期。
⑤ 王志强：《从伽达默尔哲学解释学原理看阅读的本质》，《语文学刊》2008年第4期。
⑥ 王胜利：《阅读文化视角下的文本概念》，《重庆三峡学院学报》2008年第6期。

态——自由、充实、永恒与美。这正体现与证实了阅读活动的本质：生命的自我关怀。"① 有人从多维视角来定义阅读，认为"可以将阅读概念分为三个不同的层次。第一个层次是广义阅读，即对周边世界的广泛的认知性阅读。第二个层次是相对广义上的阅读，即信息社会中的所有媒介的信息性阅读。第三个层次是狭义阅读，即我们通常所说的传统阅读，同《现代汉语词典》中的阅读定义（看书报并领会其内容）"②。徐才明提出阅读的本质是否可以理解为："人借助这种行为克服孤独和孤立，与外界（他人、自然甚至上帝）连接为一体，这种连为一体的愿望是如此强烈，值当人为此付出生命。"③ 黄俊贵认为大体在四个不同层面的感知行为都视为"阅读"：一是超越视觉，超越文本的所谓"阅读"；二是限于视觉，超越文本的"阅读"；三是超越视觉，限于文本的"阅读"；四是限于视觉，限于文本的"阅读"。④

2. 本书的阅读（行为）的界定

对上述阅读定义做个小结，我们发现人类的"阅读"定义是不断发展的，对"阅读"本身是可以做多重解读的。那么本书所指的阅读行为又是指什么呢？

本书所指阅读行为是指阅读主体（国民）获取媒介所承载的作品信息的意义所表现出的外部活动。

第一，阅读主体是指具备了一定的阅读素养的我国国民。关于阅读素养，国际学生评价项目认为是"阅读者为了达成个人目标、积累知识、开发个人潜力、参与社会等目的，理解、利用、反思和使用书面文章的能力"，国际阅读素养进展研究认为是"阅读者理解和运用社会需要的或个人认为有价值的书面语言形式的能力"⑤。那么具备了怎样的阅读素养才是本书所研究的阅读主体呢？概括而言，具备独立阅读素养的读者才是本书所研究的阅读主体。我国教育部制定的《义务教育语文课程标准》

---

① 王玉娥：《论虚实相生的审美意义——兼论阅读活动本质》，《新疆教育学院学报》2004年第3期。
② 夏叶：《青少年主流阅读倾向研究》，北京印刷学院硕士学位论文，2006年，第8页。
③ 徐才明：《"阅读"八议》，《山东图书馆季刊》2008年第4期。
④ 黄俊贵：《关于社会阅读的思考》，《图书·情报·知识》2010年第6期。
⑤ 罗阳佳：《阅读素养：孩子面向未来的基础能力》，http://paper.jyb.cn/zgjyb/html/2011-03/17/content_43647.htm。

（2011年版），目标之一就是让学生具有独立阅读的能力，学会运用多种阅读方法。包括：能够阅读日常的书报杂志，能够初步鉴赏文学作品，丰富自己的精神世界；能够利用图书馆、网络等渠道去搜集自己需要的资料和信息，帮助自己开展阅读；学会制订自己的阅读计划，广泛阅读各种类型的读物，每学年阅读两三部名著等。美国哈佛大学教育学家珍妮·查尔提出的"五阶段模型"对阅读的发展阶段予以很好的阐述。她认为，人一生的阅读发展可以分为五个阶段：开始阅读（或解码）阶段（6—7岁）；掌握阅读（或流畅阅读）阶段（7—8岁）；为了学习新知识而阅读阶段（9—13岁）；多重观点阶段（14—18岁）；构建与批判阶段（大学及大学以后）。在第三个阶段末，人们在阅读渠道上获得新信息的效率超过任何其他获得新信息的渠道，由此开始独立阅读进入多重观点的阶段。① 可见，在我国接受了九年制义务教育的读者（16周岁左右），在美国相当于进入多重观点阶段的读者（14—18岁），可算具有独立阅读能力的阅读主体。

第二，阅读媒介是指可承载运用文字、图像、声音等符号形式表现作品的媒介，既包括图书、报刊，也包括音像制品、电子出版物、网络出版物，还包括广播、电视和电影等。

第三，阅读目的是接收信息、获取意义。这是阅读的基本目的，其他目的的达成都是基于这一基本目的的实现。当然，本书所指信息主要是作品层面的信息。作品即人类思想的非实用的表现。② 具体而言，是指人类创造性精神劳动所产生的，以语言或某些非语言符号（色彩、线条、光线、音响等）编码在一定的物质载体上能够以某种有形形式复制的一切精神产品，包括文字作品、艺术作品、图表、视听作品及资料等。作品信息就是作品所载的人类精神信息，即以便于长期保存和广泛传播的物体为信道或载体的，以文字、符号、声像等为信号编码的人类精神信息。从本质说，它是以作品形式表征出来的事物属性。③

3. 有关"阅读"的分类与分层

第一，依据阅读程度和目的的不同可将阅读分为浅阅读与深阅读。关

---

① 罗阳佳：《阅读素养：孩子面向未来的基础能力》，http：//paper.jyb.cn/zgjyb/html/2011-03/17/content_43647.htm。

② 李新祥：《出版学核心：基于科学范式的范畴、方法与体系研究》，中国书籍出版社2010年版，第219页。

③ 同上书，第220页。

于浅阅读，百度的百科名片上如此定义：不需要思考而采取跳跃式的阅读方法，所谓囫囵吞枣、一目十行、不求甚解，它所追求的是短暂的视觉快感和心理的愉悦。① 梁永安认为是指一种浅层次的、以简单轻松甚至娱乐性为最高追求的阅读形式。浅阅读有两个特点：第一，阅读程度是浅层次的；第二，阅读的目的是简单、轻松和娱乐性。② 与浅阅读相对而言的，就是深阅读。深阅读摒弃读书浅尝辄止，主张深究阅读的深刻价值，主张多读经典。邱贵平认为深阅读可以让读者与主人公在精神世界里同苦同悲同哭同笑，从而启迪智能、增长知识、扩大阅历、丰富人生体验。梁衡将阅读需求分为六个层次：刺激需求、休闲需求、信息需求、知识需求、思想需求和审美需求。③ 前三者属于浅层次，后三者属于深层次。不过也有学者否认浅阅读的存在，钱文忠认为不存在浅阅读。他说，阅读就是阅读，阅读要身心投入，浅阅读就是不阅读。他不认为微博是一种阅读，他认为微博是一种了解，是一种知晓，它跟阅读不一样。周国平先生也基本上认为浅阅读不是阅读。他说："如果用眼睛看文字就是阅读的话，那都可以算阅读了，你上网去看八卦也算阅读。有些统计阅读人数的方式把这个都算进去，这是不准确的，这不能算作阅读。我认为，真正的阅读是一种文化行为。文字本身有文化内涵，然后通过这个文字进入到人类文化传统当中去进行思考，这才是一种真正的阅读行为。"④ 与此类似的分类，是将阅读分为泛读和研读两个层次。苏灏提出，在互联网环境下，"阅读"的"阅"更侧重于"查阅、了解"，"读"已经包括了"泛读"和"研读"两种方式。⑤ 也就是说，在信息化的社会中，首先要做一个拥有较多信息量的人，要学会"泛读"，这是阅读的第一个层次。同时，又要做一个有所长的人，这就需要在某一方面有比较深入的研究，最后融入自己的思想理念中，因此要找准问题去"研读"，这是阅读的第二个层次。

第二，依据阅读客体的媒介形态的不同分为书页形态（纸质）阅读与数字化（电子）阅读。图书阅读、报刊阅读属于纸质阅读。数字化阅

---

① 王娣、杨波：《"新阅读时代"将读书进行到底》，http://www.cnr.cn/gundong/201112/t20111205_508881471.shtml。
② 孙淑静：《浅阅读的内涵及其弊端》，《文学教育》（下）2007年第4期。
③ 梁衡：《论读者需求与出版人的责任》，《传媒》1999年第2期。
④ 王臻青：《浅阅读就是不阅读》，http://reader.gmw.cn/2011-10/29/content_2872365_2.htm。
⑤ 苏灏：《internet环境下"阅读"的内涵及界定》，《教育科学论坛》2003年第4期。

读就是依靠多种电子平台、移动终端获取信息的过程。数字化阅读的范畴较广，它包括网络阅读、手机阅读、PDF 阅读、本地电子书阅读、手持电子终端阅读等。与数字阅读类似的称谓，还有超文本阅读、电子阅读、虚拟阅读、电脑阅读、屏幕阅读、超阅读、网上阅读等。数字（电子）阅读的典型形式是网络阅读，王素芳认为网络阅读是一种因为阅读文本变化所带来在网络文化语境中的阅读活动，即借助计算机、网络技术来获取包括文本在内的多媒体合成信息和知识，完成意义建构的一种超文本阅读行为，亦称"网上阅读"。①

第三，依据阅读内容和性质的不同可以把阅读分为信息型阅读、生活型阅读、学习型阅读、娱乐型阅读、收藏型阅读、职业型阅读。② 汪家熔按照目的与特点的不同将阅读分为学习型、应用型、研究型和享受型四类。③ 张昕将阅读分为生产型阅读和生活型阅读。前者是生产劳动在必要劳动时间外的延续，而后者则属于个人精神生活的消费。④ 史蒂文·罗杰·费希尔认为阅读大体可以分为两大类：一类是"实用性、信息性阅读"，即"与工作、职业有关的阅读"⑤，另一类是"文化阅读"，即以益智、求知、以专业学习为目的的花费固定时间的专门阅读。⑥ 刘铁芳认为阅读可分为功利性阅读（功效性阅读）和教养性阅读（趣味性阅读）两种类型。⑦ 祥芹把文字作品分为文章和文学两大类，相应的，他将文字阅读分为文章阅读和文学阅读两大类。"文章阅读在性质、过程、技能、价值、思路和方法上有许多与文学阅读不同的特殊规律。文章阅读以汲取思想、获得信息为主，文学阅读以摄取形象、获得美感为主。"⑧

第四，朱尉从方式的不同分析阅读，他认为阅读方式是指"信息知识的生产者和接受者在从符号中获得意义及借助于文本（文字文本或视

---

① 王素芳：《网络阅读的发展现状和前景探析》，《图书与情报》2004 年第 3 期。
② 陈芳序、李川子：《广州城市阅读文化初探》，《城市观察》2009 年第 3 期。
③ 汪家熔：《阅读类型、读者层次及其界定》，《图书馆学通讯》1989 年第 2 期。
④ 张昕：《阅读的异化——我们这个时代的阅读境况》，《出版广角》2005 年第 6 期。
⑤ [新西兰] 史蒂文·罗杰·费希尔：《阅读的历史》，商务印书馆 2009 年版，第 287 页。
⑥ 同上书，第 317 页。
⑦ 刘铁芳：《阅读的层次与类型》，《教师博览》2009 年第 3 期。
⑧ 曾祥芹：《汉文阅读学在中国的发展》，《图书与情报》2006 年第 1 期。

觉文本）实现信息传递过程中呈现出来的总体模式和基本特征"。① 阅读方式可有不同的分类，从历史的纵轴上可分为传统阅读、现代阅读和后现代阅读，从现实的横轴上可分为大众阅读方式和专业阅读方式，从内部肌理上可分为朗读、默读、精读、泛读、略读。郭成等人认为真正的语文阅读是以生命阅读理念为核心，为快乐而阅读、为审美而阅读、为成长而阅读，从而将语文阅读分为生命阅读、快乐阅读、审美阅读、成长阅读。② 美国阅读研究专家莫提摩·J. 艾德勒和查尔斯·范多伦认为阅读艺术是"一个凭借着头脑运作，除了玩味读物中的一些字句之外，不假任何外助，以一己之力来提升自我的过程"③。他们将阅读分为三种类型：为获得资讯、为增进理解、为娱乐消遣，将阅读概括为四种不同的层次：基础阅读（elementary reading）、检视阅读（inspectional reading）、分析阅读（analytical reading）、主题阅读（syntopical reading）。④

4. 几个相关范畴及其与阅读行为的关系

信息行为。陈建龙从行为的主体、外界刺激、主体的目标和主体的活动四个方面来分析信息行为，认为信息行为是"人们自觉地为解决问题而摄取和理解信息的活动"⑤。邓小昭说："信息行为是用户为了满足信息需求而从事的信息活动，它是用户信息需求的外在化与延伸化。"⑥ 胡昌平等指出，用户的信息行为是一种与需求直接相联系的信息目标活动。⑦ 总体而言，我们认为信息行为与阅读行为是包含与被包含的关系，信息行为的范畴要比阅读行为要大。信息行为包括信息生产、信息交流、信息查询、信息消费等。其中，信息消费是社会信息生产和交流过程的延续，是信息消费者获取信息、认知信息内容和再生信息等基本环节所构成的社会活动。⑧ 而阅读行为是信息行为的重要环节和重要内

---

① 朱尉：《跨媒体传播与国民阅读方式变革》，《编辑之友》2010年第9期。
② 郭成、高淳海等：《论语文阅读的内涵与理念》，《山东教育学院学报》2011年第1期。
③ ［美］莫提摩·J. 艾德勒、查尔斯·范多伦：《如何阅读一本书》，郝明义、朱衣译，商务印书馆2004年版，第8页。
④ 同上书，第3页。
⑤ 陈建龙：《信息市场经营与信息用户》，科学技术文献出版社1994年版。
⑥ 邓小昭等：《网络用户信息行为研究》，科学出版社2010年版，第12页。
⑦ 胡昌平、乔欢：《信息服务与用户》，武汉大学出版社2001年版。
⑧ 贺修铭：《信息消费概念的确立及其理论基础——兼论信息消费学的建设》，《图书情报工作》1996年第4期。

容，是对信息的解释及其意义的获取。可见，离开阅读行为，信息行为就失去意义。

收视与收听。收视是受众（观众）对视频信息的接收行为，收听是听众对音频信息的接收行为。它们都是大众传播学中研究受众时的重要范畴。应该说，视听行为与阅读行为是交叉的关系。在数字化时代，承载不同形态作品信息的媒介之间相互融合，导致视听行为与阅读行为之间的界限也不再清晰。

表达与写作。表达强调以口语的方式传达自己的看法，而写作侧重在通过书面语言传达见解。表达、写作与阅读之间密切关联，互相影响。在数字化时代，这种关联更加密切，相互之间的转换更加便捷。

三 数字时代我国国民阅读行为嬗变的可操作化描述

（一）操作化

1. 概念的界定与维度

操作化是指将命题和概念转换成可以依据一定的效度和信度进行经验观察的假设和指标的过程，即从术语到定义，再到经验的过程。具体的操作化步骤是：概念的界定——列出概念的维度——指标的设置。

第一章第三节界定了基础概念"行为"与核心概念"阅读"。综合说来，本书所研究的数字时代我国国民阅读行为嬗变，是指能独立阅读、有阅读习惯的我国国民，开始有条件经常性地接触数字化阅读媒介之后，经过一段时间的阅读实践，其阅读行为发生了怎样的变化。这种变化首先表现在个体层面，即独立的国民个体的阅读行为所发生的具有差异化的变化。对众多的个体变化所表现出的特征加以整合体现出的具有共同性和规律性的变化，可视为社会整体意义上的嬗变。

那么阅读行为嬗变这一概念，其维度有哪些呢？通俗地讲，维度就是我们分析目标对象所采用的分析角度。也就是说，分析阅读行为嬗变可以从哪些角度展开。概括而言，我们认为任何一个阅读行为都是一定的阅读主体在一定的阅读环境下对一定的媒介的阅读，这就勾勒出阅读行为的三个维度，即阅读主体、阅读媒介和阅读环境。曾祥芹曾主张阅读行为包括读者、读物和阅读时境三大要素,我们认为读者即阅读主体、读物即阅读媒介、阅读时境就是阅读环境。考察阅读行为嬗变也可以从阅读主体、阅读媒介和阅读环境三个维度展开。

2. 指标的设置

如何评价国民阅读行为的嬗变,尚无统一的指标体系。指标是量化研究的必要工具,是人们把集中概括和抽象反映社会现象的理论概念转换成在实证研究中可以认知和识别的具体方法,是社会测量中使用的"量器"。它是对一个抽象概念在经验上的具体说明,是用一组可以观察到的经验现象来"指示和标志"一个抽象概念。

沿着这样的思路,我们在思考本书的研究范围及其可操作性的时候,就需要将抽象的广大范围的国民阅读行为嬗变现象步步转换为具体的载体承担者及其可操作的研究。对阅读主体的考察,可以设置性别、年龄、地域、动机、目标、手段等指标。对阅读媒介的考察又可以分成若干指标,可以将国民阅读行为变化转换为国民媒介接触行为的变化(侧重考察国民接触阅读内容的介质形态的变化),可以将阅读行为变化转换为国民接受阅读内容的变化(侧重考察国民对阅读内容的偏好、解释、反馈的变化)。对阅读环境的观察,可以从阅读地点、阅读制度、阅读氛围等角度展开。

拟定阅读行为嬗变评价指标的基本原则包括以下几个方面。

第一,体现阅读内涵的原则。阅读行为嬗变评价指标必须充分体现有关阅读的主体、媒介、环境三方面的因素。

第二,分层次原则。指标需要分层,不同层级的指标内涵有别,从不同角度反映阅读行为的嬗变。

第三,适合我国国情。阅读行为受经济、文化、地域的条件制约,拟定评价指标要符合我国基本国情。

第四,可操作性。阅读行为的评价指标必须具体化,易于掌握。既要使阅读研究专家、政策制定者等专业人士便于评价和判断,又要使普通读者能够理解和掌握。

（二）阅读行为嬗变的指标体系

表1—4　　　　　　　　　阅读行为嬗变的指标体系

一级指标（维度）	二级指标	三级指标	具体指标（指标内涵）	选项
1. 阅读主体	1.1 阅读认知	1.1.1 阅读重要性认知	阅读对个人发展的重要性认知 阅读对社会发展的重要性认知	（1）非常重要 （2）重要 （3）一般 （4）不重要 （5）没必要
		1.1.2 纸质阅读的发展前景认知	数字图书会取代纸质图书 数字报纸会取代纸质报纸 数字期刊会取代纸质期刊 数字阅读会颠覆纸质阅读	（1）非常同意 （2）同意 （3）说不准 （4）不同意 （5）很不同意
	1.2 阅读需求	1.2.1 需求	审美需求 思想需求 资讯需求 知识需求 消遣需求 刺激需求	不定项选择
	1.3 阅读素养	1.3.1 目的	目的更加明确	（1）非常同意 （2）同意 （3）说不准 （4）不同意 （5）很不同意
		1.3.2 兴趣	兴趣提高 积极性提高	
		1.3.3 能力	能力增强	
		1.3.4 耐心	耐心增加 从头到尾读完一本书的次数变少了	
		1.3.5 难度	内容难度是否提升	
		1.3.6 范围	阅读范围是否扩大	
		1.3.7 阅读量	阅读量是否加大	

续表

一级指标（维度）	二级指标	三级指标	具体指标（指标内涵）	选项
1. 阅读主体	1.4 阅读效果	1.4.1 满意度	传统纸质阅读是否能满足需要	(1) 是的，非常能够满足需求 (2) 我觉得受到限制，有些需求无法满足 (3) 是的，基本能够满足需求 (4) 我觉得受到很大限制，很多需求无法满足
			网络数字阅读是否能满足需要	
	1.5 阅读习惯	1.5.1 习惯总体变化认知	对个人阅读的总体满意度	(1) 非常满意 (2) 满意 (3) 一般 (4) 不满意 (5) 很不满意
			习惯是否改变及其程度	(1) 改变很大 (2) 有所改变，但程度有限 (3) 没什么改变 (4) 说不准
		1.5.2 阅读习惯细节变化	目前的阅读习惯对个人发展的影响认知	(1) 非常有利 (2) 比较有利 (3) 说不准 (4) 比较不利 (5) 非常不利
			总体阅读时间更长了	(1) 非常同意 (2) 同意 (3) 说不准 (4) 不同意 (5) 很不同意
			书店去得多了	
			家庭藏书多了	
			图书馆去得少了	
			数字阅读的付费意愿增强了	

续表

一级指标（维度）	二级指标	三级指标	具体指标（指标内涵）	选项
2. 阅读媒介	2.1 媒介形态	2.1.1 媒介偏好	喜欢的媒介（可分喜欢的纸质媒介、数字媒介）	（1）图书 （2）报纸 （3）杂志 （4）广播 （5）电视 （6）手机 （7）台式电脑 （8）笔记本电脑 （9）平板电脑 （10）电子书阅读器 （11）光盘型媒介（音像制品与封装性电子出版物，如CD、VCD、DVD） （12）其他
	2.2 阅读时间	2.2.1 阅读频率		（1）每天多次 （2）每天2次 （3）每周1次 （4）每月1次 （5）不确定
		2.2.2 阅读时长	与阅读媒介（图书、报纸、杂志、音像电子出版物、电脑、手机、平板电脑、电子阅读器、其他）交叉	（1）20分钟以下 （2）21—40分钟 （3）41—60分钟 （4）1小时以上 （5）不确定
		2.2.3 阅读时间点		（1）上班时 （2）上下班途中 （3）在家 （4）不确定

续表

一级指标（维度）	二级指标	三级指标	具体指标（指标内涵）	选项
2. 阅读媒介	2.3 媒介内容	2.3.1 易读性判断	媒介内容的难易程度	(1) 很容易 (2) 容易 (3) 说不准 (4) 比较难 (5) 很难
		2.3.2 主题偏好	社会新闻（包括娱乐、体育等） 行业信息（金融、IT、汽车、房产、旅游、餐饮、家电等） 生活常识 时尚消费 文学/历史/军事/艺术 职业发展 流行文化 情感/两性 婚姻/家庭/育儿 其他	(1) 很不喜欢 (2) 不喜欢 (3) 说不准 (4) 喜欢 (5) 非常喜欢
		2.3.3 符号偏好	平面文字作品 平面图片作品 纯音频作品（如听书） 音视频作品	
		2.3.4 篇幅偏好	文字作品长度： 100 字左右、1000 字左右、1 万字左右、10 万字左右、100 万字左右、1000 万字左右 音视频作品长度（时长）： 1 分钟左右、5 分钟左右、20 分钟左右、1 小时左右、2 小时左右、5 小时左右	

续表

一级指标（维度）	二级指标	三级指标	具体指标（指标内涵）	选项
2. 阅读媒介	2.4 阅读方式	2.3.5 广告接受度	在阅读过程中对广告的接受度是否提高了	(1) 非常同意 (2) 同意 (3) 说不准 (4) 不同意 (5) 很不同意
		2.4.1 研读、泛读	精读、泛读方式的选择	
		2.4.2 数字阅读方式	反馈方式（是否喜欢通过网络分享自己的阅读心得）	
			付费形式	(1) 按流量支付 (2) 按包月方式支付 (3) 嵌入广告，阅读内容免费 (4) 按内容专区付费 (5) 成为会员付费 (6) 可以免费阅读部分内容，但阅读全部内容要收费 (7) 其他方式
		2.4.3 职业阅读与闲暇阅读	职业阅读与闲暇阅读方式的选择	(1) 非常同意 (2) 同意 (3) 说不准 (4) 不同意 (5) 很不同意
3. 阅读环境	3.1 阅读场所	3.1.1 阅读场所偏好	家中 书店 咖啡店、茶馆 旅行途中的火车/飞机/汽车/轮船上 办公室 上班途中的地铁/公交车上 公共图书馆 公园	(1) 很不喜欢 (2) 不喜欢 (3) 说不准 (4) 喜欢 (5) 非常喜欢

续表

一级指标（维度）	二级指标	三级指标	具体指标（指标内涵）	选项
3. 阅读环境	3.2 阅读环境	3.2.1 阅读环境总体评价	个体阅读环境好坏判断	（1）非常同意 （2）同意 （3）说不准 （4）不同意 （5）很不同意
			社会阅读环境好坏判断	
	3.3 阅读对策	3.3.1 国民阅读促进对策选择	政府应该发挥更大的作用	
			阅读推广活动开展得还不够充分	
			国家应该颁布《国民阅读促进法》	
			电视书评节目应该加强	
			应大力发展小型社区图书馆或农家书屋	
			大学图书馆不应该向社会开放	
			书店应该得到政策扶持	
			没必要开展扫盲工作了	
			打击盗版有助于国民阅读良性发展	
			推进素质教育有助于国民阅读良性发展	
			国家领导人与社会知名人士应该在促进国民阅读方面作出表率	

表1—4列出了阅读行为嬗变指标体系，对这些指标体系的内涵加以解释包括以下几方面。

1. 阅读主体

这方面的指标主要是描述阅读主体的社会人口特征、阅读认知、阅读动机、阅读素养、阅读效果与阅读习惯等方面的变化。

第一，社会人口特征。

表述阅读主体的社会人口特征指标包括年龄和性别、教育程度、收入状况、居住地方等。尤其是年龄、教育和收入决定了是否有闲暇时间、能力和金钱来阅读。本书主要从性别、年龄、网龄、教育程度、职业、户籍、家庭收入、婚姻状况八个方面表述社会人口特征。

第二，阅读认知。

从阅读重要性认知和对纸质阅读发展前景认知两个方面测量。前者从阅读对个人发展的重要性认知和阅读对社会发展的重要性认知两个方面测量。分为非常重要、重要、一般、不重要、没必要五个层次。并进行上网前时的认知与目前的认知之间的对比，以期揭示阅读重要性认知方面的变化。

纸质阅读的发展前景认知，主要从纸质图书会被数字图书取代、纸质报纸会被数字报纸取代、纸质期刊会被数字期刊取代、纸质阅读会被数字阅读全面取代等四个方面测量。分为非常同意、同意、说不准、不同意、很不同意五种认知类型。同样，进行上网前时的认知与目前的认知之间的对比，以期揭示纸质阅读发展趋向认知方面的变化。

第三，阅读需求。

这是描述阅读需求变化的指标。阅读需求分为审美需求、思想需求、资讯需求、知识需求、消遣需求、刺激需求六大需求加以分析。同样的，调查时比较人们上网前和目前的状况，以期揭示数字阅读时代国民阅读目的与需求的变化。

阅读兴趣是阅读主体对从事的阅读活动具有的主动性心理倾向。它不仅对阅读过程起定向与动力作用，而且是产生阅读动机的重要主观原因。阅读动机是直接推动人们进行阅读的心理因素。它对阅读有发动和维持的作用，决定阅读主体在阅读活动中的注意力和坚持力。阅读动机是阅读活动中最活跃、最直接、起支配作用的心理因素。

第四，阅读素养。

本书基于国民已经具备基本阅读素养的基础上开展研究，从阅读目的、能力、兴趣、耐心、难度、范围、阅读量七个方面要求受访者展开自我评估和判断。这几个方面分别通过阅读目的是否更加明确了、阅读能力是否得到提升、阅读兴趣是否增加了、阅读耐心是否增强了、阅读难度是否加大了、阅读量是否加大了等角度测量。

第五，阅读效果。

阅读效果主要从传统纸质阅读、网络数字阅读是否能满足需要和对个人阅读的总体满意度两个角度测量。

第六，阅读习惯。

主要测量阅读习惯的变化认知和阅读习惯对自我发展的影响认知。前者根据变化程度分为四个层次测量，后者设置非常有利、比较有利、说不准、比较不利、非常不利五种选项。

2. 阅读媒介

第一，阅读内容的载体形态变化。

阅读媒介包括图书、报纸、杂志、广播、电视、手机、台式电脑、笔记本电脑、平板电脑、电子书阅读器、光盘型媒介（音像制品与封装性电子出版物，如 CD、VCD、DVD）及其他媒介 12 种。每种媒介都可以从阅读频率、阅读时间、阅读偏好等角度展开测量。

第二，阅读内容。

描述阅读内容的变化，即读者阅读的作品的变化。作品的测量角度也是多种多样的，本书主要从作品符号载体、作品长度、内容主题、易读性等角度测量。

第三，阅读方式。

阅读方式主要测量读者对精读、泛读方式的选择、对职业阅读与闲暇阅读方式的选择，并对数字阅读的反馈方式（是否喜欢通过网络分享自己的阅读心得）和付费形式开展测量。

3. 阅读环境

描述阅读主体的阅读环境及其认知情况。阅读环境泛指影响读者阅读的所有外界力量的总和，包括语言环境、社会环境及物理环境。具体而言，包括阅读场地偏好、阅读个体环境认知、阅读社会环境总体认知、阅读政策认知情况等。

四 研究的基本框架

图 1—2 描述了本研究的基本框架。研究从三个板块展开，包括研究基础、研究设计、研究结论。其中研究基础部分的主要内容是研究背景与研究意义、国内外研究现状、研究内容与方法、已有调查结果的整合分析等。研究设计与研究过程交代本研究的流程、问卷调查、数据分析、个人访谈等。研究结论包括数字时代我国国民阅读行为嬗变的表现、数字时代我国国民阅读行为嬗变的原因、数字时代我国国民阅读行为嬗变的影响、数字时代我国国民阅读行为嬗变的应对之策四个方面。

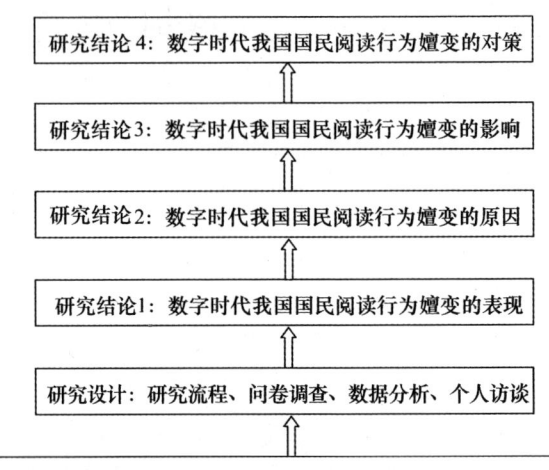

```
┌─────────────────────────────────────────────┐
│ 研究结论4：数字时代我国国民阅读行为嬗变的对策 │
└─────────────────────────────────────────────┘
                      ↑
┌─────────────────────────────────────────────┐
│ 研究结论3：数字时代我国国民阅读行为嬗变的影响 │
└─────────────────────────────────────────────┘
                      ↑
┌─────────────────────────────────────────────┐
│ 研究结论2：数字时代我国国民阅读行为嬗变的原因 │
└─────────────────────────────────────────────┘
                      ↑
┌─────────────────────────────────────────────┐
│ 研究结论1：数字时代我国国民阅读行为嬗变的表现 │
└─────────────────────────────────────────────┘
                      ↑
┌─────────────────────────────────────────────┐
│ 研究设计：研究流程、问卷调查、数据分析、个人访谈 │
└─────────────────────────────────────────────┘
                      ↑
┌─────────────────────────────────────────────────────────┐
│ 研究基础：研究背景与研究意义、国内外研究现状、研究内容与方法、已有调查结果的整合分析 │
└─────────────────────────────────────────────────────────┘
```

图 1—2 研究框架

五 研究的理论工具与方法

（一）理论工具

学术研究犹如攀岩，理论工具就是那些支撑人们往上爬的支点。理论基础是学术研究的立足点、出发点和理论来源。理论基础功能的综合，还将形成学术研究的指导原则。我们研究国民阅读行为在数字化背景下所发生的嬗变，与诸多学科相关，因此其理论工具也涉及多个学科，包括：传播理论中的使用与满足理论、创新扩散理论、知沟假设理论、媒体社会生态环境理论（拟态环境理论）、交际理论及媒体教育理论等，乔姆斯基的语言学相关理论和接受美学理论，哈贝马斯的社会哲学，社会学中布尔迪厄的习癖理论、资本类型理论，社会心理学、认知心理学中的相关理论，曾祥芹等人所总结的阅读学理论，等等。概括而言，以下几个方面尤其重要。

1. 传播学的受众研究及其理论

受众研究一开始就与阅读密切相连。受众最初的发展路线是建立在一个新发明——印刷书籍的基础上，随之而来的，是阅读公众（reading public）现象的出现。不过只有到16世纪后期，才可以说阅读公众是一群渴望并能够按照自己目的购买、阅读和收集书籍的人群，这样的公众集中在城市和社会特殊阶层，受到社会阶级和语言（尽管有各种译本的帮助）的限制，由数量越来越多的印刷商——出版商和作者（他们有时受到赞助商和资助人的支持）供应。① 随着媒介的发展，以阅读行为为核心的受众行为不断发生改变，受众的概念与内涵相应地发生变化。18—19世纪的受众指的是一群不同的读者，他们具有共同的社会心理空间，属于特定作者或特殊论题或一套特殊思想的"受众"（听众圈），他们在物理上可能不属于特殊社会群体或不处于特殊空间（例如城市）。到了19世纪末，受众是由其嗜好和社会经济地位规定的集合，也是消费大众——一个新的消费市场。

麦奎尔对受众的类型进行过系统的研究和分析，认为作为市场的受众具有七个特征：成员是一批单独消费者；边界主要根据经济标准确定；某个既定市场的成员之间不一定存在内部关系；与传播管道没有社会关系或规范关系；受众没有意识到其受众成员身份；联系的基础不存在；研究兴趣仅仅在于规模和个人行为。② 1990年，丹麦的简森（Jensen）和瑞典的罗森格林（Rosengren）在《欧洲传播季刊》上发表一篇关于受众研究论文《受众研究的五种传统》（*Five Traditions in Search of Audience*）中指出现代大众传播受众的研究存在五种传统：（1）效果研究；（2）使用和满足理论；（3）文学批评；（4）文化研究；（5）接受分析。③

使用满足理论（uses and gratification approach）由美国社会学者卡茨（Katz）和布鲁诺（Blumler）1974年在其著作《个人对大众传播的使用》中首次提出。这一理论认为不管是平面媒介还是电子媒介，人们接触它们都是基于某种需求，这些需求包括信息的需求、娱乐的需求、社会关系的需求，以及精神和心理的需求，等等。当我们想进一步了解阅读动机，使用满足理论不失为一种好方法。读者凡是受到心理、社会以及社会文化之影响而产生动机，致以使用阅读来完成特定目的，实现"满足"。换句话说，当国民从阅读中获得满足之际，正是收到可见（如时间、空间、接

---

① Febvre, L & Martin, H. J., *The Coming of The Book*, London: Verso, 1984, 转引自曹乃鹏《网络受众心理行为研究——一种信息查寻的研究范式》，新华出版社2002年版，第11页。

② 曹乃鹏：《网络受众心理行为研究——一种信息查寻的研究范式》，新华出版社2002年版，第11—13页。

③ Jensen, K. B. & K. E. Rosengren, "Five Traditions in Search of Audience", *European Journal of Communication*, 1990 (5): 207-238.

收器材……）与不可见（如心理、社会、文化……）层层相关联的影响。这就可以为国民阅读行为嬗变的动机研究提供路径。

Sherif 提出团体规范与文化影响理论，认为参考团体是指社会行为者予以认同并引导自己行为和社会态度时，加以仿效的实际群体（或概念）或社会范畴。通常人们是经过参考团体而习得社会一般所公认的观点。贝雷尔森（Berelson）研究指出，使用媒介的动机当中，部分可能是属于仪式性的行为。这就为我们研究国民阅读行为嬗变的环境因素提供了一个视角，国民阅读行为的改变受所属团体的影响。后者则为我们提出"仪式化"阅读动机的相关问题提供理由。因为国民阅读除了积极求知的动机之外，可能还会有"希望被称赞""追赶潮流""跟随其他人""获得能与他人沟通的话题"等心态。

知沟理论（Knowledge Gap Theory）是美国明尼苏达大学的研究小组菲利普·蒂奇诺等人在从 1970 年开始的一系列实证研究的基础上提出的。[①] 这一理论认为，媒介组织总是会系统性并持续不断地向特定的受众传播信息，那些经济条件更好、社会地位更高的受众群体往往会比其他受众群体获得更多更好的信息。随着时间的推进，获得更多更好信息的受众群体和获得更少更次信息的受众群体之间的差异会日益明显，即彼此之间的知识鸿沟会变得越来越宽。与"知识鸿沟"理论持相反观点的是 J. S. 艾蒂玛和 F. G. 克莱因于 1977 年提出的"上限效果"（ceiling effect）理论。[②] 其基本内容是：个人对特定信息和知识的需求并不是永无止境的，达到某一"饱和上限"后，对特定信息与知识的需求就会减速甚至停止下来。社会经济地位高的群体获得知识的速度快，其"饱和上限"到来的也就快；那些经济地位低的群体虽然知识增加的速度慢，但随着时间推移最终能够在"饱和上限"上赶超前者。其实质就是媒介组织的信息传播活动不会带来社会"知识鸿沟"的加剧，而是它的逐步缩小。知沟理论与上限效果理论均可以为我们探讨数字化阅读方式的社会化扩散提供一些有价值的思路。

媒介地理理论（Geography of Media）延伸于媒介学与地理学的交叉

[①] [美] 斯坦利·巴兰等：《大众传播理论：基础、争鸣与未来》，曹书乐译，清华大学出版社 2004 年版，第 304 页。

[②] 郭庆光：《传播学教程》，中国人民大学出版社 1999 年版，第 231—232 页。

边缘地带，主要以人、媒介和地理之间的互动关系作为研究对象形成的一系列成果。媒介地理理论告诉我们，"在空间化的时代，时间性的历时观察，将难以全面地应答现代传播课题，必须以空间性的、共时性的、并置式的思维方式和研究方法予以补充"①。同样的，我们在解答阅读行为嬗变这样的课题时，可以联系地域媒介型态加以考察。

2. 认知心理学与教育心理学的相关理论

在阅读研究领域，探索信息如何被记忆及存储、如何有效使阅读主体选择信息，诸如读者如何接收内容、如何解读图书等问题，均与认知心理学的信息处理密切相关。认知心理学（信息处理心理学）研究人们如何获得生活上的各种信息，这些信息又如何表征并转为知识、如何存储，知识又是怎样被用来指导我们的注意和行为。梭罗（Solo）认为认知心理学是为了解人类行为，而对人类心智结构所做的科学分析。迈耶（Mayer）提出的信息处理模式（information processing model）视人类为主要的信息处理者，探讨人类凭感官接收信息、存储信息，以及提取、运用信息等不同阶段所发生的运作历程。Williams基于马斯洛（Maslow）的需求层次理论，提出读者接触媒介的动机：弥补人际接触的不足；守望监督环境；教导社会文化环境；逃避现实；寻求社会认同；获取知识；启示与激励。

图式理论是认知心理学家用以解释知识表征的心理过程的一种理论。图式的概念最早是由康德在1781年提出的。康德指出，一个人在接受新信息、新概念、新思想时，只有把它们同他脑海里固有的知识联系起来才能产生意义。美国人工智能专家芮默哈特（Rumelhart）把图式定义为：以等级层次形式储存在人们长期记忆中的一个相互作用的知识结构。② 有关图式的研究，西方学者曾提出过阅读模型和课文理解模型等，③ 意义建构（sense-making）源自 Dewey 的哲学与学习理论，它把信息作为解决知识鸿沟的中心要素，且强调人们知识的形成是主动建构而非被动接受。显然，图式理论对于我们理解阅读行为颇有指导意义。

---

① 邵培仁：《媒介地理学：媒介作为文化图景的研究》，中国传媒大学出版社2010年版，第9页。

② 王峥：《阅读过程本质的认知阐释——图式理论及其在阅读教学中的应用》，《黑龙江教育学院学报》2005年第1期。

③ 张向葵等：《图式理论在小学语文阅读理解中的应用及其对语文学习成绩的影响》，《心理科学》1999年第5期。

教育心理学的发展任务理论对阅读研究也有指导意义。美国教育心理学家哈维加斯特（Havighust）对于个体在每个年龄阶段所发展出来符合社会期望的行为，称为发展任务（development task）。换句话说，个体在生理年龄上达到什么程度，其心智能力的发展也应达到什么程度。个体的发展任务，与阅读行为密切相关，因为阅读行为原本即为社会期望行为。随着年龄的变化与发展任务的不同，作为一个读者，也会有不同的阅读行为。

3. 文学中的接受理论与解构主义理论

20世纪后期，西方文学理论发生了重要转向，即兴起了接受理论与解构主义。读者这一以往备受忽视的要素一跃成为文学四要素中的主导因素，从而掀起了阅读理论中的一场读者革命。[①] 接受理论与解构主义在阅读理论中有其共性，但差异亦同样明显，具体展现在三个方面：第一，接受理论将作者看作读者阅读的合作者，而解构主义的阅读则绝然地否定作者的存在；第二，接受理论强调阅读作品是要体现读者的创造性并最终确认一种意义，而解构主义则把阅读看作读者解构文本符码的能指游戏；第三，接受理论十分强调阅读的历史语境，而解构主义的阅读理论则表现出一种超历史语境与反人文性的游戏姿态。尽管接受理论和解构主义主要是对文学作品的阅读展开的理论探寻，但无疑对阅读社会学的研究具有指导意义。

4. 消费者行为理论

消费者行为理论是西方经济学的重要分支，也叫做效用理论。它主要研究消费者如何在各种商品和劳务之间分配他们的收入，以达到满足程度的最大化。消费者行为理论的假设条件包括：消费者具有完全理性（对自己消费的商品有完全的了解，自觉把效用最大化作为目标）；存在消费者主权（消费者决定自己的消费，消费者的决策决定生产）；效用仅仅来源于商品的消费。考察消费者行为经常采用两种分析工具或分析方法：一种是以基数效用论为基础的边际效用分析；另一种是以序数效用论为基础的无差异曲线分析。现代西方经济学界比较流行的是无差异曲线分析。由于读者的阅读行为从某种意义上说也是一种消费行为，所以消费者行为理

---

① 李新亮：《接受理论与解构主义的阅读差异》，《中南大学学报》（社会科学版）2011年第4期。

论对读者的阅读行为研究具有重要的参考价值。

5. 社会学相关理论

社会学理论是社会学家思想的宝贵结晶。从孔德的实证主义到吉登斯的结构化理论，从严复的《群学肄言》到孙立平的《断裂》三部曲，社会学理论的发展走过了近两百年的历史。期间，众多社会学家为人类社会留下了各式各样思想，其中有些还形成独特的门派。这些思想被后人编撰，形成了社会学理论。社会学有六种基本理论，分别是功能论、冲突论、过程论、符号互动论、批判论和结构化理论。其中，符号互动论又称象征互动论，是一种主张从人们互动着的个体的日常自然环境去研究人类群体生活的社会学和社会心理学理论。它由美国社会学家米德（G. H. Mead）创立，并由他的学生布鲁默于1937年正式提出。"符号"是指在一定程度上具有象征意义的事物。符号互动论认为事物对个体社会行为的影响，往往不在于事物本身所包含的世俗化的内容与功用，而是在于事物本身相对于个体的象征意义，而事物的象征意义源于个体与他人的互动（这种互动包括言语、文化、制度等），在个体应付他所遇到的事物时，总是会通过自己的解释去运用和修改事物对他的意义。符号互动理论对于解释阅读行为嬗变是一种宝贵的理论工具。

6. 图书馆学相关理论

图书馆学与信息科学对阅读问题非常关注。图书馆学中的阅读研究是读者研究的重要内容。随着社会阅读推广活动的开展，图书馆学对阅读活动的研究开始从读者借阅行为研究转向阅读推广研究，对读者的数字化阅读转型也给予关注。这方面的理论无疑可以为本研究提供指导。

7. 出版学相关理论

所谓出版学就是研究出版现象，总结出版经验，揭示出版规律的科学。它是借鉴吸收相关学科理论，总结出版实践经验，并在对出版研究成果进行系统分析和有机整合的基础上形成的科学认识。[①] 出版物是重要的阅读客体，也就是说，阅读行为与出版行为之间存在着天然的密切联系。所以，出版学研究中有关读者行为的相关理论自然可以为本研究提供支撑。

---

① 李新祥：《出版学核心：基于学科范式的范畴、方法与体系研究》，中国书籍出版社2010年版，第149页。

（二）研究方法

1. 文献研究法

总体而言，本研究采用理论结合实证的研究方法，力求准确地阐释有关国民阅读行为研究的基础理论以及具体进展，并进而具体研究数字时代我国国民阅读行为嬗变。具体说来，本研究首先用到的方法就是文献研究法，即文献普查与分析法。我们立足于国民阅读行为研究20余年来的主要研究成果，通过利用LISA、中国知网等文献检索工具和引文追踪等方法，查阅并参考了国内外有关国民阅读行为研究的相关专著50余部，论文1000余篇。

互联网正成为学术研究的一个重要空间，而且这一空间具备传统学术研究空间所不具备的优势。本研究在对传统文献收集和研究的基础上，进一步利用Google、Yahoo、Altavista、百度等搜索引擎查找与国民阅读行为有关的网上信息。我们订阅了标题中含有"阅读"的新闻邮件，还重点追踪了美国和英国相关的网站，了解本领域最新的研究进展情况。

2. 社会调查法

社会调查指的是一种采用自填式问卷或结构式访问的方法，系统地、直接地从一个取自总体的样本那里收集量化资料，并通过对这些资料的统计分析来认识社会现象及其规律的社会研究方式。[①] 社会调查法分为实地研究法和调查研究法。实地研究法是通过观察、非结构式访问的一种定性研究方式，也是一种理论建构型的研究方式。调查研究法是通过问卷、结构式访问的一种定量研究方式，又分为实地问卷调查和网络问卷调查。为了能充分揭示我国网络受众的阅读行为，我们在前期充分准备的基础上于2013年3月进行网上问卷调查，共采集有效问卷4256份。这些数据为本研究提供了重要的支持。

3. 三角交叉检视法

三角交叉检视法，源于测量学。在测量学中，为了能够准确测量某一地点，要从至少两个不同的地方来测量定位。1970年诺曼·丹森（Norman K. Denzin）首先将这种测量方法应用于社会科学研究中。丹森认为，所谓"三角交叉检视法"就是"将多个不同的研究方法用于研究一个且

[①] 风笑天：《社会调查方法还是社会研究方法？》，《社会学研究》1997年第2期。

同一个现象",以提高研究结论的效度和信度。这种方法又被称为研究整合法,即通过一项研究中融入其他的研究方法,以便"将各种获得认识的研究方法互补和互容"。

经过发展,研究整合包括跨学科整合、理论整合和方法整合三个方面。跨学科整合,就是采用不同的学科理论来分析研究一个复杂的问题,以便不同的学科理论能够通过各种独特的视角来观察同一个现象,并能够更好地达到研究目的。理论整合,是指在解释同一现象时采用不同的理论和假设。方法整合,是指定质与定量整合,多种实证定量数据采集与分析方法的整合。在本书的研究过程中,上述三个方面的整合都是存在的。

我们认为,国民阅读研究应该综合多种方法,包括问卷调查法、文献分析法、历史分析法、理论移植法、控制实验法等。坚持质化与量化研究相结合、理论与实证研究相结合、宏观与微观研究相结合的原则,善于借鉴图书馆学、传播学、出版学、阅读学、社会学、写作学、新闻学、经济学、文化学、文学、哲学等多种学科的理论与方法,对我国国民阅读问题展开系统综合研究。

第二章

已有调查结果的整合分析

第一节 与本课题有关的调查

表 2—1　　　　与本研究有关的部分全国性阅读调查

调查类型	调查项目名称	目标群体	主持人/机构	调查时间
综合阅读调查	全国国民阅读与购买倾向调查	全国读者	中国新闻出版研究院	1999年至今
	受众生活形态与跨媒体行为调查	全国受众	央视—索福瑞媒介研究有限公司	2004年至今
	中国综合社会调查	全国受众	CGSS	2003年至今
图书阅读调查	年度读者调查	全国读者	北京开卷信息技术有限公司	2009年至今
	全国读者阅读行为系列调查	全国读者	阅读行为调查中心	2009年至今
	全国各省市自治区读书情况的调查	全国读者	全民阅读活动组织协调办公室	2008年
	中国最爱阅读的二十座城市排行榜、图书畅销书排行榜	网购读者	亚马逊中国网	2011年
报刊阅读调查	CTR平面媒体阅读率调查	报刊读者	CTR	2003年至今
	慧聪报纸杂志行业调查	报刊读者	慧聪研究（HCR）	2008年至今
	世纪华文中国报刊媒体发行调查	报刊读者	世纪华文（CCMC）	2007年至今
数字阅读调查	中国互联网络发展状况调查	全体国民	中国互联网络信息中心（CNNIC）	1999年至今
	中国手机阅读用户行为调查	手机用户	艾瑞咨询集团	2012年

续表

调查类型	调查项目名称	目标群体	主持人/机构	调查时间
数字阅读调查	数字阅读用户阅读习惯调查	数字阅读用户	云中书城	2012 年
	中国人移动阅读调查	移动终端读者	网易云阅读	2012 年
	中国手机阅读市场用户调查	手机用户	易观国际	2012 年
特定群体阅读调查	公务员阅读调查	国家公务员	决策杂志社	2007 年
	书业从业人员阅读调查	书业从业人员	中国图书商报社	2008 年至今
	中国企业家时尚杂志阅读调查	中国企业家	中国企业家杂志	2006 年
	小学生、中学生、大学生课外阅读系列调查	全国学生	郑惠生	2005 年
	全国初中生课外阅读调查报告	全国初中生	陶本一、曹建召	2009 年

在第一章第二节论述我国国民阅读研究所采用的研究方法时，我们就指出我国学者围绕阅读问题针对不同读者开展了大量规模不等、目的不同、内容有异的调查。这些调查研究的结果无疑有助于我们全面认识国民阅读的状况，可谓国民阅读研究的重要组成部分。我们有必要对这些调查做些梳理，然后对这些调查的结果做些整合分析。我们的研究在此基础上进一步展开，这样才更有针对性。鉴于有关阅读的调查种类繁多，层次多样，我们在此主要描述全国性的阅读调查及与阅读有关的调查（参见表2—1）。

1. 综合性阅读调查

全国国民阅读与购买倾向抽样调查。它是中国新闻出版研究院（前身为中国出版科学研究所）从 1999 年开始的全国国民阅读与购买倾向抽样调查，这是一项为了解全国国民阅读倾向发展趋势与文化消费现状而进行的连续性、大规模的基础性国家工程，迄今已完成 10 次（参见表2—2），为了解我国国民阅读行为采集了大量基础数据，基于这些数据所作的分析也为本课题研究奠定了重要基础。[1]

---

[1] 本章中出现的数据除特别说明外均来自全国国民阅读调查报告。数据来源：全国国民阅读调查课题组《历年全国国民阅读调查报告》，中国书籍出版社 2002—2010 年版；中国出版网全国国民阅读调查专题，http://www.chuban.cc/ztjj/yddc/。

表 2—2　　　　　全国国民阅读与购买倾向调查情况

次数	时间	样本城市	有效样本量	数据经加权后可推及居民数（亿人）
1	1999	81	3000	—
2	2001	15	4600	—
3	2003	20	6000	—
4	2005.10—2006.4	20	8078	—
5	2007.10—2008.4	56	20800	7.69
6	2008.10—2010.4	56	25500	11.88
7	2009.9—2010.4	57	19005	11.84
8	2010.9—2011.4	51	19418	11.75
9	2011.9—2012.4	49	18881	11.6
10	2012.9—2013.4	48	18619	12.2

CSM 媒介消费调查。央视—索福瑞媒介研究有限公司（CSM）从 2004 年开始针对全国城市受众开展"受众生活形态与跨媒体行为调查"。调查内容包括跨媒体使用与评价调查、媒体质量评价及电视剧与演员评价调查、受众生活形态调查三大主题，涉及电视、广播、互联网、报纸、杂志、电影、手机、车载电视、跨媒体等多种大众媒介的消费状况。其中，多项内容与阅读密切相关。

中国综合社会调查（CGSS）[①]。从 2003 年开始至今，每年一次，调查全国范围内的 10000 多户家庭中的个人。CGSS 通过连续、定期、系统地收集中国人与中国社会多个领域的数据，对社会变迁的长期趋势进行总结，对重大社会议题展开探讨，以推动国内社会科学研究的开放性与共享性。其中，有关生活方式的调查包括媒体使用情况和阅读情况调查等内容。

2. 图书阅读调查

国内最大的中文图书市场零售数据监测机构——北京开卷信息技术有限公司从 2009 年开始举行"全国读者调查项目"。其目的是了解读者的阅读和购书习惯，为出版社和书店服务。成立于 2009 年 4 月的新华书店总店信息中心下属阅读行为调查中心，旨在调查与阅读有关的行为，为书

① http://www.nsrcruc.org/index/aboutus.

业发展提供有效参考。该中心基于新华书店总店信息中心成品数据，开展了全国读者阅读行为系列调查，已形成"北京地区阅读行为调查"、"大中专教材出版数据分析"、"畅销书榜上的出版社影响力"等报告品牌。

3. 报刊阅读调查

CTR 是一家市场资讯及研究分析服务提供商，研究服务涵盖品牌营销和媒介受众，研究领域跨越媒介与受众研究、品牌与传播策略、产品与消费市场分析、渠道与服务管理。其中平面媒体阅读率调查，采用国际通用的阅读率模型（Readership Model），已经积累十年以上的中国主要城市读者连续调查数据库，为客户提供平面媒体（主要是报纸和期刊）广告价值衡量指标。慧聪集团的子公司慧聪研究（HCR）面向企业和政府开展全媒体监测与研究服务，其中涉及报纸、杂志的全国性调查。世纪华文（CCMC）从 2007 年开始开展中国报刊媒体发行状况调查。此外，像益普索、思维、华南等外资机构也开展相关调查。这些调查主要是为了广告商提供报刊行业发行数据，离不开读者调查，与阅读还是有一定关联的。

4. 数字阅读调查

随着数字阅读的兴起，与此相关的调查也逐步兴起。其中，中国互联网络信息中心（CNNIC）负责开展多项互联网络统计调查工作，定期发布相关调查报告，详细描绘了中国互联网络的宏观发展状况，为我们了解我国国民数字阅读的发展脉络也提供了数据支持。此外，艾瑞咨询集团针对手机用户开展的"中国手机阅读用户行为调查"、云中书城开展的"数字阅读用户阅读习惯调查"、网易云阅读推出的"中国人移动阅读报告"等都是本课题研究的重要参考。

5. 特定群体的阅读调查

针对国家公务员、书业从业人员、学生、企业家等群体开展的全国性阅读调查也开展了一些，相关数据也是值得参考的。

6. 相关调查

由北京大学中国文化研究所主持的《中国公众闲暇时间文化精神生活状况的调查与研究》课题，于 2004 年组织实施了面向全国成年人的调查，该项调查中的公共文化生活调查板块与阅读相关，相关数据与结论为本书提供了参考。

当代中国人精神生活调查是 2003 年教育部哲学社会科学研究重大课题攻关项目《当代中国人精神生活调查研究》的重要内容。该项目由华东师范大学中国现代思想文化研究所主持,旨在调查中国大陆16周岁及以上中国人的精神生活,样本城市20个,有效样本4569个。其中大众传媒板块与阅读问题相关,值得借鉴。

除了上述全国性调查外,一些区域性阅读调查对本研究也有参考价值。例如,2011年,上海市新闻出版局发布的《新媒体环境下上海市民阅读现状调查报告(2010—2011)》;湖南省新闻出版局和民进湖南省委联合组织开展的湖南省农村阅读情况专题调研,以及2011年对湖南省14个市州的城市阅读指数的调查等。

第二节 我国阅读媒介发展状况

一 纸质阅读媒介发展情况[①]

表2—3　　　　　2000—2012年我国图书出版总量情况

年份	出版社(副牌)	出书种数(品种)(万种)	总印数(亿册/张)	总印张(亿张)
2012	580 (33)	41.4	79.25	666.99
2011	580 (33)	36.95	77.05	634.51
2010	581 (33)	32.84	71.71	606.33
2009	580 (35)	30.17	70.37	565.50
2008	579 (34)	27.57	69.36	560.73
2007	578 (34)	24.83	62.93	486.51
2006	573 (34)	23.40	64.08	511.96
2005	573 (34)	22.25	64.66	493.29
2004	573 (35)	20.83	64.13	465.59
2003	570 (35)	19.04	66.70	462.22
2002	568 (36)	17.09	68.70	456.45
2001	562 (37)	15.45	63.10	406.08
2000	562 (37)	14.33	62.74	376.21

[①] 数据来源:《全国新闻出版统计网》,www.ppsc.gov.cn/tjsj/。

表2—4　　　　　2000—2012年我国期刊出版总量情况

年份	期刊种数（品种）	平均期印数（万册）	总印数（亿册）	总印张（亿张）
2012	9867	16767	33.48	196.01
2011	9849	16880	32.85	192.73
2010	9884	16349	32.15	181.06
2009	9851	16457	31.53	166.24
2008	9549	16767	31.05	157.98
2007	9468	16697	30.41	157.93
2006	9468	16435	28.52	136.94
2005	9468	16286	27.59	125.26
2004	9490	17208	28.35	110.51
2003	9074	19909	29.47	109.12
2002	9029	20406	29.51	106.38
2001	8889	20697	28.95	100.92
2000	8725	21544	29.42	100.04

表2—5　　　　　2000—2012年我国报纸出版总量情况

年份	种	平均期印数（万份）	总印数（亿份）	总印张（亿张）
2012	1918	22762.00	482.26	2211.00
2011	1928	21517.05	467.43	2271.99
2010	1939	21437.68	452.14	2148.03
2009	1937	20837.15	439.11	1969.4
2008	1943	21154.79	442.92	1930.55
2007	1938	20545.37	437.99	1700.76
2006	1938	19703.35	424.52	1658.94
2005	1931	1958.86	412.6	1613.14
2004	1922	19521.63	402.4	1524.80
2003	2119	19072.42	383.12	1235.59
2002	2137	18721.12	367.83	1067.38
2001	2111	18130.48	351.06	938.96
2000	2007	17913.52	329.29	799.83

表2—3、表2—4、表2—5分别描述了我国2000—2012年图书、期刊和报纸的出版总量情况，从中可以看出我国国民阅读的总体性纸质媒介空间。从品种数看，图书品种保持增长，期刊品种保持稳定，报纸品种则呈现下降态势。书报刊的总印数、总印张总体上呈增长态势，但增幅开始减缓。其中，图书品种数的增长态势非常强劲。这似乎也是纸质阅读状况的一个说明，即总体上增长，但增幅开始减缓。

二 数字阅读媒介发展情况

表2—6　　　　　　　　中国互联网基础资源[①]

年份	IP地址[②]（亿个）	域名（万个）	网站数（万个）	网页数（亿个）	国际出口宽带（Mbps）
2013	3.31	1469	294	—	2098150
2012	3.31	1341	268	1227	1899792
2011	3.30	775	230	866	1389529
2010	2.78	865	191	600	1098957
2009	2.32	1682	323	336	866367
2008	1.81	1683	288	161	640287
2007	1.35	1193	150	85	368927
2006	0.98	411	84	45	256696
2005	0.74	259	70	26	136106
2004	0.60	185	67	9	74429
2003	0.41	34	60	3	27216
2002	0.29	18	37	2	9380
2001	0.22	13	28	—	7598
2000	—	12	27	—	2799
1999	—	5	1.5	—	351
1998	—	2	0.53	—	143
1997	—	0.4	0.15	—	25

[①] 数据来源：中国互联网络信息中心《第1—31次中国互联网络发展状况调查统计报告》，http://www.cnnic.net.cn/。

[②] 包括IPv4和IPv6地址数量。

表2—6描述了我国互联网基础资源情况，包括IP地址、域名、网站数、网页数、国际出口宽带五个方面。除了域名外，其他数据均保持增长态势。2012年我国单个网站的平均网页数和单个网页的平均字节数均维持增长，显示出中国互联网上的内容更为丰富：网站的平均网页数达到约4.58万个。互联网基础资源是我国国民的数字阅读空间的重要体现，未来几年，这一空间预计会继续保持增长态势。

近年来，手机阅读终端发展迅猛（参见表2—7）。调查显示，2011年第三季度我国智能手机出货量为2390万部……手机报数量已突破1500种。[1] 中国手机用户总数在2013年首次超过10亿。手机网民阅读重要途径已经包括手机新闻网站、手机报、手机小说等多种业务。与此同时，平板电脑作为新型数字阅读设备其销量增长较快。2012年10月24日易观国际发布的数据显示，2012年第三季度中国平板电脑的销量达到260.4万台，环比增长11.3%，全年出货量达到6000万台。[2] 据Display Search的报告，2013年中国已成为世界第二大平板电脑市场，全年销售量超过6500万台。[3] 电子阅读器由于平板电脑的兴起，销量持续下降，但依然具有一定的市场保有量。

表2—7　　2010—2015年中国手机终端市场销量规模趋势预测[4]

年份	智能手机销量（亿部）	非智能手机销量（亿部）
2015（预测）	2.20	0.20
2014（预测）	1.95	0.48
2013	2..01	1.51
2012	1.69	1.35
2011	0.81	1.91
2010	0.53	1.82

---

[1] 曹元水：《当阅读遭遇互联网，2012年数字出版如何破局》，http://www.techweb.com.cn/news/2012-01-11/1140863.shtml。

[2] 易观国际：《2012年Q3中国平板电脑销量达260.4万台，环比增长11.3%》，http://www.199it.com/archives/74807.html。

[3] 易观国际：《中国手机终端市场销量预测》（2010—2015），http://tele.ctiforum.com/jishu/tongxin/tongxinyewujishu/shouji/jishudongtai/336220.html。

[4] 《2013中国平板电脑市场态势分析》，http://www.21ic.com/nwes/ce/201307/186086.htm。

第三节　我国成年人阅读媒介接触情况

一　我国成年人媒介接触状况

（一）我国成年人媒介接触率及变化

表2—8　　　2001—2012年我国18—70周岁国民媒介接触率　　　（%）

年份	图书	报纸	期刊	互联网	手机阅读（小说/新闻）	VCD/DVD	录像带/CD/MP3	各媒介综合阅读率（%）
2012	54.9	58.2	45.2	54.9	29.2	—	—	76.3
2011	53.9	63.1	41.3	54.9	27.6	—	—	77.6
2010	52.3	66.8	46.9	49.9	23.0	—	—	77.1
2009	50.1	58.3	45.6	—	14.9	—	—	72.0
2008	49.3	63.9	50.1	31.4	12.9	27.7	17.0	69.7
2007	27.7	58.3	38.4	25.7	—	31.7	12.2	—
2005	37.8	60.6	39.7	22.4	—	42.9	19.8	—
2003	42.1	58.6	39.4	19.0	—	41.1	17.7	—
2001	38.9	49.8	36.7	8.5	—	34.3	13.9	—

接触率是指过去一周收看、收听、阅读、浏览过该媒介的人口数占总人口数的比例（参见表2—8）。从2001年开始，我国国民对各类平面媒体的接触率大致呈先升后降的趋势。相比之下，2007年我国国民的图书接触率降幅最大。不过，2008年之后，图书接触率开始有明显的提升。相对于图书和期刊而言，报纸接触率相对较高，且始终高于图书和期刊的接触率。录像带/VCD/DVD等视频出版物的接触率在2007年超过图书。但随着有线电视、互联网的发展，以及各种新兴影音载体的诞生，人们不再局限于传统的音像出版物。互联网接触率大体上呈上升趋势。

（二）我国成年人媒介接触时间及变化

表2—9　　2008—2012年我国18—70周岁国民人均每天媒介接触时长　（分钟）

年份	图书	报纸	期刊	电视	广播	互联网	手机	电子阅读器
2012	15.38	18.91	13.17	98.85	8.48	46.77	16.52	2.94
2011	14.85	22.00	11.80	95.41	11.24	47.53	13.53	3.11
2010	16.78	23.69	13.66	98.90	11.57	42.73	10.32	1.75
2009	14.70	21.02	15.40	—	—	34.09	6.06	—
2008	17.70	22.83	16.26	98.29	11.25	26.16	4.66	—

从表2—9可知，互联网、手机的接触时长增长明显，电视接触时间最长，传统纸质媒介接触时长有减少的趋势，电子阅读器接触时长有限，尚未形成气候。综合相关调查数据可知：

第一，电视依旧是我国国民接触时间最长的媒介。1999—2010年，每天接触电视2小时以上人群的比例逐年上升（重度接触电视的观众比例逐年增长）。随着IPTV、流媒体等网络视频技术的发展，以及3G手机时代的到来，电视媒介也开始受到来自新媒介的有力冲击。

第二，由于互联网对报纸、期刊、图书等传统平面媒介的替代性较强，对互联网媒介的重度接触抢夺了受众对报刊、图书的接触时间。每天接触报刊、图书2小时以上人群的比例经历了先上升后回落的变化趋势。上升趋势主要是由于媒介市场化、媒介种类和内容日益丰富，而下降趋势主要来自新媒介对受众注意力的抢夺和分散。在上升动因和下降动因的博弈和平衡中，导致了这几类媒介整体覆盖率呈上升趋势，但重度受众比例呈下降趋势。

第三，与传统平面媒介相反，互联网作为新媒介的代表形式，其重度受众比例呈现快速上升趋势。近十年来，互联网的功能从最初的E-mail、浏览新闻等基础应用，发展成为搜索、即时通信、虚拟社区、博客、微博、微信等多种形态，并日益拓展延伸成为人类的生活、工作、学习、贸易的基础平台。互联网媒介的"黏度"不断增加，受众"泡"在网上的时间不断增加。

第四，在媒体产业发生变革的同时，媒介的受众市场也呈现非常清晰的分流趋势。① 我国受众被划分为若干不同的分众人口，有各自独立的媒介接触特征：网络媒体是15—25岁的群体最主要接触媒介，广播媒体在有车群体的生活中发挥着重要的功能，白领人群的杂志接触率远远高于一般社会人群，电视媒介则是家庭主妇人群的最主要媒介等。

（三）我国成年人媒介接触种类

综合分析历年数据，成年人媒介接触种类方面的特点可以概括为：男性比女性更广泛地接触不同类型的媒介，城镇人口比农业人口更广泛地接触媒介。学历越高的人群接触的媒介类型越多。年龄越大，接触的媒介种类反而有减少的趋势。家庭收入越高，接触的媒介种类越多。个人收入与媒介接触种类并非绝对的线性相关。"个人收入6000元以上的群体，随着收入的增长媒介接触种类却显著下降。"② 学历的差异是导致媒介接触种类变化的最主要因素，其次是家庭月收入和年龄。

整体来说，随着区域经济水平的增长，国民的媒介接触种类增多。在城镇人口中，这样的变化趋势相对明显，但在农业人口中区域年生产总值的增长并没有带来媒介接触种类的持续增长。在年生产总值2000亿元以上的区域，随经济发达程度的上升，农业人口的媒介接触种类反而有较明显的下降趋势。媒介接触多元化、碎片化的趋势主要集中体现在经济发达的大城市的城镇人口中，在高学历、高收入的人群中体现得尤为明显。

二 我国成年人媒介使用目的

全国国民阅读调查中将媒介使用目的分为了解国内外新闻时事、了解国内外观点和思潮、了解工作和学习有关信息、了解生活/消费资讯、了解时尚流行趋势、了解休闲娱乐信息六种。综合分析历年的数据，可知我国成年人媒介使用目的的特征为：

---

① 叶阿庆：《大众传播与窄众传播的管理——谈〈新闻联播〉天气预报景观广告对企业传播结构的贡献》，《广告人》2007年第5期。

② 中国出版科学研究所全国国民阅读调查课题组：《中国国民阅读调查报告（2008）》，中国书籍出版社2009年版，第28页。

第一，电视是我国成年人了解各类信息的最主要渠道。借助互联网了解信息的比例上升较快。通过音像出版物、电子出版物和境外媒体了解各类信息的国民比例较低。

第二，不同媒介的功能有差异。报纸、电视、广播的"了解国内外新闻时事"和"了解国内外观点和思潮"的功能突出。图书的主要功能是了解与工作、学习有关的信息。阅读期刊主要可以了解生活/消费资讯，了解时尚流行趋势。互联网和音像电子出版物的休闲娱乐功能突出。境外媒介的最突出的功能则是了解时尚流行趋势。

第三，国民对电视的依赖度①最高，互联网次之，报纸、广播、期刊、图书、音像出版物随后。互联网的位次上升较快。

第四，不同年龄段人群使用媒介目的的差异②表现为：18—29周岁人群了解时尚流行趋势的指向明显，30—39周岁人群了解生活/消费资讯和时尚流行趋势的指向明显，40—70周岁人群了解国内外新闻时事的特征突出。

第五，不同学历人群使用媒介的目的有所差异。其中，高学历人群中，依靠媒介"了解与工作学习有关的信息"的倾向性非常明显。

第六，城乡居民使用媒介的目的的差异表现为：城镇人口强调了解时尚流行趋势、与工作学习有关的信息，而农业人口侧重了解国内外新闻时事和休闲娱乐。

第七，不同地区人口使用媒介的目的有所区别。大城市人口侧重了解时尚流行趋势，了解与工作学习有关的信息。中型城市注重了解国内外新闻时事，了解国内外观点与思潮。小型城市关注休闲娱乐，了解生活/消费资讯。东部人口使用媒介的动机在各方面的倾向性都很高，尤其是"了解生活/消费资讯"和"了解时尚流行趋势"两项。中西部人口了解国内外新闻时事的动机明显。非少数民族地区注重休闲娱乐，少数民族地区侧重了解国内外新闻时事。

---

① 依赖度=依赖该媒介的比例/该媒介过去一年的接触率×100。
② TGI指数（Target Group Index）（目标群体指数，倾向性指数）=某一子群某一指标的比例/总群同一指标的比例×标准数100。

三 我国成年人使用各种阅读载体的场所

综合历次国民阅读调查数据，对于成年人来说，"家中"、"学校或单位"这些与个人生活、学习或工作联系最为密切的地方是国民最经常使用的阅读场所，并且这些场所对于任何阅读方式都比较适用。

由于手机、电子词典等移动阅读载体的移动便利性，除了家庭、学校和单位外，也有相对较多的人在乘坐交通工具时利用这些阅读载体进行阅读。

第四节 我国成年人图书阅读状况

一 我国成年人图书阅读状况及变化

（一）我国成年人阅读重要性认知

表2—10 1999—2008年我国18—70周岁国民对读书重要性的认知[①]　（%）

年份	非常重要	比较重要	一般	比较不重要	非常不重要	说不清
2008	32.1	37.1	18.6	4.2	0.6	7.4
2007	29.8	39.3	20.9	5.2	3.4	1.3
2005	84.1（越来越重要）	13.0（没什么变化）	2.9（越来越不重要/从来不重要）			—
2003	87.7（越来越重要）	10.4（没什么变化）	1.9（越来越不重要/从来不重要）			—
2001	92（越来越重要）	6.2（没什么变化）	1.8（越来越不重要/从来不重要）			—
1999	85.8（越来越重要）	11.2（没什么变化）	3.0（越来越不重要/从来不重要）			—

从表2—10可知，我国有近七成的成年人认为读书对个人来说是重要的（包括"非常重要"和"比较重要"），而明确表示阅读对个人的生存和发展不重要（"比较不重要"和"非常不重要"）的人数很少，所占比例没有超过5%。调查还发现，图书读者对阅读重要性的认知度最高，电

[①] 数据来源：全国国民阅读调查课题组《历年全国国民阅读调查报告》，中国书籍出版社2004—2009年版。

视观众对阅读重要性认知度最低。这说明收看电视有可能对人们的阅读需求和愿望产生一定影响。只看电视或VCD/DVD而不接触其他"阅读性媒介"（如书报刊、互联网等），会导致阅读观念的弱化。互联网用户对阅读重要性的认知度在各媒介中排第三，仅次于图书和期刊。这说明互联网对阅读观念不仅没有消极影响，可能还有所帮助。在新媒介时代，虽然传统纸质媒介的阅读行为有所降低，但包括网上阅读在内的综合阅读行为不一定是下降的趋势。[1]

（二）我国成年人图书阅读率与阅读量

表2—11　　全国国民阅读调查中的国民图书阅读率变化一览表[2]

调查次数	调查时间	国民图书阅读率（%）	浮动幅度（%）
10	2012	54.9	1.0
9	2011	53.9	1.6
8	2010	52.3	2.3
7	2009	50.1	0.8
6	2008	49.3	0.5
5	2007	48.8	0.1
4	2005	48.7	-3.0
3	2003	51.7	-2.5
2	2001	54.2	-6.2
1	1999	60.4	—

表2—12　　　　我国成年人人均纸质图书阅读量　　　　（本）

年份	2003	2005	2007	2008	2009	2010	2011	2012
成年人平均	4.58	4.50	4.58	4.35	3.88	4.25	4.35	4.39

从历年数据来看，2008年之前我国成年人的图书阅读率（识字者图

---

[1] 中国出版科学研究所全国国民阅读调查课题组：《中国国民阅读调查报告（2008）》，中国书籍出版社2009年版，第73页。

[2] 图书阅读率=每月至少读书一次以上的人口总体/我国成年识字人口总体。

书阅读率）呈逐年下降趋势，到了2008年开始略有回升（见表2—11）。调查发现，图书阅读率与学历成正比。在不同学历的群体中，学历越高，则图书阅读率越高。从职业分布情况来看，"学生"和"教师"群体图书阅读率最高；图书阅读率低于全国平均水平的职业群体是"无业及失业人员"、"离退休人员"和"农民或农民工"。

我国成年读者人均纸质图书阅读量徘徊在4本左右（见表2—12）。根据联合国教科文组织的统计，北欧国家国民每年读书24本左右，几乎是中国的6倍。以色列人年均阅读64本书，美国人年均阅读17本书，韩国人11本，日本、法国国民每年读书数量在8.4本左右。2012年，中国国民人均读书数也落后于泰国、越南等发展中邻国。[①] 不过，人均纸本书阅读量并没有因为数字化进程的加快而下降。整体而言，我国成年人的图书阅读率基本上保持在比较稳定的状态，而且总体上在上升。

二 我国成年人读书目的及不读书的原因

（一）我国成年人的读书目的

从我国国民读书目的历年的变化趋势看，在"休闲消遣""满足兴趣爱好""掌握实用技能""增加与别人交流的谈资"方面，增长明显。说明读者读书的目的存在"多元化""娱乐化""个性化"的变化趋势。

（二）影响我国成年人读书的因素

从影响我国国民读书的因素看，"工作太忙没时间读书"始终是最主要的导致国民不读书的原因，保持在40%以上。"没有读书的习惯/不喜欢读书""因看电视而没有时间读书""文化水平有限""找不到感兴趣的图书"均为国民不读书的重要原因。"不知道该读什么书""缺少读书氛围""因上网/玩游戏等而没时间读书""书价过高买不起""读书没用""没有看书的地方"等也是影响我国国民读书的因素。

[①] 网易数读：《博览群书成历史：中国人每年只读4本书》，http：//data.163.com/13/0829/23/97G0CJVU00014MTN.html。

三 我国成年人的图书获取途径与家庭藏书量

全国国民阅读调查发现，1999—2013 年我国 18—70 周岁图书读者的图书获取途径的变化特征表现为：第一，自费购买为第一途径，保持在 60% 以上，并且有上升的趋势，2008 年为 67.9%，到了 2012 年上升至 71.5%。第二，向他人借阅、到图书馆借阅、在书店或书吧里看、单位购买、租书等途径保持稳定，并略有下降。"向他人借阅"、"到图书馆借阅"和"在书店或书吧里看"的选择比例，2008 年分别为 51.1%、19.3%、13.2%，到了 2012 年，分别降至 42.6%、19.1%、9.8%。第三，农家书屋或社区书屋作为获取途径近年来有明显上升。

我国成年读者的平均家庭藏书量保持在 70 本左右，并略有波动。2006 年，我国人均拥有藏书量是 0.39 册。截止到 2011 年年底，我国县以上公共图书馆数量达 2951 个，全国人均拥有公共图书馆藏书 0.52 册。[①]

四 我国成年人最喜爱的图书与作者

从表 2—13、表 2—14 可知，最受我国读者欢迎的图书和作家总体上是保持稳定的。四大名著一直稳居最受读者喜爱的图书前四名，而金庸、鲁迅、巴金、琼瑶等总是受到读者的欢迎。与此同时，榜单也会有变化，2012 年莫言获得诺贝尔文学奖，由此莫言及其作品都在榜单上有强势表现。韩寒和郭敬明稳定地受着读者的欢迎，但他们的作品似乎没有与其人气匹配，未能进入前十名。

表 2—13　　　　近年来最受我国成年读者喜爱的图书排名

排名	2008	2009	2011	2012
1	红楼梦	三国演义	三国演义	红楼梦
2	三国演义	红楼梦	红楼梦	三国演义
3	西游记	水浒传	水浒传	水浒传

[①] 吴章勇：《报告称全国人均拥有公共图书馆藏书 0.52 册》，http://news.youth.cn/gn/201304/t20130429_3164675.htm。

续表

排名	2008	2009	2011	2012
4	水浒传	西游记	西游记	西游记
5	钢铁是怎样炼成的	围城	简·爱	天龙八部
6	围城	简·爱	天龙八部	红高粱
7	狼图腾	射雕英雄传	钢铁是怎样炼成的	蛙
8	鬼吹灯	钢铁是怎样炼成的	平凡的世界	围城
9	简·爱	天龙八部	史蒂夫·乔布斯传	钢铁是怎样炼成的
10	天龙八部	方与圆	围城	丰乳肥臀

表 2—14　　最受我国成年读者欢迎的图书作者排名

排名	1999	2001	2003	2005	2007	2008	2009	2011	2012
1	鲁迅	鲁迅	鲁迅	金庸	金庸	金庸	金庸	鲁迅	莫言
2	金庸	金庸	巴金	巴金	鲁迅	鲁迅	鲁迅	金庸	金庸
3	琼瑶	巴金	金庸	鲁迅	琼瑶	琼瑶	琼瑶	韩寒	鲁迅
4	巴金	琼瑶	老舍	琼瑶	韩寒	古龙	曹雪芹	琼瑶	韩寒
5	冰心	老舍	琼瑶	贾平凹	郭敬明	曹雪芹	古龙	郭敬明	琼瑶
6	老舍	古龙	古龙	老舍	贾平凹	郭敬明	巴金	老舍	老舍
7	贾平凹	贾平凹	余秋雨	古龙	余秋雨	老舍	郭敬明	曹雪芹	郭敬明
8	古龙	曹雪芹	贾平凹	冰心	巴金	贾平凹	老舍	冰心	曹雪芹
9	三毛	茅盾	曹雪芹	余秋雨	老舍	巴金	冰心	古龙	巴金
10	王朔	王朔	冰心	曹雪芹	古龙	韩寒	罗贯中	巴金	冰心

第五节　我国国民报刊阅读状况

一　我国成年人报纸阅读率与阅读量

表 2—15　　我国成年人报纸阅读率与阅读量

调查时间	1999	2001	2003	2005	2007	2008	2009	2010	2011	2012
成年国民报纸阅读率（%）	49.8	58.5	60.6	58.3	73.8	63.9	58.3	66.8	63.1	58.2
报纸读者人均年报纸阅读量（份）	—	—	—	—	—	88.60	73.01	101.16	100.70	77.20

从表2—15可知，2001—2012年，我国成年国民的报纸阅读率和阅读量略有起伏。从2010年开始，有下降的趋势。从职业分布来看，"公务员"的报纸阅读率最高，"事业单位干部""企业领导或管理人员"和"教师"等职业人群的报纸阅读率显著高于其他群体。2012年，"公务员"群体的人均报纸阅读量高达222.59份。

二 我国成年人的期刊阅读状况

（一）我国成年人的期刊阅读率与阅读量

表2—16　　　　　我国成年人期刊阅读率与阅读量

调查时间	1999	2001	2003	2005	2007	2008	2009	2010	2011	2012
成年国民期刊阅读率（%）	57.0	49.8	46.4	55.3	58.4	50.1	45.6	46.9	41.3	45.2
期刊读者人均年期刊阅读量（期）	—	—	7.4	—	8.2	6.97	7.19	6.67	6.56	

由表2—16可知，我国读者的期刊阅读率总体上有上升的趋势，但从2010年开始，有所下降。人均年阅读期刊量从2010年开始也呈现下降趋势。

（二）我国成年人不读期刊的原因

表2—17　　　　　我国成年人不读期刊的原因

不读期刊的原因	1999	2001	2003	2005	2007	2008
没时间	31.0	23.3	32.3	33.9	48.0	43.5
看电视、听广播就够了，没必要再读它	20.7	22.8	21.0	23.5	25.0	32.1
对现在期刊上的内容没兴趣	9.9	9.9	15.8	16.9	20.8	22.0
文化程度低，阅读有困难	18.7	21.1	13.5	11.4	15.8	15.3
期刊价格太贵	12.1	9.9	11.2	5.9	15.4	7.9
买期刊不方便	3.5	4.1	3.6	2.4	5.9	6.8

由表2—17可知，"没时间"成为不读期刊的主要原因。其他媒介可替

代、期刊内容没有吸引力、阅读困难等因素是造成不读期刊的重要原因。

第六节 我国成年人音像电子出版物阅读状况

一 我国音像电子出版物出版情况

音像制品是指采用模拟或数字方式存储作品信息的含有录音和录像内容的需要借助一定工具方可视听的出版物，主要包括录音带、录像带、唱片、激光唱盘和激光视盘等。"音"指录音制品，俗称唱片；"像"指录像制品，主要是后电影制品、后电视剧制品、后演出制品和录像教材等。电子出版物系指以数字代码方式将图、文、声、像等信息存储在磁、光、电介质上，再通过计算机或其他具有类似功能的设备阅读使用，用以表达思想、普及知识和积累文化，并可复制发行的大众传播媒体。电子出版物包括软件出版物、电子图书、电子报刊、联机数据库、多媒体出版物、数字化的音像出版物以及网络出版物等。① 国民阅读调查主要涉及 VCD/DVD、盒式录音带、CD – ROM 以及 CD 这几类目前普及范围相对较广、使用率相对较高的音像电子出版物。

表2—18　2000—2012年我国音像制品与电子出版物出版情况②

年份	音像制品出版单位（家）	电子出版物出版单位（家）	录音制品（种）	录音制品出版数量（亿盒/张）	录音制品发行数量（亿盒/张）	录像制品（种）	录像制品出版数量（亿盒/张）	录像制品发行数量（亿盒/张）	电子出版物（种）	电子出版物出版总数量（亿张）
2012	369	268	9591	2.28	2.32	8894	1.66	1.17	11822	2.63
2011	369	268	9931	2.46	2.60	9477	2.18	1.28	11154	2.13
2010	374	251	10639	2.39	2.57	10913	1.85	1.19	11175	2.59
2009	380	250	12315	2.37	2.62	13069	1.55	1.22	10708	2.29
2008	378	240	11721	2.54	2.49	11772	1.79	1.61	9668	1.58

① 谢新洲：《数字出版技术》，北京大学出版社2002年版，第13页。
② 数据来源：全国新闻出版统计网，http://www.ppsc.gov.cn/tjsj。

续表

年份	音像制品出版单位(家)	电子出版物出版单位(家)	录音制品(种)	录音制品出版数量(亿盒/张)	录音制品发行数量(亿盒/张)	录像制品(种)	录像制品出版数量(亿盒/张)	录像制品发行数量(亿盒/张)	电子出版物(种)	电子出版物出版总数量(亿张)
2007	336	228	15314	2.06	2.0	16641	2.85	2.36	8652	1.36
2006	339	198	15850	2.60	2.2	17856	3.23	2.41	7207	1.60
2005	328	170	16313	2.30	1.89	18648	3.86	3.00	6152	1.40
2004	320	162	15406	2.06	1.72	18917	3.62	2.45	6081	1.48
2003	320	121	13333	2.2	1.96	14891	3.54	2.6	4961	0.93
2002	292	208	12296	2.26	2.0	13576	2.18	1.74	4713	0.97
2001	294	209	9526	1.37	1.16	11445	1.44	1.09	2396	0.45
2000	290	218	8982	1.22	1.16	8666	0.81	0.58	2249	0.40

由表2—18可知，2000—2005年，我国音像制品的品种数呈上升趋势，但从2006年开始呈现波动的趋势。电子出版物的品种和出版数量总体成向上升趋势，但提升乏力。

二 我国成年人音像电子出版物价格承受力

1999—2008年，我国18—70周岁国民音像电子出版物价格承受力有上升的趋势。由于2009年之后全国国民阅读调查去掉了相关内容的调查，所以近几年的情况不得而知。随着数字技术的迅猛发展，音像与电子出版物会逐步实现数字化而成为数字出版物的一种。

表2—19　1999—2008年我国18—70周岁国民音像电子出版物价格承受力　（%）

音像电子出版物		1999	2001	2003	2005	2007	2008
VCD	10元以下	52.5	68.8	70.2	59.2	71.6	62.4
	10—19元	34.8	23.6	22.9	36.8	26.6	26.2
	20—29元	9.6	6.4	2.20	3.3	4.9	3.7
	30元以上	3.1	1.3	1.1	0.7	0.5	1.0
	不清楚/不知道	—	—	—	—	—	6.8

续表

音像电子出版物		1999	2001	2003	2005	2007	2008
DVD	10 元以下	36.8	54.5	54.1	50.8	63.3	—
	10—19 元	35.7	31.8	34.9	40.5	29.0	—
	20—29 元	20.4	10.1	7.3	6.9	8.6	—
	30 元以上	7.1	3.6	2.4	1.9	0.5	—
	不清楚/不知道	—	—	—	—	—	
盒式录音带	10 元以下	83.4	87.5	89.2	86.8	76.5	43.9
	10—19 元	15.6	11.6	9.6	12.3	18.9	8.7
	20—29 元	0.3	0.5	1.1	0.7	4.0	1.5
	30 元以上	0.6	0.4	0.1	0.2	0.7	0.2
	不清楚/不知道	—	—	—			45.7
CD	10 元以下	50.5	61.9	58.3	59.5	70.4	53.7
	10—19 元	38.2	28.6	37.3	35.1	25.3	22.1
	20—29 元	8.3	6.9	3.7	4.9	3.9	1.9
	30 元以上	3.1	2.6	0.7	0.5	0.4	1.0
	不清楚/不知道	—	—	—	—	—	21.2
CD - ROM	10 元以下	—	—	—	—	—	24.4
	10—19 元	—	—	—	—	—	11.9
	20—29 元	—	—	—	—	—	2.7
	30 元以上	—	—	—	—	—	0.9
	不清楚/不知道	—	—	—	—	—	60.1

第七节　我国成年人数字出版物阅读状况

一　我国成年人数字出版物阅读总体情况

（一）我国成年人对数字阅读的接触率

表 2—20　　　我国 18—70 周岁国民数字阅读媒介接触率　　　（%）

调查时间	1999	2001	2003	2005	2007	2008	2009	2010	2011	2012
数字阅读媒介接触率	<3.7	7.5	18.4	27.8	44.9	24.5	24.6	32.8	38.6	40.3

此处所指数字出版物的阅读包括网络在线阅读、手机阅读、PAD/MP4/电子辞典阅读、光盘读取、手持式电子阅读器阅读等方式。数字出版物阅读率＝上一年进行过数字出版物阅读方式中的一种或几种的群体占全体成年人的比重。以样本受访日前一周为例，了解我国国民接触媒体时间的情况。表2—20表现了我国成人数字阅读媒介接触率的变化（1999—2007年的数据为上网率）。总体而言，数字阅读媒介接触率上升势头明显。

（二）我国成年人的数字阅读方式

表2—21　　　　　我国18—70周岁国民数字阅读方式　　　　　（%）

年份	网络阅读	手机阅读	其他手持式电子阅读器阅读	光盘读取	使用PDA/MP4/MP5等进行数字化阅读	其他
2012	32.6	31.2	4.6	1.6	2.6	—
2011	29.9	27.6	5.4	2.4	3.9	—
2010	18.1	23.0	3.9	1.8	2.6	—
2009	16.7	14.9	1.3	2.3	4.2	—
2008	15.7	15.7	1.0	3.3	4.2	0.2

表2—21说明，数字阅读方式多样，网络在线阅读和手机阅读方式是数字阅读的主流方式，其他方式所占比例较小。其中，手机阅读方式上升势头明显。

（三）我国成年人选择数字阅读的原因

分析历年调查数据可知，"获取信息便利"是受众选择"数字阅读"的首要原因。网络阅读依托电脑载体，通过浏览器或专门的阅读器向读者提供丰富的资讯。超强的信息时效性，音视频并茂的多媒体信息、低廉的成本以及可以随意选取所需信息，信息的及时反馈，良好的互动性等都是国民选择数字阅读的原因。

（四）我国成年人数字出版物阅读对纸质出版物阅读的影响

2008年，成年人各类数字化媒介的阅读率为24.5%，有2.8%的成年人只阅读各类数字媒介而不读纸质书。接近九成（88.9%）的受众表示，阅读了电子书后，将不会再购买该书的纸质版。2009 年，这一比例提高到 91.0%。2010 年为 83.6%，2011 年是 88.2%，2012 年又提高到 90.6%。可见，电子书对传统图书销售的冲击力还是比较大的。

从阅读习惯上看，2011 年我国有 0.98% 的杂志读者只选择阅读电子杂志而不读纸质杂志，有 1.4% 的成年报纸读者只选择阅读电子报。2011 年，认为"增加了纸质内容的阅读"的国民有 7.7%，但认为"减少了纸质内容的阅读"的国民有 12.2%；认为"减少了数字阅读内容的阅读"的国民有 4.4%，但表示"增加了数字阅读内容的阅读"的国民有 6.2%。[①] 如果说一个人每天的阅读时长是相对固定的话，分解到数字阅读和传统阅读的时长将形成杠杆式此消彼长的态势。综合调查数据分析，尽管纸质出版物阅读仍是七成以上国民偏好的阅读形式，但数字阅读群体的基数和阅读时长的增势均强于传统阅读。

二 我国成年人电子书刊阅读状况

我国成年人电子书刊阅读偏好集中于文学类图书如小说、随笔等，百科、全体、电子期刊、学习参考或工具书以及漫画。此外，实用书（如语言、IT、理财等）、考试用书、专业学术图书、儿童书也占有一定比例。

表 2—22　我国 18—70 周岁国民数字化阅读接触者付费阅读情况

年份	能够接受付费下载阅读的比例（%）	能接受一本电子书的平均价格（元）
2012	40.1	3.27
2011	41.8	3.50
2010	53.8	3.45
2009	52.1	3.45
2008	55.9	3.54

由表 2—22 可知，我国成年数字化阅读接触者对付费电子书的价格承

---

① 陈方：《我国数字化阅读发展迅猛，增势均强于传统阅读》，http://news.china.com.cn/txt/2012-04/19/content_25188066.htm。

受力不高，付费意愿没有增强的趋势，但可接受的数字图书价格在提升。对于购买一本 200 页左右的文学类纸质简装书，2011 年我国成年国民能接受的平均价格为 13.43 元。

中国图书商报社和读吧网在北京联合发布的《2010—2011 年度中国电子图书发展趋势报告》显示，截至 2010 年年底，我国电子图书读者人数达到 12119 万人，电子图书总量为 115 万种，2009 年新增电子图书 18 万种，同比增长 15.65%；电子图书年交易册数为 5770 万册（未包含手机付费阅读和连载部分），同比增长 6.93%；电子图书市场产值为 8.69 亿元，同比增长 203%。[①] 同时，在收入结构比例中，个人用户支付部分以 70.6% 的市场份额大幅超越传统数字图书馆市场。这标志着中国电子图书市场已经快速迈入个人市场时代。

三 我国成年人上网情况及网络阅读状况

（一）我国互联网用户规模与上网方式

表 2—23　　　　2005—2012 年中国网民规模及上网设备[②]

年份	网民规模（亿人）	互联网普及率（%）	手机网民规模（亿人）	网民中使用台式电脑上网的用户占比（%）	网民中使用笔记本电脑上网的用户占比（%）	网民中使用手机上网的用户占比（%）
2012	5.64	42.1	4.20	70.6	45.9	74.5
2011	5.13	38.3	3.56	73.6	—	69.3
2010	4.57	34.3	3.03	—	—	66.2
2009	3.84	28.9	2.33	—	—	60.8
2008	2.98	22.6	1.18	—	—	39.5
2007	2.10	16.0	0.50	—	—	24.0
2006	1.37	10.5	—	—	—	—
2005	1.11	8.5	—	—	—	—

---

① 中国电子图书发展趋势报告组：《中国图书商报联合读吧网第五次发布中国电子图书发展趋势报告》，http://book.sina.com.cn/news/v/2011-05-09/1758286161.shtml。

② 数据来源：中国互联网络信息中心，http://www.cnnic.net.cn/。

表 2—24　我国互联网网站、网页资源及与阅读相关的应用用户①

年份	网站数（万个）	网页数（亿个）	搜索引擎用户规模（亿人）/网民使用率（%）	博客/个人空间用户规模（亿人）/网民使用率（%）	网络视频用户规模（亿人）/网民使用率（%）	微博用户规模（亿人）/网民使用率（%）	网络文学用户规模（亿人）/网民使用率（%）
2012	268	1227	4.51/80.0	3.73/66.1	3.72/65.9	3.07/54.7	2.33/41.4
2011	230	866	4.07/79.4	3.19/62.1	3.25/63.4	2.50/48.7	2.03/39.5
2010	191	600	—	—	—	—	—
2009	323	336	—	—	—	—	—
2008	288	161	—	—	—	—	—
2007	150	85	—	—	—	—	—
2006	84	45	—	—	—	—	—

表 2—25　　　　　我国 18—70 周岁国民上网方式　　　　　（%）

年份	国民上网率	通过电脑上网	通过手机上网
2012	55.6	52.2	29.2
2011	54.9	50.6	25.4
2010	49.9	47.5	16.6
2009	41.0	—	—
2008	36.8	—	—
2007	44.9	—	—
2005	27.8	—	—
2003	18.4	—	—
2001	7.5	—	—
1999	3.7	—	—

　　从表 2—23、表 2—24、表 2—25 可知，我国互联网事业发展迅速。无论是网站、网页资源，还是网民规模数，增长趋势都较为明显。与阅读相关的应用用户数和使用率均保持增长。从上网方式来看，通过电脑和手机上网的方式在增长，尤其是通过手机方式上网的增幅较大。

---

① 数据来源：中国互联网络信息中心，http://www.cnnic.net.cn/。

（二）我国成年人的互联网应用类型

表2—26　　我国18—70周岁网民互联网应用类型　　　　　（%）

网上活动	2003	2005	2007	2008	2009	2010	2011	2012
网上聊天/交友	2.2	42.1	61.1	65.3	69.7	71.3	72.7	66.1
阅读新闻	11.0	37.0	52.5	55.5	61.2	63.6	63.1	70.8
查询各类信息	6.3	32.4	50.7	45.7	48.0	—	46.3	46.7
网络游戏	7.8	35.5	45.1	45.1	—	—	41.5	35.9
收听、收看、下载歌曲和电影	6.5	20.7	27.2	47.0	—	52.8	50.0	—
收发电子邮件	6.5	20.7	27.2	27.0	—	—	—	—
阅读网络书籍、报刊	—	—	19.1	17.6	18.1	—	16.0	17.6
软件上传和下载	—	—	18.2	21.4	—	—	—	—
制作/维护个人主页/博客	—	—	9.1	8.8	—	—	—	—
网上购物/电子商务	—	—	5.5	8.3	—	—	—	—
参与在线教育、学习和培训	—	—	3.6	2.7	—	—	—	—
上网求职	—	—	3.4	3.7	—	—	—	—
网络电话	—	—	2.1	2.6	—	—	—	—
发送手机短信（SMS）	—	—	1.8	2.9	—	—	—	—
其他	—	—	1.1	1.6	—	—	—	—

表2—27　　我国18—70周岁网民网上从事的与阅读强相关活动类型　　　　（%）

网上活动	2008	2010	2012
搜索图书信息	35.6	15.4	35.1
搜索图书内容	24.7	—	—
阅读电子书（E-book）	21.6	10.4	30.7
看电子期刊	19.4	7.8	17.8
阅读电子报	—	6.0	17.4
网上购书	10.0	—	—

从表2—26可知，我国成年网民互联网应用的最主要类型表现为聊天/交友、阅读新闻、查询各类信息等。

表 2—27 描述了成年网民网上从事的与阅读强相关活动类型。分析可知，互联网的发展对阅读观念不仅没有消极影响可能还有促进作用。我们可以将网上活动划分为与阅读强相关和与阅读弱相关两种行为。与阅读强相关行为包括阅读新闻、查询各类信息、收发电子邮件、阅读网络书籍、报刊，制作/维护个人主页/博客/微博客，RSS 订阅，参与在线教育或培训。与阅读弱相关行为包括网上聊天/交友，网络游戏，收听/收看/下载歌曲和电影，软件上传或下载，网上购物/商务服务，上网求职，网络电话，发送手机短信等。前者重在"接受信息"，后者重在"传递信息"。

四 我国成年人手机及移动阅读状况

（一）我国成年人手机阅读基本状况

表 2—28　　　　　2009—2012 年我国成年人手机阅读情况

	2009	2010	2011	2012
进行过手机阅读的国民比例（%）	15.7	23.0	27.6	31.2
手机阅读人群平均每天进行手机阅读的时长（分钟）	—	32.85	37.42	40.44
手机阅读用户人均花费在手机阅读上的费用（元）	—	34.46	20.75	23.31

从表 2—28 可知，2009—2012 年我国成年人手机阅读的增长趋势明显。无论是手机阅读用户，还是手机阅读时长，都在逐年增长。2011 年中国移动手机阅读信息费收入 15 亿元；2011 年 2 月，访问移动手机阅读的用户数量达到 7340 万，日均浏览量 4.29 亿次。[①] 据调查，2011 年，在手机阅读人群中，18—29 周岁人群占比最高（59.7%），其次是 30—39 周岁人群（29.9%）。2010 年，手机阅读群体 63.3% 集中在 18—29 周岁这一年龄段，27.7% 集中在 30—39 周岁这一年龄段，6.8% 集中在 40—49 周岁这一年龄段，2.3% 集中在 50 周岁以上年龄段。在 21—25 周岁之间的集中度最高，有近四成（39.3%）的手机阅读群体集中在这一年龄段

[①] 童桦：《年轻人爱上移动阅读》，http://news.china.com.cn/rollnews/2012-03/23/content_13430871.htm。

内。一半以上（51.7%）的手机阅读群体集中在 26 周岁及以下的年轻人中。从学历分布看，高等学历（本科及以上）仅占 17.9%，大专、高中和初中学历这三个学历群体在手机阅读人群总体中几乎占到八成（79.0%），低学历者（小学）仅占 3.1%。

2012 年调查结果显示，每天花费 30 分钟以内的时间在手机阅读上的有近 60%（58.5%）；表示每天会花费半个小时到一个小时的时间在手机阅读上的有 19.6%；表示每天花费在手机阅读上的时间超过 1 个小时的有 21.9%。

（二）我国成年人手机阅读用户的类型偏好

手机阅读的代表形式是短信阅读、手机的文本阅读，如手机报、手机阅读小说等。短信阅读的优点是可大量群发、成本低、信息短小、言简意赅；而 TXT 文本则将人们原本只能在电脑上阅读的电子书转移到了移动终端上。人们可以在车上、路上和其他无法上网的地方阅读。通过无线技术平台，可以在手机上开发发送短信新闻、彩图、动漫和 WAP（上网浏览）等功能。据《2011 年中国手机阅读市场用户研究报告》，在手机用户经常阅读的内容中，报纸、资讯类占比最高，网络文学内容占比始终为 24.8%，而传统文学内容占比较低，只有 14.7%。[1] 2011 年以前，手机报领跑手机阅读消费。但到了 2012 年，在手机阅读增长的同时，手机报业务却呈下滑趋势。数据显示，2012 年第一季度手机报收入为 5.8 亿元，在手机阅读收入的占比继续下滑，下降到 47.72%，其他手机阅读业务收入规模占比则上升到 52.28%。[2]

中国互联网络信息中心的数据显示，截至 2012 年 12 月底，中国微博用户已经超过 3 亿。其中，5% 的用户为"微博控"，每天用微博的时间超过 6 小时，甚至 24 小时都挂在微博上。[3] 而微信用户规模的增长速度

---

[1] 石剑峰：《各方角力中国电子书　数字阅读成未来走向》，http://info.av.hc360.com/2012/03/231033415471.shtml。

[2] 任晓宁：《2012 年第一季度中国手机阅读市场总营收增速 2.57%》，http://news.qq.com/a/20120531/001033.htm。

[3] 屈一平：《微博：碎片阅读之忧》，http://news.sohu.com/20120514/n343112971.shtml。

比微博还要快,截至 2013 年 7 月,微信用户数已经超过 5 亿。①

(三) 我国成年人手机阅读用户付费意向

调查显示,我国成年人手机阅读接触者对手机读物的价格承受能力均有所增加。2012 年第一季度中国手机阅读市场总营收增速 2.57%,达 12.15 亿元。② 但据易观国际调查,我国手机阅读用户的付费意向没有增长。对比 2010 年,尽管 2011 年手机阅读用户增幅达到 31.91%,但付费意愿却有所降低,"不愿意付费"的比例从 25.3% 增加至 27.8%,高于 2010 年的 25.3%。③ 除了社区类内容用户愿意付费的比例有小幅增加外,其他阅读内容的用户付费愿望都呈现下滑趋势。④ 2012 年全国国民阅读调查的结果也说明了我国手机阅读接触人群付费比例较 2011 年略有下降。

(四) 其他手持移动终端阅读状况

根据电信行业咨询公司 Ovum 预计,2012—2017 年,全球移动通信市场将新增 16 亿个移动连接终端。⑤ 2010 年,我国 3.9% 的国民在电子阅读器上阅读,比 2009 年的 1.3% 增加了 2.6 个百分点。2010 年我国电子阅读器的销量超过百万台,2011 年第一季度我国国内电子阅读器市场总出货量达 28.25 万台;第二季度,销量是 27.9 万台;第三季度,销量在 29.5 万台左右,2011 年总销量接近 120 万台。中国个人电子阅读终端已经超过 1.5 亿人,公众正在形成新的数字阅读习惯。⑥

易观国际发布的《2011 年中国手机阅读市场用户研究报告》表明电子阅读器终端市场还在缓慢增长,用户认知率有所增加。易观国际分析师

---

① 黄龙中:《微信用户已突破 5 亿用户》,http://fly_621.shop.qihuiwang.com/NewsInfo.aspx?Id=85280。
② 任晓宁:《2012 年第一季度中国手机阅读市场总营收增速 2.57%》,http://news.qq.com/a/20120531/001033.htm。
③ 傅若岩:《盛大携资本扩张行销渠道,陈天桥全情投入手机阅读博弈》,http://www.ittime.com.cn/index.php?m=content&c=index&a=show&catid=6&id=29。
④ 古晓宇:《手机阅读市场付费意愿萎缩》,http://www.techweb.com.cn/data/2011-10-09/1103462.shtml。
⑤ 娄池:《联想如何用 7 年超越三星?新兴市场成胜负关键》,http://www.techweb.com.cn/news/2013-05-24/1298745.shtm。
⑥ 李莉:《我国个人电子阅读终端超 1.5 亿人》,http://roll.sohu.com/20111225/n330159947.shtml。

孙培麟说，通过对手机阅读和电子阅读器的认知发现：53%的手机阅读用户仍处于听说过但不是很了解的阶段；听说过、正在使用的用户只占11%。根据易观国际2011年9月份的调查数据，手机阅读用户对电子阅读器终端的认知仍不够理想。但相比2010年同期来看，使用过的用户比例从9%增长到11%，没有听说过的用户从27%下降到19%，听说过但不是很了解的用户从50%增加到53%。用户认知度有所提高，市场处于缓慢增长而非缩减趋势，电子阅读器终端市场并非在走向末路。① 易观国际的调查数据说明，2012年第二季度我国移动阅读市场活跃用户数已经达到3.58亿，预计2015年将达6.5亿。②

网易云阅读自2011年6月11日正式上线，2013年7月用户数超过1800万人。③ 2013年第一季度QQ阅读活跃用户数已突破3000万，占据13.7%的移动阅读客户端市场份额。④ 网易云阅读发布中国首份移动阅读报告——《2012中国人移动阅读报告》，该报告调查中国人在地铁上、在公交车上、在马桶上、在床上，使用智能终端到底在看些什么、会有什么样的阅读爱好和习惯。⑤ 报告显示，男性占移动阅读用户中的绝对多数，是女性的五倍多。各年龄段的用户有着明显不同的阅读偏好。⑥

近年来，平板电脑发展迅速，已成为与笔记本电脑和智能手机并驾齐驱的电子产品。基于平板电脑的阅读也逐步流行起来，并开始超越基于E-ink技术的电子阅读器。2011年8月22日，腾讯科技联合慧聪、邓白氏研究发布了《平板电脑用户使用习惯调查报告》。该报告显示，用户使用平板电脑用途最多的是网页浏览，占76.2%；阅读电子书的达到38.9%；近80%的用户平均每天使用平板电脑超过2小时，其中37.8%的受访者

---

① 孙培麟：《电子阅读器并未走向末路》，http：//www. admaimai. com/ShuJuJianCe/Detail/7693. htm。

② 雷建平：《腾讯文学接入QQ手机版细节：莫言成首位入驻者》，http：//tech. qq. com/a/20130911/014990. htm？pgv_ ref = aio2012&ptlang = 2052。

③ 《网易云阅读用户数突破1800万》，http：//www. chinaz. com/news/2013/0701/307947. shtml。

④ 雷建平：《腾讯文学接入QQ手机版细节：莫言成首位入驻者》，http：//tech. qq. com/a/20130911/014990. htm？pgv_ ref = aio2012&ptlang = 2052。

⑤ 金梁：《互联网运营商发力"移动阅读"新战场_科技滚动》，http：//jrzb. zjol. com. cn/html/2012 - 06/12/content_ 1564784. htm？div = - 1。

⑥ 《〈中国人移动阅读报告〉出炉，阅读进入"云"时代》，http：//www. xwwb. com/web/wb2008/wb2008news. php？db = 16&thisid = 114069。

平均每天使用时间超过五小时。① 互联网消费调研中心（ZDC）基于 ZOL 网站的调研样本，调查发现中国平板电脑用户行为的特点有：使用时间在一年以内的用户占比为 53.6%；26—35 岁的用户占比最高；方便快捷是用户使用平板电脑的主要原因；浏览网页与看视频是用户的主要使用方式；其他使用方式中，玩游戏和看电子书是用户的主要使用方式，其占比分别为 18.7 和 13.6%。②

第八节　启示

上述与本课题有关的阅读调查结果，为我们描述了我国成年人十余年来的整体阅读图景，为本研究提供了重要基础。但就本书的研究目标而言，既有调查存在着如下不足，或者说没有解决如下问题：

1. 从阅读主体的角度看

阅读认知方面：历次调查都有人们对阅读重要性的认知，但主要侧重于对图书阅读重要性的认知调查，缺乏整体意义的阅读重要性认知及其变化调查，包括阅读对个人发展与社会发展的重要性两个方面。缺乏国民对纸质阅读发展前景的认知及其变化调查。

阅读取向与动机：历次调查都有不同类型的媒介使用与阅读动机调查，但缺乏整体意义的阅读取向与动机及其变迁调查。尤其是缺乏读者网络阅读与其他媒介阅读行为之间的关系调查。

阅读素养：缺乏从阅读能力、阅读耐心、阅读深度等角度测量我国国民阅读素养在数字时代的变化的调查。

阅读效果与满足：对阅读满意度已有调查，但缺乏阅读积极性情况的调查。

阅读习惯：缺乏对阅读习惯总体的变化认知情况的调查。

---

① 腾讯科技、慧聪邓白氏研究：《平板电脑用户使用习惯调查报告》，http://tech.qq.com/a/20110822/000254.htm。

② ZDC：《2013 年中国平板电脑用户行为调查报告》，http://www.199it.com/archives/157256.html。

2. 从阅读媒介的角度看

已有调查开展了大量围绕阅读媒介的调查，包括接触率与阅读率、阅读频率、阅读量、获取途径、阅读目的、阅读障碍、消费渠道、消费频率、消费目的、消费障碍等方面。在阅读内容方面调查了主题偏好、广告接受度等，但缺乏易读性判断、符号偏好方面的调查。在阅读方式方面，缺乏研读与泛读方式、职业阅读与休闲阅读方式选择的调查，也缺乏阅读媒介结构的改善意愿调查。

3. 从阅读环境的角度看

已有调查已经包含了购书环境评价、公共图书馆评价、书店评价、报刊零售等方面的内容，但缺乏对阅读环境的总体评价调查，也缺乏对阅读政策的评价。

上述没有解决的问题，正是本书研究的重点。

第三章

研究设计与研究过程

第一节 研究流程

在研究过程中,我们紧紧围绕既定研究方案,深入、全面地对国内外相关文献进行了检索与研读。为保证实证研究的效度与信度,正式调查是在经过多次试测的基础上进行的。在实证研究阶段,我们在全国范围内征集有效样本4256个。在数据分析与理论总结阶段,我们综合运用多种研究方法,借鉴多学科相关理论与方法,客观、系统地对研究问题进行了理论抽象和提炼,以保证研究成果尽可能准确地揭示国民在数字时代阅读行为嬗变的基本特点与规律,并以此为基础提出对策(见表3—1)。

表3—1　　　　　课题研究流程

阶段	内容	方法
准备阶段	为了设计问卷,进行个人采访和问卷测试	定量与定质的研究方法
第一阶段	进行问卷调查	定量分析方法
第二阶段	对问卷调查数据进行分析研究,根据分析结果进行分类,并确定要深入访谈的对象	
第三阶段	开展个人深入访谈	定质研究方法
第四阶段	分析研究个人访谈数据	内容分析法
第五阶段	撰写研究报告	

第二节 问卷调查

一 问卷设计

(一) 问卷内容

《数字时代我国国民阅读行为变化情况调查问卷》包括两大部分：第一部分为个人背景资料，第二部分调查我国国民在数字化背景下阅读行为的变化情况，以及我国国民对促进国民阅读相关政策的评价。

问卷内容如下：

第一部分：个人背景资料。此部分计九题，包括性别、年龄、网龄、学历、职业、户籍、婚姻、个人收入、联系方式。职业如果是学生的，则跳转填答是高中生还是大学生。个人收入分为两个小题，分别调查会上网前和目前的收入情况。受访人可以不填写联系方式，但想参与抽奖的则需要填写手机号码。

第二部分：主体问卷部分。从阅读主体、阅读媒介、阅读环境三个维度设计问卷，重点调查数字时代我国国民阅读行为变化的表现。本部分题目的结构与分布，如表3—2所示。

表3—2　　　　问卷主体部分题目的结构与分布

维度	项目	题号
阅读主体	阅读重要性认知情况的变化	13、14
	纸质阅读发展前景认知的变化	15、16、17、18
	阅读需求的变化	19、21、22
	阅读目的、兴趣、能力、耐心、难度、范围、阅读量的变化	20
	阅读效果的自我评估	21、22、24、32、33
	阅读习惯的变化情况	23、24
阅读媒介	媒介偏好的变化	25、26
	媒介阅读频率、时长、时间点的变化	30、31
	媒介内容（易读性、主题偏好、符号偏好、篇幅偏好、广告接受度）的评估与变化	34、35、36、37、38
	媒介阅读方式的选择及其变化	27、28、29、39

续表

维度	项目	题号
阅读环境	阅读场所偏好及其变化	34、40
	阅读环境评价	34、41
	阅读对策评价	42

(二)问卷设置

我们购买了专业版的问卷星服务,[①] 根据研究需求对问卷做了设置。基本信息包括问卷名称、问卷说明、提示语言、断点续答和预览答卷等。问卷公开级别为不公开,只有收到调查员邀请的人才能看到,统计信息和详细信息均不公开。防重复填写方面的设置为:第一,同一 IP 地址的用户最多只能填写两次问卷;第二,同一电脑最多只能填写一次问卷。这样可以有效降低重复率,有效提高样本的广泛性和覆盖率。同时为了让受访人员了解填答问卷的进度,我们设置了按题目显示进度条。

二 采样过程

(一)调查目的

全面了解数字时代我国国民在阅读行为(包括兴趣、偏好、方式、需求等)方面所发生的变化,分析、总结我国国民阅读图书、报刊、音像与电子出版物、网络出版物、手机出版物、阅读器及其他移动阅读设备的变化规律和发展趋势,总结、分析我国国民数字阅读行为的特征,为行政管理机关和出版行业提供决策参考。

(二)调查对象

本次调查的对象为我国内地年龄在 18—70 周岁、第一次上网至今已有 3 年及以上、初中毕业并有阅读习惯的人。

[①] 问卷星(www.sojump.com)成立于 2005 年 12 月,隶属于上海循环信息科技有限公司,是国内最早致力于提供自助式在线设计问卷以及相关服务的公司。

(三) 调查区域

本次调查样本分布在全国31个省（直辖市、自治区），在考虑到中国区域经济、文化和信息化水平对国民阅读生活的影响时，有较好的代表性。

(四) 抽样

我国幅员辽阔，人口众多，各地区、各省份之间在经济、文化、教育和社会发展方面存在较大落差和不平衡，这种情况加剧了在全国开展抽样调查的难度。而且，本书研究的是数字时代国民阅读行为的嬗变特征，是基于网民展开的研究，而网民的区域分布与人口的户籍分布有巨大的差异，按照入户调查原则展开调查并不十分科学。同时，由于研究经费有限，我们也无法开展全国性随机概率抽样，在全国开展入户问卷调查。因此，本研究没有开展有代表性的抽样调查，而是一种典型调查。但在抽样过程中充分考虑到了区域分布、男女比例、年龄结构、职业分布、户籍、婚姻等背景资料，力求有一定的代表性。

抽样框根据《2012中国城市统计年鉴》及各城市行政区划资料编制。本次调查只设置了一个初级抽样框，即全国4个直辖市、284个地级市，直辖市、地级市力求实现全覆盖。[①] 然后，按照中国互联网络信息中心发布的《2011—2012年中国内地各省（市、自治区）网民规模和互联网普及率》中的网民规模数据，设广东的样本数为500，按比例分配各省（市、自治区）的样本数（见表3—3），总样本量为4256个。

根据样本城市的分布，在杭州下沙大学城（以浙江传媒学院为主）招募调查员。培训调查员按照以下原则去寻找样本到网上填写问卷：（1）样本必须生活在调查员所负责的调查区域（城市）内，以IP地址与受访员填写的生活城市是否匹配为准；（2）男女比例控制在1∶1左右；（3）年龄结构按照青年人∶中年人∶老年人＝6.5∶3.5∶0.5的比例选择样本；[②]（4）力求实现直辖市、地级市全覆盖，除副省级城市样本比其他地级市多外，其他地级市尽量实现均衡分布；（5）由一个省份的调查员统一根据该省的分配样本数展开调查，为了保证获取4256个有效样本

[①] 2012年中国共有338个地级及以上城市，包括4个直辖市、284个地级市、15个地区、3个盟和30个自治州。考虑到调查的可执行性，本次调查地区、盟和自治州没有抽样。

[②] 18—35周岁为青年人，36—60周岁为中年人，61周岁以上为老年人。

数，要求调查员按照1.2倍的要求去调查样本。比如说，海南需要29个有效样本，调查员调查时则要求调查35个样本。

表3—3　　　　　　　　　实际样本分布

区域	省份	网民数（万人）①	按比例分配样本数（人）	实际样本数（人）	实际样本分布（城市/区、样本数）	调查员
东部	北京	1458	110	110	海淀（24）、朝阳（25）、昌平（7）、东城（8）、西城（9）、崇文（1）、房山（5）、顺义（5）、大兴（9）、丰台（3）、石景山（4）、平谷（2）、门头沟（4）、怀柔（4）	康亮、赵航、贾子豪
	福建	2280	172	172	福州（42）、厦门（51）、南平（36）、宁德（34）、漳州（5）、龙岩（4）	许榕榕、林颖、陈珥、刘华伟、柯学佳、张珍真
	广东	6627	500	500	广州（71）、深圳（61）、珠海（10）、汕头（29）、佛山（38）、韶关（11）、河源（12）、梅州（14）、惠州（21）、汕尾（13）、东莞（38）、中山（15）、江门（23）、阳江（10）、湛江（31）、茂名（25）、肇庆（12）、清远（18）、潮州（13）、揭阳（27）、云浮（9）	谢玉娟、黄华莹、蔡筠、曾仰琳、林子洪、梁婉霞、徐诗雯
	广西	1586	120	120	南宁（35）、贺州（13）、河池（17）、玉林（9）、来宾（7）、贵港（6）、百色（6）、桂林（5）、梧州（5）、防城港（5）、钦州（5）、北海（3）、崇左（2）、柳州（2）	黄孟丹、魏小燕、蔡玲、谢秋云
	海南	384	29	29	海口（20）、三亚（4）、琼海（2）、儋州（2）	马雯晶、凌亚楠

① 数据来源：《2011—2012年中国内地各省（市、自治区）网民规模和互联网普及率》。

续表

区域	省份	网民数（万人）	按比例分配样本数（人）	实际样本数（人）	实际样本分布（城市/区、样本数）	调查员
东部	江苏	3952	298	298	南京(76)、连云港(40)、苏州(28)、徐州(13)、无锡(25)、常州(15)、扬州(17)、镇江(16)、盐城(16)、南通(15)、淮安(14)、泰州(12)、宿迁(11)	陈佳颖、孟令舒、周林、朱红凡、崔恒宇、沈安琦
	辽宁	2199	166	166	大连(78)、盘锦(6)、沈阳(15)、鞍山(5)、营口(5)、锦州(6)、葫芦岛(5)、抚顺(5)、本溪(5)、辽阳(5)、丹东(6)、阜新(16)、铁岭(4)、朝阳(5)	孙晓文、张晨蔚、张佳晴
	山东	3866	292	292	济南(65)、青岛(53)、烟台(46)、泰安(27)、临沂(12)、日照(10)、潍坊(9)、东营(9)、菏泽(9)、莱芜(8)、济宁(8)、德州(8)、淄博(8)、聊城(5)、威海(5)、枣庄(5)、滨州(5)	孟男、刘翔千、柯芳丽、李林俏、景旺、柳冬梅、孙芳、李檀
	上海	1606	121	121	浦东(20)、黄浦(14)、长宁(4)、普陀(6)、虹口(11)、闵行(4)、卢湾(4)、徐汇(7)、闸北(4)、杨浦(7)、静安(7)、嘉定(7)、宝山(5)、青浦(2)、松江(9)、金山(5)、奉贤(4)、崇明(1)	焦丹阳、焦亚楠、方丽娟、何金金、王维婷
	天津	793	60	60	南开(3)、河西(8)、和平(4)、西青(7)、津南(6)、北辰(10)、宝砥(1)、宁河(2)、武清(14)、滨海新区(5)	郭红艳、薛钰莹

续表

区域	省份	网民数（万人）	按比例分配样本数（人）	实际样本数（人）	实际样本分布（城市/区、样本数）	调查员
东部	浙江	3221	243	243	杭州（58）、宁波（39）、金华（25）、台州（24）、温州（21）、丽水（20）、舟山（20）、绍兴（14）、湖州（6）、嘉兴（11）、衢州（5）	林梦情、严韵倩、朱叶菲、杨春月、赵雯卓、潘祎丹、施凌霄
东部	河北	3008	227	227	石家庄（46）、保定（41）、衡水（34）、沧州（33）、邢台（29）、唐山（18）、邯郸（9）、秦皇岛（7）、廊坊（5）、承德（3）、张家口（2）	李牧笛、翟宇飞、朱亚桃、于凤、贾欣欣
西部	甘肃	795	60	60	兰州（32）、白银（10）、嘉峪关（6）、天水（1）、武威（6）、酒泉（3）、陇南（2）	包国婷、马榕、梁海洋、张静攀、武雪婧、李永荣
西部	贵州	991	75	75	贵阳（36）、六盘水（20）、安顺（6）、铜仁（7）、毕节（4）、遵义（2）	陈运筹、张婷、罗余、徐洁
西部	宁夏	258	19	19	银川（12）、灵武（3）、固原（4）	金靖、熊丹妮、方璐玮
西部	青海	238	18	18	西宁（15）、玉树（3）	王檬、郑瑶瑶、周俊
西部	陕西	1551	117	117	西安（54）、宝鸡（14）、汉中（8）、渭南（7）、铜川（7）、延安（7）、商洛（7）、安康（6）、榆林（4）、咸阳（3）	吴培、江昱妍、刘沁圆、刘童阳、陈苗苗、刘宁瑶
西部	四川	2562	193	193	成都（84）、绵阳（26）、眉山（11）、乐山（12）、内江（8）、资阳（7）、遂宁（9）、泸州（5）、宜宾（5）、南充（7）、攀枝花（7）、德阳（8）、凉山（2）、自贡（4）	隆豫、饶雪渝、黄纹纹

续表

区域	省份	网民数（万人）	按比例分配样本数（人）	实际样本数（人）	实际样本分布（城市/区、样本数）	调查员
西部	西藏	101	8	8	拉萨（8）	吴培（兼）、江昱妍（兼）
	新疆	962	73	73	乌鲁木齐（55）、克拉玛依（2）、喀什（3）、阿克苏（3）、吐鲁番（1）、哈密（2）、巴音郭楞（2）、阿勒泰（4）、石河子（1）	时雨、张娅楠、范翔、方菲洋
	云南	1321	100	100	昆明（45）、临沧（11）、玉溪（11）、昭通（9）、曲靖（8）、丽江（7）、普洱（5）、保山（4）	苏也玉、王莹莹、周益丹、张马煜楠、李敏
	重庆	1195	90	90	江津（29）、北碚（12）、沙坪坝（9）、渝北（9）、渝中（6）、合川（6）、江北（5）、南岸（4）、彭水（4）、万州（3）、荣昌（2）、永川（1）	饶苹俪、谢玓珦、张仙仙、吴莎琪
中部	安徽	1869	141	141	合肥（33）、阜阳（59）、安庆（5）、六安（7）、淮南（1）、芜湖（6）、宣城（3）、黄山（3）、巢湖（16）、铜陵（2）、蚌埠（2）、马鞍山（2）、淮北（1）、淮南（1）	曹芬芬、赵云、任文洁、张婷、周新楠、许剑波
	河南	2856	215	215	郑州（36）、洛阳（31）、开封（30）、信阳（20）、安阳（15）、许昌（10）、平顶山（9）、新乡（9）、漯河（7）、三门峡（6）、南阳（6）、商丘（6）、鹤壁（5）、周口（5）、驻马店（5）、济源（5）、焦作（5）、濮阳（5）	任利红、娄歌、张赔、赵婉辰、武劼文、吴辰哲、王丽、冯江湖、涂晶晶、郭雅琼、王慧琳、宋致菲

121

续表

区域	省份	网民数（万人）	按比例分配样本数（人）	实际样本数（人）	实际样本分布（城市/区、样本数）	调查员
中部	黑龙江	1329	100	100	哈尔滨（45）、齐齐哈尔（5）、牡丹江（5）、佳木斯（5）、大庆（5）、伊春（5）、鸡西（5）、鹤岗（5）、双鸭山（5）、七台河（5）、绥化（5）、黑河（5）	王佳敏、刘萌、刘钊
	湖北	2309	174	174	武汉（96）、十堰（4）、襄樊（37）、随州（5）、荆门（5）、孝感（5）、宜昌（5）、黄冈（2）、鄂州（2）、荆州（2）、黄石（2）、咸宁（7）	郭晓燕、杨昱薇、柳敏、吕璐、池毅雅
	湖南	2200	166	166	长沙（62）、常德（24）、株洲（13）、湘潭（6）、衡阳（9）、娄底（7）、郴州（10）、永州（11）、怀化（9）、吉首（4）、张家界（6）、岳阳（5）	肖海伦、李天琦、周丽、陈敏、章俏鸥
	吉林	1062	80	80	长春（36）、辽源（26）、吉林（6）、延边（4）、四平（4）、通化（2）、松原（2）	刘禹辛、王雨蒙
	江西	1267	96	96	南昌（35）、九江（10）、赣州（3）、吉安（5）、萍乡（6）、鹰潭（7）、新余（5）、宜春（7）、上饶（2）、景德镇（8）、抚州（8）	余艺娟、吕莎、张洁琼
	内蒙古	965	73	73	呼和浩特（20）、包头（17）、阿拉善（6）、乌海（4）、赤峰（7）、通辽（6）、鄂尔多斯（6）、呼伦贝尔（5）、乌兰察布（2）	孙文波、蒙丽芳、汤彦冬、朱佳佳

续表

区域	省份	网民数（万人）	按比例分配样本数（人）	实际样本数（人）	实际样本分布（城市/区、样本数）	调查员
中部	山西	1589	120	120	太原（25）、晋中（25）、吕梁（17）、朔州（11）、运城（10）、阳泉（8）、忻州（6）、临汾（6）、大同（5）、长治（5）、晋城（2）	郭苗苗、马欣、赵一铭、贺田、张迪、尚盼红
		56400	4256	4256		

（五）审核

本次调查员大部分由浙江传媒学院在读学生构成，少数来自下沙大学城的其他高校，包括杭州电子科技大学、浙江理工大学、杭州职业技术学院。调查员共106名，他们分别来自全国30个省份的90个样本城市。每个样本省份的调查员都由该省份生源的学生来担任（除西藏由青海生源学生兼任）。每个调查员会有专门的编号和调查样本任务数。

问卷审核工作分几个步骤进行。

第一步：审核问卷第一题填答调查员编号情况，没有填写编号或者编号填写错误的问卷，作废卷处理予以删除。

第二步：审核IP地址与调查员编号的匹配关系，问卷IP地址与其所填生活所在的城市不匹配的，作废卷处理予以删除。

第三步：由督导审核问卷，剔除明显不符合规则的问卷，包括前后答题不一致、出生年月超出正常范围、填写时间超出正常范围等。

（六）样本结构

本次调查实际获得的有效样本为4256个。受访者的背景资料，我们用表3—4加以说明。

表 3—4　　　　　　　　　　实际样本背景资料

背景资料		人数（人）	比例（%）
性别	男性	2166	50.89
	女性	2090	49.11
户口	城镇居民	2557	60.08
	农村居民	1699	39.92
年龄	年轻人 18—35 岁	2947	69.24
	中年人 36—60 岁	1249	29.35
	老年人 61—70 岁	60	1.41
网龄	3—5 年	517	12.15
	6—10 年	1712	40.23
	11—19 年	2027	47.63
学历	初中	330	7.75
	高中、中专、技校	685	16.09
	大专	944	22.18
	大学本科	2086	49.01
	硕士及以上	211	4.96
职业	企业领导或管理人员	340	7.99
	公检法/军人/武警	68	1.60
	学生	1279	30.05
	专业技术人员/教师/医生	740	17.39
	机关/事业单位干部	332	7.80
	私营或个体劳动者	412	9.68
	无业及失业人员	144	3.38
	工人/商业服务业人员	292	6.86
	一般职员/文员/秘书	472	11.09
	离退休人员	56	1.32
	其他	121	2.84
会上网前可支配月收入	800 元及以下	2438	57.28
	801—1500 元	700	16.45
	1501—3000 元	571	13.42
	3001—5000 元	333	7.82
	5001—10000 元	160	3.76

续表

背景资料		人数（人）	比例（%）
会上网前可支配月收入	10001—20000 元	17	0.40
	20001 元及以上	37	0.87
目前可支配月收入	800 元及以下	707	16.61
	801—1500 元	949	22.30
	1501—3000 元	1138	26.74
	3001—5000 元	892	20.96
	5001—10000 元	420	9.87
	10001—20000 元	91	2.14
	20001 元及以上	59	1.39
婚姻状况	已婚	2489	58.48
	未婚（含离异、丧偶）	1767	41.52

三 调查实施

（一）实施预测

1. 预测的目的

在正式开展调查前，我们借助问卷星开展了两次小规模测试。其目的在于检验问卷中问题是否描述得当，是否能够正确地体现我国国民阅读行为嬗变的指标体系，是否需要删改或者增添问题，被调查者是否对问卷中的问题本身能够完全理解，某些问题是否存在歧义，测试怎样更好地组织受访员上网填写问卷等。

2. 预测研究样本

分东部、中部和西部进行预测。

第一次：东部以浙江杭州为代表，抽取 50 个样本；中部以湖北武汉为代表，抽取 30 个样本；西部以新疆乌鲁木齐为代表，抽取 20 个样本。总计预测 100 份问卷，全部回收。

第二次：东部以浙江嘉兴、温州为代表，总共抽取 50 个样本；中部以湖北武汉、河南信阳为代表，共抽取 30 个样本；西部以新疆乌鲁木齐、四川成都为代表，共抽取 20 个样本。总计预测 100 份问卷，全部回收。

3. 预测工具

预测工具就是我们设计的《数字时代我国国民阅读行为变化情况调查问卷》。

4. 预测过程

第一次预测和第二次预测均由调查员邀请100名受访员上网填写问卷，分别于2012年12月10日、2013年1月10日进行。

第一次填写问卷时间平均为23分钟。反馈是问卷设计得比较烦琐、填答问卷所需时间太长。之后我们对问卷做了简化。第二次填写问卷时间平均为15分钟。之后对问卷的个别词句做了调整，以利于调查开展。

（二）实施调查

修正后的问卷发布时间是2013年3月3日16：00至2013年3月8日20：00。截止调查后，实际回收问卷4895份，经审核保留4256个有效样本。

四 数据分析

此次调查共回收4895份调查问卷。所有数据都输入了社会数据统计程序SPSS19展开分析。利用SPSS19所具有的纠错功能仔细修改。最后还对整个数据进行了认真的校验。

审核分为以下几个步骤：第一，有76份问卷因为没有填写调查员编号或者编号填写不正确，被视为无效问卷予以删除。第二，剩下的4819份问卷中，有215份问卷填写的出生日期明显超过正常范围，比如有些问卷填写的出生年是2013年，这明显不符合常理，这批问卷予以删除。第三，剩下的4604份问卷中，有127份问卷中所填生活城市与问卷来源IP地址不匹配，予以删除。第四，剩下的4477份问卷中，有57份问卷的来源IP地址不明确，予以删除。第五，在剩下的4420份问卷中，我们剔除了填答问卷时间少于300秒的164份问卷，理由是填答这份问卷的理论时间不应该少于5分钟。

在进行了数据整理工作后，共有4256份有效问卷纳入研究。这个数据构成了本研究的数据分析基础。

对于问卷调查所采集的数据，主要采取了以下步骤进行处理和分析：

通过描述性分析，明确被采访者的基本构成和人口特征，包括被采访者的性别、年龄、网龄、职业分布、收入分布等。

通过描述性分析，明确被采访者的阅读行为在数字化阅读背景下发生的嬗变，并结合其他调查数据，总结分析我国国民数字时代阅读行为的嬗变内容、特征与规律。

通过多元分析方法研究我国国民阅读行为嬗变的原因、影响与对策。

第三节　个人访谈

一　开展个人访谈的目的

在根据问卷所得数据对受访员进行了分类之后，于2013年3月组织了对受访员的个人访谈，参加个人访谈的受访员都是参加了问卷调查的样本。进行个人访谈的主要目的：一是要使采用定量方法所分析的结果进行巩固、确认，二是可以将阅读行为放在国民的日常生活中考察。

个人访谈可以丰富定量研究所无法达到的一些成果，使国民阅读行为的嬗变描述更加具体、生动和全面，有助于了解受访者的想法，甚至测定数量分析的结果是否合理。某些通过定量方法较难准确反映，或者反映有所欠缺的国民阅读行为，比如对阅读内容的评价、对新兴阅读产品发展的看法、对自我阅读状况的评价等，可以通过个人访谈加以重点调查。个人访谈的重点可以归纳为以下几个方面：个人阅读行为变化的表现和原因、阅读行为变化给予其本人的影响、个人对改善自身阅读状况的对策等。

二　个人访谈问卷

个人访谈注重让被试讲述自己的阅读经历、阅读需求、阅读兴趣、阅读对策，为了最大程度地给予被采访者自由讲述的空间，在进行个人访谈时，虽然采用了统一的调查问卷，但在调查问卷中，有明显的主要问题与次要问题之分；除引子、开场白及结语外，其他话题可根据受访者所谈到的顺序来决定。

该问卷主要涉及以下几个方面。

第一，阅读行为变化的表现和原因。这类问题包括但不限于：阅读行为变化的特点及其例证，阅读与数字生活是如何结合的，如开博客、使用QQ、MSN、交友社区等。

第二，阅读行为变化给予其本人的影响。这类问题包括但不限于：个人对自身的阅读习惯是否满意，这种阅读习惯对自身发展的影响是怎么样的。

第三，个人对改善自身阅读状况的对策。这类问题包括但不限于：如何解决阅读中出现的问题，如何学习新兴媒体知识，如何将阅读与专业学习、职业拓展相结合，对新型阅读媒介（载体）产品及其功能持什么看法。

三　挑选被采访者的原则

共进行了 100 例个人访谈。其中有 5 例采访因被采访者就我们的研究问题谈得过少而视为无效。剩下的 95 例采访录音和录音文字记录构成了数据分析的数据基础。

四　采访人

本研究的个人采访由浙江传媒学院的一个研究小组完成。该研究小组由课题组组织。所有参加个人采访的采访人都是浙江传媒学院的学生。他们接受了专门的采访训练，对采访内容、研究课题十分了解。在实际采访中，所有情况下，这些采访人员两个人一组，以采访小组的形式进行个人采访。这样安排不但可以避免采访人在采访过程中漏掉一些相关问题，也可以使采访人互相支持。

五　采访情况

（一）采访的准备工作与后续工作

为了保证被采访者确实是我们根据遴选原则所挑选的被采访者，我们在开始采访之前，都要再次确认对方是否填写了问卷调查。

在采访前我们一般要与受访者协商以下问题：向被采访者介绍研究课

题，期望他们参与研究，给予本研究支持；并说明，采访目的不是要在大众媒体上发表，而是要将谈话内容作为研究资料进行分析。在全部采访工作结束之后，向每一位被采访者表示感谢，感谢他们对此次研究的大力支持和配合。

（二）访谈时间、记录与分析

个人访谈是在 2013 年 3 月进行的。采用 QQ 语音工具或者书面采访。所有个人采访都根据录音誊录或者整理书面填答内容。对采访分析是一个不断归纳与演绎的过程，从中分析总结出带有规律性的内容。

第四节　专家访谈

一　专家访谈的目的

整合分析已有调查数据和已有研究成果可以为我们提供一个数字时代我国国民阅读整体上的走向。在此基础上开展的"数字时代我国国民阅读行为变化情况调查"可以为我们提供有针对性的研究数据。以此为基础开展受访员的个人访谈则是为了补充数据的不足，重点了解读者阅读行为变化的表现和原因。不过我们的研究落脚点还是在于为社会个体与组织如何应对这种变化提供对策建议，这就需要听取专家的意见。开展专家访谈，主要目的就是整合智慧、寻求方法，听取和归纳他们对促进国民阅读的看法和建议。

二　专家访谈问卷

对专家的访谈是建立在文献梳理和调查研究的基础之上的。专家基于自我阅读实践与钻研，有的形成了研究性文献（包括学术论文、学术专著等），有的则是通过大众媒体的访谈传达他们的观点和看法。同时，基于已有调查和课题组开展的调查，得出一些量化的数据和结论。结合量化研究所得，阅读消化专家的研究成果、思想观点，是我们编制专家访谈问卷的基础。专家访谈问卷没有统一的格式，但主要侧重调查受访专家对于我国国民阅读行为变化情况的解读，专家对于改善与促进国民阅读、社会组织应对读者阅读行为变化的对策是重点。

三　挑选被采访者的原则

挑选专家型被采访者遵循以下原则。

第一，有较为丰富的与阅读有关的研究成果。这方面的专家包括在高校从事阅读研究、阅读教育的教授、研究员。

第二，有较为丰富的从业经验。包括书报刊出版单位的著名编辑、社长、主编、总编辑等。

第三，有一定的社会知名度。在与阅读有关的业界、学界、教育界或者政界有一定知名度，其阅读方面的观点对社会有启发与借鉴意义。

四　采访人

课题组招募成立了一个以浙江传媒学院新闻与传播学院大学生为主的志愿者团队，包括编辑出版学、新闻学、传播学、广播电视新闻学等专业的学生。

五　采访情况

采访分为三个阶段。

第一阶段：前期准备阶段。包括梳理专家研究成果，确定专家名单，拟定采访提纲。

第二阶段：采访实施阶段。包括邀约专家、确定采访时间与方式、采访、内容整理与修改、专家确认阶段。联系不上或者不接受采访的专家，我们会根据具体情况予以调整。采访方式包括书面采访、电话采访、QQ采访、面对面采访等形式。

第三阶段：整合总结阶段。一方面将采访所得用于课题报告的撰写，另一方面整理采访资料，准备将这些资料结集成册寻求出版。

六 采访内容的记录与分析

要求对采访过程做笔记,对采访内容做记录,包括录音、录像等。整理出来的资料,课题组认真阅读,并有受访专家的审核签字。截至本书撰写完毕,采访团队已经采访了35位专家。

第 四 章

数字时代我国国民阅读行为嬗变的表现

第一节 基于阅读主体维度的国民阅读行为嬗变表现

一 我国国民对阅读重要性的认知及嬗变

（一）总体阅读重要性认知分析

表 4—1　　　　阅读对个人发展的重要性认知

选项	非常重要		重要		一般		不重要		没必要	
会上网以前的认识	1752	41.17%	1467	34.47%	902	21.19%	89	2.09%	46	1.08%
现在的认识	2263	53.17%	1591	37.38%	357	8.39%	27	0.63%	18	0.42%

表 4—2　　　　阅读对社会发展的重要性认知

选项	非常重要		重要		一般		不重要		没必要	
会上网以前的认识	1667	39.17%	1670	39.24%	791	18.59%	98	2.30%	30	0.70%
现在的认识	2254	52.96%	1661	39.03%	294	6.91%	31	0.73%	16	0.38%

从表 4—1、表 4—2 可知，我国绝大部分成年人认为阅读对个人发展和社会发展都是重要的，明确表示阅读不重要的人数很少。而且，认为阅读重要的比例呈上升的趋势，这一点与全国国民阅读调查的结论也是相吻合

的。本次调查发现，会上网前认为阅读"不重要"和"没必要"的人而现在认为"非常重要"和"重要"的人有 73 人，而会上网前认为阅读"非常重要"和"重要"而现在认为"不重要"和"没必要"的人仅有 5 人。这说明，数字时代我国成年人非但没有轻视阅读，反而有重视阅读的趋向。

基于受访者对阅读重要性的高度认可，尤其是数字化给予阅读重要性认知的正面影响，如何科学引导、开发和满足国民阅读的需求，应该成为社会阅读服务系统的首要关切，而无须对国民有无阅读需求做无谓的担忧。

（二）"网龄·阅读重要性认知"交叉分析

调查发现（见表4—3），网龄对成年读者"阅读重要性认知"有一定的影响。网龄为3—5年的，现在认为阅读对个人发展"重要"和"非常重要"的占该网龄段读者的比例为89.4%，网龄为6—10年的和网龄为11—19年的，这一比例分别为90.3%和91%。而三个网龄段的读者在会上网以前认为阅读对个人发展"重要"和"非常重要"的比例分别是76.6%、73.6%、77.1%。可见，随着网龄的增长，读者有愈发重视阅读的倾向。

表4—3　　　　　网龄分段与阅读重要性认知交叉制表①

网龄分段 * 阅读对个人发展重要吗？（会上网以前的认识）交叉制表				阅读对个人发展重要吗？（会上网以前的认识）					合计
			非常重要	重要	一般	不重要	没必要	
网龄分段	1	计数	198	198	111	9	1	517
		比例	38.3%	38.3%	21.5%	1.7%	0.2%	100.0%
	2	计数	676	584	381	50	21	1712
		比例	39.5%	34.1%	22.3%	2.9%	1.2%	100.0%
	3	计数	878	685	410	30	24	2027
		比例	43.3%	33.8%	20.2%	1.5%	1.2%	100.0%

---

① 网龄分段"1"代表网龄3—5年，"2"代表网龄6—10年，"3"代表网龄11—19年。下同。

续表

网龄分段 * 阅读对个人发展重要吗？（现在的认识）交叉制表

			阅读对个人发展重要吗？（现在的认识）					合计
			非常重要	重要	一般	不重要	没必要	
网龄分段	1	计数	261	201	50	5	0	517
		比例	50.5%	38.9%	9.7%	1.0%	0.0%	100.0%
	2	计数	901	646	142	18	5	1712
		比例	52.6%	37.7%	8.3%	1.1%	0.3%	100.0%
	3	计数	1101	744	165	4	13	2027
		比例	54.3%	36.7%	8.1%	0.2%	0.6%	100.0%

网龄分段 * 阅读对社会发展重要吗？（会上网以前的认识）交叉制表

			阅读对社会发展重要吗？（会上网以前的认识）					合计
			非常重要	重要	一般	不重要	没必要	
网龄分段	1	计数	189	252	67	9	0	517
		比例	36.6%	48.7%	13.0%	1.7%	0.0%	100.0%
	2	计数	618	671	379	37	7	1712
		比例	36.1%	39.2%	22.1%	2.2%	0.4%	100.0%
	3	计数	860	747	345	52	23	2027
		比例	42.4%	36.9%	17.0%	2.6%	1.1%	100.0%

网龄分段 * 阅读对社会发展重要吗？（现在的认识）交叉制表

			阅读对社会发展重要吗？（现在的认识）					合计
			非常重要	重要	一般	不重要	没必要	
网龄分段	1	计数	273	198	36	10	0	517
		比例	52.8%	38.3%	7.0%	1.9%	0.0%	100.0%
	2	计数	870	721	106	11	4	1712
		比例	50.8%	42.1%	6.2%	0.6%	0.2%	100.0%
	3	计数	1111	742	152	10	12	2027
		比例	54.8%	36.6%	7.5%	0.5%	0.6%	100.0%

(三)"年龄·阅读重要性认知"交叉分析

表4—4　年龄分段与阅读重要性认知交叉制表①

年龄分段＊阅读对个人发展重要吗？（会上网以前的认识）交叉制表

年龄分段			阅读对个人发展重要吗？（会上网以前的认识）					合计
			非常重要	重要	一般	不重要	没必要	
年龄分段	1	计数	1285	985	588	51	38	2947
		比例	43.6%	33.4%	20.0%	1.7%	1.3%	100.0%
	2	计数	459	442	306	38	4	1249
		比例	36.7%	35.4%	24.5%	3.0%	0.3%	100.0%
	3	计数	8	40	8	0	4	60
		比例	13.3%	66.7%	13.3%	0.0%	6.7%	100.0%

年龄分段＊阅读对个人发展重要吗？（现在的认识）交叉制表

年龄分段			阅读对个人发展重要吗？（现在的认识）					合计
			非常重要	重要	一般	不重要	没必要	
年龄分段	1	计数	1636	1035	251	11	14	2947
		比例	55.5%	35.1%	8.5%	0.4%	0.5%	100.0%
	2	计数	609	514	106	16	4	1249
		比例	48.8%	41.2%	8.5%	1.3%	0.3%	100.0%
	3	计数	18	42	0	0	0	60
		比例	30.0%	70.0%	0.0%	0.0%	0.0%	100.0%

年龄分段＊阅读对社会发展重要吗？（会上网以前的认识）交叉制表

年龄分段			阅读对社会发展重要吗？（会上网以前的认识）					合计
			非常重要	重要	一般	不重要	没必要	
年龄分段	1	计数	1243	1115	509	58	22	2947
		比例	42.2%	37.8%	17.3%	2.0%	0.7%	100.0%
	2	计数	412	519	274	40	4	1249
		比例	33.0%	41.6%	21.9%	3.2%	0.3%	100.0%

---

①　年龄分段"1"代表年轻人18—35岁，"2"代表中年人36—60岁，"3"代表老年人61—70岁。下同。

续表

年龄分段 * 阅读对社会发展重要吗？（会上网以前的认识）交叉制表

年龄分段			阅读对社会发展重要吗？（会上网以前的认识）					合计
			非常重要	重要	一般	不重要	没必要	
年龄分段	3	计数	12	36	8	0	4	60
		比例	20.0%	60.0%	13.3%	0.0%	6.7%	100.0%

年龄分段 * 阅读对社会发展重要吗？（现在的认识）交叉制表

年龄分段			阅读对社会发展重要吗？（现在的认识）					合计
			非常重要	重要	一般	不重要	没必要	
年龄分段	1	计数	1602	1122	196	15	12	2947
		比例	54.4%	38.1%	6.7%	0.5%	0.4%	100.0%
	2	计数	630	505	94	16	4	1249
		比例	50.4%	40.4%	7.5%	1.3%	0.3%	100.0%
	3	计数	22	34	4	0	0	60
		比例	36.7%	56.7%	6.7%	0.0%	0.0%	100.0%

分析表4—4可知，会上网以前年轻人认为阅读对个人发展"非常重要"和"重要"的占该年龄段读者总人数的比例是77.0%，现在是90.6%，提升了13.6%；会上网以前中部地区读者认为阅读对个人发展"非常重要"和"重要"的占该年龄段读者总人数的比例是72.1%，现在是90.0%，提升了17.9%；会上网以前西部地区读者认为阅读对个人发展"非常重要"和"重要"的占该区域读者总人数的比例是80.0%，现在是100.0%，提升了20%。

会上网以前年轻人认为阅读对社会发展"非常重要"和"重要"的占该年龄段读者总人数的比例是80.0%，现在是92.5%，提升了12.5%；会上网以前中部地区读者认为阅读对社会发展"非常重要"和"重要"的占该年龄段读者总人数的比例是74.6%，现在是90.8%，提升了16.2%；会上网以前西部地区读者认为阅读对社会发展"非常重要"和"重要"的占该区域读者总人数的比例是80.0%，现在是93.4%，提升了13.4%。

进一步分析发现，年龄因素与读者阅读重要性认知之间有一定的关联。中年人阅读重要性认知要略低于平均水平，但上网前后认知变化幅度也相对较大。

（四）"区域·阅读重要性认知"交叉分析

表 4—5　　　　　区域与阅读重要性认知交叉制表①

区域编号＊阅读对社会发展重要吗？（会上网以前的认识）交叉制表

			非常重要	重要	一般	不重要	没必要	合计
区域编号	1	计数	1023	838	545	43	30	2479
		比例	41.3%	33.8%	22.0%	1.7%	1.2%	100.0%
	2	计数	467	410	227	23	14	1141
		比例	40.9%	35.9%	19.9%	2.0%	1.2%	100.0%
	3	计数	262	219	130	23	2	636
		比例	41.2%	34.4%	20.4%	3.6%	0.3%	100.0%

区域编号＊阅读对社会发展重要吗？（现在的认识）交叉制表

			非常重要	重要	一般	不重要	没必要	合计
区域编号	1	计数	1365	911	179	11	13	2479
		比例	55.1%	36.7%	7.2%	0.4%	0.5%	100.0%
	2	计数	584	446	99	8	4	1141
		比例	51.2%	39.1%	8.7%	0.7%	0.4%	100.0%
	3	计数	314	234	79	8	1	636
		比例	49.4%	36.8%	12.4%	1.3%	0.2%	100.0%

区域编号＊阅读对社会发展重要吗？（会上网以前的认识）交叉制表

			非常重要	重要	一般	不重要	没必要	合计
年龄分段	1	计数	986	969	455	54	15	2479
		比例	39.8%	39.1%	18.4%	2.2%	0.6%	100.0%
	2	计数	445	459	203	24	10	1141
		比例	39.0%	40.2%	17.8%	2.1%	0.9%	100.0%

---

① 区域编号"1"代表东部地区，"2"代表中部地区，"3"代表西部地区。下同。

续表

区域编号 * 阅读对社会发展重要吗？（会上网以前的认识）交叉制表

			阅读对社会发展重要吗？（会上网以前的认识）					合计
			非常重要	重要	一般	不重要	没必要	
区域编号	3	计数	236	242	133	20	5	636
		比例	37.1%	38.1%	20.9%	3.1%	0.8%	100.0%

区域编号 * 阅读对社会发展重要吗？（现在的认识）交叉制表

			阅读对社会发展重要吗？（现在的认识）					合计
			非常重要	重要	一般	不重要	没必要	
区域编号	1	计数	1349	965	134	19	12	2479
		比例	54.4%	38.9%	5.4%	0.8%	0.5%	100.0%
	2	计数	600	447	82	8	4	1141
		比例	52.6%	39.2%	7.2%	0.7%	0.4%	100.0%
	3	计数	305	249	78	4	0	636
		比例	48.0%	39.2%	12.3%	0.6%	0.0%	100.0%

分析表4—5可知，会上网前东部地区读者认为阅读对个人发展"非常重要"和"重要"的占该区域读者总人数的比例是75.1%，现在是91.8%，提升了16.7%；会上网以前中部地区读者认为阅读对个人发展"非常重要"和"重要"的占该区域读者总人数的比例是76.8%，现在是90.3%，提升了13.5%；会上网以前西部地区读者认为阅读对个人发展"非常重要"和"重要"的占该区域读者总人数的比例是75.6%，现在是86.2%，提升了10.6%。

会上网前东部地区读者认为阅读对社会发展"非常重要"和"重要"的占该区域读者总人数的比例是78.9%，现在是93.3%，提升了14.4%；会上网以前中部地区读者认为阅读对社会发展"非常重要"和"重要"的占该区域读者总人数的比例是79.2%，现在是91.8%，提升了12.6%；会上网以前西部地区读者认为阅读对社会发展"非常重要"和"重要"的占该区域读者总人数的比例是75.2%，现在是87.2%，提升了12.0%。

可见，就现在的认识而言，东部地区读者认可阅读重要（包括"非常重要"和"重要"）的比例相对较高，中部地区次之，西部地区最后。这说明阅读重要性认知与经济社会发达程度有某种相关性。

(五)"学历·阅读重要性认知"交叉分析

表4—6　　　　　　　学历与阅读重要性认知交叉制表

学历 * 阅读对个人发展重要吗?（现在的认识）交叉制表

			阅读对个人发展重要吗?（现在的认识）					合计
			非常重要	重要	一般	不重要	没必要	
学历	初中	计数	88	170	64	8	0	330
		比例	26.7%	51.5%	19.4%	2.4%	0.0%	100.0%
	高中/中专/技校	计数	316	305	64	0	0	685
		比例	46.1%	44.5%	9.3%	0.0%	0.0%	100.0%
	大专	计数	479	349	98	9	9	944
		比例	50.7%	37.0%	10.4%	1.0%	1.0%	100.0%
	本科	计数	1252	709	114	10	1	2086
		比例	60.0%	34.0%	5.5%	0.5%	0.0%	100.0%
	硕士及以上	计数	128	58	17	0	8	211
		比例	60.7%	27.5%	8.1%	0.0%	3.8%	100.0%

学历 * 阅读对社会发展重要吗?（现在的认识）交叉制表

			阅读对社会发展重要吗?（现在的认识）					合计
			非常重要	重要	一般	不重要	没必要	
学历	初中	计数	92	171	53	14	0	330
		比例	27.9%	51.8%	16.1%	4.2%	0.0%	100.0%
	高中/中专/技校	计数	305	315	63	2	0	685
		比例	44.5%	46.0%	9.2%	0.3%	0.0%	100.0%
	大专	计数	477	388	67	4	8	944
		比例	50.5%	41.1%	7.1%	0.4%	0.8%	100.0%
	本科	计数	1252	725	102	7	0	2086
		比例	60.0%	34.8%	4.9%	0.3%	0.0%	100.0%
	硕士及以上	计数	128	62	9	4	8	211
		比例	60.7%	29.4%	4.3%	1.9%	3.8%	100.0%

从表4—6可知，就现在的认识而言，随着学历的提高，认为阅读对个人发展"非常重要"的比例有所上升。60.7%的硕士及以上学历读者认为阅读对个人发展"非常重要"，60.7%的硕士及以上学历读者认为阅读对社会发展"非常重要"。而初中学历读者的这两项比例分别为26.7%和27.9%。可见，学历的提高会促进阅读重要性认知的提高。

（六）"性别·阅读重要性认知"交叉分析

表4—7　　　　　　　性别与阅读重要性认知交叉制表

性别 * 阅读对个人发展重要吗？（现在的认识）交叉制表							
\	\	\	非常重要	重要	一般	不重要	没必要	合计
性别	男	计数	1105	833	198	13	17	2166
		比例	51.0%	38.5%	9.1%	0.6%	0.8%	100.0%
	女	计数	1158	758	159	14	1	2090
		比例	55.4%	36.3%	7.6%	0.7%	0.0%	100.0%

性别 * 阅读对社会发展重要吗？（现在的认识）交叉制表							
\	\	\	非常重要	重要	一般	不重要	没必要	合计
性别	男	计数	1096	872	167	15	16	2166
		比例	50.6%	40.3%	7.7%	0.7%	0.7%	100.0%
	女	计数	1158	789	127	16	0	2090
		比例	55.4%	37.8%	6.1%	0.8%	0.0%	100.0%

分析表4—7可知，无论是对个人发展还是对社会发展，女性认为阅读"非常重要"的比例均高于男性，这似乎可说明女性对阅读的重视程度超过男性。

(七)"户籍·阅读重要性认知"交叉分析

表 4—8　　　　　　　户籍与阅读重要性认知交叉制表

户籍 * 阅读对个人发展重要吗？（现在的认识）交叉制表

			非常重要	重要	一般	不重要	没必要	合计
户籍	农村居民	计数	827	688	163	12	9	1699
		比例	48.7%	40.5%	9.6%	0.7%	0.5%	100.0%
	城镇居民	计数	1436	903	194	15	9	2557
		比例	56.2%	35.3%	7.6%	0.6%	0.4%	100.0%

户籍 * 阅读对社会发展重要吗？（现在的认识）交叉制表

			非常重要	重要	一般	不重要	没必要	合计
户籍	农村居民	计数	855	697	122	17	8	1699
		比例	50.3%	41.0%	7.2%	1.0%	0.5%	100.0%
	城镇居民	计数	1399	964	172	14	8	2557
		比例	54.7%	37.7%	6.7%	0.5%	0.3%	100.0%

从表 4—8 可知，城镇读者认为阅读"非常重要"的比例高于农村读者。其中，认为对个人发展"非常重要"的比例高出 7.5%，认为对社会发展"非常重要"的比例高出 4.4%。

(八)"职业·阅读重要性认知"交叉分析

表 4—9　　　　　　　职业与阅读重要性认知交叉制表

职业 * 阅读对个人发展重要吗？（现在的认识）交叉制表

			非常重要	重要	一般	不重要	没必要	合计
职业	企业领导或管理人员	计数	176	132	28	0	4	340
		比例	51.8%	38.8%	8.2%	0.0%	1.2%	100.0%

续表

职业 * 阅读对个人发展重要吗？（现在的认识）交叉制表

			阅读对个人发展重要吗？（现在的认识）					合计
			非常重要	重要	一般	不重要	没必要	
职业	公检法/军人/武警	计数	40	24	4	0	0	68
		比例	58.8%	35.3%	5.9%	0.0%	0.0%	100.0%
	学生	计数	746	441	87	3	2	1279
		比例	58.3%	34.5%	6.8%	0.2%	0.2%	100.0%
	专业技术人员/教师/医生	计数	432	244	60	4	0	740
		比例	58.4%	33.0%	8.1%	0.5%	0.0%	100.0%
	机关/事业单位干部	计数	228	92	8	0	4	332
		比例	68.7%	27.7%	2.4%	0.0%	1.2%	100.0%
	私营或个体劳动者	计数	160	176	72	4	0	412
		比例	38.8%	42.7%	17.5%	1.0%	0.0%	100.0%
	无业及失业人员	计数	60	56	20	8	0	144
		比例	41.7%	38.9%	13.9%	5.6%	0.0%	100.0%
	工人/商业服务业人员	计数	116	140	28	4	4	292
		比例	39.7%	47.9%	9.6%	1.4%	1.4%	100.0%
	一般职员/文员/秘书	计数	224	200	40	4	4	472
		比例	47.5%	42.4%	8.5%	0.8%	0.8%	100.0%
	离退休人员	计数	24	32	0	0	0	56
		比例	42.9%	57.1%	0.0%	0.0%	0.0%	100.0%
	其他	计数	57	54	10	0	0	121
		比例	47.1%	44.6%	8.3%	0.0%	0.0%	100.0%

职业 * 阅读对社会发展重要吗？（现在的认识）交叉制表

			阅读对社会发展重要吗？（现在的认识）					合计
			非常重要	重要	一般	不重要	没必要	
职业	企业领导或管理人员	计数	180	120	36	0	4	340
		比例	52.9%	35.3%	10.6%	0.0%	1.2%	100.0%
	公检法/军人/武警	计数	32	28	8	0	0	68
		比例	47.1%	41.2%	11.8%	0.0%	0.0%	100.0%
	学生	计数	774	432	70	3	0	1279
		比例	60.5%	33.8%	5.5%	0.2%	0.0%	100.0%

续表

职业 * 阅读对社会发展重要吗？（现在的认识）交叉制表

			阅读对社会发展重要吗？（现在的认识）					合计
			非常重要	重要	一般	不重要	没必要	
职业	专业技术人员/教师/医生	计数	420	272	44	4	0	740
		比例	56.8%	36.8%	5.9%	0.5%	0.0%	100.0%
	机关/事业单位干部	计数	212	100	16	0	4	332
		比例	63.9%	30.1%	4.8%	0.0%	1.2%	100.0%
	私营或个体劳动者	计数	156	192	56	8	0	412
		比例	37.9%	46.6%	13.6%	1.9%	0.0%	100.0%
	无业及失业人员	计数	56	76	8	4	0	144
		比例	38.9%	52.8%	5.6%	2.8%	0.0%	100.0%
	工人/商业服务业人员	计数	116	148	16	8	4	292
		比例	39.7%	50.7%	5.5%	2.7%	1.4%	100.0%
	一般职员/文员/秘书	计数	228	216	24	0	4	472
		比例	48.3%	45.8%	5.1%	0.0%	0.8%	100.0%
	离退休人员	计数	24	28	4	0	0	56
		比例	42.9%	50.0%	7.1%	0.0%	0.0%	100.0%
	其他	计数	56	49	12	4	0	121
		比例	46.3%	40.5%	9.9%	3.3%	0.0%	100.0%

调查发现，对个人发展而言，现在认为阅读"非常重要"的比例，机关/事业干部最高（68.7%），公检法/军人/武警次之（58.8%），专业技术人员/教师/医生第三（58.4%），学生第四（58.3%），而私营或个体劳动者最低（38.8%），工人/商业服务业人员为39.7%，无业及失业人员也比较低（41.7%）。对社会发展而言，现在认为阅读"非常重要"的比例，机关/事业干部最高（63.9%），学生次之（60.5%），而私营或个体劳动者最低（37.9%），无业及失业人员也比较低（38.9%）。可见，阅读重要性认知与职业密切相关。从事对专业知识要求较高职业的读者对阅读重要性的认可度较高。私营或个体劳动者、无业及失业人员对阅读重要性的认可度明显偏低。

（九）"婚姻状况·阅读重要性认知"交叉分析

表 4—10　　　　　婚姻状况与阅读重要性认知交叉制表

婚姻状况 * 阅读对个人发展重要吗？（现在的认识）交叉制表

			非常重要	重要	一般	不重要	没必要	合计
婚姻状况	未婚	计数	1369	888	211	7	14	2489
		比例	55.0%	35.7%	8.5%	0.3%	0.6%	100.0%
	已婚	计数	894	703	146	20	4	1767
		比例	50.6%	39.8%	8.3%	1.1%	0.2%	100.0%

婚姻状况 * 阅读对社会发展重要吗？（现在的认识）交叉制表

			非常重要	重要	一般	不重要	没必要	合计
婚姻状况	未婚	计数	1365	964	141	7	12	2489
		比例	54.8%	38.7%	5.7%	0.3%	0.5%	100.0%
	已婚	计数	889	697	153	24	4	1767
		比例	50.3%	39.4%	8.7%	1.4%	0.2%	100.0%

分析表 4—10 可知，婚姻状况与阅读重要性认知有一定关联。已婚读者认为阅读"非常重要"的比例略低于未婚读者。这是否可以这样解释：结婚以后由于增加了家庭事务，包括更多的家务、抚养小孩等，导致无暇顾及阅读，而降低了对阅读重要性的认知？

（十）"收入状况·阅读重要性认知"交叉分析

表 4—11　　　　　收入状况与阅读重要性认知交叉制表

目前可支配月收入 * 阅读对个人发展重要吗？（现在的认识）交叉制表

			非常重要	重要	一般	不重要	没必要	合计
目前可支配月收入	800元及以下	计数	393	240	69	5	0	707
		比例	55.6%	33.9%	9.8%	0.7%	0.0%	100.0%

第四章 数字时代我国国民阅读行为嬗变的表现

续表

目前可支配月收入 * 阅读对个人发展重要吗?（现在的认识）交叉制表

			阅读对个人发展重要吗?（现在的认识）					合计
			非常重要	重要	一般	不重要	没必要	
目前可支配月收入	801—1500元	计数	502	345	83	17	2	949
		比例	52.9%	36.4%	8.7%	1.8%	0.2%	100.0%
	1501—3000元	计数	575	453	97	5	8	1138
		比例	50.5%	39.8%	8.5%	0.4%	0.7%	100.0%
	3001—5000元	计数	500	342	50	0	0	892
		比例	56.1%	38.3%	5.6%	0.0%	0.0%	100.0%
	5001—10000元	计数	221	161	38	0	0	420
		比例	52.6%	38.3%	9.0%	0.0%	0.0%	100.0%
	10001—20000元	计数	47	36	8	0	0	91
		比例	51.6%	39.6%	8.8%	0.0%	0.0%	100.0%
	20001元及以上	计数	25	14	12	0	8	59
		比例	42.4%	23.7%	20.3%	0.0%	13.6%	100.0%

目前可支配月收入 * 阅读对社会发展重要吗?（现在的认识）交叉制表

			阅读对社会发展重要吗?（现在的认识）					合计
			非常重要	重要	一般	不重要	没必要	
目前可支配月收入	800元及以下	计数	400	259	47	1	0	707
		比例	56.6%	36.6%	6.6%	0.1%	0.0%	100.0%
	801—1500元	计数	516	370	53	10	0	949
		比例	54.4%	39.0%	5.6%	1.1%	0.0%	100.0%
	1501—3000元	计数	578	478	64	10	8	1138
		比例	50.8%	42.0%	5.6%	0.9%	0.7%	100.0%
	3001—5000元	计数	466	368	54	4	0	892
		比例	52.2%	41.3%	6.1%	0.4%	0.0%	100.0%
	5001—10000元	计数	218	152	48	2	0	420
		比例	51.9%	36.2%	11.4%	0.5%	0.0%	100.0%
	10001—20000元	计数	49	26	12	4	0	91
		比例	53.8%	28.6%	13.2%	4.4%	0.0%	100.0%
	20001元及以上	计数	27	8	16	0	8	59
		比例	45.8%	13.6%	27.1%	0.0%	13.6%	100.0%

分析表4—11可知，就个人发展而言，现在认为阅读"非常重要"的，月收入3001—5000元的读者比例最高（56.1%），月收入

20001元及以上的读者比例最低（42.4%）。就社会发展而言，现在认为阅读"非常重要"的，月收入800元及以下的读者比例最高（56.6%），月收入20001元及以上的读者比例最低（45.8%）。这说明，收入越高的读者，对阅读不一定就会越重视。收入因素与阅读重要性认知之间可能不存在线性的相关性。当然，本研究的样本量相对较小，收入与阅读重要性认知之间的关系需要开展深度理性分析方能得出更加科学的结论。

（十一）"阅读习惯改变幅度·阅读重要性认知"交叉分析

表4—12　　阅读习惯改变幅度与阅读重要性认知交叉制表

阅读习惯改变幅度 * 阅读对个人发展重要吗？（会上网以前的认识）交叉制表

阅读习惯改变幅度			阅读对个人发展重要吗？（会上网以前的认识）					合计
			非常重要	重要	一般	不重要	没必要	
阅读习惯改变幅度	改变很大	计数	546	396	283	33	9	1267
		比例	43.1%	31.3%	22.3%	2.6%	0.7%	100.0%
	有所改变，但程度有限	计数	925	834	508	47	14	2328
		比例	39.7%	35.8%	21.8%	2.0%	0.6%	100.0%
	没什么改变	计数	218	191	84	9	16	518
		比例	42.1%	36.9%	16.2%	1.7%	3.1%	100.0%
	说不准	计数	63	46	27	0	7	143
		比例	44.1%	32.2%	18.9%	0.0%	4.9%	100.0%

阅读习惯改变幅度 * 阅读对个人发展重要吗？（现在的认识）交叉制表

阅读习惯改变幅度			阅读对个人发展重要吗？（现在的认识）					合计
			非常重要	重要	一般	不重要	没必要	
阅读习惯改变幅度	改变很大	计数	742	414	98	5	8	1267
		比例	58.6%	32.7%	7.7%	0.4%	0.6%	100.0%
	有所改变，但程度有限	计数	1211	919	181	17	0	2328
		比例	52.0%	39.5%	7.8%	0.7%	0.0%	100.0%
	没什么改变	计数	249	203	56	5	5	518
		比例	48.1%	39.2%	10.8%	1.0%	1.0%	100.0%
	说不准	计数	61	55	22	0	5	143
		比例	42.7%	38.5%	15.4%	0.0%	3.5%	100.0%

续表

阅读习惯改变幅度＊阅读对社会发展重要吗？（会上网以前的认识）交叉制表

			阅读对社会发展重要吗？（会上网以前的认识）					合计
			非常重要	重要	一般	不重要	没必要	
阅读习惯改变幅度	改变很大	计数	508	458	253	39	9	1267
		比例	40.1%	36.1%	20.0%	3.1%	0.7%	100.0%
	有所改变，但程度有限	计数	879	962	428	46	13	2328
		比例	37.8%	41.3%	18.4%	2.0%	0.6%	100.0%
	没什么改变	计数	225	202	76	11	4	518
		比例	43.4%	39.0%	14.7%	2.1%	0.8%	100.0%
	说不准	计数	55	48	34	2	4	143
		比例	38.5%	33.6%	23.8%	1.4%	2.8%	100.0%

阅读习惯改变幅度＊阅读对社会发展重要吗？（现在的认识）交叉制表

			阅读对社会发展重要吗？（现在的认识）					合计
			非常重要	重要	一般	不重要	没必要	
阅读习惯改变幅度	改变很大	计数	735	420	99	5	8	1267
		比例	58.0%	33.1%	7.8%	0.4%	0.6%	100.0%
	有所改变，但程度有限	计数	1198	973	140	17	0	2328
		比例	51.5%	41.8%	6.0%	0.7%	0.0%	100.0%
	没什么改变	计数	255	216	43	0	4	518
		比例	49.2%	41.7%	8.3%	0.0%	0.8%	100.0%
	说不准	计数	66	52	12	9	4	143
		比例	46.2%	36.4%	8.4%	6.3%	2.8%	100.0%

为了揭示数字时代读者阅读习惯改变幅度与阅读重要性认知之间的关系，我们做了两者的交叉分析。分析表4—12可知，就对个人发展而言，阅读习惯"改变很大"的读者现在认为阅读"非常重要"的比例最高（58.6%），"没什么改变"与"说不准"的分别是48.1%和42.7%。对社会发展而言，阅读习惯"改变很大"的读者现在认为阅读"非常重要"的比例最高（58.0%），"没什么改变"与"说不准"的分别是49.2%和46.2%。这说明，读者阅读习惯改变幅度与阅读重要性认知之间密切关联。阅读习惯改变幅度越大，认可阅读"非常重要"的读者比例越高。阅读习惯改变了，对阅读重要性的认知非但没有降低，反而有加强的趋势。

二 我国国民对阅读前景的认知及嬗变

(一) 阅读前景认知总体情况

纸质阅读是否会被数字阅读所取代,这是一个讨论了好多年的问题。微软专家预测,到2018年,世界上几乎所有的大报纸都将放弃印刷版本,到2020年,90%的书籍、报纸、杂志等都将以电子书形式出版发行;《华盛顿邮报》预测2035年左右,纸质媒介就会死亡。① 调查发现,接触了网络的读者在会上网前有18.09%认为数字阅读会颠覆纸质阅读,44.66%认为纸质媒介不会被取代,还有37.24%说不准。而现在这几个数据分别变为34.14%、40.09%和25.78%(见表4—13)。应该说,数字时代人们对纸质阅读前景的认识还是有所变化的。

相对而言,读者对纸质报纸的前景最不看好,有近四成(39.22%)读者认为"数字报纸会取代纸质报纸"。现在认为"数字图书会取代纸质图书"、"数字期刊会取代纸质期刊"的读者分别达到35.01%和36.89%。

表4—13　　　　　　　　　阅读前景认知

选项		非常同意		同意		说不准		不同意		很不同意	
数字图书会取代纸质图书	会上网以前的认识	196	4.61%	599	14.07%	1644	38.63%	1374	32.28%	443	10.41%
	现在的认识	422	9.92%	1068	25.09%	1062	24.95%	1286	30.22%	418	9.82%
数字报纸会取代纸质报纸	会上网以前的认识	154	3.62%	637	14.97%	1694	39.80%	1413	33.20%	358	8.41%
	现在的认识	502	11.80%	1167	27.42%	1165	27.37%	1148	26.97%	274	6.44%
数字期刊会取代纸质期刊	会上网以前的认识	155	3.64%	621	14.59%	1703	40.01%	1414	33.22%	363	8.53%
	现在的认识	493	11.58%	1077	25.31%	1206	28.34%	1221	28.69%	259	6.09%
数字阅读会颠覆纸质阅读	会上网以前的认识	147	3.45%	623	14.64%	1585	37.24%	1482	34.82%	419	9.84%
	现在的认识	408	9.59%	1045	24.55%	1097	25.78%	1321	31.04%	385	9.05%

---

① 汪敏华:《阅读革命——激发新阅读产业》,《解放日报》2005年8月13日第13版。

(二)"网龄·纸质阅读前景认知"交叉分析

分析表4—14可知,网龄差异与"纸质阅读前景认知"关系密切。网龄为3—5年的、网龄为6—10年的和网龄为11—19年的,会上网前"非常同意""数字阅读会颠覆纸质阅读"的占各自网龄段读者总数的比例分别为3.5%、3.9%和3.1%,"同意"比例分别为12.0%、12.7%和17.0%,两项比例合计分别达到15.5%、16.6%和20.1%。

网龄为3—5年的、网龄为6—10年的和网龄为11—19年的,现在"非常同意""数字阅读会颠覆纸质阅读"的占各自网龄段读者总数的比例分别为7.0%、8.4%和11.2%,"同意"比例分别为21.5%、24.1%和25.8%,两项比例合计分别达到28.5%、32.5%和37.0%。与会上网前相比,增幅分别是13%、15.9%和16.9%。

可见,就现在的认识而言,网龄越长,认可"数字阅读会颠覆纸质阅读"的比例越高。但与会上网前的认识相比,我们发现,网龄6—10年的读者认可"数字阅读会颠覆纸质阅读"的比例增幅基本与网龄11—19年的读者认可"数字阅读会颠覆纸质阅读"的比例增幅持平。这可以说明,网龄对读者的纸质阅读前景认知有一定的影响,但并不是线性的正相关关系。随着数字化进程的推进,读者是否会对纸质阅读前景的认识回归理性有待进一步研究。

表4—14　　　网龄分段与纸质阅读前景认知交叉制表

网龄分段 * 数字阅读会颠覆纸质阅读吗?(会上网以前的认识)交叉制表							
^ ^ ^		数字阅读会颠覆纸质阅读吗?(会上网以前的认识)					合计
^ ^ ^		非常同意	同意	说不准	不同意	很不同意	^
网龄分段	1	计数	18	62	185	202	50	517
^	^	比例	3.5%	12.0%	35.8%	39.1%	9.7%	100.0%
^	2	计数	66	217	669	578	182	1712
^	^	比例	3.9%	12.7%	39.1%	33.8%	10.6%	100.0%
^	3	计数	63	344	731	702	187	2027
^	^	比例	3.1%	17.0%	36.1%	34.6%	9.2%	100.0%

续表

			数字阅读会颠覆纸质阅读吗？（现在的认识）					合计
			非常同意	同意	说不准	不同意	很不同意	
网龄分段	1	计数	36	111	132	195	43	517
		比例	7.0%	21.5%	25.5%	37.7%	8.3%	100.0%
	2	计数	144	412	464	538	154	1712
		比例	8.4%	24.1%	27.1%	31.4%	9.0%	100.0%
	3	计数	228	522	501	588	188	2027
		比例	11.2%	25.8%	24.7%	29.0%	9.3%	100.0%

（三）"年龄·纸质阅读前景认知"交叉分析

分析表4—15可知，现在年轻人认同（包括"非常同意"和"同意"）"数字阅读会颠覆纸质阅读"的比例最高，达到33.8%，中年人为35.6%，老年人为16.7%。可见，年龄因素对"纸质阅读前景认知"是有影响的。年轻人的思想观念相对开放，对数字阅读的接受程度高于中年人和老年人。如果与会上网前的认识相比较的话，我们会发现中年人的"纸质阅读前景认知"态度改变幅度较大，"非常同意"提高6.8%，"同意"提高12.2%，合计达到19%。而年轻人的改变幅度为14.9%。

表4—15　　　　　　年龄分段与纸质阅读前景认知交叉制表

			数字阅读会颠覆纸质阅读吗？（会上网以前的认识）					合计
			非常同意	同意	说不准	不同意	很不同意	
年龄分段	1	计数	123	432	1068	999	325	2947
		比例	4.2%	14.7%	36.2%	33.9%	11.0%	100.0%
	2	计数	24	183	497	459	86	1249
		比例	1.9%	14.7%	39.8%	36.7%	6.9%	100.0%
	3	计数	0	8	20	24	8	60
		比例	0.0%	13.3%	33.3%	40.0%	13.3%	100.0%

续表

年龄分段 * 数字阅读会颠覆纸质阅读吗？（现在的认识）交叉制表

			数字阅读会颠覆纸质阅读吗？（现在的认识）					合计
			非常同意	同意	说不准	不同意	很不同意	
年龄分段	1	计数	299	699	752	892	305	2947
		比例	10.1%	23.7%	25.5%	30.3%	10.3%	100.0%
	2	计数	109	336	317	413	74	1249
		比例	8.7%	26.9%	25.4%	33.1%	5.9%	100.0%
	3	计数	0	10	28	16	6	60
		比例	0.0%	16.7%	46.7%	26.7%	10.0%	100.0%

（四）"区域·纸质阅读前景认知"交叉分析

表4—16　　　区域与纸质阅读前景认知交叉制表

区域编号 * 数字阅读会颠覆纸质阅读吗？（会上网以前的认识）交叉制表

			数字阅读会颠覆纸质阅读吗？（会上网以前的认识）					合计
			非常同意	同意	说不准	不同意	很不同意	
区域编号	1	计数	105	372	854	908	240	2479
		比例	4.2%	15.0%	34.4%	36.6%	9.7%	100.0%
	2	计数	33	156	491	332	129	1141
		比例	2.9%	13.7%	43.0%	29.1%	11.3%	100.0%
	3	计数	9	95	240	242	50	636
		比例	1.4%	14.9%	37.7%	38.1%	7.9%	100.0%

区域编号 * 数字阅读会颠覆纸质阅读吗？（现在的认识）交叉制表

			数字阅读会颠覆纸质阅读吗？（现在的认识）					合计
			非常同意	同意	说不准	不同意	很不同意	
区域编号	1	计数	282	593	603	776	225	2479
		比例	11.4%	23.9%	24.3%	31.3%	9.1%	100.0%
	2	计数	82	285	310	340	124	1141
		比例	7.2%	25.0%	27.2%	29.8%	10.9%	100.0%
	3	计数	44	167	184	205	36	636
		比例	6.9%	26.3%	28.9%	32.2%	5.7%	100.0%

调查发现，如表4—16所示，东部地区认可"数字阅读会颠覆纸质阅读"的读者比例最高，达到35.3%，中部是32.2%，西部是33.2%。不过"非常同意""数字阅读会颠覆纸质阅读"的读者比例，东部较高，中部次之，西部最低。可见，地域因素对"纸质阅读前景认知"有一定影响，但关联度似乎不是很高。

（五）"学历·纸质阅读前景认知"交叉分析

表4—17　　　　　　　　　学历与纸质阅读前景认知交叉制表

学历＊数字阅读会颠覆纸质阅读吗？（会上网以前的认识）交叉制表

			数字阅读会颠覆纸质阅读吗？（会上网以前的认识）					合计
			非常同意	同意	说不准	不同意	很不同意	
学历	初中	计数	8	67	145	88	22	330
		比例	2.4%	20.3%	43.9%	26.7%	6.7%	100.0%
	高中/中专/技校	计数	34	95	271	238	47	685
		比例	5.0%	13.9%	39.6%	34.7%	6.9%	100.0%
	大专	计数	27	147	343	354	73	944
		比例	2.9%	15.6%	36.3%	37.5%	7.7%	100.0%
	本科	计数	74	290	749	737	236	2086
		比例	3.5%	13.9%	35.9%	35.3%	11.3%	100.0%
	硕士及以上	计数	4	24	77	65	41	211
		比例	1.9%	11.4%	36.5%	30.8%	19.4%	100.0%

学历＊数字阅读会颠覆纸质阅读吗？（现在的认识）交叉制表

			数字阅读会颠覆纸质阅读吗？（现在的认识）					合计
			非常同意	同意	说不准	不同意	很不同意	
学历	初中	计数	8	112	119	82	9	330
		比例	2.4%	33.9%	36.1%	24.8%	2.7%	100.0%
	高中/中专/技校	计数	74	185	187	202	37	685
		比例	10.8%	27.0%	27.3%	29.5%	5.4%	100.0%
	大专	计数	115	229	233	302	65	944
		比例	12.2%	24.3%	24.7%	32.0%	6.9%	100.0%
	本科	计数	183	478	499	682	244	2086
		比例	8.8%	22.9%	23.9%	32.7%	11.7%	100.0%
	硕士及以上	计数	28	41	59	53	30	211
		比例	13.3%	19.4%	28.0%	25.1%	14.2%	100.0%

分析表4—17可知,现在初中学历读者认可"数字阅读会颠覆纸质阅读"的比例为36.3%,学历为"高中/中专/技校"的为37.8%,学历为"大专"的为36.5%,学历为"本科"的为31.7%,学历为"硕士及以上"的为32.7%。可见,学历与"纸质阅读前景认知"之间也不是线性的关联关系。

(六)"户籍·纸质阅读前景认知"交叉分析

表4—18　　　　户籍与纸质阅读前景认知交叉制表

户籍 * 数字阅读会颠覆纸质阅读吗?(会上网以前的认识)交叉制表

户籍			数字阅读会颠覆纸质阅读吗?(会上网以前的认识)					合计
			非常同意	同意	说不准	不同意	很不同意	
户籍	农村居民	计数	71	247	660	578	143	1699
		比例	4.2%	14.5%	38.8%	34.0%	8.4%	100.0%
	城镇居民	计数	76	376	925	904	276	2557
		比例	3.0%	14.7%	36.2%	35.4%	10.8%	100.0%

户籍 * 数字阅读会颠覆纸质阅读吗?(现在的认识)交叉制表

户籍			数字阅读会颠覆纸质阅读吗?(现在的认识)					合计
			非常同意	同意	说不准	不同意	很不同意	
户籍	农村居民	计数	151	428	484	526	110	1699
		比例	8.9%	25.2%	28.5%	31.0%	6.5%	100.0%
	城镇居民	计数	257	617	613	795	275	2557
		比例	10.1%	24.1%	24.0%	31.1%	10.8%	100.0%

调查发现,如表4—18所示,农村读者认可"数字阅读会颠覆纸质阅读"的比例,会上网前为18.7%,现在是34.1%;城镇读者认可"数字阅读会颠覆纸质阅读"的比例,会上网前为17.7%,现在是34.2%。可见,户籍因素与"纸质阅读前景认知"之间也不是线性的关联关系。

(七)"职业·纸质阅读前景认知"交叉分析

表4—19　　职业与纸质阅读前景认知交叉制表

<table>
<tr><th colspan="3"></th><th colspan="5">数字阅读会颠覆纸质阅读吗？（现在的认识）</th><th rowspan="2">合计</th></tr>
<tr><th colspan="3"></th><th>非常同意</th><th>同意</th><th>说不准</th><th>不同意</th><th>很不同意</th></tr>
<tr><td rowspan="20">职业</td><td rowspan="2">企业领导或管理人员</td><td>计数</td><td>56</td><td>100</td><td>100</td><td>72</td><td>12</td><td>340</td></tr>
<tr><td>比例</td><td>16.5%</td><td>29.4%</td><td>29.4%</td><td>21.2%</td><td>3.5%</td><td>100.0%</td></tr>
<tr><td rowspan="2">公检法/军人/武警</td><td>计数</td><td>8</td><td>4</td><td>16</td><td>24</td><td>16</td><td>68</td></tr>
<tr><td>比例</td><td>11.8%</td><td>5.9%</td><td>23.5%</td><td>35.3%</td><td>23.5%</td><td>100.0%</td></tr>
<tr><td rowspan="2">学生</td><td>计数</td><td>92</td><td>239</td><td>324</td><td>447</td><td>177</td><td>1279</td></tr>
<tr><td>比例</td><td>7.2%</td><td>18.7%</td><td>25.3%</td><td>34.9%</td><td>13.8%</td><td>100.0%</td></tr>
<tr><td rowspan="2">专业技术人员/教师/医生</td><td>计数</td><td>80</td><td>184</td><td>168</td><td>244</td><td>64</td><td>740</td></tr>
<tr><td>比例</td><td>10.8%</td><td>24.9%</td><td>22.7%</td><td>33.0%</td><td>8.6%</td><td>100.0%</td></tr>
<tr><td rowspan="2">机关/事业单位干部</td><td>计数</td><td>32</td><td>76</td><td>72</td><td>132</td><td>20</td><td>332</td></tr>
<tr><td>比例</td><td>9.6%</td><td>22.9%</td><td>21.7%</td><td>39.8%</td><td>6.0%</td><td>100.0%</td></tr>
<tr><td rowspan="2">私营或个体劳动者</td><td>计数</td><td>28</td><td>112</td><td>132</td><td>112</td><td>28</td><td>412</td></tr>
<tr><td>比例</td><td>6.8%</td><td>27.2%</td><td>32.0%</td><td>27.2%</td><td>6.8%</td><td>100.0%</td></tr>
<tr><td rowspan="2">无业及失业人员</td><td>计数</td><td>8</td><td>28</td><td>60</td><td>36</td><td>12</td><td>144</td></tr>
<tr><td>比例</td><td>5.6%</td><td>19.4%</td><td>41.7%</td><td>25.0%</td><td>8.3%</td><td>100.0%</td></tr>
<tr><td rowspan="2">工人/商业服务业人员</td><td>计数</td><td>32</td><td>120</td><td>64</td><td>56</td><td>20</td><td>292</td></tr>
<tr><td>比例</td><td>11.0%</td><td>41.1%</td><td>21.9%</td><td>19.2%</td><td>6.8%</td><td>100.0%</td></tr>
<tr><td rowspan="2">一般职员/文员/秘书</td><td>计数</td><td>56</td><td>124</td><td>124</td><td>152</td><td>16</td><td>472</td></tr>
<tr><td>比例</td><td>11.9%</td><td>26.3%</td><td>26.3%</td><td>32.2%</td><td>3.4%</td><td>100.0%</td></tr>
<tr><td rowspan="2">离退休人员</td><td>计数</td><td>8</td><td>12</td><td>16</td><td>12</td><td>8</td><td>56</td></tr>
<tr><td>比例</td><td>14.3%</td><td>21.4%</td><td>28.6%</td><td>21.4%</td><td>14.3%</td><td>100.0%</td></tr>
<tr><td rowspan="2">其他</td><td>计数</td><td>8</td><td>46</td><td>21</td><td>34</td><td>12</td><td>121</td></tr>
<tr><td>比例</td><td>6.6%</td><td>38.0%</td><td>17.4%</td><td>28.1%</td><td>9.9%</td><td>100.0%</td></tr>
</table>

调查发现，如表4—19所示，职业差异对"纸质阅读前景认知"有一定的影响。从职业分布看，超过一半（52.1%）的"工人/商业服务业人员"和45.9%的"企业领导或管理人员"，现在"非常同意"或"同意""数字阅读会颠覆纸质阅读"，其他职业读者的这一比例均低于40%。

（八）"阅读习惯改变幅度·纸质阅读前景认知"交叉分析

表4—20　　　阅读习惯改变幅度与纸质阅读前景认知交叉制表

阅读习惯改变幅度 * 数字阅读会颠覆纸质阅读吗？（现在的认识）交叉制表

<table>
<tr><th colspan="3" rowspan="2"></th><th colspan="5">数字阅读会颠覆纸质阅读吗？（现在的认识）</th><th rowspan="2">合计</th></tr>
<tr><th>非常同意</th><th>同意</th><th>说不准</th><th>不同意</th><th>很不同意</th></tr>
<tr><td rowspan="8">阅读习惯
改变幅度</td><td rowspan="2">改变很大</td><td>计数</td><td>197</td><td>432</td><td>296</td><td>273</td><td>69</td><td>1267</td></tr>
<tr><td>比例</td><td>15.5%</td><td>34.1%</td><td>23.4%</td><td>21.5%</td><td>5.4%</td><td>100.0%</td></tr>
<tr><td rowspan="2">有所改变，
但程度有限</td><td>计数</td><td>163</td><td>491</td><td>648</td><td>820</td><td>206</td><td>2328</td></tr>
<tr><td>比例</td><td>7.0%</td><td>21.1%</td><td>27.8%</td><td>35.2%</td><td>8.8%</td><td>100.0%</td></tr>
<tr><td rowspan="2">没什么改变</td><td>计数</td><td>33</td><td>86</td><td>105</td><td>201</td><td>93</td><td>518</td></tr>
<tr><td>比例</td><td>6.4%</td><td>16.6%</td><td>20.3%</td><td>38.8%</td><td>18.0%</td><td>100.0%</td></tr>
<tr><td rowspan="2">说不准</td><td>计数</td><td>15</td><td>36</td><td>48</td><td>27</td><td>17</td><td>143</td></tr>
<tr><td>比例</td><td>10.5%</td><td>25.2%</td><td>33.6%</td><td>18.9%</td><td>11.9%</td><td>100.0%</td></tr>
</table>

从表4—20可知，自认为阅读习惯改变幅度较大的读者认可"数字阅读会颠覆纸质阅读"的比例相对较高，达到49.6%，自认为"没什么改变"的认可"数字阅读会颠覆纸质阅读"的比例只有23.0%。

此外，调查发现，已婚读者认可"数字阅读会颠覆纸质阅读"的比例（37.7%）略高于未婚读者（31.7%）。收入状况与"纸质阅读前景认知"之间的关系表现为，收入越高，认可"数字阅读会颠覆纸质阅读"的比例相对较高。月收入20001元及以上的读者有54.2%认可"数字阅读会颠覆纸质阅读"，月收入800元及以下的读者是25.3%。

三　我国国民阅读需求的嬗变

（一）阅读需求变化总体情况

表4—21　　　　　　　　阅读需求类型选择

<table>
<tr><th colspan="2">选项</th><th colspan="2">思想需求</th><th colspan="2">审美需求</th><th colspan="2">知识需求</th><th colspan="2">资讯需求</th><th colspan="2">消遣需求</th><th colspan="2">刺激需求</th></tr>
<tr><td>会上网
以前</td><td></td><td>1643</td><td>38.60%</td><td>1069</td><td>25.12%</td><td>3143</td><td>73.85%</td><td>1842</td><td>43.28%</td><td>1790</td><td>42.06%</td><td>347</td><td>8.15%</td></tr>
<tr><td>现在</td><td></td><td>2446</td><td>57.47%</td><td>1901</td><td>44.67%</td><td>3094</td><td>72.70%</td><td>2858</td><td>67.15%</td><td>2129</td><td>50.02%</td><td>599</td><td>14.07%</td></tr>
</table>

梁衡先生曾撰文指出人们对出版物存在六大需求，即刺激需求、消遣需求、资讯需求、知识需求、审美需求、思想需求。[①] 以此作为读者的六大阅读需求展开调查，发现除了知识需求略有下降，其他五种需求均得到提升，尤其是资讯需求提升明显（见表4—22）。以接受知识为主导目的的传统文本阅读，在数字化时代的确得到某种消解。但值得注意的是，知识需求依然是第一阅读需求。此外，思想需求和审美需求并没有减弱，反而有着比较明显的提升。这说明在数字时代，读者依然保持着较强的通过阅读满足思想和审美的需求，并没有一味地追求消遣和刺激。

表4—22　　　　　　　　阅读需求多样化

选项			现在阅读需求选择		合计
			1—3项	4—6项	
会上网前阅读需求选择	4—6项	计数	122	658	780
		比例（会上网前）	15.6%	84.4%	100.0%
		比例（现在）	5.0%	36.7%	18.3%
	1—3项	计数	2339	1137	3476
		比例（会上网前）	67.3%	32.7%	100.0%
		比例（现在）	95.0%	63.3%	81.7%
合计		计数	2461	1795	4256
		比例（会上网前）	57.8%	42.2%	100.0%
		比例（现在）	100.0%	100.0%	100.0%

表4—22体现了我国成年读者阅读需求在数字时代呈现比较明显的多样化倾向。会上网前，阅读需求选择1—3项的读者占81.7%，现在这一个比例降至57.8%。阅读需求选择4—6项的读者占比从18.3%提升到现在的42.2%。

[①] 梁衡：《论读者需求与出版人的责任》，《传媒》1999年第2期。

（二）"网龄·阅读需求选择"交叉分析

表4—23　　　　　网龄与阅读需求选择交叉制表

网龄分段 * 您的阅读需求主要是：（现在）（思想需求）交叉制表

网龄分段			您的阅读需求主要是：（现在）（思想需求）		合计
			未选中	选中	
	1	计数	264	253	517
		比例	51.1%	48.9%	100.0%
	2	计数	700	1012	1712
		比例	40.9%	59.1%	100.0%
	3	计数	846	1181	2027
		比例	41.7%	58.3%	100.0%

网龄分段 * 您的阅读需求主要是：（现在）（审美需求）交叉制表

网龄分段			您的阅读需求主要是：（现在）（审美需求）		合计
			未选中	选中	
	1	计数	326	191	517
		比例	63.1%	36.9%	100.0%
	2	计数	931	781	1712
		比例	54.4%	45.6%	100.0%
	3	计数	1098	929	2027
		比例	54.2%	45.8%	100.0%

网龄分段 * 您的阅读需求主要是：（现在）（知识需求）交叉制表

网龄分段			您的阅读需求主要是：（现在）（知识需求）		合计
			未选中	选中	
	1	计数	183	334	517
		比例	35.4%	64.6%	100.0%
	2	计数	446	1266	1712
		比例	26.1%	73.9%	100.0%
	3	计数	533	1494	2027
		比例	26.3%	73.7%	100.0%

网龄分段 * 您的阅读需求主要是：（现在）（消遣需求）交叉制表

网龄分段			您的阅读需求主要是：（现在）（消遣需求）		合计
			未选中	选中	
	1	计数	309	208	517
		比例	59.8%	40.2%	100.0%

续表

网龄分段 * 您的阅读需求主要是：（现在）（消遣需求）交叉制表

网龄分段			您的阅读需求主要是：（现在）（消遣需求）		合计
			未选中	选中	
网龄分段	2	计数	826	886	1712
		比例	48.2%	51.8%	100.0%
	3	计数	992	1035	2027
		比例	48.9%	51.1%	100.0%

网龄分段 * 您的阅读需求主要是：（现在）（资讯需求）交叉制表

网龄分段			您的阅读需求主要是：（现在）（资讯需求）		合计
			未选中	选中	
网龄分段	1	计数	204	313	517
		比例	39.5%	60.5%	100.0%
	2	计数	544	1168	1712
		比例	31.8%	68.2%	100.0%
	3	计数	650	1377	2027
		比例	32.1%	67.9%	100.0%

网龄分段 * 您的阅读需求主要是：（现在）（刺激需求）交叉制表

网龄分段			您的阅读需求主要是：（现在）（刺激需求）		合计
			未选中	选中	
网龄分段	1	计数	481	36	517
		比例	93.0%	7.0%	100.0%
	2	计数	1464	248	1712
		比例	85.5%	14.5%	100.0%
	3	计数	1712	315	2027
		比例	84.5%	15.5%	100.0%

分析表4—23可知，就现在的阅读需求情况看，网龄长短与阅读的六种需求变化之间似乎存在某种非线性关联。网龄6—10年和网龄11—19年的读者选中六种需求的比例相差不大，不过均明显高于网龄3—5年的读者。

（三）"年龄分段·阅读需求选择"交叉分析

表 4—24　　　　年龄分段与阅读需求选择交叉制表

年龄分段 * 您的阅读需求主要是：（现在）（思想需求）交叉制表

			您的阅读需求主要是：（现在）（思想需求）		合计
			未选中	选中	
年龄分段	1	计数	1180	1767	2947
		比例	40.0%	60.0%	100.0%
	2	计数	610	639	1249
		比例	48.8%	51.2%	100.0%
	3	计数	20	40	60
		比例	33.3%	66.7%	100.0%

年龄分段 * 您的阅读需求主要是：（现在）（审美需求）交叉制表

			您的阅读需求主要是：（现在）（审美需求）		合计
			未选中	选中	
年龄分段	1	计数	1612	1335	2947
		比例	54.7%	45.3%	100.0%
	2	计数	701	548	1249
		比例	56.1%	43.9%	100.0%
	3	计数	42	18	60
		比例	70.0%	30.0%	100.0%

年龄分段 * 您的阅读需求主要是：（现在）（知识需求）交叉制表

			您的阅读需求主要是：（现在）（知识需求）		合计
			未选中	选中	
年龄分段	1	计数	773	2174	2947
		比例	26.2%	73.8%	100.0%
	2	计数	381	868	1249
		比例	30.5%	69.5%	100.0%
	3	计数	8	52	60
		比例	13.3%	86.7%	100.0%

续表

年龄分段 * 您的阅读需求主要是：(现在)(资讯需求) 交叉制表

			您的阅读需求主要是：(现在)(资讯需求)		合计
			未选中	选中	
年龄分段	1	计数	960	1987	2947
		比例	32.6%	67.4%	100.0%
	2	计数	430	819	1249
		比例	34.4%	65.6%	100.0%
	3	计数	8	52	60
		比例	13.3%	86.7%	100.0%

年龄分段 * 您的阅读需求主要是：(现在)(消遣需求) 交叉制表

			您的阅读需求主要是：(现在)(消遣需求)		合计
			未选中	选中	
年龄分段	1	计数	1404	1543	2947
		比例	47.6%	52.4%	100.0%
	2	计数	685	564	1249
		比例	54.8%	45.2%	100.0%
	3	计数	38	22	60
		比例	63.3%	36.7%	100.0%

年龄分段 * 您的阅读需求主要是：(现在)(刺激需求) 交叉制表

			您的阅读需求主要是：(现在)(刺激需求)		合计
			未选中	选中	
年龄分段	1	计数	2492	455	2947
		比例	84.6%	15.4%	100.0%
	2	计数	1111	138	1249
		比例	89.0%	11.0%	100.0%
	3	计数	54	6	60
		比例	90.0%	10.0%	100.0%

分析表4—24可知，选中思想需求、知识需求、资讯需求的老年读者比例最高，选中审美需求、消遣需求和刺激需求的年轻读者比例最高，中年读者的各种需求选择比例居中。可见，年龄因素与阅读需求之间关系密切。按理说年轻读者的思想需求、知识需求、资讯需求应该较为突出，但

数据显示却不是如此,值得关注。年轻读者中,45.3%有审美需求,没有选择知识需求的则达到26.2%,选择了刺激需求的为15.4%。

(四)"学历·阅读需求选择"交叉分析

表4—25　　　　　学历与阅读需求选择交叉制表

学历＊您的阅读需求主要是：(现在)(思想需求)交叉制表

			您的阅读需求主要是：(现在)(思想需求)		合计
			未选中	选中	
学历	初中	计数	196	134	330
		比例	59.4%	40.6%	100.0%
	高中/中专/技校	计数	331	354	685
		比例	48.3%	51.7%	100.0%
	大专	计数	393	551	944
		比例	41.6%	58.4%	100.0%
	本科	计数	834	1252	2086
		比例	40.0%	60.0%	100.0%
	硕士及以上	计数	56	155	211
		比例	26.5%	73.5%	100.0%

学历＊您的阅读需求主要是：(现在)(审美需求)交叉制表

			您的阅读需求主要是：(现在)(审美需求)		合计
			未选中	选中	
学历	初中	计数	214	116	330
		比例	64.8%	35.2%	100.0%
	高中/中专/技校	计数	401	284	685
		比例	58.5%	41.5%	100.0%
	大专	计数	521	423	944
		比例	55.2%	44.8%	100.0%
	本科	计数	1110	976	2086
		比例	53.2%	46.8%	100.0%
	硕士及以上	计数	109	102	211
		比例	51.7%	48.3%	100.0%

续表

学历 * 您的阅读需求主要是：（现在）（知识需求）交叉制表					
			您的阅读需求主要是：（现在）（知识需求）		合计
			未选中	选中	
学历	初中	计数	103	227	330
		比例	31.2%	68.8%	100.0%
	高中/中专/技校	计数	198	487	685
		比例	28.9%	71.1%	100.0%
	大专	计数	282	662	944
		比例	29.9%	70.1%	100.0%
	本科	计数	538	1548	2086
		比例	25.8%	74.2%	100.0%
	硕士及以上	计数	41	170	211
		比例	19.4%	80.6%	100.0%

学历 * 您的阅读需求主要是：（现在）（资讯需求）交叉制表					
			您的阅读需求主要是：（现在）（资讯需求）		合计
			未选中	选中	
学历	初中	计数	128	202	330
		比例	38.8%	61.2%	100.0%
	高中/中专/技校	计数	251	434	685
		比例	36.6%	63.4%	100.0%
	大专	计数	314	630	944
		比例	33.3%	66.7%	100.0%
	本科	计数	673	1413	2086
		比例	32.3%	67.7%	100.0%
	硕士及以上	计数	32	179	211
		比例	15.2%	84.8%	100.0%

学历 * 您的阅读需求主要是：（现在）（消遣需求）交叉制表					
			您的阅读需求主要是：（现在）（消遣需求）		合计
			未选中	选中	
学历	初中	计数	184	146	330
		比例	55.8%	44.2%	100.0%

续表

学历 * 您的阅读需求主要是：（现在）（消遣需求）交叉制表

			您的阅读需求主要是：（现在）（消遣需求）		合计
			未选中	选中	
学历	高中/中专/技校	计数	395	290	685
		比例	57.7%	42.3%	100.0%
	大专	计数	536	408	944
		比例	56.8%	43.2%	100.0%
	本科	计数	936	1150	2086
		比例	44.9%	55.1%	100.0%
	硕士及以上	计数	76	135	211
		比例	36.0%	64.0%	100.0%

学历 * 您的阅读需求主要是：（现在）（刺激需求）交叉制表

			您的阅读需求主要是：（现在）（刺激需求）		合计
			未选中	选中	
学历	初中	计数	298	32	330
		比例	90.3%	9.7%	100.0%
	高中/中专/技校	计数	605	80	685
		比例	88.3%	11.7%	100.0%
	大专	计数	811	133	944
		比例	85.9%	14.1%	100.0%
	本科	计数	1777	309	2086
		比例	85.2%	14.8%	100.0%
	硕士及以上	计数	166	45	211
		比例	78.7%	21.3%	100.0%

分析表4—25可知，除了知识需求、消遣需求外，读者学历高，选择其余四种需求的比例也相应较高。可见，学历因素与阅读需求选择之间的关系是比较密切的。

（五）阅读资源满足读者需求情况

表 4—26　　　　　　　　　阅读需求是否得到满足

选项	传统纸质阅读是否能满足需要		网络数字阅读是否能满足需要	
是的，非常能够满足需求	471	11.07%	903	21.22%
是的，基本能够满足需求	1458	34.26%	2155	50.63%
我觉得受到限制，有些需求无法满足	2010	47.23%	1050	24.67%
我觉得受到很大限制，很多需求无法满足	317	7.45%	148	3.48%

从阅读资源满足读者需求的情况看，调查发现，如表 4—26 所示，目前的阅读资源在满足读者阅读需求方面尚有较大的提升空间。只有 45.33% 的读者认可传统纸质阅读能够满足阅读需求，有超过一半的读者不认可。相对而言，网络数字阅读更能满足读者需要，不过也有近三成（28.15%）的读者认为网络数字阅读无法满足阅读需求。

表 4—27　　　　网龄分段与阅读资源满足读者需求交叉制表

网龄分段 * 目前您觉得传统纸质阅读是否能满足您的需要？交叉制表

			目前您觉得传统纸质阅读是否能满足您的需要？				合计
			是的，非常能够满足需求	我觉得受到限制，有些需求无法满足	是的，基本能够满足需求	我觉得受到很大限制，很多需求无法满足	
网龄分段	1	计数	65	238	202	12	517
		比例	12.6%	46.0%	39.1%	2.3%	100.0%
	2	计数	171	850	592	99	1712
		比例	10.0%	49.6%	34.6%	5.8%	100.0%
	3	计数	235	922	664	206	2027
		比例	11.6%	45.5%	32.8%	10.2%	100.0%

续表

网龄分段 * 目前您觉得网络数字阅读是否能满足您的需要？交叉制表

<table>
<tr><th colspan="3"></th><th colspan="4">目前您觉得网络数字阅读是否能满足您的需要？</th><th rowspan="2">合计</th></tr>
<tr><th colspan="3"></th><th>是的，非常能够满足需求</th><th>我觉得受到限制，有些需求无法满足</th><th>是的，基本能够满足需求</th><th>我觉得受到很大限制，很多需求无法满足</th></tr>
<tr><td rowspan="6">网龄分段</td><td rowspan="2">1</td><td>计数</td><td>104</td><td>104</td><td>292</td><td>17</td><td>517</td></tr>
<tr><td>比例</td><td>20.1%</td><td>20.1%</td><td>56.5%</td><td>3.3%</td><td>100.0%</td></tr>
<tr><td rowspan="2">2</td><td>计数</td><td>344</td><td>446</td><td>884</td><td>38</td><td>1712</td></tr>
<tr><td>比例</td><td>20.1%</td><td>26.1%</td><td>51.6%</td><td>2.2%</td><td>100.0%</td></tr>
<tr><td rowspan="2">3</td><td>计数</td><td>455</td><td>500</td><td>979</td><td>93</td><td>2027</td></tr>
<tr><td>比例</td><td>22.4%</td><td>24.7%</td><td>48.3%</td><td>4.6%</td><td>100.0%</td></tr>
</table>

分析表4—27可知，网龄长短与"阅读资源满足读者需求认知"之间没有线性关联，网龄长的读者认可网络数字阅读资源能够满足阅读需求的比例并不一定就高，相应的，网龄长的读者认可传统纸质阅读资源能够满足阅读需求的比例并不一定就低。

四 我国国民的阅读素养认知及嬗变

（一）阅读素养认知总体情况

表4—28　　　　　　　　　　阅读素养认知

选项	非常同意		同意		说不准		不同意		很不同意	
阅读目的更加明确了	886	20.82%	2148	50.47%	719	16.89%	435	10.22%	68	1.60%
阅读兴趣更浓了	718	16.87%	1843	43.30%	993	23.33%	633	14.87%	69	1.62%
阅读更加积极了	658	15.46%	1719	40.39%	1048	24.62%	767	18.02%	64	1.50%
阅读能力提高了	743	17.46%	1837	43.16%	933	21.92%	647	15.20%	96	2.26%
阅读耐心减弱了	583	13.70%	1835	43.12%	803	18.87%	946	22.23%	89	2.09%
从头到尾读完一本书的次数变少了	678	15.93%	1916	45.02%	685	16.09%	859	20.18%	118	2.77%
阅读内容更浅显了	429	10.08%	1522	35.76%	950	22.32%	1147	26.95%	208	4.89%
阅读范围更广了	1237	29.06%	2418	56.81%	390	9.16%	179	4.21%	32	0.75%
阅读量变大了	1048	24.62%	1994	46.85%	835	19.62%	327	7.68%	52	1.22%

调查发现，如表4—28所示，近七成的受访者认为阅读目的更加明确了，近六成的受访者阅读兴趣更加浓厚了，55.85%的受访者阅读更加积极了，60.62%的受访者自认为阅读能力有所提高，85.87%的受访者同意阅读范围更广了，71.47%的受访者认为阅读量变大了。与此同时，近六成（56.82%）读者认为阅读耐心减弱了，60.95%的受访者同意从头到尾把一本书读完的次数减少了，45.84%的读者认为自己阅读的内容更浅显了。

（二）阅读目的认知与相关因素的交叉分析

表4—29　　　　网龄、年龄与阅读目的明确性认知交叉制表

网龄分段＊与会上网前相比，现在您：（阅读目的更加明确了）交叉制表

			与会上网前相比，现在您：（阅读目的更加明确了）					合计
			非常同意	同意	说不准	不同意	很不同意	
网龄分段	1	计数	74	282	100	56	5	517
		比例	14.3%	54.5%	19.3%	10.8%	1.0%	100.0%
	2	计数	367	812	292	208	33	1712
		比例	21.4%	47.4%	17.1%	12.1%	1.9%	100.0%
	3	计数	445	1054	327	171	30	2027
		比例	22.0%	52.0%	16.1%	8.4%	1.5%	100.0%

年龄分段＊与会上网前相比，现在您：（阅读目的更加明确了）交叉制表

			与会上网前相比，现在您：（阅读目的更加明确了）					合计
			非常同意	同意	说不准	不同意	很不同意	
年龄分段	1	计数	622	1367	563	335	60	2947
		比例	21.1%	46.4%	19.1%	11.4%	2.0%	100.0%
	2	计数	260	747	142	92	8	1249
		比例	20.8%	59.8%	11.4%	7.4%	0.6%	100.0%
	3	计数	4	34	14	8	0	60
		比例	6.7%	56.7%	23.3%	13.3%	0.0%	100.0%

调查发现，如表4—29所示，网龄差异对阅读目的认知也有一定影响，网龄11—19年的读者有74%"同意"或"非常同意"自己的阅读

目的更加明确了，网龄 6—10 年的读者和网龄 3—5 年的读者均为 68.8%。不过，"非常同意"自己的阅读目的更加明确了的读者，占网龄 6—10 年的读者总数的比例比占网龄 3—5 年的读者比例高出 7 个百分点。单纯从调查数据看，我们可以初步认为网龄长度与阅读目的明确性之间存在一定的正相关关系。

年龄差异对阅读目的的认知有影响。超过 80% 的中年人认可自己的阅读目的更加明确了，明显高于年轻人（67.5%）和老年人（63.4%）。

表 4—30　　　区域、户籍与阅读目的明确性认知交叉制表

区域编号 * 与会上网前相比，现在您：（阅读目的更加明确了）交叉制表

			非常同意	同意	说不准	不同意	很不同意	合计
区域编号	1	计数	563	1272	368	230	46	2479
		比例	22.7%	51.3%	14.8%	9.3%	1.9%	100.0%
	2	计数	220	556	219	129	17	1141
		比例	19.3%	48.7%	19.2%	11.3%	1.5%	100.0%
	3	计数	103	320	132	76	5	636
		比例	16.2%	50.3%	20.8%	11.9%	0.8%	100.0%

户籍 * 与会上网前相比，现在您：（阅读目的更加明确了）交叉制表

			非常同意	同意	说不准	不同意	很不同意	合计
户籍	农村居民	计数	317	858	290	209	25	1699
		比例	18.7%	50.5%	17.1%	12.3%	1.5%	100.0%
	城镇居民	计数	569	1290	429	226	43	2557
		比例	22.3%	50.4%	16.8%	8.8%	1.7%	100.0%

调查发现，如表 4—30 所示，区域差异对阅读目的的认知的影响，表现在"同意"或"非常同意"自己的阅读目的更加明确了的读者比例差异，东部最高（74.0%），中部为 68.0%，西部为 66.5%。

表 4—31　　性别、婚姻状况与阅读目的明确性认知交叉制表

性别 * 与会上网前相比，现在您：（阅读目的更加明确了）交叉制表

			与会上网前相比，现在您：（阅读目的更加明确了）					合计
			非常同意	同意	说不准	不同意	很不同意	
性别	男	计数	497	1098	360	177	34	2166
		比例	22.9%	50.7%	16.6%	8.2%	1.6%	100.0%
	女	计数	389	1050	359	258	34	2090
		比例	18.6%	50.2%	17.2%	12.3%	1.6%	100.0%

婚姻状况 * 与会上网前相比，现在您：（阅读目的更加明确了）交叉制表

			与会上网前相比，现在您：（阅读目的更加明确了）					合计
			非常同意	同意	说不准	不同意	很不同意	
婚姻状况	未婚	计数	516	1149	472	300	52	2489
		比例	20.7%	46.2%	19.0%	12.1%	2.1%	100.0%
	已婚	计数	370	999	247	135	16	1767
		比例	20.9%	56.5%	14.0%	7.6%	0.9%	100.0%

调查发现，如表 4—31 所示，男性读者认可自己的阅读目的更加明确的比例（73.6%）高于女性读者（68.8%），未婚读者认可自己的阅读目的更加明确的比例（66.9%）低于已婚读者（77.4%）。

表 4—32　　学历与阅读目的明确性认知交叉制表

学历 * 与会上网前相比，现在您：（阅读目的更加明确了）交叉制表

			与会上网前相比，现在您：（阅读目的更加明确了）					合计
			非常同意	同意	说不准	不同意	很不同意	
学历	初中	计数	41	197	70	16	6	330
		比例	12.4%	59.7%	21.2%	4.8%	1.8%	100.0%
	高中/中专/技校	计数	160	375	90	53	7	685
		比例	23.4%	54.7%	13.1%	7.7%	1.0%	100.0%
	大专	计数	217	524	124	69	10	944
		比例	23.0%	55.5%	13.1%	7.3%	1.1%	100.0%
	本科	计数	421	947	398	284	36	2086
		比例	20.2%	45.4%	19.1%	13.6%	1.7%	100.0%
	硕士及以上	计数	47	105	37	13	9	211
		比例	22.3%	49.8%	17.5%	6.2%	4.3%	100.0%

调查发现,如表4—32所示,学历因素与阅读目的明确性认知之间没有线性关联。认可自己的阅读目的更加明确了的读者比例,大专(78.5%)最高,高中/中专/技校(78.1%)第二,初中与硕士及以上(72.1%)并列第三,本科(65.6%)排在最后。可见,阅读目的明确性与学历因素的相关性较小。

表4—33　　　　　　收入与阅读目的明确性认知交叉制表

目前可支配月收入 * 与会上网前相比,现在您:(阅读目的更加明确了) 交叉制表							
			与会上网前相比,现在您:(阅读目的更加明确了)					合计
			非常同意	同意	说不准	不同意	很不同意	
目前可支配月收入	800元及以下	计数	119	315	157	99	17	707
		比例	16.8%	44.6%	22.2%	14.0%	2.4%	100.0%
	801—1500元	计数	177	455	184	119	14	949
		比例	18.7%	47.9%	19.4%	12.5%	1.5%	100.0%
	1501—3000元	计数	231	598	196	99	14	1138
		比例	20.3%	52.5%	17.2%	8.7%	1.2%	100.0%
	3001—5000元	计数	211	480	116	80	5	892
		比例	23.7%	53.8%	13.0%	9.0%	0.6%	100.0%
	5001—10000元	计数	100	226	50	38	6	420
		比例	23.8%	53.8%	11.9%	9.0%	1.4%	100.0%
	10001—20000元	计数	32	43	16	0	0	91
		比例	35.2%	47.3%	17.6%	0.0%	0.0%	100.0%
	20001元及以上	计数	16	31	0	0	12	59
		比例	27.1%	52.5%	0.0%	0.0%	20.3%	100.0%

调查发现,如表4—33所示,阅读目的明确性与收入因素有一定的相关性。月收入800元及以下的读者认可阅读目的更加明确了的比例为61.4%,月收入801—1500元的读者比例为66.6%,1501—3000元的读者比例为72.8%,3001—5000元的读者比例为77.5%,5001—10000元的读者比例为77.6%,10001—20000元的读者比例达到最高(82.5%)。可见,随着收入的提高,阅读目的明确性会有提升趋势,不过,20001元

及以上的读者比例为79.6%。

表4—34　职业与阅读目的明确性认知交叉制表

职业 * 与会上网前相比，现在您：(阅读目的更加明确了) 交叉制表

<table>
<tr><th colspan="2"></th><th></th><th colspan="5">与会上网前相比，现在您：(阅读目的更加明确了)</th><th>合计</th></tr>
<tr><td colspan="2"></td><td></td><td>非常同意</td><td>同意</td><td>说不准</td><td>不同意</td><td>很不同意</td><td></td></tr>
<tr><td rowspan="22">职业</td><td rowspan="2">企业领导或管理人员</td><td>计数</td><td>84</td><td>196</td><td>36</td><td>20</td><td>4</td><td>340</td></tr>
<tr><td>比例</td><td>24.7%</td><td>57.6%</td><td>10.6%</td><td>5.9%</td><td>1.2%</td><td>100.0%</td></tr>
<tr><td rowspan="2">公检法/军人/武警</td><td>计数</td><td>24</td><td>32</td><td>12</td><td>0</td><td>0</td><td>68</td></tr>
<tr><td>比例</td><td>35.3%</td><td>47.1%</td><td>17.6%</td><td>0.0%</td><td>0.0%</td><td>100.0%</td></tr>
<tr><td rowspan="2">学生</td><td>计数</td><td>221</td><td>564</td><td>269</td><td>199</td><td>26</td><td>1279</td></tr>
<tr><td>比例</td><td>17.3%</td><td>44.1%</td><td>21.0%</td><td>15.6%</td><td>2.0%</td><td>100.0%</td></tr>
<tr><td rowspan="2">专业技术人员/教师/医生</td><td>计数</td><td>200</td><td>376</td><td>100</td><td>56</td><td>8</td><td>740</td></tr>
<tr><td>比例</td><td>27.0%</td><td>50.8%</td><td>13.5%</td><td>7.6%</td><td>1.1%</td><td>100.0%</td></tr>
<tr><td rowspan="2">机关/事业单位干部</td><td>计数</td><td>80</td><td>176</td><td>48</td><td>24</td><td>4</td><td>332</td></tr>
<tr><td>比例</td><td>24.1%</td><td>53.0%</td><td>14.5%</td><td>7.2%</td><td>1.2%</td><td>100.0%</td></tr>
<tr><td rowspan="2">私营或个体劳动者</td><td>计数</td><td>88</td><td>224</td><td>72</td><td>28</td><td>0</td><td>412</td></tr>
<tr><td>比例</td><td>21.4%</td><td>54.4%</td><td>17.5%</td><td>6.8%</td><td>0.0%</td><td>100.0%</td></tr>
<tr><td rowspan="2">无业及失业人员</td><td>计数</td><td>28</td><td>68</td><td>36</td><td>8</td><td>4</td><td>144</td></tr>
<tr><td>比例</td><td>19.4%</td><td>47.2%</td><td>25.0%</td><td>5.6%</td><td>2.8%</td><td>100.0%</td></tr>
<tr><td rowspan="2">工人/商业服务业人员</td><td>计数</td><td>60</td><td>144</td><td>44</td><td>32</td><td>12</td><td>292</td></tr>
<tr><td>比例</td><td>20.5%</td><td>49.3%</td><td>15.1%</td><td>11.0%</td><td>4.1%</td><td>100.0%</td></tr>
<tr><td rowspan="2">一般职员/文员/秘书</td><td>计数</td><td>72</td><td>276</td><td>80</td><td>36</td><td>8</td><td>472</td></tr>
<tr><td>比例</td><td>15.3%</td><td>58.5%</td><td>16.9%</td><td>7.6%</td><td>1.7%</td><td>100.0%</td></tr>
<tr><td rowspan="2">离退休人员</td><td>计数</td><td>4</td><td>28</td><td>8</td><td>16</td><td>0</td><td>56</td></tr>
<tr><td>比例</td><td>7.1%</td><td>50.0%</td><td>14.3%</td><td>28.6%</td><td>0.0%</td><td>100.0%</td></tr>
<tr><td rowspan="2">其他</td><td>计数</td><td>25</td><td>64</td><td>14</td><td>16</td><td>2</td><td>121</td></tr>
<tr><td>比例</td><td>20.7%</td><td>52.9%</td><td>11.6%</td><td>13.2%</td><td>1.7%</td><td>100.0%</td></tr>
</table>

调查发现，如表4—34所示，企业领导或管理人员、公检法/军人/武警这两类读者阅读目的明确性最高，认可阅读目的更加明确了的比例均超过80%，而离退休人员只有57.1%。值得注意的是，学生的学习目的应该是比较明确的，但学生认可阅读目的更加明确了的比例只有

61.4%，在所有职业中偏低。

表 4—35　　阅读习惯改变幅度与阅读目的明确性认知交叉制表

阅读习惯改变幅度 * 与会上网前相比，现在您：（阅读目的更加明确了）交叉制表				与会上网前相比，现在您：（阅读目的更加明确了）					
				非常同意	同意	说不准	不同意	很不同意	合计
阅读习惯改变幅度	改变很大	计数	394	588	146	106	33	1267
		比例	31.1%	46.4%	11.5%	8.4%	2.6%	100.0%
	有所改变，但程度有限	计数	386	1255	408	254	25	2328
		比例	16.6%	53.9%	17.5%	10.9%	1.1%	100.0%
	没什么改变	计数	77	244	131	60	6	518
		比例	14.9%	47.1%	25.3%	11.6%	1.2%	100.0%
	说不准	计数	29	61	34	15	4	143
		比例	20.3%	42.7%	23.8%	10.5%	2.8%	100.0%

调查发现，如表 4—35 所示，阅读习惯改变幅度与阅读目的明确性认知之间有一定关联。阅读习惯改变很大的读者认可自己的阅读目的更加明确了的比例高于阅读习惯改变较小的读者。这或许可以说明，读者阅读习惯的改变不一定是盲目的，而是有意识的主动行为。

（三）阅读兴趣认知与相关因素的交叉分析

表 4—36　　网龄、年龄与阅读兴趣认知交叉制表

网龄分段 * 与会上网前相比，现在您：（阅读兴趣更浓了）交叉制表				与会上网前相比，现在您：（阅读兴趣更浓了）					
				非常同意	同意	说不准	不同意	很不同意	合计
网龄分段	1	计数	64	269	120	64	0	517
		比例	12.4%	52.0%	23.2%	12.4%	0.0%	100.0%
	2	计数	251	733	413	286	29	1712
		比例	14.7%	42.8%	24.1%	16.7%	1.7%	100.0%
	3	计数	403	841	460	283	40	2027
		比例	19.9%	41.5%	22.7%	14.0%	2.0%	100.0%

续表

年龄分段 * 与会上网前相比，现在您：（阅读兴趣更浓了）交叉制表			与会上网前相比，现在您：（阅读兴趣更浓了）					合计
			非常同意	同意	说不准	不同意	很不同意	
年龄分段	1	计数	495	1140	770	493	49	2947
		比例	16.8%	38.7%	26.1%	16.7%	1.7%	100.0%
	2	计数	219	671	211	128	20	1249
		比例	17.5%	53.7%	16.9%	10.2%	1.6%	100.0%
	3	计数	4	32	12	12	0	60
		比例	6.7%	53.3%	20.0%	20.0%	0.0%	100.0%

调查发现，如表4—36所示，网龄差异对阅读兴趣认知有一定影响，网龄11—19年的读者、网龄6—10年的读者和网龄3—5年的读者，"非常同意"自己的"阅读兴趣更加浓厚了"的分别占19.9%、14.7%和12.4%。

年龄差异对阅读兴趣认知的影响，表现在"同意"或"非常同意"自己阅读兴趣更加浓厚了的读者比例有差异，年轻人为55.5%，中年人达到71.2%，老年人为60%。

表4—37　　　性别、婚姻状况与阅读兴趣认知交叉制表

性别 * 与会上网前相比，现在您：（阅读兴趣更浓了）交叉制表			与会上网前相比，现在您：（阅读兴趣更浓了）					合计
			非常同意	同意	说不准	不同意	很不同意	
性别	男	计数	380	1002	470	276	38	2166
		比例	17.5%	46.3%	21.7%	12.7%	1.8%	100.0%
	女	计数	338	841	523	357	31	2090
		比例	16.2%	40.2%	25.0%	17.1%	1.5%	100.0%

婚姻状况 * 与会上网前相比，现在您：（阅读兴趣更浓了）交叉制表			与会上网前相比，现在您：（阅读兴趣更浓了）					合计
			非常同意	同意	说不准	不同意	很不同意	
婚姻状况	未婚	计数	399	962	653	430	45	2489
		比例	16.0%	38.7%	26.2%	17.3%	1.8%	100.0%
	已婚	计数	319	881	340	203	24	1767
		比例	18.1%	49.9%	19.2%	11.5%	1.4%	100.0%

调查发现，如表4—37所示，性别差异对阅读兴趣的认知有影响。男性认同自己阅读兴趣比会上网前更浓了的比例有63.8%，比女性56.4%高7.4个百分点。

婚姻状况对阅读兴趣认知有影响。已婚读者认可自己"阅读兴趣更浓了"的比例（68%）明显高于未婚读者（54.7%）。

表4—38　　　　　区域、户籍与阅读兴趣认知交叉制表

区域编号＊与会上网前相比，现在您：（阅读兴趣更浓了）交叉制表

			非常同意	同意	说不准	不同意	很不同意	合计
区域编号	1	计数	438	1084	553	363	41	2479
		比例	17.7%	43.7%	22.3%	14.6%	1.7%	100.0%
	2	计数	178	515	267	159	22	1141
		比例	15.6%	45.1%	23.4%	13.9%	1.9%	100.0%
	3	计数	102	244	173	111	6	636
		比例	16.0%	38.4%	27.2%	17.5%	0.9%	100.0%

户籍＊与会上网前相比，现在您：（阅读兴趣更浓了）交叉制表

			非常同意	同意	说不准	不同意	很不同意	合计
户籍	农村居民	计数	269	745	404	255	26	1699
		比例	15.8%	43.8%	23.8%	15.0%	1.5%	100.0%
	城镇居民	计数	449	1098	589	378	43	2557
		比例	17.6%	42.9%	23.0%	14.8%	1.7%	100.0%

调查发现，如表4—38所示，区域差异对阅读兴趣认知也有一定影响，东部地区"同意"或"非常同意"自己的阅读兴趣更加浓厚了的读者比例最高（61.4%），中部和西部地区的比例分别为60.7%和54.4%。

户籍差异对阅读兴趣认知的影响不明显。城镇居民"非常同意""阅读兴趣更加浓厚了"的比例略高于农村读者。不过，城镇居民和农村居民读者认可（"同意"和"非常同意"）自己"阅读兴趣更加浓厚了"的比例分别为60.5和59.6%%，差别不大。

表4—39　　　　　　　　学历与阅读兴趣认知交叉制表

学历 * 与会上网前相比，现在您：（阅读兴趣更浓了）交叉制表

<table>
<tr><th colspan="3"></th><th colspan="5">与会上网前相比，现在您：（阅读兴趣更浓了）</th><th>合计</th></tr>
<tr><th colspan="3"></th><th>非常同意</th><th>同意</th><th>说不准</th><th>不同意</th><th>很不同意</th><th></th></tr>
<tr><td rowspan="10">学历</td><td rowspan="2">初中</td><td>计数</td><td>41</td><td>190</td><td>72</td><td>21</td><td>6</td><td>330</td></tr>
<tr><td>比例</td><td>12.4%</td><td>57.6%</td><td>21.8%</td><td>6.4%</td><td>1.8%</td><td>100.0%</td></tr>
<tr><td rowspan="2">高中/中专/技校</td><td>计数</td><td>156</td><td>327</td><td>122</td><td>78</td><td>2</td><td>685</td></tr>
<tr><td>比例</td><td>22.8%</td><td>47.7%</td><td>17.8%</td><td>11.4%</td><td>0.3%</td><td>100.0%</td></tr>
<tr><td rowspan="2">大专</td><td>计数</td><td>168</td><td>428</td><td>221</td><td>110</td><td>17</td><td>944</td></tr>
<tr><td>比例</td><td>17.8%</td><td>45.3%</td><td>23.4%</td><td>11.7%</td><td>1.8%</td><td>100.0%</td></tr>
<tr><td rowspan="2">本科</td><td>计数</td><td>319</td><td>819</td><td>520</td><td>392</td><td>36</td><td>2086</td></tr>
<tr><td>比例</td><td>15.3%</td><td>39.3%</td><td>24.9%</td><td>18.8%</td><td>1.7%</td><td>100.0%</td></tr>
<tr><td rowspan="2">硕士及以上</td><td>计数</td><td>34</td><td>79</td><td>58</td><td>32</td><td>8</td><td>211</td></tr>
<tr><td>比例</td><td>16.1%</td><td>37.4%</td><td>27.5%</td><td>15.2%</td><td>3.8%</td><td>100.0%</td></tr>
</table>

调查发现，如表4—39所示，学历与阅读兴趣认知呈现一定的相关性。初中和高中/中专/技校读者"同意"或"非常同意"自己"阅读兴趣更加浓厚了"的比例分别为70%和70.5%，而大专、本科和硕士及以上读者的这一比例分别为63.1%、54.6%和53.5%，有递减趋势。

表4—40　　　　　　　　职业与阅读兴趣认知交叉制表

职业 * 与会上网前相比，现在您：（阅读兴趣更浓了）交叉制表

<table>
<tr><th colspan="3"></th><th colspan="5">与会上网前相比，现在您：（阅读兴趣更浓了）</th><th>合计</th></tr>
<tr><th colspan="3"></th><th>非常同意</th><th>同意</th><th>说不准</th><th>不同意</th><th>很不同意</th><th></th></tr>
<tr><td rowspan="8">职业</td><td rowspan="2">企业领导或管理人员</td><td>计数</td><td>84</td><td>180</td><td>40</td><td>32</td><td>4</td><td>340</td></tr>
<tr><td>比例</td><td>24.7%</td><td>52.9%</td><td>11.8%</td><td>9.4%</td><td>1.2%</td><td>100.0%</td></tr>
<tr><td rowspan="2">公检法/军人/武警</td><td>计数</td><td>20</td><td>24</td><td>16</td><td>4</td><td>4</td><td>68</td></tr>
<tr><td>比例</td><td>29.4%</td><td>35.3%</td><td>23.5%</td><td>5.9%</td><td>5.9%</td><td>100.0%</td></tr>
<tr><td rowspan="2">学生</td><td>计数</td><td>162</td><td>493</td><td>352</td><td>253</td><td>19</td><td>1279</td></tr>
<tr><td>比例</td><td>12.7%</td><td>38.5%</td><td>27.5%</td><td>19.8%</td><td>1.5%</td><td>100.0%</td></tr>
<tr><td rowspan="2">专业技术人员/教师/医生</td><td>计数</td><td>196</td><td>304</td><td>104</td><td>124</td><td>12</td><td>740</td></tr>
<tr><td>比例</td><td>26.5%</td><td>41.1%</td><td>14.1%</td><td>16.8%</td><td>1.6%</td><td>100.0%</td></tr>
</table>

续表

职业＊与会上网前相比，现在您：（阅读兴趣更浓了）交叉制表

			与会上网前相比，现在您：（阅读兴趣更浓了）					合计
			非常同意	同意	说不准	不同意	很不同意	
职业	机关/事业单位干部	计数	52	156	84	36	4	332
		比例	15.7%	47.0%	25.3%	10.8%	1.2%	100.0%
	私营或个体劳动者	计数	68	204	100	36	4	412
		比例	16.5%	49.5%	24.3%	8.7%	1.0%	100.0%
	无业及失业人员	计数	20	60	52	8	4	144
		比例	13.9%	41.7%	36.1%	5.6%	2.8%	100.0%
	工人/商业服务业人员	计数	44	140	52	48	8	292
		比例	15.1%	47.9%	17.8%	16.4%	2.7%	100.0%
	一般职员/文员/秘书	计数	60	204	156	48	4	472
		比例	12.7%	43.2%	33.1%	10.2%	0.8%	100.0%
	离退休人员	计数	0	28	12	16	0	56
		比例	.0%	50.0%	21.4%	28.6%	0.0%	100.0%
	其他	计数	12	50	25	28	6	121
		比例	9.9%	41.3%	20.7%	23.1%	5.0%	100.0%

调查发现，如表4—40所示，职业差异对阅读兴趣认知有影响。企业领导或管理人员、专业技术人员/教师/医生，"同意"或"非常同意"自己"阅读兴趣更浓了"的比例相对较高，均达到或超过66%。而学生、无业及失业人员、一般职员/文员/秘书、离退休人员认可自己"阅读兴趣更浓了"的比例相对较低，均低于56%。其中，学生只有51.2%。

表4—41　　　　　收入与阅读兴趣认知交叉制表

目前可支配月收入＊与会上网前相比，现在您：（阅读兴趣更浓了）交叉制表								
			与会上网前相比，现在您：（阅读兴趣更浓了）					合计
			非常同意	同意	说不准	不同意	很不同意	
目前可支配月收入	800元及以下	计数	69	301	193	131	13	707
		比例	9.8%	42.6%	27.3%	18.5%	1.8%	100.0%

续表

目前可支配月收入 * 与会上网前相比，现在您：（阅读兴趣更浓了）交叉制表

			与会上网前相比，现在您：（阅读兴趣更浓了）					合计
			非常同意	同意	说不准	不同意	很不同意	
目前可支配月收入	801—1500 元	计数	149	382	256	151	11	949
		比例	15.7%	40.3%	27.0%	15.9%	1.2%	100.0%
	1501—3000 元	计数	200	492	232	187	27	1138
		比例	17.6%	43.2%	20.4%	16.4%	2.4%	100.0%
	3001—5000 元	计数	190	407	191	100	4	892
		比例	21.3%	45.6%	21.4%	11.2%	0.4%	100.0%
	5001—10000 元	计数	68	194	96	56	6	420
		比例	16.2%	46.2%	22.9%	13.3%	1.4%	100.0%
	10001—20000 元	计数	30	32	21	8	0	91
		比例	33.0%	35.2%	23.1%	8.8%	0.0%	100.0%
	20001 元及以上	计数	12	35	4	0	8	59
		比例	20.3%	59.3%	6.8%	0.0%	13.6%	100.0%

调查发现，如表4—41所示，阅读兴趣与收入因素有一定的相关性。月收入800元及以下的读者认可"阅读兴趣更加浓了"的比例为52.4%，月收入801—1500元的读者比例为56.0%，1501—3000元的读者比例为60.8%，3001—5000元的读者比例为66.9%，5001—10000元的读者比例为62.4%，10001—20000元的读者比例为68.2%，20001元以上的读者比例为79.6%。

表4—42　　阅读习惯改变幅度与阅读兴趣认知交叉制表

阅读习惯改变幅度 * 与会上网前相比，现在您：（阅读兴趣更浓了）交叉制表

			与会上网前相比，现在您：（阅读兴趣更浓了）					合计
			非常同意	同意	说不准	不同意	很不同意	
阅读习惯改变幅度	改变很大	计数	355	520	219	155	18	1267
		比例	28.0%	41.0%	17.3%	12.2%	1.4%	100.0%
	有所改变，但程度有限	计数	291	1050	601	348	38	2328
		比例	12.5%	45.1%	25.8%	14.9%	1.6%	100.0%
	没什么改变	计数	61	198	143	107	9	518
		比例	11.8%	38.2%	27.6%	20.7%	1.7%	100.0%

续表

阅读习惯改变幅度 * 与会上网前相比,现在您:(阅读兴趣更浓了)交叉制表

<table>
<tr><th colspan="3"></th><th colspan="5">与会上网前相比,现在您:(阅读兴趣更浓了)</th><th rowspan="2">合计</th></tr>
<tr><th colspan="3"></th><th>非常同意</th><th>同意</th><th>说不准</th><th>不同意</th><th>很不同意</th></tr>
<tr><td rowspan="2">阅读习惯
改变幅度</td><td rowspan="2">说不准</td><td>计数</td><td>11</td><td>75</td><td>30</td><td>23</td><td>4</td><td>143</td></tr>
<tr><td>比例</td><td>7.7%</td><td>52.4%</td><td>21.0%</td><td>16.1%</td><td>2.8%</td><td>100.0%</td></tr>
</table>

调查发现,如表4—42所示,阅读习惯改变幅度差异对阅读兴趣认知也有一定的影响。认为阅读习惯"改变很大"的读者认可自己"阅读兴趣更浓了"的比例最高,为69%。认为阅读习惯"有所改变,但程度有限"的读者为57.6%。认为阅读习惯"没什么改变"的读者为50%。

(四) 阅读能力认知与相关因素的交叉分析

表4—43　　　　网龄、年龄与阅读能力认知交叉制表

网龄分段 * 与会上网前相比,现在您:(阅读能力提高了)交叉制表

<table>
<tr><th colspan="3"></th><th colspan="5">与会上网前相比,现在您:(阅读能力提高了)</th><th rowspan="2">合计</th></tr>
<tr><th colspan="3"></th><th>非常同意</th><th>同意</th><th>说不准</th><th>不同意</th><th>很不同意</th></tr>
<tr><td rowspan="6">网龄分段</td><td rowspan="2">1</td><td>计数</td><td>82</td><td>230</td><td>126</td><td>69</td><td>10</td><td>517</td></tr>
<tr><td>比例</td><td>15.9%</td><td>44.5%</td><td>24.4%</td><td>13.3%</td><td>1.9%</td><td>100.0%</td></tr>
<tr><td rowspan="2">2</td><td>计数</td><td>269</td><td>748</td><td>371</td><td>271</td><td>53</td><td>1712</td></tr>
<tr><td>比例</td><td>15.7%</td><td>43.7%</td><td>21.7%</td><td>15.8%</td><td>3.1%</td><td>100.0%</td></tr>
<tr><td rowspan="2">3</td><td>计数</td><td>392</td><td>859</td><td>436</td><td>307</td><td>33</td><td>2027</td></tr>
<tr><td>比例</td><td>19.3%</td><td>42.4%</td><td>21.5%</td><td>15.1%</td><td>1.6%</td><td>100.0%</td></tr>
</table>

年龄分段 * 与会上网前相比,现在您:(阅读能力提高了)交叉制表

<table>
<tr><th colspan="3"></th><th colspan="5">与会上网前相比,现在您:(阅读能力提高了)</th><th rowspan="2">合计</th></tr>
<tr><th colspan="3"></th><th>非常同意</th><th>同意</th><th>说不准</th><th>不同意</th><th>很不同意</th></tr>
<tr><td rowspan="6">年龄分段</td><td rowspan="2">1</td><td>计数</td><td>519</td><td>1207</td><td>662</td><td>475</td><td>84</td><td>2947</td></tr>
<tr><td>比例</td><td>17.6%</td><td>41.0%</td><td>22.5%</td><td>16.1%</td><td>2.9%</td><td>100.0%</td></tr>
<tr><td rowspan="2">2</td><td>计数</td><td>216</td><td>602</td><td>263</td><td>156</td><td>12</td><td>1249</td></tr>
<tr><td>比例</td><td>17.3%</td><td>48.2%</td><td>21.1%</td><td>12.5%</td><td>1.0%</td><td>100.0%</td></tr>
<tr><td rowspan="2">3</td><td>计数</td><td>8</td><td>28</td><td>8</td><td>16</td><td>0</td><td>60</td></tr>
<tr><td>比例</td><td>13.3%</td><td>46.7%</td><td>13.3%</td><td>26.7%</td><td>0.0%</td><td>100.0%</td></tr>
</table>

阅读能力包括选择文献、理解内容、阐释内容、批判分析创新等方面的能力。读者阅读能力状况认知是考察阅读行为嬗变的重要指标。调查发现，如表4—43所示，网龄差异与阅读能力认知之间的相关性较小，网龄11—19年、网龄6—10年和网龄3—5年的读者，"非常同意"或"同意"自己的"阅读能力提高了"的比例分别为61.7%、59.4%和60.4%，差别较小。不过，"非常同意"自己阅读能力提高了的比例，网龄11—19年的读者最高。

年龄差异对阅读能力认知的影响，表现在中年读者"非常同意"或"同意"自己的"阅读能力提高了"的比例较高，为65.5%。年轻人和老年人分别为58.6%和60%。

表4—44　　　　性别、婚姻状况与阅读能力认知交叉制表

性别 * 与会上网前相比，现在您：（阅读能力提高了）交叉制表							
\multicolumn{3}{c}{}	\multicolumn{5}{c}{与会上网前相比，现在您：（阅读能力提高了）}	合计
\multicolumn{3}{c}{}	非常同意	同意	说不准	不同意	很不同意	
性别	男	计数	392	1020	423	285	46	2166
		比例	18.1%	47.1%	19.5%	13.2%	2.1%	100.0%
	女	计数	351	817	510	362	50	2090
		比例	16.8%	39.1%	24.4%	17.3%	2.4%	100.0%

婚姻状况 * 与会上网前相比，现在您：（阅读能力提高了）交叉制表							
\multicolumn{3}{c}{}	\multicolumn{5}{c}{与会上网前相比，现在您：（阅读能力提高了）}	合计
\multicolumn{3}{c}{}	非常同意	同意	说不准	不同意	很不同意	
婚姻状况	未婚	计数	418	1056	526	413	76	2489
		比例	16.8%	42.4%	21.1%	16.6%	3.1%	100.0%
	已婚	计数	325	781	407	234	20	1767
		比例	18.4%	44.2%	23.0%	13.2%	1.1%	100.0%

调查发现，如表4—44所示，性别差异对阅读能力认知有影响，65.2%的男性读者"非常同意"或"同意"自己的"阅读能力提高了"，而女性只有55.9%。

婚姻状况对阅读兴趣认知略有影响，已婚读者认可自己"阅读能力提高了"的比例（62.6%）略高于未婚读者（59.2%）。

表 4—45　　　　区域、户籍与阅读能力认知交叉制表

区域编号 * 与会上网前相比，现在您：（阅读能力提高了）交叉制表

			非常同意	同意	说不准	不同意	很不同意	合计
区域编号	1	计数	460	1087	513	362	57	2479
		比例	18.6%	43.8%	20.7%	14.6%	2.3%	100.0%
	2	计数	199	476	276	159	31	1141
		比例	17.4%	41.7%	24.2%	13.9%	2.7%	100.0%
	3	计数	84	274	144	126	8	636
		比例	13.2%	43.1%	22.6%	19.8%	1.3%	100.0%
	合计	计数	743	1837	933	647	96	4256
		比例	17.5%	43.2%	21.9%	15.2%	2.3%	100.0%

户籍 * 与会上网前相比，现在您：（阅读能力提高了）交叉制表

			非常同意	同意	说不准	不同意	很不同意	合计
户籍	农村居民	计数	284	743	389	243	40	1699
		比例	16.7%	43.7%	22.9%	14.3%	2.4%	100.0%
	城镇居民	计数	459	1094	544	404	56	2557
		比例	18.0%	42.8%	21.3%	15.8%	2.2%	100.0%

调查发现，如表 4—45 所示，区域差异对阅读能力认知有一定影响，东、中、西部"非常同意"或"同意"自己的"阅读能力提高了"的读者占比分别为 62.4%、59.1%、56.3%。

户籍差异对阅读能力认知的影响不明显，农村居民和城镇居民读者"同意"或"非常同意"自己"阅读能力提高了"的比例分别为 60.4% 和 60.8%，基本持平。

表4—46　　　　　　　学历与阅读能力认知交叉制表

学历 * 与会上网前相比，现在您：（阅读能力提高了）交叉制表

			非常同意	同意	说不准	不同意	很不同意	合计
学历	初中	计数	38	164	102	20	6	330
		比例	11.5%	49.7%	30.9%	6.1%	1.8%	100.0%
	高中/中专/技校	计数	174	314	107	79	11	685
		比例	25.4%	45.8%	15.6%	11.5%	1.6%	100.0%
	大专	计数	155	450	189	123	27	944
		比例	16.4%	47.7%	20.0%	13.0%	2.9%	100.0%
	本科	计数	329	840	487	390	40	2086
		比例	15.8%	40.3%	23.3%	18.7%	1.9%	100.0%
	硕士及以上	计数	47	69	48	35	12	211
		比例	22.3%	32.7%	22.7%	16.6%	5.7%	100.0%

调查发现，如表4—46所示，学历差异对阅读能力认知有一定的影响，学历为高中/中专/技校读者"同意"或"非常同意"自己"阅读能力提高了"的比例为71.2%，学历为初中的读者此比例是61.2，而学历为大专、本科和硕士及以上的读者占比分别为64.1%、56.1%和55%，有递减趋势。

表4—47　　　　　　　职业与阅读能力认知交叉制表

职业 * 与会上网前相比，现在您：（阅读能力提高了）交叉制表

			非常同意	同意	说不准	不同意	很不同意	合计
职业	企业领导或管理人员	计数	64	188	44	40	4	340
		比例	18.8%	55.3%	12.9%	11.8%	1.2%	100.0%
	公检法/军人/武警	计数	16	20	20	8	4	68
		比例	23.5%	29.4%	29.4%	11.8%	5.9%	100.0%
	学生	计数	183	527	300	239	30	1279
		比例	14.3%	41.2%	23.5%	18.7%	2.3%	100.0%
	专业技术人员/教师/医生	计数	184	296	132	120	8	740
		比例	24.9%	40.0%	17.8%	16.2%	1.1%	100.0%

续表

职业＊与会上网前相比，现在您：（阅读能力提高了）交叉制表

			与会上网前相比，现在您：（阅读能力提高了）					合计
			非常同意	同意	说不准	不同意	很不同意	
职业	机关/事业单位干部	计数	68	140	64	48	12	332
		比例	20.5%	42.2%	19.3%	14.5%	3.6%	100.0%
	私营或个体劳动者	计数	68	192	112	40	0	412
		比例	16.5%	46.6%	27.2%	9.7%	0.0%	100.0%
	无业及失业人员	计数	20	64	40	12	8	144
		比例	13.9%	44.4%	27.8%	8.3%	5.6%	100.0%
	工人/商业服务业人员	计数	60	120	52	44	16	292
		比例	20.5%	41.1%	17.8%	15.1%	5.5%	100.0%
	一般职员/文员/秘书	计数	56	224	128	60	4	472
		比例	11.9%	47.5%	27.1%	12.7%	0.8%	100.0%
	离退休人员	计数	0	24	12	20	0	56
		比例	0.0%	42.9%	21.4%	35.7%	0.0%	100.0%
	其他	计数	24	42	29	16	10	121
		比例	19.8%	34.7%	24.0%	13.2%	8.3%	100.0%

调查发现，如表4—47所示，职业差异对阅读能力认知有影响。企业领导或管理人员"同意"或"非常同意"自己"阅读能力提高了"的比例最高（74.1%），而学生相对较低（55.5%）。

表4—48　　　　收入与阅读能力认知交叉制表

目前可支配月收入＊与会上网前相比，现在您：（阅读能力提高了）交叉制表

			与会上网前相比，现在您：（阅读能力提高了）					合计
			非常同意	同意	说不准	不同意	很不同意	
目前可支配月收入	800元及以下	计数	87	289	189	116	26	707
		比例	12.3%	40.9%	26.7%	16.4%	3.7%	100.0%
	801—1500元	计数	146	415	211	152	25	949
		比例	15.4%	43.7%	22.2%	16.0%	2.6%	100.0%
	1501—3000元	计数	204	489	226	194	25	1138
		比例	17.9%	43.0%	19.9%	17.0%	2.2%	100.0%

续表

目前可支配月收入 * 与会上网前相比,现在您:(阅读能力提高了)交叉制表

目前可支配月收入			与会上网前相比,现在您:(阅读能力提高了)					合计
			非常同意	同意	说不准	不同意	很不同意	
	3001—5000元	计数	194	384	189	119	6	892
		比例	21.7%	43.0%	21.2%	13.3%	0.7%	100.0%
	5001—10000元	计数	67	201	88	58	6	420
		比例	16.0%	47.9%	21.0%	13.8%	1.4%	100.0%
	10001—20000元	计数	29	36	22	4	0	91
		比例	31.9%	39.6%	24.2%	4.4%	0.0%	100.0%
	20001元及以上	计数	16	23	8	4	8	59
		比例	27.1%	39.0%	13.6%	6.8%	13.6%	100.0%

调查发现,如表4—48所示,收入因素对阅读能力认知有影响。月收入800元及以下的读者认可自己的"阅读能力提高了"的比例为53.2%,月收入801—1500元的读者此比例为59.1%,1501—3000元的读者此比例为60.9%,3001—5000元的读者此比例为64.7%,5001—10000元的读者此比例为63.9%,10001—20000元的读者此比例为71.5%,20001元以上的读者此比例为66.1%。

表4—49　　阅读习惯改变幅度与阅读能力认知交叉制表

阅读习惯改变幅度 * 与会上网前相比,现在您:(阅读能力提高了)交叉制表

阅读习惯改变幅度			与会上网前相比,现在您:(阅读能力提高了)					合计
			非常同意	同意	说不准	不同意	很不同意	
	改变很大	计数	328	543	207	157	32	1267
		比例	25.9%	42.9%	16.3%	12.4%	2.5%	100.0%
	有所改变,但程度有限	计数	339	1033	556	367	33	2328
		比例	14.6%	44.4%	23.9%	15.8%	1.4%	100.0%
	没什么改变	计数	58	209	118	110	23	518
		比例	11.2%	40.3%	22.8%	21.2%	4.4%	100.0%
	说不准	计数	18	52	52	13	8	143
		比例	12.6%	36.4%	36.4%	9.1%	5.6%	100.0%

调查发现,如表4—49所示,阅读习惯改变幅度差异对阅读能力认知也有一定的影响。认为阅读习惯"改变很大"的读者认可自己"阅读能力提高了"的比例最高(68.8%),而"没什么改变"的读者只有51.5%。

(五)阅读耐心认知与相关因素的交叉分析

表4—50　　　　网龄、年龄与阅读耐心认知交叉制表

网龄分段 * 与会上网前相比,现在您:(阅读耐心减弱了)交叉制表

网龄分段			非常同意	同意	说不准	不同意	很不同意	合计
网龄分段	1	计数	56	213	105	137	6	517
		比例	10.8%	41.2%	20.3%	26.5%	1.2%	100.0%
	2	计数	245	720	339	364	44	1712
		比例	14.3%	42.1%	19.8%	21.3%	2.6%	100.0%
	3	计数	282	902	359	445	39	2027
		比例	13.9%	44.5%	17.7%	22.0%	1.9%	100.0%

年龄分段 * 与会上网前相比,现在您:(阅读耐心减弱了)交叉制表

年龄分段			非常同意	同意	说不准	不同意	很不同意	合计
年龄分段	1	计数	460	1241	566	613	67	2947
		比例	15.6%	42.1%	19.2%	20.8%	2.3%	100.0%
	2	计数	119	582	219	309	20	1249
		比例	9.5%	46.6%	17.5%	24.7%	1.6%	100.0%
	3	计数	4	12	18	24	2	60
		比例	6.7%	20.0%	30.0%	40.0%	3.3%	100.0%

调查发现,如表4—50所示,网龄差异对阅读耐心认知有一定影响,表现为网龄越长,认可"阅读耐心减弱了"的说法的读者比例越高。网龄3—5年、6—10年和11—19年的读者,认可"阅读耐心减弱了"的比例分别是52%、56.4%和58.4%,"非常同意""阅读耐心减弱了"的比例分别是10.8%、14.3%、13.9%。

年龄差异对阅读耐心认知的影响较为明显。年轻人"非常同意"自己"阅读耐心减弱了"的比例有15.6%，中年人和老年人的这一比例分别是9.5%和6.7%。年轻人"同意"自己"阅读耐心减弱了"的比例有42.1%，中年人和老年人的这一比例分别是46.6%和20.0%。可见，年龄越小，认可"阅读耐心减弱了"的比例越高。这种情况在"从头到尾读完一本书的次数变少了"的调查中得到验证，"非常同意"这一说法的读者比例，年轻人达到17.4%，中年人和老年人分别是12.9%和6.7%。

表4—51　　　　性别、婚姻状况与阅读耐心认知交叉制表

性别 * 与会上网前相比，现在您：（阅读耐心减弱了）交叉制表							
\	\	\	与会上网前相比，现在您：（阅读耐心减弱了）				合计
\	\	\	非常同意	同意	说不准	不同意	很不同意	\
性别	男	计数	295	913	433	470	55	2166
\	\	比例	13.6%	42.2%	20.0%	21.7%	2.5%	100.0%
\	女	计数	288	922	370	476	34	2090
\	\	比例	13.8%	44.1%	17.7%	22.8%	1.6%	100.0%

婚姻状况 * 与会上网前相比，现在您：（阅读耐心减弱了）交叉制表							
\	\	\	与会上网前相比，现在您：（阅读耐心减弱了）				合计
\	\	\	非常同意	同意	说不准	不同意	很不同意	\
婚姻状况	未婚	计数	392	1023	491	524	59	2489
\	\	比例	15.7%	41.1%	19.7%	21.1%	2.4%	100.0%
\	已婚	计数	191	812	312	422	30	1767
\	\	比例	10.8%	46.0%	17.7%	23.9%	1.7%	100.0%

调查发现，如表4—51所示，性别差异、婚姻状况对阅读耐心认知的影响较小。女性读者认可自己阅读耐心减弱的比例（57.9%）略高于男性读者（55.8%）。未婚读者认可阅读耐心减弱的比例与已婚读者持平，但"非常同意"阅读耐心减弱的比例高于已婚读者。

表 4—52　　　　　区域、户籍与阅读耐心认知交叉制表

区域编号 * 与会上网前相比,现在您:(阅读耐心减弱了)交叉制表

<table>
<tr><th colspan="3"></th><th colspan="5">与会上网前相比,现在您:(阅读耐心减弱了)</th><th rowspan="2">合计</th></tr>
<tr><th colspan="3"></th><th>非常同意</th><th>同意</th><th>说不准</th><th>不同意</th><th>很不同意</th></tr>
<tr><td rowspan="6">区域编号</td><td rowspan="2">1</td><td>计数</td><td>385</td><td>1043</td><td>472</td><td>521</td><td>58</td><td>2479</td></tr>
<tr><td>比例</td><td>15.5%</td><td>42.1%</td><td>19.0%</td><td>21.0%</td><td>2.3%</td><td>100.0%</td></tr>
<tr><td rowspan="2">2</td><td>计数</td><td>124</td><td>510</td><td>217</td><td>263</td><td>27</td><td>1141</td></tr>
<tr><td>比例</td><td>10.9%</td><td>44.7%</td><td>19.0%</td><td>23.0%</td><td>2.4%</td><td>100.0%</td></tr>
<tr><td rowspan="2">3</td><td>计数</td><td>74</td><td>282</td><td>114</td><td>162</td><td>4</td><td>636</td></tr>
<tr><td>比例</td><td>11.6%</td><td>44.3%</td><td>17.9%</td><td>25.5%</td><td>0.6%</td><td>100.0%</td></tr>
</table>

户籍 * 与会上网前相比,现在您:(阅读耐心减弱了)交叉制表

<table>
<tr><th colspan="3"></th><th colspan="5">与会上网前相比,现在您:(阅读耐心减弱了)</th><th rowspan="2">合计</th></tr>
<tr><th colspan="3"></th><th>非常同意</th><th>同意</th><th>说不准</th><th>不同意</th><th>很不同意</th></tr>
<tr><td rowspan="4">户籍</td><td rowspan="2">农村居民</td><td>计数</td><td>241</td><td>689</td><td>360</td><td>390</td><td>19</td><td>1699</td></tr>
<tr><td>比例</td><td>14.2%</td><td>40.6%</td><td>21.2%</td><td>23.0%</td><td>1.1%</td><td>100.0%</td></tr>
<tr><td rowspan="2">城镇居民</td><td>计数</td><td>342</td><td>1146</td><td>443</td><td>556</td><td>70</td><td>2557</td></tr>
<tr><td>比例</td><td>13.4%</td><td>44.8%</td><td>17.3%</td><td>21.7%</td><td>2.7%</td><td>100.0%</td></tr>
</table>

调查发现,如表4—52所示,区域差异对阅读耐心认知影响较小。东、中、西部读者认可阅读耐心减弱的比例分别为57.6%、55.6%、55.9%,差别不明显。

户籍因素对阅读耐心认知略有影响,城镇居民认可"阅读耐心减弱了"的读者比例是58.2%,略高于农村居民(54.8%)。

表 4—53　　　　　　学历与阅读耐心认知交叉制表

学历 * 与会上网前相比,现在您:(阅读耐心减弱了)交叉制表

<table>
<tr><th colspan="3"></th><th colspan="5">与会上网前相比,现在您:(阅读耐心减弱了)</th><th rowspan="2">合计</th></tr>
<tr><th colspan="3"></th><th>非常同意</th><th>同意</th><th>说不准</th><th>不同意</th><th>很不同意</th></tr>
<tr><td rowspan="4">学历</td><td rowspan="2">初中</td><td>计数</td><td>23</td><td>138</td><td>84</td><td>83</td><td>2</td><td>330</td></tr>
<tr><td>比例</td><td>7.0%</td><td>41.8%</td><td>25.5%</td><td>25.2%</td><td>0.6%</td><td>100.0%</td></tr>
<tr><td rowspan="2">高中/中专/技校</td><td>计数</td><td>101</td><td>250</td><td>142</td><td>185</td><td>7</td><td>685</td></tr>
<tr><td>比例</td><td>14.7%</td><td>36.5%</td><td>20.7%</td><td>27.0%</td><td>1.0%</td><td>100.0%</td></tr>
</table>

续表

学历 * 与会上网前相比，现在您：（阅读耐心减弱了）交叉制表

			与会上网前相比，现在您：（阅读耐心减弱了）					合计
			非常同意	同意	不同意	很不同意	说不准	
学历	大专	计数	127	400	169	229	19	944
		比例	13.5%	42.4%	17.9%	24.3%	2.0%	100.0%
	本科	计数	295	950	384	408	49	2086
		比例	14.1%	45.5%	18.4%	19.6%	2.3%	100.0%
	硕士及以上	计数	37	97	24	41	12	211
		比例	17.5%	46.0%	11.4%	19.4%	5.7%	100.0%

分析表4—53可知，学历差异对阅读耐心认知的影响是，学历越高，认可"阅读耐心减弱了"的比例越高，初中是48.8%、高中/中专/技校是51.2%、大专55.9%、本科59.6%、硕士及以上则达到63.5%。同样的，这一情况在"从头到尾读完一本书的次数变少了"的调查中得到验证，初中至硕士及以上"非常同意"这一说法的比例分别为9.7%、15.7%、16.0%、16.3%、21.3%。

表4—54　　　　职业与阅读耐心认知交叉制表

职业 * 与会上网前相比，现在您：（阅读耐心减弱了）交叉制表

			与会上网前相比，现在您：（阅读耐心减弱了）					合计
			非常同意	同意	说不准	不同意	很不同意	
职业	企业领导或管理人员	计数	48	148	60	76	8	340
		比例	14.1%	43.5%	17.6%	22.4%	2.4%	100.0%
	公检法/军人/武警	计数	16	24	16	12	0	68
		比例	23.5%	35.3%	23.5%	17.6%	0.0%	100.0%
	学生	计数	177	565	238	258	41	1279
		比例	13.8%	44.2%	18.6%	20.2%	3.2%	100.0%
	专业技术人员/教师/医生	计数	108	328	112	184	8	740
		比例	14.6%	44.3%	15.1%	24.9%	1.1%	100.0%
	机关/事业单位干部	计数	44	148	60	76	4	332
		比例	13.3%	44.6%	18.1%	22.9%	1.2%	100.0%

第四章 数字时代我国国民阅读行为嬗变的表现

续表

职业 * 与会上网前相比，现在您：（阅读耐心减弱了）交叉制表

			与会上网前相比，现在您：（阅读耐心减弱了）					合计
			非常同意	同意	说不准	不同意	很不同意	
职业	私营或个体劳动者	计数	36	172	100	92	12	412
		比例	8.7%	41.7%	24.3%	22.3%	2.9%	100.0%
	无业及失业人员	计数	20	36	44	44	0	144
		比例	13.9%	25.0%	30.6%	30.6%	0.0%	100.0%
	工人/商业服务业人员	计数	40	136	56	60	0	292
		比例	13.7%	46.6%	19.2%	20.5%	0.0%	100.0%
	一般职员/文员/秘书	计数	72	204	88	96	12	472
		比例	15.3%	43.2%	18.6%	20.3%	2.5%	100.0%
	离退休人员	计数	0	24	8	24	0	56
		比例	0.0%	42.9%	14.3%	42.9%	0.0%	100.0%
	其他	计数	22	50	21	24	4	121
		比例	18.2%	41.3%	17.4%	19.8%	3.3%	100.0%

调查发现，如表4—54所示，职业因素对阅读耐心认知的影响较小。工人/商业服务业人员（60.3%）、专业技术人员/教师/医生（58.9%）、公检法/军人/武警（58.8%）、一般职员/文员/秘书（58.5%）、学生（58.0%）、机关/事业单位干部（57.9%）企业领导或管理人员（57.6%）等，认可自己阅读耐心减弱比例相对较高，其他职业相对较低。

表4—55　　　　　收入与阅读耐心认知交叉制表

目前可支配月收入 * 与会上网前相比，现在您：（阅读耐心减弱了）交叉制表

			与会上网前相比，现在您：（阅读耐心减弱了）					合计
			非常同意	同意	说不准	不同意	很不同意	
目前可支配月收入	800元及以下	计数	102	291	139	155	20	707
		比例	14.4%	41.2%	19.7%	21.9%	2.8%	100.0%
	801—1500元	计数	128	384	191	220	26	949
		比例	13.5%	40.5%	20.1%	23.2%	2.7%	100.0%

续表

目前可支配月收入＊与会上网前相比，现在您：（阅读耐心减弱了）交叉制表

			与会上网前相比，现在您：（阅读耐心减弱了）					合计
			非常同意	同意	说不准	不同意	很不同意	
目前可支配月收入	1501—3000元	计数	181	483	197	263	14	1138
		比例	15.9%	42.4%	17.3%	23.1%	1.2%	100.0%
	3001—5000元	计数	92	376	179	225	20	892
		比例	10.3%	42.2%	20.1%	25.2%	2.2%	100.0%
	5001—10000元	计数	46	239	73	61	1	420
		比例	11.0%	56.9%	17.4%	14.5%	0.2%	100.0%
	10001—20000元	计数	22	45	12	12	0	91
		比例	24.2%	49.5%	13.2%	13.2%	0.0%	100.0%
	20001元及以上	计数	12	17	12	10	8	59
		比例	20.3%	28.8%	20.3%	16.9%	13.6%	100.0%

调查发现，如表4—55所示，本人可支配的月收入与阅读耐心认知之间的相关性不大。月收入800元及以下读者认可"阅读耐心减弱了"的比例为55.6%，月收入为801—1500元的读者占比为54.0%，月收入为1501—3000元的读者占比为58.3%，月收入为3001—5000元的读者占比为52.5%，月收入为5001—10000元的读者占比为67.9%，月收入为10001—20000元的读者占比为73.7%，而月收入为20001元及以上的读者占比为49.1%。

表4—56　　阅读习惯改变幅度与阅读耐心认知交叉制表

阅读习惯改变幅度＊与会上网前相比，现在您：（阅读耐心减弱了）交叉制表

			与会上网前相比，现在您：（阅读耐心减弱了）					合计
			非常同意	同意	说不准	不同意	很不同意	
阅读习惯改变幅度	改变很大	计数	258	519	201	262	27	1267
		比例	20.4%	41.0%	15.9%	20.7%	2.1%	100.0%

续表

阅读习惯改变幅度＊与会上网前相比，现在您：（阅读耐心减弱了）交叉制表

			与会上网前相比，现在您：（阅读耐心减弱了）					合计
			非常同意	同意	说不准	不同意	很不同意	
阅读习惯改变幅度	有所改变，但程度有限	计数	245	1052	489	505	37	2328
		比例	10.5%	45.2%	21.0%	21.7%	1.6%	100.0%
	没什么改变	计数	54	199	86	162	17	518
		比例	10.4%	38.4%	16.6%	31.3%	3.3%	100.0%
	说不准	计数	26	65	27	17	8	143
		比例	18.2%	45.5%	18.9%	11.9%	5.6%	100.0%

调查发现，如表4—56所示，阅读习惯改变幅度差异对阅读耐心认知有一定的影响。认为阅读习惯"改变很大"的读者"非常同意"或"同意"自己"阅读耐心减弱了"的比例最高（61.4%），而"没什么改变"的读者只有48.8%。随着改变幅度的加大，认可"阅读耐心减弱了"和"从头到尾读完一本书的次数变少了"的比例有上升的趋势。

（六）阅读内容难易度认知与相关因素的交叉分析

表4—57　　　　网龄、年龄与阅读内容难易度认知的交叉制表

			网龄分段＊与会上网前相比，现在您：（阅读内容更浅显了）交叉制表					
			与会上网前相比，现在您：（阅读内容更浅显了）					合计
			非常同意	同意	说不准	不同意	很不同意	
网龄分段	1	计数	48	188	128	141	12	517
		比例	9.3%	36.4%	24.8%	27.3%	2.3%	100.0%
	2	计数	158	592	407	471	84	1712
		比例	9.2%	34.6%	23.8%	27.5%	4.9%	100.0%
	3	计数	223	742	415	535	112	2027
		比例	11.0%	36.6%	20.5%	26.4%	5.5%	100.0%

189

续表

年龄分段 * 与会上网前相比，现在您：（阅读内容更浅显了）交叉制表

			与会上网前相比，现在您：（阅读内容更浅显了）					合计
			非常同意	同意	说不准	不同意	很不同意	
年龄分段	1	计数	296	1042	667	774	168	2947
		比例	10.0%	35.4%	22.6%	26.3%	5.7%	100.0%
	2	计数	129	468	261	353	38	1249
		比例	10.3%	37.5%	20.9%	28.3%	3.0%	100.0%
	3	计数	4	12	22	20	2	60
		比例	6.7%	20.0%	36.7%	33.3%	3.3%	100.0%

调查发现，如表4—57所示，网龄3—5年的读者认同自己的阅读内容更加浅显了的比例为45.7%，网龄6—10年的读者和网龄11—19年的读者认同自己的阅读内容更加浅显了的比例分别是43.8%和47.6%。可见，网龄因素对阅读内容难易程度的认知影响不大。

年轻读者认可自己的阅读内容与会上网以前相比更加浅显了的比例为45.4%，中年读者与老年读者分别是47.8%和26.7%。

表4—58　　性别、婚姻状况与阅读内容难易度认知的交叉制表

性别 * 与会上网前相比，现在您：（阅读内容更浅显了）交叉制表

			与会上网前相比，现在您：（阅读内容更浅显了）					合计
			非常同意	同意	说不准	不同意	很不同意	
性别	男	计数	231	764	466	575	130	2166
		比例	10.7%	35.3%	21.5%	26.5%	6.0%	100.0%
	女	计数	198	758	484	572	78	2090
		比例	9.5%	36.3%	23.2%	27.4%	3.7%	100.0%

婚姻状况 * 与会上网前相比，现在您：（阅读内容更浅显了）交叉制表

			与会上网前相比，现在您：（阅读内容更浅显了）					合计
			非常同意	同意	说不准	不同意	很不同意	
婚姻状况	未婚	计数	241	864	551	687	146	2489
		比例	9.7%	34.7%	22.1%	27.6%	5.9%	100.0%
	已婚	计数	188	658	399	460	62	1767
		比例	10.6%	37.2%	22.6%	26.0%	3.5%	100.0%

第四章 数字时代我国国民阅读行为嬗变的表现

调查发现,如表4—58所示,认同自己的阅读内容更浅显了的男性读者比例(46.0%)与女性读者(45.8%)基本持平。未婚读者认同阅读内容浅显了的比例(44.4%)略低于已婚读者(47.8%),但差距并不大。可见,性别、婚姻状况因素对阅读内容难易度认知的影响较小。

表4—59　　　区域、户籍与阅读内容难易度认知的交叉制表

区域编号 * 与会上网前相比,现在您:(阅读内容更浅显了)交叉制表

区域编号			与会上网前相比,现在您:(阅读内容更浅显了)					合计
			非常同意	同意	说不准	不同意	很不同意	
区域编号	1	计数	256	905	543	653	122	2479
		比例	10.3%	36.5%	21.9%	26.3%	4.9%	100.0%
	2	计数	121	412	260	294	54	1141
		比例	10.6%	36.1%	22.8%	25.8%	4.7%	100.0%
	3	计数	52	205	147	200	32	636
		比例	8.2%	32.2%	23.1%	31.4%	5.0%	100.0%

户籍 * 与会上网前相比,现在您:(阅读内容更浅显了)交叉制表

户籍			与会上网前相比,现在您:(阅读内容更浅显了)					合计
			非常同意	同意	说不准	不同意	很不同意	
户籍	农村居民	计数	181	616	374	448	80	1699
		比例	10.7%	36.3%	22.0%	26.4%	4.7%	100.0%
	城镇居民	计数	248	906	576	699	128	2557
		比例	9.7%	35.4%	22.5%	27.3%	5.0%	100.0%

调查发现,如表4—59所示,东部读者认同自己的阅读内容更加浅显了的比例(46.8%)与中部读者(46.7%)基本持平,西部读者(40.4%)略低。农村读者认同自己的阅读内容更加浅显了的比例(47.0%)与城镇读者(45.1%)的差别也不是很大。可见,区域、户籍因素对阅读内容难易度认知的影响也比较小。

191

表 4—60　　　　　学历与阅读内容难易度认知的交叉制表

学历 * 与会上网前相比，现在您：（阅读内容更浅显了）交叉制表

学历			与会上网前相比，现在您：（阅读内容更浅显了）					合计
			非常同意	同意	说不准	不同意	很不同意	
学历	初中	计数	8	130	103	69	20	330
		比例	2.4%	39.4%	31.2%	20.9%	6.1%	100.0%
	高中/中专/技校	计数	83	246	136	185	35	685
		比例	12.1%	35.9%	19.9%	27.0%	5.1%	100.0%
	大专	计数	84	336	211	284	29	944
		比例	8.9%	35.6%	22.4%	30.1%	3.1%	100.0%
	本科	计数	226	738	457	562	103	2086
		比例	10.8%	35.4%	21.9%	26.9%	4.9%	100.0%
	硕士及以上	计数	28	72	43	47	21	211
		比例	13.3%	34.1%	20.4%	22.3%	10.0%	100.0%

调查发现，如表 4—60 所示，初中学历读者认同自己的阅读内容更加浅显了的比例是 41.8%，高中/中专/技校学历读者为 48.0%，大专学历读者是 44.5%，本科学历读者是 46.2%，硕士及以上学历读者为 47.4%。可见，不同学历之间的差距不是很明显，学历因素对阅读内容难易度认知的影响也比较小。

（七）阅读范围认知与相关因素的交叉分析

表 4—61　　　　网龄、年龄与阅读范围认知的交叉制表

网龄分段 * 与会上网前相比，现在您：（阅读范围更广了）交叉制表

网龄分段			与会上网前相比，现在您：（阅读范围更广了）					合计
			非常同意	同意	说不准	不同意	很不同意	
网龄分段	1	计数	123	323	49	17	5	517
		比例	23.8%	62.5%	9.5%	3.3%	1.0%	100.0%
	2	计数	475	1004	156	62	15	1712
		比例	27.7%	58.6%	9.1%	3.6%	0.9%	100.0%
	3	计数	639	1091	185	100	12	2027
		比例	31.5%	53.8%	9.1%	4.9%	0.6%	100.0%

续表

年龄分段 * 与会上网前相比，现在您：（阅读范围更广了）交叉制表

			与会上网前相比，现在您：（阅读范围更广了）					合计
			非常同意	同意	说不准	不同意	很不同意	
年龄分段	1	计数	909	1603	288	127	20	2947
		比例	30.8%	54.4%	9.8%	4.3%	0.7%	100.0%
	2	计数	320	787	82	48	12	1249
		比例	25.6%	63.0%	6.6%	3.8%	1.0%	100.0%
	3	计数	8	28	20	4	0	60
		比例	13.3%	46.7%	33.3%	6.7%	0.0%	100.0%

调查发现，如表4—61所示，认同（包括"非常同意"和"同意"）阅读范围更广的读者比例，网龄3—5年的是86.3%，网龄6—10年的是86.3%，网龄11—19年的为85.3%，区别不是很大。不过"非常同意"的比例，网龄越长，比例越高。

年轻读者"非常同意"阅读范围更广了的比例最高，中年读者次之，老年读者最低。不过，"同意"的比例中年读者最高。也就是说，年轻读者和中年读者认同阅读范围更广的比例差距不大。

表4—62 性别、婚姻状况与阅读范围认知的交叉制表

性别 * 与会上网前相比，现在您：（阅读范围更广了）交叉制表

			与会上网前相比，现在您：（阅读范围更广了）					合计
			非常同意	同意	说不准	不同意	很不同意	
性别	男	计数	673	1172	192	104	25	2166
		比例	31.1%	54.1%	8.9%	4.8%	1.2%	100.0%
	女	计数	564	1246	198	75	7	2090
		比例	27.0%	59.6%	9.5%	3.6%	0.3%	100.0%

婚姻状况 * 与会上网前相比，现在您：（阅读范围更广了）交叉制表

			与会上网前相比，现在您：（阅读范围更广了）					合计
			非常同意	同意	说不准	不同意	很不同意	
婚姻状况	未婚	计数	767	1345	252	105	20	2489
		比例	30.8%	54.0%	10.1%	4.2%	0.8%	100.0%
	已婚	计数	470	1073	138	74	12	1767
		比例	26.6%	60.7%	7.8%	4.2%	0.7%	100.0%

调查发现，如表4—62所示，男性读者与女性读者认同阅读范围更广了的比例相差不大，"非常同意"的比例男性读者略高于女性。未婚读者"非常同意"阅读范围更广了的比例略高于已婚读者，但认同的比例区别并不明显。

表4—63　　　　区域、户籍与阅读范围认知的交叉制表

区域编号 * 与会上网前相比，现在您：（阅读范围更广了）交叉制表							
\multicolumn{3}{c	}{}	\multicolumn{5}{c	}{与会上网前相比，现在您：（阅读范围更广了）}	合计
			非常同意	同意	说不准	不同意	很不同意	
区域编号	1	计数	731	1398	217	105	28	2479
		比例	29.5%	56.4%	8.8%	4.2%	1.1%	100.0%
	2	计数	323	654	114	47	3	1141
		比例	28.3%	57.3%	10.0%	4.1%	0.3%	100.0%
	3	计数	183	366	59	27	1	636
		比例	28.8%	57.5%	9.3%	4.2%	0.2%	100.0%

户籍 * 与会上网前相比，现在您：（阅读范围更广了）交叉制表							
			\multicolumn{5}{c	}{与会上网前相比，现在您：（阅读范围更广了）}	合计
			非常同意	同意	说不准	不同意	很不同意	
户籍	农村居民	计数	488	948	165	85	13	1699
		比例	28.7%	55.8%	9.7%	5.0%	0.8%	100.0%
	城镇居民	计数	749	1470	225	94	19	2557
		比例	29.3%	57.5%	8.8%	3.7%	0.7%	100.0%

调查发现，如表4—63所示，区域和户籍因素对阅读范围认知的影响很小。东、中、西部的读者认同阅读范围更广了的比例基本持平，农村读者与城镇读者认同阅读范围更广了的比例也比较接近。

表4—64　　　　学历与阅读范围认知的交叉制表

学历 * 与会上网前相比，现在您：（阅读范围更广了）交叉制表							
			\multicolumn{5}{c	}{与会上网前相比，现在您：（阅读范围更广了）}	合计
			非常同意	同意	说不准	不同意	很不同意	
学历	初中	计数	51	218	40	17	4	330
		比例	15.5%	66.1%	12.1%	5.2%	1.2%	100.0%

续表

学历＊与会上网前相比，现在您：（阅读范围更广了）交叉制表

			与会上网前相比，现在您：（阅读范围更广了）					合计
			非常同意	同意	说不准	不同意	很不同意	
学历	高中/中专/技校	计数	212	389	44	34	6	685
		比例	30.9%	56.8%	6.4%	5.0%	0.9%	100.0%
	大专	计数	273	546	84	36	5	944
		比例	28.9%	57.8%	8.9%	3.8%	0.5%	100.0%
	本科	计数	629	1165	199	84	9	2086
		比例	30.2%	55.8%	9.5%	4.0%	0.4%	100.0%
	硕士及以上	计数	72	100	23	8	8	211
		比例	34.1%	47.4%	10.9%	3.8%	3.8%	100.0%

调查发现，如表4—64所示，初中学历读者认同自己的阅读范围更广了的比例为81.6%，高中/中专/技校学历的读者为87.7%，大专学历的读者是86.7%，本科学历的读者为86.0%，硕士及以上学历的读者为81.5%。除初中、硕士及以上读者略低外，其余学历读者基本持平。

（八）阅读量认知与相关因素的交叉分析

表4—65　　　　　网龄、年龄与阅读量认知的交叉制表

网龄分段＊与会上网前相比，现在您：（阅读量变大了）交叉制表

			与会上网前相比，现在您：（阅读量变大了）					合计
			非常同意	同意	说不准	不同意	很不同意	
网龄分段	1	计数	106	283	92	31	5	517
		比例	20.5%	54.7%	17.8%	6.0%	1.0%	100.0%
	2	计数	369	804	363	155	21	1712
		比例	21.6%	47.0%	21.2%	9.1%	1.2%	100.0%
	3	计数	573	907	380	141	26	2027
		比例	28.3%	44.7%	18.7%	7.0%	1.3%	100.0%

续表

年龄分段 * 与会上网前相比，现在您：（阅读量变大了）交叉制表

			与会上网前相比，现在您：（阅读量变大了）					合计
			非常同意	同意	说不准	不同意	很不同意	
年龄分段	1	计数	739	1285	611	272	40	2947
		比例	25.1%	43.6%	20.7%	9.2%	1.4%	100.0%
	2	计数	299	691	196	51	12	1249
		比例	23.9%	55.3%	15.7%	4.1%	1.0%	100.0%
	3	计数	10	18	28	4	0	60
		比例	16.7%	30.0%	46.7%	6.7%	0.0%	100.0%

调查发现，如表4—65所示，随着读者的网龄增长，"非常同意"阅读量变大了的比例有提高的趋势，不过认可（包括"同意"和"非常同意"）自己的阅读量变大了的读者比例，不同网龄读者之间的区别不是很明显。

年轻读者"非常同意"阅读量变大了的比例比中年读者和老年读者都高，不过中年读者"同意"阅读量变大的比例高于其他年龄段的读者。

表4—66　　性别、婚姻状况与阅读量认知的交叉制表

性别 * 与会上网前相比，现在您：（阅读量变大了）交叉制表

			与会上网前相比，现在您：（阅读量变大了）					合计
			非常同意	同意	说不准	不同意	很不同意	
性别	男	计数	586	1007	394	146	33	2166
		比例	27.1%	46.5%	18.2%	6.7%	1.5%	100.0%
	女	计数	462	987	441	181	19	2090
		比例	22.1%	47.2%	21.1%	8.7%	0.9%	100.0%

婚姻状况 * 与会上网前相比，现在您：（阅读量变大了）交叉制表

			与会上网前相比，现在您：（阅读量变大了）					合计
			非常同意	同意	说不准	不同意	很不同意	
婚姻状况	未婚	计数	603	1106	507	237	36	2489
		比例	24.2%	44.4%	20.4%	9.5%	1.4%	100.0%
	已婚	计数	445	888	328	90	16	1767
		比例	25.2%	50.3%	18.6%	5.1%	0.9%	100.0%

调查发现，如表4—66所示，性别因素对阅读量认知的影响不明显。婚姻状况对阅读量认知有影响，未婚读者认可阅读量变大的比例低于已婚读者。

表4—67　　　　　区域、户籍与阅读量认知的交叉制表

区域编号 * 与会上网前相比，现在您：（阅读量变大了）交叉制表

			与会上网前相比，现在您：（阅读量变大了）					合计
			非常同意	同意	说不准	不同意	很不同意	
区域编号	1	计数	605	1157	505	183	29	2479
		比例	24.4%	46.7%	20.4%	7.4%	1.2%	100.0%
	2	计数	293	550	180	99	19	1141
		比例	25.7%	48.2%	15.8%	8.7%	1.7%	100.0%
	3	计数	150	287	150	45	4	636
		比例	23.6%	45.1%	23.6%	7.1%	0.6%	100.0%

户籍 * 与会上网前相比，现在您：（阅读量变大了）交叉制表

			与会上网前相比，现在您：（阅读量变大了）					合计
			非常同意	同意	说不准	不同意	很不同意	
户籍	农村居民	计数	400	780	354	144	21	1699
		比例	23.5%	45.9%	20.8%	8.5%	1.2%	100.0%
	城镇居民	计数	648	1214	481	183	31	2557
		比例	25.3%	47.5%	18.8%	7.2%	1.2%	100.0%

调查发现，如表4—67所示，户籍因素对阅读量认知影响不大，东、中、西部读者认同阅读量变大了的比例差距不大。农村读者认同阅读量变大的比例略低于城镇读者，但差别也不显著。

表4—68　　　　　学历与阅读量认知的交叉制表

学历 * 与会上网前相比，现在您：（阅读量变大了）交叉制表

			与会上网前相比，现在您：（阅读量变大了）					合计
			非常同意	同意	说不准	不同意	很不同意	
学历	初中	计数	44	181	74	22	9	330
		比例	13.3%	54.8%	22.4%	6.7%	2.7%	100.0%
	高中/中专/技校	计数	186	337	114	46	2	685
		比例	27.2%	49.2%	16.6%	6.7%	0.3%	100.0%

续表

学历 * 与会上网前相比，现在您：（阅读量变大了）交叉制表			与会上网前相比，现在您：（阅读量变大了）					合计
^	^	^	非常同意	同意	说不准	不同意	很不同意	^
学历	大专	计数	244	434	212	48	6	944
^	^	比例	25.8%	46.0%	22.5%	5.1%	0.6%	100.0%
^	本科	计数	525	948	388	198	27	2086
^	^	比例	25.2%	45.4%	18.6%	9.5%	1.3%	100.0%
^	硕士及以上	计数	49	94	47	13	8	211
^	^	比例	23.2%	44.5%	22.3%	6.2%	3.8%	100.0%

调查发现，如表4—68所示，学历为初中的读者认同阅读量变大的比例为68.1%，学历为高中/中专/技校的读者占比为76.4%，学历为大专读者比例是71.8%，学历为本科的读者比例为70.6%，学历为硕士及以上的读者占比为67.7%。

五　我国国民的阅读效果认知及嬗变

（一）阅读满意度总体情况

表4—69　　　　　　　　阅读满意度

选项	会上网以前个人阅读总体满意度		现在个人阅读总体满意度	
很满意	497	11.68%	578	13.58%
满意	1691	39.73%	1718	40.37%
一般	1826	42.90%	1481	34.80%
不满意	212	4.98%	390	9.16%
很不满意	30	0.70%	89	2.09%

阅读满意度是衡量阅读效果的重要指标。调查发现，如表4—69所示，数字时代我国国民个人阅读总体满意度有所提升，但提升幅度不大，这与国民阅读调查所得结论相吻合。值得注意的是，"不满意"和"很不满意"的比例有所提升。

（二）网龄、年龄与阅读满意度的交叉分析

表 4—70   网龄、年龄与阅读满意度交叉制表

网龄分段 * 现在对个人阅读的总体满意度交叉制表

			很满意	满意	一般	不满意	很不满意	合计
网龄分段	1	计数	76	202	190	43	6	517
		比例	14.7%	39.1%	36.8%	8.3%	1.2%	100.0%
	2	计数	203	667	617	164	61	1712
		比例	11.9%	39.0%	36.0%	9.6%	3.6%	100.0%
	3	计数	299	849	674	183	22	2027
		比例	14.8%	41.9%	33.3%	9.0%	1.1%	100.0%

年龄分段 * 现在对个人阅读的总体满意度交叉制表

			很满意	满意	一般	不满意	很不满意	合计
年龄分段	1	计数	366	1048	1104	348	81	2947
		比例	12.4%	35.6%	37.5%	11.8%	2.7%	100.0%
	2	计数	202	636	361	42	8	1249
		比例	16.2%	50.9%	28.9%	3.4%	0.6%	100.0%
	3	计数	10	34	16	0	0	60
		比例	16.7%	56.7%	26.7%	0.0%	0.0%	100.0%

调查发现，如表 4—70 所示，网龄差异对阅读满意度认知的影响较小。网龄 11—19 年的读者有 56.7% 对自己的阅读状况"满意"或"非常满意"，网龄 6—10 年的读者和网龄 3—5 年的读者分别为 50.9%、53.8%。对照这三个网龄分段的读者在会上网前的阅读满意率（分别是 54.7%、48% 和 49.7%）来看，三类读者均有小幅提升，提升幅度的差异不显著。

调查同时发现，年龄差异对阅读满意度认知影响较大。年轻读者对个人阅读状况"很满意"和"满意"的比例为 48.0%，中年读者是 67.1%，老年读者是 73.4%。对照这三个年龄分段的读者在会上网前的

阅读满意率（分别是49.8%、54.0%、51.4%），我们发现老年读者的满意率提升显著，而年轻读者的满意率提升幅度较小。

（三）区域、户籍与阅读满意度的交叉分析

表4—71　　　　　区域、户籍与阅读满意度交叉制表

区域编号 * 现在对个人阅读的总体满意度交叉制表

			现在对个人阅读的总体满意度					合计
			很满意	满意	一般	不满意	很不满意	
区域编号	1	计数	331	962	895	242	49	2479
		比例	13.4%	38.8%	36.1%	9.8%	2.0%	100.0%
	2	计数	161	460	387	100	33	1141
		比例	14.1%	40.3%	33.9%	8.8%	2.9%	100.0%
	3	计数	86	296	199	48	7	636
		比例	13.5%	46.5%	31.3%	7.5%	1.1%	100.0%

户籍 * 现在对个人阅读的总体满意度 交叉制表

			现在对个人阅读的总体满意度					合计
			很满意	满意	一般	不满意	很不满意	
户籍	农村居民	计数	198	641	626	192	42	1699
		比例	11.7%	37.7%	36.8%	11.3%	2.5%	100.0%
	城镇居民	计数	380	1077	855	198	47	2557
		比例	14.9%	42.1%	33.4%	7.7%	1.8%	100.0%

调查发现，如表4—71所示，区域差异对数字时代读者阅读满意度的认知略有影响。会上网以前，东、中、西部读者对自己的阅读状况"满意"或"非常满意"的比例均在51%左右，但现在这一比例分别为52.2%、54.4%和60%。这说明西部读者在数字时代阅读满意度提升得最快，中部次之，东部地区读者的阅读满意度提升最不明显。

城镇读者对自己的阅读状况"满意"或"非常满意"的比例为57.0%，高于农村读者（49.4%）。不过，对比会上网前的数据，城镇读者为53.3%，农村读者为48.6%，提升幅度还是城镇读者大。

(四) 性别、婚姻状况与阅读满意度的交叉分析

表4—72　　性别、婚姻状况与阅读满意度交叉制表

性别 * 现在对个人阅读的总体满意度交叉制表

			很满意	满意	一般	不满意	很不满意	合计
性别	男	计数	359	950	674	141	42	2166
		比例	16.6%	43.9%	31.1%	6.5%	1.9%	100.0%
	女	计数	219	768	807	249	47	2090
		比例	10.5%	36.7%	38.6%	11.9%	2.2%	100.0%

婚姻状况 * 现在对个人阅读的总体满意度交叉制表

			很满意	满意	一般	不满意	很不满意	合计
婚姻状况	未婚	计数	310	864	931	307	77	2489
		比例	12.5%	34.7%	37.4%	12.3%	3.1%	100.0%
	已婚	计数	268	854	550	83	12	1767
		比例	15.2%	48.3%	31.1%	4.7%	0.7%	100.0%

调查发现，如表4—72所示，性别差异对阅读满意度认知有影响。会上网前，"很满意"或"满意"的男性读者占男性读者总数的53.1%，"很满意"或"满意"的女性读者占女性读者总数的49.7%；现在，男性读者的这一比例为60.5%，女性读者为47.2%。也就是说，男性读者在数字时代的满意度有所提高，但女性读者的满意度却有所下降。这是值得关注的嬗变表现，数字化进程带来了总体阅读满意度的提升，但女性的阅读满意度却有着下降的自我评价。

调查发现，婚姻状况对阅读满意度认知有一定影响。未婚读者在会上网以前的阅读满意率为50.7%，现在为47.2%，有所下降；已婚读者在会上网以前的阅读满意率为52.5%，现在为63.5%，有明显上升。

（五）学历与阅读满意度的交叉分析

表 4—73　　　　　　　　　学历与阅读满意度交叉制表

学历 * 现在对个人阅读的总体满意度交叉制表			现在对个人阅读的总体满意度					合计
			很满意	满意	一般	不满意	很不满意	
学历	初中	计数	50	130	138	8	4	330
		比例	15.2%	39.4%	41.8%	2.4%	1.2%	100.0%
	高中/中专/技校	计数	107	308	215	49	6	685
		比例	15.6%	45.0%	31.4%	7.2%	0.9%	100.0%
	大专	计数	111	430	307	70	26	944
		比例	11.8%	45.6%	32.5%	7.4%	2.8%	100.0%
	本科	计数	284	788	709	252	53	2086
		比例	13.6%	37.8%	34.0%	12.1%	2.5%	100.0%
	硕士及以上	计数	26	62	112	11	0	211
		比例	12.3%	29.4%	53.1%	5.2%	0.0%	100.0%

调查发现，如表 4—73 所示，学历差异对阅读满意度认知有影响。学历在本科、硕士及以上层次的读者，在数字时代阅读满意度非但没有提升，反而有所降低。其中，本科学历的读者从 55.7% 降到 51.4%，硕士及以上学历的读者从 48.7% 降到 41.7%。而初中、高中和大专学历层次的读者，阅读满意度均有上升。

（六）职业与个人阅读满意度的交叉分析

表 4—74　　　　　　　　　职业与阅读满意度交叉制表

职业 * 现在对个人阅读的总体满意度交叉制表			现在对个人阅读的总体满意度					合计
			很满意	满意	很满意	满意	一般	
职业	企业领导或管理人员	计数	44	208	80	4	4	340
		比例	12.9%	61.2%	23.5%	1.2%	1.2%	100.0%
	公检法/军人/武警	计数	16	20	24	8	0	68
		比例	23.5%	29.4%	35.3%	11.8%	0.0%	100.0%

续表

职业 * 现在对个人阅读的总体满意度交叉制表

			现在对个人阅读的总体满意度					合计
			很满意	满意	一般	不满意	很不满意	
职业	学生	计数	139	409	488	196	47	1279
		比例	10.9%	32.0%	38.2%	15.3%	3.7%	100.0%
	机关/事业单位干部	计数	60	144	80	32	16	332
		比例	18.1%	43.4%	24.1%	9.6%	4.8%	100.0%
	私营或个体劳动者	计数	48	192	148	24	0	412
		比例	11.7%	46.6%	35.9%	5.8%	0.0%	100.0%
	无业及失业人员	计数	20	40	72	12	0	144
		比例	13.9%	27.8%	50.0%	8.3%	0.0%	100.0%
	工人/商业服务业人员	计数	32	148	84	20	8	292
		比例	11.0%	50.7%	28.8%	6.8%	2.7%	100.0%
	一般职员/文员/秘书	计数	64	164	192	48	4	472
		比例	13.6%	34.7%	40.7%	10.2%	0.8%	100.0%
	离退休人员	计数	12	28	16	0	0	56
		比例	21.4%	50.0%	28.6%	0.0%	0.0%	100.0%
	其他	计数	7	53	45	14	2	121
		比例	5.8%	43.8%	37.2%	11.6%	1.7%	100.0%

调查发现，如表4—74所示，企业领导或管理人员、离退休读者对自己阅读状况"满意"或"很满意"的比例较高，分别达到74.1%和71.4%。机关/事业单位干部、工人/商业服务业人员的阅读满意率也比较高，分别为61.5%和61.7%。剩下的几种职业阅读满意度均不超过六成。公检法/军人/武警为52.9%（不过他们的"很满意"率较高，有23.5%），私营或个体劳动者为58.3%。学生只有42.9%，略高于一般职员/文员/秘书（48.3%）和无业及失业人员（41.7%）。

对比会上网前的数据，我们发现，学生的阅读满意率非但没有上升，反而从54.6%降到了现在的42.9%。阅读满意率下降的还有一般职员/文员/秘书（从53.4%下降到48.3%）。其他职业的阅读满意率均有所提升。

（七）月收入与阅读满意度的交叉分析

表 4—75　　　　　　月收入与阅读满意度交叉制表

目前可支配月收入 * 现在对个人阅读的总体满意度交叉制表

			现在对个人阅读的总体满意度					合计
			很满意	满意	一般	不满意	很不满意	
目前可支配月收入	800 元及以下	计数	69	219	292	102	25	707
		比例	9.8%	31.0%	41.3%	14.4%	3.5%	100.0%
	801—1500 元	计数	92	355	335	135	32	949
		比例	9.7%	37.4%	35.3%	14.2%	3.4%	100.0%
	1501—3000 元	计数	177	449	414	75	23	1138
		比例	15.6%	39.5%	36.4%	6.6%	2.0%	100.0%
	3001—5000 元	计数	173	419	246	45	9	892
		比例	19.4%	47.0%	27.6%	5.0%	1.0%	100.0%
	5001—10000 元	计数	32	218	141	29	0	420
		比例	7.6%	51.9%	33.6%	6.9%	0.0%	100.0%
	10001—20000 元	计数	14	40	33	4	0	91
		比例	15.4%	44.0%	36.3%	4.4%	.0%	100.0%
	20001 元及以上	计数	21	18	20	0	0	59
		比例	35.6%	30.5%	33.9%	.0%	.0%	100.0%

调查发现，如表 4—75 所示，个人可支配月收入对阅读满意度认知有一定的影响。月收入 800 元及以下的读者对自己的阅读状况"很满意"或者"满意"的比例为 40.8%，801—1500 元的读者是 47.1%，1501—3000 元的读者为 55.1%，3001—5000 元的读者为 66.4%，5001—10000 元的读者为 59.5%，10001—20000 元的读者是 59.4%，20001 元及以上的读者 76.1%。可见，并非月收入越高，满意度就会越高。

对照会上网前的数据，我们发现，月收入 800 元及以下的读者群体对自己的阅读状况"很满意"或者"满意"的比例是下降的（从 50.7% 下降到现在的 40.8%）。3001—5000 元的读者阅读满意度提升幅度最大（从 52.6% 上升到现在的 66.4%）。

（八）阅读习惯改变幅度与阅读满意度的交叉分析

表 4—76　　　　阅读习惯改变幅度与阅读满意度交叉制表

阅读习惯改变幅度 * 现在对个人阅读的总体满意度交叉制表

			现在对个人阅读的总体满意度					合计
			很满意	满意	一般	不满意	很不满意	
阅读习惯改变幅度	改变很大	计数	249	550	322	107	39	1267
		比例	19.7%	43.4%	25.4%	8.4%	3.1%	100.0%
	有所改变，但程度有限	计数	239	932	899	228	30	2328
		比例	10.3%	40.0%	38.6%	9.8%	1.3%	100.0%
	没什么改变	计数	70	190	207	34	17	518
		比例	13.5%	36.7%	40.0%	6.6%	3.3%	100.0%
	说不准	计数	20	46	53	21	3	143
		比例	14.0%	32.2%	37.1%	14.7%	2.1%	100.0%

调查发现，如表 4—76 所示，阅读习惯改变幅度差异对阅读满意度认知有影响。与会上网以前相比，认为阅读习惯"改变很大"的读者阅读满意率提升最为明显，从 50.3% 提升到 63.1%。认为阅读习惯"有所改变，但程度有限"的读者阅读满意率从 50.0% 提升到 50.3%，变化很小。而认为阅读习惯"没什么改变"的读者则从 59.4% 降到 50.2%。

六　我国国民对阅读习惯变化的认知及嬗变

（一）阅读习惯变化认知总体情况

表 4—77　　　　　　　　阅读习惯改变认知

选项	小计	比例
改变很大	1267	29.77%
有所改变，但程度有限	2328	54.70%
没什么改变	518	12.17%
说不准	143	3.36%

表4—78　　　　　　　阅读习惯对个人发展的影响认知

选项	小计	比例
非常有利	654	15.37%
比较有利	2791	65.58%
比较不利	730	17.15%
非常不利	81	1.90%

调查发现，如表4—77和表4—78所示，与会上网前相比，近三成读者阅读习惯发生了很大改变，"没什么改变"只有12.17%。有80.95%的人比较认可自己的阅读习惯，认为自己的阅读习惯对个人发展"非常有利"或"比较有利"。

（二）网龄、年龄与阅读习惯变化认知的交叉分析

表4—79　　　　　　网龄、年龄与阅读习惯变化认知的交叉制表

网龄分段 * 阅读习惯改变幅度交叉制表

			阅读习惯改变幅度				合计
			改变很大	有所改变，但程度有限	没什么改变	说不准	
网龄分段	1	计数	120	300	77	20	517
		比例	23.2%	58.0%	14.9%	3.9%	100.0%
	2	计数	452	990	211	59	1712
		比例	26.4%	57.8%	12.3%	3.4%	100.0%
	3	计数	695	1038	230	64	2027
		比例	34.3%	51.2%	11.3%	3.2%	100.0%

年龄分段 * 阅读习惯改变幅度交叉制表

			阅读习惯改变幅度				合计
			改变很大	有所改变，但程度有限	没什么改变	说不准	
年龄分段	1	计数	813	1633	386	115	2947
		比例	27.6%	55.4%	13.1%	3.9%	100.0%
	2	计数	448	657	116	28	1249
		比例	35.9%	52.6%	9.3%	2.2%	100.0%
	3	计数	6	38	16	0	60
		比例	10.0%	63.3%	26.7%	0.0%	100.0%

表 4—80　网龄、年龄与阅读习惯对个人发展影响认知的交叉制表

网龄分段 * 目前的这种阅读习惯对个人发展的影响交叉制表

			目前的这种阅读习惯对个人发展的影响				合计
			非常有利	比较有利	比较不利	非常不利	
网龄分段	1	计数	83	332	92	10	517
		比例	16.1%	64.2%	17.8%	1.9%	100.0%
	2	计数	196	1153	319	44	1712
		比例	11.4%	67.3%	18.6%	2.6%	100.0%
	3	计数	375	1306	319	27	2027
		比例	18.5%	64.4%	15.7%	1.3%	100.0%

年龄分段 * 目前的这种阅读习惯对个人发展的影响交叉制表

			目前的这种阅读习惯对个人发展的影响				合计
			非常有利	比较有利	比较不利	非常不利	
年龄分段	1	计数	380	1890	612	65	2947
		比例	12.9%	64.1%	20.8%	2.2%	100.0%
	2	计数	268	851	114	16	1249
		比例	21.5%	68.1%	9.1%	1.3%	100.0%
	3	计数	6	50	4	0	60
		比例	10.0%	83.3%	6.7%	0.0%	100.0%

调查发现，如表 4—79 和表 4—80 所示，网龄差异对阅读习惯改变认知影响明显。网龄越长，认为阅读习惯"改变很大"的比例越高。网龄 11—19 年的读者达到 34.3%，网龄 6—11 年的读者为 26.4%，网龄 3—5 年的读者为 23.2%。认可自己的阅读习惯的比例略有差异，网龄 11—19 年的读者为 82.9%，网龄 3—5 年的读者为 80.3%，网龄 6—11 年的读者为 78.7%。

年龄差异对阅读习惯改变认知有一定影响。中年人认为阅读习惯"改变很大"的比例（35.9%）高于年轻人（27.6%）和老年人（10.0%），认可自己阅读习惯的读者比例，老年人（93.3%）高于中年人（89.6%）和年轻人（77%）。

(三) 性别、婚姻状况与阅读习惯变化认知的交叉分析

表 4—81　性别、婚姻状况与阅读习惯变化认知的交叉制表

性别 * 阅读习惯改变幅度交叉制表

			阅读习惯改变幅度				合计
			改变很大	有所改变，但程度有限	没什么改变	说不准	
性别	男	计数	739	1100	248	79	2166
		比例	34.1%	50.8%	11.4%	3.6%	100.0%
	女	计数	528	1228	270	64	2090
		比例	25.3%	58.8%	12.9%	3.1%	100.0%

婚姻状况 * 阅读习惯改变幅度交叉制表

			阅读习惯改变幅度				合计
			改变很大	有所改变，但程度有限	没什么改变	说不准	
婚姻状况	未婚	计数	653	1382	360	94	2489
		比例	26.2%	55.5%	14.5%	3.8%	100.0%
	已婚	计数	614	946	158	49	1767
		比例	34.7%	53.5%	8.9%	2.8%	100.0%

表 4—82　性别、婚姻状况与阅读习惯对个人发展影响认知的交叉制表

性别 * 目前的这种阅读习惯对个人发展的影响交叉制表

			目前的这种阅读习惯对个人发展的影响				合计
			非常有利	比较有利	比较不利	非常不利	
性别	男	计数	403	1397	316	50	2166
		比例	18.6%	64.5%	14.6%	2.3%	100.0%
	女	计数	251	1394	414	31	2090
		比例	12.0%	66.7%	19.8%	1.5%	100.0%

婚姻状况 * 目前的这种阅读习惯对个人发展的影响交叉制表

			目前的这种阅读习惯对个人发展的影响				合计
			非常有利	比较有利	比较不利	非常不利	
婚姻状况	未婚	计数	294	1597	537	61	2489
		比例	11.8%	64.2%	21.6%	2.5%	100.0%
	已婚	计数	360	1194	193	20	1767
		比例	20.4%	67.6%	10.9%	1.1%	100.0%

调查发现，如表4—81和表4—82所示，性别差异对阅读习惯改变认知略有影响。男性认为阅读习惯"改变很大"的比例（34.1%）高于女性（25.3%），认可自己阅读习惯（认为阅读习惯对个人发展的影响"非常有利"或"比较有利"）的比例，男性（83.1%）略高于女性（78.7%）。

婚姻状况对阅读习惯认知也有一定影响。已婚读者认为阅读习惯"改变很大"的比例高于未婚读者，对于认可自己阅读习惯的比例，已婚读者也比未婚读者要高。

（四）区域、户籍与阅读习惯变化认知的交叉分析

表4—83　　区域、户籍与阅读习惯变化认知的交叉制表

区域编号 * 阅读习惯改变幅度交叉制表

			阅读习惯改变幅度				合计
			改变很大	有所改变，但程度有限	没什么改变	说不准	
区域编号	1	计数	744	1387	269	79	2479
		比例	30.0%	55.9%	10.9%	3.2%	100.0%
	2	计数	316	649	127	49	1141
		比例	27.7%	56.9%	11.1%	4.3%	100.0%
	3	计数	207	292	122	15	636
		比例	32.5%	45.9%	19.2%	2.4%	100.0%

户籍 * 阅读习惯改变幅度交叉制表

			阅读习惯改变幅度				合计
			改变很大	有所改变，但程度有限	没什么改变	说不准	
户籍	农村居民	计数	499	896	229	75	1699
		比例	29.4%	52.7%	13.5%	4.4%	100.0%
	城镇居民	计数	768	1432	289	68	2557
		比例	30.0%	56.0%	11.3%	2.7%	100.0%

表4—84　　　区域、户藉与阅读习惯对个发展影响
认知的交叉制表

区域编号 * 目前的这种阅读习惯对个人发展的影响 交叉制表

区域编号			目前的这种阅读习惯对个人发展的影响				合计
			非常有利	比较有利	比较不利	非常不利	
区域编号	1	计数	379	1625	428	47	2479
		比例	15.3%	65.6%	17.3%	1.9%	100.0%
	2	计数	181	718	216	26	1141
		比例	15.9%	62.9%	18.9%	2.3%	100.0%
	3	计数	94	448	86	8	636
		比例	14.8%	70.4%	13.5%	1.3%	100.0%

户籍 * 目前的这种阅读习惯对个人发展的影响交叉制表

户籍			目前的这种阅读习惯对个人发展的影响				合计
			非常有利	比较有利	比较不利	非常不利	
户籍	农村居民	计数	253	1092	311	43	1699
		比例	14.9%	64.3%	18.3%	2.5%	100.0%
	城镇居民	计数	401	1699	419	38	2557
		比例	15.7%	66.4%	16.4%	1.5%	100.0%

调查发现，如表4—83所示，区域差异对阅读习惯改变认知略有影响。认为阅读习惯"没什么改变"的读者比例，西部（19.2%）略高于中部（11.1%）和东部（10.9%）。不认可自己的阅读习惯（认为阅读习惯对自己的发展"比较不利"或"非常不利"）的读者比例，中部（21.2%）相对较高，东部和西部分别为19.2%和14.8%。

调查还发现，户籍不同，对阅读习惯变化的认知也有不同。城镇读者的阅读习惯改变率要高于农村读者，阅读习惯认可率也略高于农村读者（见表4—84）。

（五）学历与阅读习惯变化认知的交叉分析

表 4—85　　　　学历与阅读习惯变化认知的交叉制表

学历 * 阅读习惯改变幅度 交叉制表

<table>
<tr><th colspan="3"></th><th colspan="4">阅读习惯改变幅度</th><th rowspan="2">合计</th></tr>
<tr><th colspan="3"></th><th>改变很大</th><th>有所改变，但程度有限</th><th>没什么改变</th><th>说不准</th></tr>
<tr><td rowspan="10">学历</td><td rowspan="2">初中</td><td>计数</td><td>96</td><td>174</td><td>43</td><td>17</td><td>330</td></tr>
<tr><td>比例</td><td>29.1%</td><td>52.7%</td><td>13.0%</td><td>5.2%</td><td>100.0%</td></tr>
<tr><td rowspan="2">高中/中专/技校</td><td>计数</td><td>250</td><td>306</td><td>111</td><td>18</td><td>685</td></tr>
<tr><td>比例</td><td>36.5%</td><td>44.7%</td><td>16.2%</td><td>2.6%</td><td>100.0%</td></tr>
<tr><td rowspan="2">大专</td><td>计数</td><td>250</td><td>550</td><td>106</td><td>38</td><td>944</td></tr>
<tr><td>比例</td><td>26.5%</td><td>58.3%</td><td>11.2%</td><td>4.0%</td><td>100.0%</td></tr>
<tr><td rowspan="2">本科</td><td>计数</td><td>595</td><td>1182</td><td>251</td><td>58</td><td>2086</td></tr>
<tr><td>比例</td><td>28.5%</td><td>56.7%</td><td>12.0%</td><td>2.8%</td><td>100.0%</td></tr>
<tr><td rowspan="2">硕士及以上</td><td>计数</td><td>76</td><td>116</td><td>7</td><td>12</td><td>211</td></tr>
<tr><td>比例</td><td>36.0%</td><td>55.0%</td><td>3.3%</td><td>5.7%</td><td>100.0%</td></tr>
</table>

表 4—86　　学历与阅读习惯对个人发展影响认知的交叉制表

学历 * 目前的这种阅读习惯对个人发展的影响交叉制表

<table>
<tr><th colspan="3"></th><th colspan="4">目前的这种阅读习惯对个人发展的影响</th><th rowspan="2">合计</th></tr>
<tr><th colspan="3"></th><th>非常有利</th><th>比较有利</th><th>比较不利</th><th>非常不利</th></tr>
<tr><td rowspan="10">学历</td><td rowspan="2">初中</td><td>计数</td><td>68</td><td>230</td><td>28</td><td>4</td><td>330</td></tr>
<tr><td>比例</td><td>20.6%</td><td>69.7%</td><td>8.5%</td><td>1.2%</td><td>100.0%</td></tr>
<tr><td rowspan="2">高中/中专/技校</td><td>计数</td><td>109</td><td>482</td><td>79</td><td>15</td><td>685</td></tr>
<tr><td>比例</td><td>15.9%</td><td>70.4%</td><td>11.5%</td><td>2.2%</td><td>100.0%</td></tr>
<tr><td rowspan="2">大专</td><td>计数</td><td>129</td><td>639</td><td>144</td><td>32</td><td>944</td></tr>
<tr><td>比例</td><td>13.7%</td><td>67.7%</td><td>15.3%</td><td>3.4%</td><td>100.0%</td></tr>
<tr><td rowspan="2">本科</td><td>计数</td><td>319</td><td>1301</td><td>436</td><td>30</td><td>2086</td></tr>
<tr><td>比例</td><td>15.3%</td><td>62.4%</td><td>20.9%</td><td>1.4%</td><td>100.0%</td></tr>
<tr><td rowspan="2">硕士及以上</td><td>计数</td><td>29</td><td>139</td><td>43</td><td>0</td><td>211</td></tr>
<tr><td>比例</td><td>13.7%</td><td>65.9%</td><td>20.4%</td><td>0.0%</td><td>100.0%</td></tr>
</table>

调查发现，如表 4—85 和表 4—86 所示，学历差异对阅读习惯改变认知存在影响。学历为高中/中专/技校、硕士及以上的读者认为阅读习惯"改变很大"的比例较高，均超过35%，学历为大专的读者相对较低为

26.5%。学历为本科、硕士及以上的读者不认可自己的阅读习惯的比例相对较高,分别是22.3%和20.4%。这与阅读效果调查结果正好相呼应。也就是说,学历提升,阅读状况的自我评价并没有随之向好。

(六) 职业与阅读习惯变化认知的交叉制表

表4—87　　职业与阅读习惯变化认知的交叉制表

职业 * 阅读习惯改变幅度交叉制表

			阅读习惯改变幅度				合计
			改变很大	有所改变,但程度有限	没什么改变	说不准	
职业	企业领导或管理人员	计数	124	184	20	12	340
		比例	36.5%	54.1%	5.9%	3.5%	100.0%
	公检法/军人/武警	计数	32	24	8	4	68
		比例	47.1%	35.3%	11.8%	5.9%	100.0%
	学生	计数	254	804	186	35	1279
		比例	19.9%	62.9%	14.5%	2.7%	100.0%
	专业技术人员/教师/医生	计数	264	400	56	20	740
		比例	35.7%	54.1%	7.6%	2.7%	100.0%
	机关/事业单位干部	计数	136	140	48	8	332
		比例	41.0%	42.2%	14.5%	2.4%	100.0%
	私营或个体劳动者	计数	132	216	44	20	412
		比例	32.0%	52.4%	10.7%	4.9%	100.0%
	无业及失业人员	计数	32	92	20	0	144
		比例	22.2%	63.9%	13.9%	0.0%	100.0%
	工人/商业服务业人员	计数	100	136	44	12	292
		比例	34.2%	46.6%	15.1%	4.1%	100.0%
	一般职员/文员/秘书	计数	148	252	48	24	472
		比例	31.4%	53.4%	10.2%	5.1%	100.0%
	离退休人员	计数	16	28	12	0	56
		比例	28.6%	50.0%	21.4%	0.0%	100.0%
	其他	计数	29	52	32	8	121
		比例	24.0%	43.0%	26.4%	6.6%	100.0%

表 4—88 职业与阅读习惯对个人发展影响认知的交叉分析

			职业 * 目前的这种阅读习惯对个人发展的影响交叉制表				
			目前的这种阅读习惯对个人发展的影响				合计
			非常有利	比较有利	比较不利	非常不利	
职业	企业领导或管理人员	计数	92	224	16	8	340
		比例	27.1%	65.9%	4.7%	2.4%	100.0%
	公检法/军人/武警	计数	12	44	8	4	68
		比例	17.6%	64.7%	11.8%	5.9%	100.0%
	学生	计数	118	794	336	31	1279
		比例	9.2%	62.1%	26.3%	2.4%	100.0%
	专业技术人员/教师/医生	计数	156	460	120	4	740
		比例	21.1%	62.2%	16.2%	0.5%	100.0%
	机关/事业单位干部	计数	76	216	32	8	332
		比例	22.9%	65.1%	9.6%	2.4%	100.0%
	私营或个体劳动者	计数	60	300	44	8	412
		比例	14.6%	72.8%	10.7%	1.9%	100.0%
	无业及失业人员	计数	24	92	28	0	144
		比例	16.7%	63.9%	19.4%	0.0%	100.0%
	工人/商业服务业人员	计数	44	192	40	16	292
		比例	15.1%	65.8%	13.7%	5.5%	100.0%
	一般职员/文员/秘书	计数	52	336	84	0	472
		比例	11.0%	71.2%	17.8%	0.0%	100.0%
	离退休人员	计数	12	44	0	0	56
		比例	21.4%	78.6%	0.0%	0.0%	100.0%
	其他	计数	8	89	22	2	121
		比例	6.6%	73.6%	18.2%	1.7%	100.0%

从职业差异对阅读习惯改变认知的影响来看，认为阅读习惯"改变很大"的读者比例较高的职业是"企业领导或管理人员"、"公检法/军人/武警"、"专业技术人员/教师/医生"、"机关/事业单位干部"，均超过35%，学生最低（19.9%）。相应的，不认可自己的阅读习惯的读者比例，学生群体最高（达到28.7%），企业领导或管理人员仅有7.1%不认可自己的阅读习惯（见表4—87和表4—88）。

(七) 收入与阅读习惯变化认知的交叉分析

表 4—89　　　　收入与阅读习惯变化认知的交叉制表

目前可支配月收入 * 阅读习惯改变幅度交叉制表			阅读习惯改变幅度				合计
			改变很大	有所改变，但程度有限	没什么改变	说不准	
目前可支配月收入	800元及以下	计数	141	413	131	22	707
		比例	19.9%	58.4%	18.5%	3.1%	100.0%
	801—1500元	计数	223	541	150	35	949
		比例	23.5%	57.0%	15.8%	3.7%	100.0%
	1501—3000元	计数	371	603	120	44	1138
		比例	32.6%	53.0%	10.5%	3.9%	100.0%
	3001—5000元	计数	317	479	76	20	892
		比例	35.5%	53.7%	8.5%	2.2%	100.0%
	5001—10000元	计数	149	224	37	10	420
		比例	35.5%	53.3%	8.8%	2.4%	100.0%
	10001—20000元	计数	32	51	4	4	91
		比例	35.2%	56.0%	4.4%	4.4%	100.0%
	20001元及以上	计数	34	17	0	8	59
		比例	57.6%	28.8%	0.0%	13.6%	100.0%

表 4—90　　　收入与阅读习惯对个人发展影响认知的交叉制表

目前可支配月收入 * 目前的这种阅读习惯对个人发展的影响交叉制表			目前的这种阅读习惯对个人发展的影响				合计
			非常有利	比较有利	比较不利	非常不利	
目前可支配月收入	800元及以下	计数	63	441	184	19	707
		比例	8.9%	62.4%	26.0%	2.7%	100.0%
	801—1500元	计数	116	606	202	25	949
		比例	12.2%	63.9%	21.3%	2.6%	100.0%
	1501—3000元	计数	167	790	157	24	1138
		比例	14.7%	69.4%	13.8%	2.1%	100.0%
	3001—5000元	计数	200	578	113	1	892
		比例	22.4%	64.8%	12.7%	0.1%	100.0%

续表

目前可支配月收入 * 目前的这种阅读习惯对个人发展的影响交叉制表

			目前的这种阅读习惯对个人发展的影响				合计
			非常有利	比较有利	比较不利	非常不利	
目前可支配月收入	5001—10000元	计数	53	297	66	4	420
		比例	12.6%	70.7%	15.7%	1.0%	100.0%
	10001—20000元	计数	22	61	8	0	91
		比例	24.2%	67.0%	8.8%	0.0%	100.0%
	20001元及以上	计数	33	18	0	8	59
		比例	55.9%	30.5%	0.0%	13.6%	100.0%

调查发现，如表4—89和表4—90所示，收入因素会影响阅读习惯的认知。月收入800元及以下的读者认为自己的阅读习惯"改变很大"的比例为19.9%。随着收入的提升，这一数据也有所提升。月收入20001元及以上的读者自认为阅读习惯"改变很大"的比例达到57.6%。

月收入对阅读习惯认可度也有影响。认为阅读习惯对自己的发展"非常有利"的比例，800元及以下的读者最低，只有8.9%，而20001元及以上的读者达到55.9%。

总体而言，数字化时代作为阅读主体的读者，在数量上是不断扩大的，总体阅读率也是呈上升趋势的。"今天一个小学生一天的阅读量，包括文字、影像、广告等，超过15世纪一个古人一年的阅读量。一份《广州日报》60个版17万字，就是彼时古人一年的阅读量。"[1] 美国科学家研究表明，每人每天获得的数据量相当于阅读174份报纸，差不多是1986年的5倍之多。[2] 相对于传统阅读，互联网时代的阅读，正在被贴上电子化、移动化、碎片化、个性化、社会化等标签。但阅读主体的素质是参差不齐的，结构异常复杂。潜在高素质阅读群体随着高等教育大众化进程逐渐扩大，大量低学历阅读群体同时存在。

综上所述，数字时代我国国民对阅读重要性进一步认可，对纸质阅读的前景不如网络出现前那么乐观，但依然有相当比重的读者对"数字阅读会颠覆纸质阅读"的观点不太认可。读者需求进一步多元化，知识需

---

[1] 闫肖锋：《微阅读时代》，《青年记者》2009年第9期。
[2] 黄海均：《阅读形态的迁移》，http://www.chinaz.com/manage/2012/0521/252888.shtml。

求依然是第一需求，但资讯需求提升明显。值得注意的是，思想需求和审美需求没有随着数字化进程减弱，反而有提升的趋向。当然，消遣需求与刺激需求也得到提升。读者的阅读耐心减弱是数字时代我国国民阅读行为嬗变表现出的一个重要特点，而阅读能力、阅读目的、阅读积极性、阅读范围、阅读量等指标总体上呈现出积极的变化。个人阅读总体满意度提升不明显。读者阅读习惯发生改变的比例较高，但认为改变程度有限的比改变很大的还是要多，而且读者比较认可自己的阅读习惯，近八成读者认为自己的阅读习惯对个人发展有利。

值得注意的是，本次调查还发现，无论是阅读满意率还是对自己阅读状况的认可度，学生群体都比较低。同时，学历提升，阅读状况的自我评价并没有随之向好。这是不是可以说明，相对于其他职业读者来说，处于数字化阅读浪潮中的当下中国学生，对自我阅读状况总体上不太满意呢？是阅读压力太大，还是其他原因，值得进一步探究。

第二节 基于阅读媒介维度的国民阅读行为嬗变表现

一 我国国民的媒介使用率变化

（一）媒介使用率变化总体情况

表4—91　　　　　　　　媒介使用率变化

选项	会上网以前使用媒介		目前使用媒介	
图书	3438	80.78%	2328	54.70%
报纸	3207	75.35%	2054	48.26%
杂志	3118	73.26%	2040	47.93%
广播	1767	41.52%	1084	25.47%
电视	3300	77.54%	2538	59.63%
手机	902	21.19%	3123	73.38%
台式电脑	492	11.56%	2257	53.03%
笔记本电脑	264	6.20%	2894	68.00%
平板电脑	140	3.29%	989	23.24%
电子阅读器	228	5.36%	885	20.79%

第四章　数字时代我国国民阅读行为嬗变的表现

续表

选项	会上网以前使用媒介		目前使用媒介	
光盘型媒介（如CD、VCD、DVD）	646	15.18%	490	11.51%
其他	47	1.10%	33	0.78%

调查发现，如表4—91所示，媒介使用率方面的变化情况表现为传统纸质媒介、电波媒介和光盘型媒介的使用率普遍性下降。报纸下降27.09%，杂志下降25.33%，图书下降26.08%，电视下降17.91%，广播下降16.05%，光盘型媒介下降3.67%。手机、电脑、阅读器的使用率增长明显，尤其是手机和笔记本电脑。这与国民阅读调查的结果也是相吻合的。媒介多元化形成了众多新兴媒介对传统媒介的分割。下面重点对图书、报纸、期刊和手机这几种媒介的使用率变化情况进行分析。

（二）图书使用率变化

表4—92　　　　网龄与图书使用率的交叉制表

			网龄分段 * 在会上网以前您使用的媒介是：（选项1：图书）交叉制表		
			在会上网以前您使用的媒介是：（选项1：图书）		合计
			未选中	选中	
网龄分段	1	计数	143	374	517
		比例	27.7%	72.3%	100.0%
	2	计数	294	1418	1712
		比例	17.2%	82.8%	100.0%
	3	计数	381	1646	2027
		比例	18.8%	81.2%	100.0%
			网龄分段 * 目前您使用的媒介是：（选项1：图书）交叉制表		
			目前您使用的媒介是：（选项1：图书）		合计
			未选中	选中	
网龄分段	1	计数	246	271	517
		比例	47.6%	52.4%	100.0%
	2	计数	756	956	1712
		比例	44.2%	55.8%	100.0%
	3	计数	926	1101	2027
		比例	45.7%	54.3%	100.0%

从网龄差异对图书使用率的影响看，网龄 3—5 年的读者会上网前的图书使用率是 72.3%，现在是 52.4%，降幅是 19.9%。网龄 6—10 年的读者会上网以前的图书使用率是 82.8%，现在是 55.8%，降幅为 27%。网龄 11—19 年的读者会上网以前的图书使用率是 81.2%，现在是 54.3%，降幅为 26.9%。可见，网龄长短对图书使用率变化有一定影响。但网龄越长，图书使用率降幅不一定会越大（见表 4—92）。

表 4—93　　　　　　年龄与图书使用率的交叉制表

年龄分段 * 在会上网以前您使用的媒介是：（选项1：图书）交叉制表

			在会上网以前您使用的媒介是：（选项1：图书）		合计
			未选中	选中	
年龄分段	1	计数	525	2422	2947
		比例	17.8%	82.2%	100.0%
	2	计数	277	972	1249
		比例	22.2%	77.8%	100.0%
	3	计数	16	44	60
		比例	26.7%	73.3%	100.0%

年龄分段 * 目前您使用的媒介是：（选项1：图书）交叉制表

			目前您使用的媒介是：（选项1：图书）		合计
			未选中	选中	
年龄分段	1	计数	1264	1683	2947
		比例	42.9%	57.1%	100.0%
	2	计数	636	613	1249
		比例	50.9%	49.1%	100.0%
	3	计数	28	32	60
		比例	46.7%	53.3%	100.0%

从年龄差异对图书使用率的影响看，会上网前年轻读者的图书使用率略高（82.2%），中年读者次之（77.8%），老年读者最低（73.3%），现在年轻读者、中年读者和老年读者的图书使用率分别为 57.1%、49.1%、53.3%（见表 4—93）。

第四章 数字时代我国国民阅读行为嬗变的表现

表 4—94　　　　　　　性别与图书使用率的交叉制表

性别 * 在会上网以前您使用的媒介是：（选项 1：图书）交叉制表

性别			在会上网以前您使用的媒介是：（选项 1：图书）		合计
			未选中	选中	
性别	男	计数	475	1691	2166
		比例	21.9%	78.1%	100.0%
	女	计数	343	1747	2090
		比例	16.4%	83.6%	100.0%

性别 * 目前您使用的媒介是：（选项 1：图书）交叉制表

性别			目前您使用的媒介是：（选项 1：图书）		合计
			未选中	选中	
性别	男	计数	1062	1104	2166
		比例	49.0%	51.0%	100.0%
	女	计数	866	1224	2090
		比例	41.4%	58.6%	100.0%

从性别差异对图书使用率的影响看，会上网前女性的图书使用率（83.6%）高于男性的（78.1%），现在女性的图书使用率（58.6%）仍高于男性的（51.0%），降幅男性略高（见表 4—94）。

表 4—95　　　　　　　婚姻状况与图书使用率的交叉制表

婚姻状况 * 在会上网以前您使用的媒介是：（选项 1：图书）交叉制表

婚姻状况			在会上网以前您使用的媒介是：（选项 1：图书）		合计
			未选中	选中	
婚姻状况	未婚	计数	422	2067	2489
		比例	17.0%	83.0%	100.0%
	已婚	计数	396	1371	1767
		比例	22.4%	77.6%	100.0%

婚姻状况 * 目前您使用的媒介是：（选项 1：图书）交叉制表

婚姻状况			目前您使用的媒介是：（选项 1：图书）		合计
			未选中	选中	
婚姻状况	未婚	计数	1030	1459	2489
		比例	41.4%	58.6%	100.0%

续表

婚姻状况 * 目前您使用的媒介是：（选项1：图书）交叉制表					
			目前您使用的媒介是：（选项1：图书）		合计
			未选中	选中	
婚姻状况	已婚	计数	898	869	1767
		比例	50.8%	49.2%	100.0%

从婚姻状况与图书使用率的关系看，未婚读者的图书使用率降幅达到（24.4%），低于已婚读者（28.4%）。未婚读者的图书使用率也高于已婚读者（见表4—95）。

表4—96　　　　区域与图书使用率的交叉制表

区域编号 * 在会上网以前您使用的媒介是：（选项1：图书）交叉制表					
			在会上网以前您使用的媒介是：（选项1：图书）		合计
			未选中	选中	
区域编号	1	计数	435	2044	2479
		比例	17.5%	82.5%	100.0%
	2	计数	273	868	1141
		比例	23.9%	76.1%	100.0%
	3	计数	110	526	636
		比例	17.3%	82.7%	100.0%

区域编号 * 目前您使用的媒介是：（选项1：图书）交叉制表					
			目前您使用的媒介是：（选项1：图书）		合计
			未选中	选中	
区域编号	1	计数	1146	1333	2479
		比例	46.2%	53.8%	100.0%
	2	计数	510	631	1141
		比例	44.7%	55.3%	100.0%
	3	计数	272	364	636
		比例	42.8%	57.2%	100.0%

区域因素对图书使用率的影响较小，现在西部读者的图书使用率略高于中部读者和东部读者。从降幅看，东部读者最高（28.7%），西部读者

次之（25.5%），中部地区读者第三（20.8%）（见表4—96）。

表4—97　　　　　　户籍与图书使用率的交叉制表

户籍 * 在会上网以前您使用的媒介是：（选项1：图书）交叉制表					
^	^	^	在会上网以前您使用的媒介是：（选项1：图书）		合计
^	^	^	未选中	选中	^
户籍	农村居民	计数	427	1272	1699
^	^	比例	25.1%	74.9%	100.0%
^	城镇居民	计数	391	2166	2557
^	^	比例	15.3%	84.7%	100.0%

户籍 * 目前您使用的媒介是：（选项1：图书）交叉制表					
^	^	^	目前您使用的媒介是：（选项1：图书）		合计
^	^	^	未选中	选中	^
户籍	农村居民	计数	907	792	1699
^	^	比例	53.4%	46.6%	100.0%
^	城镇居民	计数	1021	1536	2557
^	^	比例	39.9%	60.1%	100.0%

户籍因素对图书使用率的影响比较明显。城镇读者的图书使用率高于农村读者，农村读者的图书使用率降幅（28.3%）大于城镇读者（24.6%）（见表4—97）。

表4—98　　　　　　学历与图书使用率的交叉制表

学历 * 在会上网以前您使用的媒介是：（选项1：图书）交叉制表					
^	^	^	在会上网以前您使用的媒介是：（选项1：图书）		合计
^	^	^	未选中	选中	^
学历	初中	计数	163	167	330
^	^	比例	49.4%	50.6%	100.0%
^	高中/中专/技校	计数	160	525	685
^	^	比例	23.4%	76.6%	100.0%
^	大专	计数	196	748	944
^	^	比例	20.8%	79.2%	100.0%

续表

学历＊在会上网以前您使用的媒介是：（选项1：图书）交叉制表

			在会上网以前您使用的媒介是：（选项1：图书）		合计
			未选中	选中	
学历	本科	计数	267	1819	2086
		比例	12.8%	87.2%	100.0%
	硕士及以上	计数	32	179	211
		比例	15.2%	84.8%	100.0%

学历＊目前您使用的媒介是：（选项1：图书）交叉制表

			目前您使用的媒介是：（选项1：图书）		合计
			未选中	选中	
学历	初中	计数	257	73	330
		比例	77.9%	22.1%	100.0%
	高中/中专/技校	计数	390	295	685
		比例	56.9%	43.1%	100.0%
	大专	计数	502	442	944
		比例	53.2%	46.8%	100.0%
	本科	计数	715	1371	2086
		比例	34.3%	65.7%	100.0%
	硕士及以上	计数	64	147	211
		比例	30.3%	69.7%	100.0%

从学历差异对图书使用率的影响看，现在硕士及以上的读者图书使用率为69.7%，接下来是本科65.7%、大专46.8%、高中/中专/技校43.1%、初中只有22.1%。在会上网以前，他们的图书使用率分别为84.8%、87.2%、79.2%、76.6%、50.6%。从降幅看，从高到低排序依次是高中/中专/技校、大专、初中、本科和硕士及以上（见表4—98）。

表 4—99　　　　　职业与图书使用率的交叉制表

职业 * 目前您使用的媒介是：（选项 1：图书）交叉制表

			目前您使用的媒介是：（选项 1：图书）		合计
			未选中	选中	
职业	企业领导或管理人员	计数	184	156	340
		比例	54.1%	45.9%	100.0%
	公检法/军人/武警	计数	36	32	68
		比例	52.9%	47.1%	100.0%
	学生	计数	388	891	1279
		比例	30.3%	69.7%	100.0%
	专业技术人员/教师/医生	计数	324	416	740
		比例	43.8%	56.2%	100.0%
	机关/事业单位干部	计数	124	208	332
		比例	37.3%	62.7%	100.0%
	私营或个体劳动者	计数	288	124	412
		比例	69.9%	30.1%	100.0%
	无业及失业人员	计数	84	60	144
		比例	58.3%	41.7%	100.0%
	工人/商业服务业人员	计数	196	96	292
		比例	67.1%	32.9%	100.0%
	一般职员/文员/秘书	计数	236	236	472
		比例	50.0%	50.0%	100.0%
	离退休人员	计数	24	32	56
		比例	42.9%	57.1%	100.0%
	其他	计数	44	77	121
		比例	36.4%	63.6%	100.0%

调查发现，如表 4—99 所示，学生的图书使用率最高，不过也只有 69.7%，有近三成的学生没有选择图书这一项。会上网前，学生的图书使用率是 88.4%。机关/事业单位干部的图书使用率也超过六成。公检法/军人/武警为 47.1%，较之会上网前的 82.4% 的图书使用率，下降了 35.3%，降幅最大。一般职员/文员/秘书的图书使用率从 84.7% 降至目前的 50.0%，下降了 34.7%，降幅也比较大。

表 4—100　　　　收入与图书使用率的交叉制表

目前可支配月收入 * 目前您使用的媒介是：（选项1：图书）交叉制表					
			目前您使用的媒介是：（选项1：图书）		合计
			未选中	选中	
目前可支配月收入	800元及以下	计数	246	461	707
		比例	34.8%	65.2%	100.0%
	801—1500元	计数	375	574	949
		比例	39.5%	60.5%	100.0%
	1501—3000元	计数	599	539	1138
		比例	52.6%	47.4%	100.0%
	3001—5000元	计数	411	481	892
		比例	46.1%	53.9%	100.0%
	5001—10000元	计数	213	207	420
		比例	50.7%	49.3%	100.0%
	10001—20000元	计数	46	45	91
		比例	50.5%	49.5%	100.0%
	20001元及以上	计数	38	21	59
		比例	64.4%	35.6%	100.0%

调查发现，如表4—100所示，月收入与图书使用率之间没有线性关联。月收入800元及以下的读者图书使用率最高（65.2%），801—1500元的读者是60.5%，其余类型读者的图书使用率均不超过六成。月收入达到20001元及以上的读者的图书使用率只有35.6%，为最低。与会上网前相比，月收入10001—20000元的读者从89.0%降到目前的49.5%，降幅最大（39.5%）。

表 4—101　　　阅读习惯改变幅度与图书使用率的交叉制表

阅读习惯改变幅度 * 在会上网以前您使用的媒介是：（选项1：图书）交叉制表					
			在会上网以前您使用的媒介是：（选项1：图书）		合计
			未选中	选中	
阅读习惯改变幅度	改变很大	计数	273	994	1267
		比例	21.5%	78.5%	100.0%

续表

阅读习惯改变幅度 * 在会上网以前您使用的媒介是：（选项1：图书）交叉制表

			在会上网以前您使用的媒介是：（选项1：图书）		合计
			未选中	选中	
阅读习惯改变幅度	有所改变，但程度有限	计数	377	1951	2328
		比例	16.2%	83.8%	100.0%
	没什么改变	计数	110	408	518
		比例	21.2%	78.8%	100.0%
	说不准	计数	58	85	143
		比例	40.6%	59.4%	100.0%
合计		计数	818	3438	4256
		比例	19.2%	80.8%	100.0%

阅读习惯改变幅度 * 目前您使用的媒介是：（选项1：图书）交叉制表

			目前您使用的媒介是：（选项1：图书）		合计
			未选中	选中	
阅读习惯改变幅度	改变很大	计数	722	545	1267
		比例	57.0%	43.0%	100.0%
	有所改变，但程度有限	计数	947	1381	2328
		比例	40.7%	59.3%	100.0%
	没什么改变	计数	189	329	518
		比例	36.5%	63.5%	100.0%
	说不准	计数	70	73	143
		比例	49.0%	51.0%	100.0%

调查发现，如表4—101所示，阅读习惯改变幅度与图书使用率之间的关系密切。改变幅度越大，图书使用率就越低。与会上网前相比，降幅随着改变幅度的提升，有所加大。认为阅读习惯"改变很大"的读者图书使用率降幅达到35.5%，认为"有所改变，但程度有限"的读者降幅24.5%，认为"没什么改变"的读者降幅15.3%。

（三）报纸使用率变化

表4—102　　网龄与报纸使用率的交叉制表

网龄分段 * 在会上网以前您使用的媒介是：（选项2：报纸）交叉制表

			在会上网以前您使用的媒介是：（选项2：报纸）		合计
			未选中	选中	
网龄分段	1	计数	146	371	517
		比例	28.2%	71.8%	100.0%
	2	计数	463	1249	1712
		比例	27.0%	73.0%	100.0%
	3	计数	440	1587	2027
		比例	21.7%	78.3%	100.0%

网龄分段 * 目前您使用的媒介是：（选项2：报纸）交叉制表

			目前您使用的媒介是：（选项2：报纸）		合计
			未选中	选中	
网龄分段	1	计数	298	219	517
		比例	57.6%	42.4%	100.0%
	2	计数	989	723	1712
		比例	57.8%	42.2%	100.0%
	3	计数	915	1112	2027
		比例	45.1%	54.9%	100.0%

　　从网龄分段看，网龄3—5年的读者的报纸使用率从会上网前的71.8%降到现在42.4%，降幅为29.4%。网龄6—10年的读者的报纸使用率从73.0%降到42.2%，降幅为30.8%。网龄11—19年的读者的报纸使用率从78.3%降到现在的54.9%，降幅为23.4%。可见，网龄因素对报纸使用率会有一定影响，但并不是线性的关系。网龄越长不意味着报纸使用率就越低（见表4—102）。

表 4—103　　　　年龄与报纸使用率的交叉制表

年龄分段 * 在会上网以前您使用的媒介是：（选项2：报纸）交叉制表

			在会上网以前您使用的媒介是：（选项2：报纸）		合计
			未选中	选中	
年龄分段	1	计数	868	2079	2947
		比例	29.5%	70.5%	100.0%
	2	计数	181	1068	1249
		比例	14.5%	85.5%	100.0%
	3	计数	0	60	60
		比例	0.0%	100.0%	100.0%

年龄分段 * 目前您使用的媒介是：（选项2：报纸）交叉制表

			目前您使用的媒介是：（选项2：报纸）		合计
			未选中	选中	
年龄分段	1	计数	1764	1183	2947
		比例	59.9%	40.1%	100.0%
	2	计数	426	823	1249
		比例	34.1%	65.9%	100.0%
	3	计数	12	48	60
		比例	20.0%	80.0%	100.0%

调查发现，如表4—103所示，年龄差异对报纸使用率有一定影响，年轻读者会上网前的报纸使用率为70.5%，现在为40.1%，降幅为30.4%。中年读者从报纸使用率85.5%降到65.9%，降幅为19.6%。老年读者，报纸使用率从100.0%降到80.0%降幅为20.0%。由此，可以得知，年轻读者不读报纸的倾向较为明显。而老年读者的报纸使用率还是比较高的。

表 4—104　　　　性别与报纸使用率的交叉制表

性别 * 在会上网以前您使用的媒介是：（选项2：报纸）交叉制表

			在会上网以前您使用的媒介是：（选项2：报纸）		合计
			未选中	选中	
性别	男	计数	575	1591	2166
		比例	26.5%	73.5%	100.0%

续表

性别 * 在会上网以前您使用的媒介是：（选项2：报纸）交叉制表				
			在会上网以前您使用的媒介是：（选项2：报纸）		合计
			未选中	选中	
性别	女	计数	474	1616	2090
		比例	22.7%	77.3%	100.0%

性别 * 目前您使用的媒介是：（选项2：报纸）交叉制表				
			目前您使用的媒介是：（选项2：报纸）		合计
			未选中	选中	
性别	男	计数	1150	1016	2166
		比例	53.1%	46.9%	100.0%
	女	计数	1052	1038	2090
		比例	50.3%	49.7%	100.0%

调查发现，如表4—104所示，性别因素对报纸使用率有一定影响。女性的报纸使用率略高于男性。与会上网前相比，男性与女性的报纸使用率的降幅差不多。

表4—105　　　　婚姻状况与报纸使用率的交叉制表

婚姻状况 * 在会上网以前您使用的媒介是：（选项2：报纸）交叉制表				
			在会上网以前您使用的媒介是：（选项2：报纸）		合计
			未选中	选中	
婚姻状况	未婚	计数	753	1736	2489
		比例	30.3%	69.7%	100.0%
	已婚	计数	296	1471	1767
		比例	16.8%	83.2%	100.0%

婚姻状况 * 目前您使用的媒介是：（选项2：报纸）交叉制表				
			目前您使用的媒介是：（选项2：报纸）		合计
			未选中	选中	
婚姻状况	未婚	计数	1531	958	2489
		比例	61.5%	38.5%	100.0%
	已婚	计数	671	1096	1767
		比例	38.0%	62.0%	100.0%

第四章 数字时代我国国民阅读行为嬗变的表现

调查发现，如表4—105所示，婚姻状况对报纸使用率的影响较为明显。已婚读者的报纸使用率明显高于未婚读者。与会上网前相比，未婚读者报纸使用率的降幅（31.2%）高于已婚读者（21.2%）。

表4—106　　　　区域与报纸使用率的交叉制表

区域编号 * 在会上网以前您使用的媒介是：（选项2：报纸）交叉制表					
			在会上网以前您使用的媒介是：（选项2：报纸）		合计
			未选中	选中	
区域编号	1	计数	578	1901	2479
		比例	23.3%	76.7%	100.0%
	2	计数	342	799	1141
		比例	30.0%	70.0%	100.0%
	3	计数	129	507	636
		比例	20.3%	79.7%	100.0%

区域编号 * 目前您使用的媒介是：（选项2：报纸）交叉制表					
			目前您使用的媒介是：（选项2：报纸）		合计
			未选中	选中	
区域编号	1	计数	1322	1157	2479
		比例	53.3%	46.7%	100.0%
	2	计数	627	514	1141
		比例	55.0%	45.0%	100.0%
	3	计数	253	383	636
		比例	39.8%	60.2%	100.0%

从区域差异看，东部地区读者报纸使用率从会上网前的76.7%降到现在的46.7%，降幅为30.0%。中部地区读者的报纸使用率从70.0%降到45.0%，降幅是25.0%。西部地区读者的报纸使用率从79.7%降到60.2%，降幅为19.5%。可见，东部地区读者在数字时代放弃报纸的倾向更为明显（见表4—106）。

表4—107　　　　　户籍与报纸使用率的交叉制表

户籍 * 在会上网以前您使用的媒介是：（选项2：报纸）交叉制表

户籍			在会上网以前您使用的媒介是：（选项2：报纸）		合计
			未选中	选中	
户籍	农村居民	计数	529	1170	1699
		比例	31.1%	68.9%	100.0%
	城镇居民	计数	520	2037	2557
		比例	20.3%	79.7%	100.0%

户籍 * 目前您使用的媒介是：（选项2：报纸）交叉制表

户籍			目前您使用的媒介是：（选项2：报纸）		合计
			未选中	选中	
户籍	农村居民	计数	1009	690	1699
		比例	59.4%	40.6%	100.0%
	城镇居民	计数	1193	1364	2557
		比例	46.7%	53.3%	100.0%

从户籍因素看，城镇读者的报纸使用率高于农村读者。与会上网前相比，农村读者报纸使用率的降幅（28.3%）略高于城镇读者（26.4%）（见表4—107）。

表4—108　　　　　学历与报纸使用率的交叉制表

学历 * 在会上网以前您使用的媒介是：（选项2：报纸）交叉制表

学历			在会上网以前您使用的媒介是：（选项2：报纸）		合计
			未选中	选中	
学历	初中	计数	122	208	330
		比例	37.0%	63.0%	100.0%
	高中/中专/技校	计数	191	494	685
		比例	27.9%	72.1%	100.0%
	大专	计数	169	775	944
		比例	17.9%	82.1%	100.0%
	本科	计数	509	1577	2086
		比例	24.4%	75.6%	100.0%
	硕士及以上	计数	58	153	211
		比例	27.5%	72.5%	100.0%

续表

学历 * 目前您使用的媒介是：（选项2：报纸）交叉制表			目前您使用的媒介是：（选项2：报纸）		合计
			未选中	选中	
学历	初中	计数	192	138	330
		比例	58.2%	41.8%	100.0%
	高中/中专/技校	计数	350	335	685
		比例	51.1%	48.9%	100.0%
	大专	计数	446	498	944
		比例	47.2%	52.8%	100.0%
	本科	计数	1114	972	2086
		比例	53.4%	46.6%	100.0%
	硕士及以上	计数	100	111	211
		比例	47.4%	52.6%	100.0%

从学历因素看，初中学历的读者报纸使用率降幅是21.2%（从63.0%至41.8%），高中/中专/技校学历读者的报纸使用率降幅为23.2%（从72.1%至48.9%），大专学历读者的报纸使用率降幅是29.3%（从82.1%至52.8%），本科学历读者的报纸使用率降幅为29.0%（从75.6%至46.6%），硕士及以上学历读者的报纸使用率降幅是19.9%（从72.5%至52.6%）（见表4—108）。

表4—109　　　　职业与报纸使用率的交叉制表

职业 * 目前您使用的媒介是：（选项2：报纸）交叉制表			目前您使用的媒介是：（选项2：报纸）		合计
			未选中	选中	
职业	企业领导或管理人员	计数	144	196	340
		比例	42.4%	57.6%	100.0%
	公检法/军人/武警	计数	32	36	68
		比例	47.1%	52.9%	100.0%
	学生	计数	766	513	1279
		比例	59.9%	40.1%	100.0%

续表

职业 * 目前您使用的媒介是：（选项2：报纸）交叉制表				目前您使用的媒介是：（选项2：报纸）		合计
				未选中	选中	
职业	专业技术人员/教师/医生	计数	324	416	740
		比例	43.8%	56.2%	100.0%
	机关/事业单位干部	计数	112	220	332
		比例	33.7%	66.3%	100.0%
	私营或个体劳动者	计数	200	212	412
		比例	48.5%	51.5%	100.0%
	无业及失业人员	计数	84	60	144
		比例	58.3%	41.7%	100.0%
	工人/商业服务业人员	计数	188	104	292
		比例	64.4%	35.6%	100.0%
	一般职员/文员/秘书	计数	276	196	472
		比例	58.5%	41.5%	100.0%
	离退休人员	计数	12	44	56
		比例	21.4%	78.6%	100.0%
	其他	计数	64	57	121
		比例	52.9%	47.1%	100.0%

调查发现，不同职业人群的报纸使用率有明显差异，离退休人员、机关/事业单位干部的报纸使用率较高，分别达到78.6%和66.3%。学生的报纸使用率最低，只有40.1%（见表4—109）。

表4—110　　　　　　　月收入与报纸使用率的交叉制表

目前可支配月收入 * 目前您使用的媒介是：（选项2：报纸）交叉制表				目前您使用的媒介是：（选项2：报纸）		合计
				未选中	选中	
目前可支配月收入	800元及以下	计数	433	274	707
		比例	61.2%	38.8%	100.0%
	801—1500元	计数	548	401	949
		比例	57.7%	42.3%	100.0%

续表

目前可支配月收入＊目前您使用的媒介是：（选项2：报纸）交叉制表

			目前您使用的媒介是：（选项2：报纸）		合计
			未选中	选中	
目前可支配月收入	1501—3000元	计数	534	604	1138
		比例	46.9%	53.1%	100.0%
	3001—5000元	计数	395	497	892
		比例	44.3%	55.7%	100.0%
	5001—10000元	计数	218	202	420
		比例	51.9%	48.1%	100.0%
	10001—20000元	计数	48	43	91
		比例	52.7%	47.3%	100.0%
	20001元及以上	计数	26	33	59
		比例	44.1%	55.9%	100.0%

调查发现，如表4—110所示，报纸使用率与月收入之间有一定的关联。月收入1501—3000元、3001—5000元、20001元及以上的读者的报纸使用率相对较高，月收入800元及以下的读者的报纸使用率最低。与上网前相比，月收入10001—20000元的读者报纸使用率从86.8%下降到47.3%，下降幅度较大（39.5%）。

表4—111 阅读习惯改变幅度与报纸使用率的交叉制表

阅读习惯改变幅度＊在会上网以前您使用的媒介是：（选项2：报纸）交叉制表

			在会上网以前您使用的媒介是：（选项2：报纸）		合计
			未选中	选中	
阅读习惯改变幅度	改变很大	计数	305	962	1267
		比例	24.1%	75.9%	100.0%
	有所改变，但程度有限	计数	545	1783	2328
		比例	23.4%	76.6%	100.0%
	没什么改变	计数	141	377	518
		比例	27.2%	72.8%	100.0%
	说不准	计数	58	85	143
		比例	40.6%	59.4%	100.0%

续表

阅读习惯改变幅度 * 目前您使用的媒介是：（选项2：报纸）交叉制表

			目前您使用的媒介是：（选项2：报纸）		合计
			未选中	选中	
阅读习惯改变幅度	改变很大	计数	753	514	1267
		比例	59.4%	40.6%	100.0%
	有所改变，但程度有限	计数	1121	1207	2328
		比例	48.2%	51.8%	100.0%
	没什么改变	计数	240	278	518
		比例	46.3%	53.7%	100.0%
	说不准	计数	88	55	143
		比例	61.5%	38.5%	100.0%

调查发现，如表4—111，所示阅读习惯改变幅度与报纸使用率之间的关系较为密切。自认为阅读习惯"改变很大"的读者的报纸使用率较"没什么改变"的读者明显低，与会上网前相比，降幅也明显大。

（四）杂志使用率变化

表4—112　　　　网龄与杂志使用率的交叉制表

			在会上网以前您使用的媒介是：（选项3：杂志）		合计
			未选中	选中	
网龄分段	1	计数	174	343	517
		比例	33.7%	66.3%	100.0%
	2	计数	464	1248	1712
		比例	27.1%	72.9%	100.0%
	3	计数	500	1527	2027
		比例	24.7%	75.3%	100.0%

网龄分段 * 目前您使用的媒介是：（选项3：杂志）交叉制表

			目前您使用的媒介是：（选项3：杂志）		合计
			未选中	选中	
网龄分段	1	计数	280	237	517
		比例	54.2%	45.8%	100.0%

续表

网龄分段 * 目前您使用的媒介是：（选项3：杂志）交叉制表					
^			目前您使用的媒介是：（选项3：杂志）		合计
^			未选中	选中	^
网龄分段	2	计数	881	831	1712
^	^	比例	51.5%	48.5%	100.0%
^	3	计数	1055	972	2027
^	^	比例	52.0%	48.0%	100.0%

从网龄差异对杂志使用率的影响看，网龄3—5年的读者会上网前的杂志使用率是66.3%，现在是45.8%，降幅是20.5%。网龄6—10年的读者会上网以前杂志使用率是72.9%，现在是48.5%，降幅为24.4%。网龄11—19年的读者会上网以前杂志使用率是75.3%，现在是48.0%，降幅为27.3%。可见，网龄对杂志使用率的变化有一定影响（见表4—112）。

表4—113　　　　年龄与杂志使用率的交叉制表

年龄分段 * 在会上网以前您使用的媒介是：（选项3：杂志）交叉制表					
^			在会上网以前您使用的媒介是：（选项3：杂志）		合计
^			未选中	选中	^
年龄分段	1	计数	793	2154	2947
^	^	比例	26.9%	73.1%	100.0%
^	2	计数	317	932	1249
^	^	比例	25.4%	74.6%	100.0%
^	3	计数	28	32	60
^	^	比例	46.7%	53.3%	100.0%

年龄分段 * 目前您使用的媒介是：（选项3：杂志）交叉制表					
^			目前您使用的媒介是：（选项3：杂志）		合计
^			未选中	选中	^
年龄分段	1	计数	1576	1371	2947
^	^	比例	53.5%	46.5%	100.0%
^	2	计数	616	633	1249
^	^	比例	49.3%	50.7%	100.0%

续表

年龄分段 * 目前您使用的媒介是：（选项3：杂志）交叉制表					
			目前您使用的媒介是：（选项3：杂志）		合计
			未选中	选中	
年龄分段	3	计数	24	36	60
		比例	40.0%	60.0%	100.0%

从年龄差异对杂志使用率的影响看，会上网前中年人杂志使用率略高（74.6%），年轻人次之（73.1%），老年人最低（53.3%），现在年轻人、中年人和老年人的杂志使用率分别为46.5%、50.7%和60.0%。年轻人、中年人杂志使用率的降幅分别为26.6%、23.9%，老年人的杂志使用率在数字时代非但没有降低，反而上升了6.7%（见表4—113）。

表4—114　　　　　性别与杂志使用率的交叉制表

性别 * 在会上网以前您使用的媒介是：（选项3：杂志）交叉制表					
			在会上网以前您使用的媒介是：（选项3：杂志）		合计
			未选中	选中	
性别	男	计数	682	1484	2166
		比例	31.5%	68.5%	100.0%
	女	计数	456	1634	2090
		比例	21.8%	78.2%	100.0%

性别 * 目前您使用的媒介是：（选项3：杂志）交叉制表					
			目前您使用的媒介是：（选项3：杂志）		合计
			未选中	选中	
性别	男	计数	1270	896	2166
		比例	58.6%	41.4%	100.0%
	女	计数	946	1144	2090
		比例	45.3%	54.7%	100.0%

从性别差异对杂志使用率的影响看，会上网前女性杂志使用率（78.2%）高于男性（68.5%），现在女性杂志使用率（54.7%）仍高于男性（41.4%），女性读者杂志使用率降幅（23.5%）低于男性

(27.1%)（见表4—115）。

表4—115　　　婚姻状况与杂志阅读率的交叉制表

婚姻状况 * 在会上网以前您使用的媒介是：（选项3：杂志）交叉制表					
			在会上网以前您使用的媒介是：（选项3：杂志）		合计
			未选中	选中	
婚姻状况	未婚	计数	669	1820	2489
^	^	比例	26.9%	73.1%	100.0%
^	已婚	计数	469	1298	1767
^	^	比例	26.5%	73.5%	100.0%

婚姻状况 * 目前您使用的媒介是：（选项3：杂志）交叉制表					
			目前您使用的媒介是：（选项3：杂志）		合计
			未选中	选中	
婚姻状况	未婚	计数	1311	1178	2489
^	^	比例	52.7%	47.3%	100.0%
^	已婚	计数	905	862	1767
^	^	比例	51.2%	48.8%	100.0%

婚姻状况对杂志使用率影响微弱。未婚读者与已婚读者的杂志使用率差别不大，降幅也差不多（见表4—115）。

表4—116　　　区域与杂志使用率的交叉制表

区域编号 * 在会上网以前您使用的媒介是：（选项3：杂志）交叉制表					
			在会上网以前您使用的媒介是：（选项3：杂志）		合计
			未选中	选中	
区域编号	1	计数	671	1808	2479
^	^	比例	27.1%	72.9%	100.0%
^	2	计数	352	789	1141
^	^	比例	30.9%	69.1%	100.0%
^	3	计数	115	521	636
^	^	比例	18.1%	81.9%	100.0%

续表

区域编号 * 目前您使用的媒介是：（选项3：杂志）交叉制表

			目前您使用的媒介是：（选项3：杂志）		合计
			未选中	选中	
区域编号	1	计数	1294	1185	2479
		比例	52.2%	47.8%	100.0%
	2	计数	630	511	1141
		比例	55.2%	44.8%	100.0%
	3	计数	292	344	636
		比例	45.9%	54.1%	100.0%

从区域差异看，东部读者的杂志使用率从会上网前的72.9%降到现在的47.8%，降幅为25.1%。中部读者的杂志使用率从69.1%降到44.8%，降幅是24.3%。西部读者的杂志使用率从81.9%降到54.1%，降幅为27.8%（见表4—116）。

表4—117　　　　户籍与杂志使用率的交叉制表

户籍 * 在会上网以前您使用的媒介是：（选项3：杂志）交叉制表

			在会上网以前您使用的媒介是：（选项3：杂志）		合计
			未选中	选中	
户籍	农村居民	计数	543	1156	1699
		比例	32.0%	68.0%	100.0%
	城镇居民	计数	595	1962	2557
		比例	23.3%	76.7%	100.0%

户籍 * 目前您使用的媒介是：（选项3：杂志）交叉制表

			目前您使用的媒介是：（选项3：杂志）		合计
			未选中	选中	
户籍	农村居民	计数	1014	685	1699
		比例	59.7%	40.3%	100.0%
	城镇居民	计数	1202	1355	2557
		比例	47.0%	53.0%	100.0%

调查发现，如表4—117所示，城镇读者的杂志使用率高于农村读者。与会上网前相比，农村读者杂志使用率的降幅（27.7%）略高于城镇读者（23.7%）。

表4—118　　　　　　　学历与杂志使用率的交叉制表

学历 * 在会上网以前您使用的媒介是：（选项3：杂志）交叉制表					
			在会上网以前您使用的媒介是：（选项3：杂志）		合计
			未选中	选中	
学历	初中	计数	181	149	330
		比例	54.8%	45.2%	100.0%
	高中/中专/技校	计数	184	501	685
		比例	26.9%	73.1%	100.0%
	大专	计数	267	677	944
		比例	28.3%	71.7%	100.0%
	本科	计数	466	1620	2086
		比例	22.3%	77.7%	100.0%
	硕士及以上	计数	40	171	211
		比例	19.0%	81.0%	100.0%

学历 * 目前您使用的媒介是：（选项3：杂志）交叉制表					
			目前您使用的媒介是：（选项3：杂志）		合计
			未选中	选中	
学历	初中	计数	245	85	330
		比例	74.2%	25.8%	100.0%
	高中/中专/技校	计数	382	303	685
		比例	55.8%	44.2%	100.0%
	大专	计数	488	456	944
		比例	51.7%	48.3%	100.0%
	本科	计数	1005	1081	2086
		比例	48.2%	51.8%	100.0%
	硕士及以上	计数	96	115	211
		比例	45.5%	54.5%	100.0%

从学历差异对杂志使用率的影响看，现在硕士及以上的读者杂志使用率为54.5%，接下来是本科51.8%、大专48.3%、高中/中专/技校44.2%，初中只有25.8%。在会上网以前，他们的杂志使用率分别为

81.0％、77.7％、71.7％、73.1％和45.2％。从降幅看，从高到低排序依次是高中/中专/技校（28.9％）、硕士及以上（26.5％）、本科（25.9％）、大专（23.4％）和初中（19.4％）（见表4—118）。

表4—119　　　阅读习惯改变幅度与杂志使用率的交叉制表

阅读习惯改变幅度 * 目前您使用的媒介是：（选项3：杂志）交叉制表					
			目前您使用的媒介是：（选项3：杂志）		合计
			未选中	选中	
阅读习惯改变幅度	改变很大	计数	834	433	1267
		比例	65.8％	34.2％	100.0％
	有所改变，但程度有限	计数	1066	1262	2328
		比例	45.8％	54.2％	100.0％
	没什么改变	计数	227	291	518
		比例	43.8％	56.2％	100.0％
	说不准	计数	89	54	143
		比例	62.2％	37.8％	100.0％

调查发现，如表4—119所示，阅读习惯改变幅度较大者，杂志使用率相对较低，与会上网前相比，杂志使用率的降幅也相对较大。可见，阅读习惯改变幅度与杂志使用率密切相关。

（五）手机使用率变化

表4—120　　　网龄与手机使用率的交叉制表

网龄分段 * 在会上网以前您使用的媒介是：（选项6：手机）交叉制表					
			在会上网以前您使用的媒介是：（选项6：手机）		合计
			未选中	选中	
网龄分段	1	计数	373	144	517
		比例	72.1％	27.9％	100.0％
	2	计数	1330	382	1712
		比例	77.7％	22.3％	100.0％
	3	计数	1651	376	2027
		比例	81.5％	18.5％	100.0％

续表

网龄分段 * 目前您使用的媒介是：（选项6：手机）交叉制表			目前您使用的媒介是：（选项6：手机）		合计
			未选中	选中	
网龄分段	1	计数	191	326	517
		比例	36.9%	63.1%	100.0%
	2	计数	377	1335	1712
		比例	22.0%	78.0%	100.0%
	3	计数	565	1462	2027
		比例	27.9%	72.1%	100.0%

从网龄差异看，网龄3—5年、6—10年和11—19年的读者手机使用率升幅分别为35.2%、55.7%和53.6%。可见，网龄因素与手机使用率之间有一定关联（见表4—120）。

表4—121　　　　年龄与手机使用率的交叉制表

年龄分段 * 在会上网以前您使用的媒介是：（选项6：手机）交叉制表			在会上网以前您使用的媒介是：（选项6：手机）		合计
			未选中	选中	
年龄分段	1	计数	2287	660	2947
		比例	77.6%	22.4%	100.0%
	2	计数	1015	234	1249
		比例	81.3%	18.7%	100.0%
	3	计数	52	8	60
		比例	86.7%	13.3%	100.0%

年龄分段 * 目前您使用的媒介是：（选项6：手机）交叉制表			目前您使用的媒介是：（选项6：手机）		合计
			未选中	选中	
年龄分段	1	计数	681	2266	2947
		比例	23.1%	76.9%	100.0%
	2	计数	428	821	1249
		比例	34.3%	65.7%	100.0%

续表

年龄分段 * 目前您使用的媒介是：（选项6：手机）交叉制表				
			目前您使用的媒介是：（选项6：手机）		合计
			未选中	选中	
年龄分段	3	计数	24	36	60
		比例	40.0%	60.0%	100.0%

从年龄差异看，年轻人、中年人和老年人会上网前的手机使用率分别为22.4%、18.7%和13.3%，现在的手机使用率分别为76.9%、65.7%和60.0%，升幅分别为54.5%、47.0%和46.7%（见表4—121）。

表4—122　　　　　　性别与手机使用率的交叉制表

性别 * 在会上网以前您使用的媒介是：（选项6：手机）交叉制表				
			在会上网以前您使用的媒介是：（选项6：手机）		合计
			未选中	选中	
性别	男	计数	1749	417	2166
		比例	80.7%	19.3%	100.0%
	女	计数	1605	485	2090
		比例	76.8%	23.2%	100.0%

性别 * 目前您使用的媒介是：（选项6：手机）交叉制表				
			目前您使用的媒介是：（选项6：手机）		合计
			未选中	选中	
性别	男	计数	653	1513	2166
		比例	30.1%	69.9%	100.0%
	女	计数	480	1610	2090
		比例	23.0%	77.0%	100.0%

调查发现，如表4—122所示，手机使用率与性别之间有一定关系。女性的手机使用率高于男性。会上网前女性使用手机的比例为23.2%、男性为19.3%，现在女性使用手机的比例为77.0%、男性为69.9%。与会上网前相比，男性读者的手机使用率提升了50.6%，而女性读者提升了53.8%。

第四章 数字时代我国国民阅读行为嬗变的表现

表 4—123　　　　　婚姻状况与手机使用率的交叉制表

婚姻状况 * 在会上网以前您使用的媒介是：（选项6：手机）交叉制表				
			在会上网以前您使用的媒介是：（选项6：手机）		合计
			未选中	选中	
婚姻状况	未婚	计数	1909	580	2489
		比例	76.7%	23.3%	100.0%
	已婚	计数	1445	322	1767
		比例	81.8%	18.2%	100.0%

婚姻状况 * 目前您使用的媒介是：（选项6：手机）交叉制表				
			目前您使用的媒介是：（选项6：手机）		合计
			未选中	选中	
婚姻状况	未婚	计数	551	1938	2489
		比例	22.1%	77.9%	100.0%
	已婚	计数	582	1185	1767
		比例	32.9%	67.1%	100.0%

调查发现，如表4—123所示，未婚读者的手机使用率高于已婚读者。与会上网前相比，未婚读者手机使用率提升了54.6%，高于已婚读者的48.9%。

表 4—124　　　　　区域与手机使用率的交叉制表

区域编号 * 在会上网以前您使用的媒介是：（选项6：手机）交叉制表				
			在会上网以前您使用的媒介是：（选项6：手机）		合计
			未选中	选中	
区域编号	1	计数	1932	547	2479
		比例	77.9%	22.1%	100.0%
	2	计数	942	199	1141
		比例	82.6%	17.4%	100.0%
	3	计数	480	156	636
		比例	75.5%	24.5%	100.0%

续表

区域编号 * 目前您使用的媒介是：（选项6：手机）交叉制表					
			目前您使用的媒介是：（选项6：手机）		合计
			未选中	选中	
区域编号	1	计数	659	1820	2479
		比例	26.6%	73.4%	100.0%
	2	计数	313	828	1141
		比例	27.4%	72.6%	100.0%
	3	计数	161	475	636
		比例	25.3%	74.7%	100.0%

从区域差异看，东、中、西部读者的手机使用率增幅分别为51.3%、55.2%和50.2%，中部读者略高。从目前的手机使用率看，三个区域的读者区别不是很大（见表4—124）。

表4—125　　　　学历与手机使用率的交叉制表

学历 * 在会上网以前您使用的媒介是：（选项6：手机）交叉制表					
			在会上网以前您使用的媒介是：（选项6：手机）		合计
			未选中	选中	
学历	初中	计数	272	58	330
		比例	82.4%	17.6%	100.0%
	高中/中专/技校	计数	473	212	685
		比例	69.1%	30.9%	100.0%
	大专	计数	764	180	944
		比例	80.9%	19.1%	100.0%
	本科	计数	1678	408	2086
		比例	80.4%	19.6%	100.0%
	硕士及以上	计数	167	44	211
		比例	79.1%	20.9%	100.0%

续表

学历＊目前您使用的媒介是：（选项6：手机）交叉制表			目前您使用的媒介是：（选项6：手机）		合计
			未选中	选中	
学历	初中	计数	132	198	330
		比例	40.0%	60.0%	100.0%
	高中/中专/技校	计数	181	504	685
		比例	26.4%	73.6%	100.0%
	大专	计数	287	657	944
		比例	30.4%	69.6%	100.0%
	本科	计数	485	1601	2086
		比例	23.3%	76.7%	100.0%
	硕士及以上	计数	48	163	211
		比例	22.7%	77.3%	100.0%

从学历差异对手机使用率的影响看，现在硕士及以上的读者手机使用率为77.3%，其他学历的分别是本科76.7%、大专69.6%、高中/中专/技校73.6%，初中只有60.0%。在会上网以前，他们的手机使用率分别为20.9%、19.6%、19.1%、30.9%和17.6%（见表4—125）。

二 我国国民的媒介使用频率嬗变

表4—126　　　　　　　媒介使用频率

选项	使用频率	会上网以前		现在	
图书	每天	1361	31.98%	895	21.03%
	每周3—4次	1098	25.80%	756	17.76%
	每周一次	362	8.51%	463	10.88%
	每月2—3次	207	4.86%	275	6.46%
	每月一次	141	3.31%	176	4.14%
	不定期	1038	24.39%	1476	34.68%
	不使用	49	1.15%	215	5.05%
报纸	每天	1213	28.50%	897	21.08%

续表

选项	使用频率	会上网以前		现在	
报纸	每周3—4次	805	18.91%	579	13.60%
	每周一次	514	12.08%	319	7.50%
	每月2—3次	204	4.79%	270	6.34%
	每月一次	88	2.07%	127	2.98%
	不定期	1192	28.01%	1508	35.43%
	不使用	240	5.64%	556	13.06%
期刊	每天	503	11.82%	369	8.67%
	每周3—4次	829	19.48%	474	11.14%
	每周一次	607	14.26%	483	11.35%
	每月2—3次	468	11.00%	379	8.91%
	每月一次	321	7.54%	254	5.97%
	不定期	1299	30.52%	1778	41.78%
	不使用	229	5.38%	519	12.19%
广播	每天	979	23.00%	616	14.47%
	每周3—4次	533	12.52%	405	9.52%
	每周一次	253	5.94%	198	4.65%
	每月2—3次	179	4.21%	190	4.46%
	每月一次	115	2.70%	87	2.04%
	不定期	1304	30.64%	1496	35.15%
	不使用	893	20.98%	1264	29.70%
电视	每天	2559	60.13%	1689	39.69%
	每周3—4次	623	14.64%	588	13.82%
	每周一次	216	5.08%	224	5.26%
	每月2—3次	192	4.51%	210	4.93%
	每月一次	55	1.29%	117	2.75%
	不定期	561	13.18%	1093	25.68%
	不使用	50	1.17%	335	7.87%
光盘型载体	每天	137	3.22%	241	5.66%
	每周3—4次	301	7.07%	243	5.71%
	每周一次	262	6.16%	175	4.11%
	每月2—3次	233	5.47%	163	3.83%

第四章 数字时代我国国民阅读行为嬗变的表现

续表

选项	使用频率	会上网以前		现在	
光盘型载体	每月一次	148	3.48%	114	2.68%
	不定期	1537	36.11%	1648	38.72%
	不使用	1638	38.49%	1672	39.29%
台式、笔记本电脑	每天	489	11.49%	3074	72.23%
	每周3—4次	310	7.28%	389	9.14%
	每周一次	266	6.25%	160	3.76%
	每月2—3次	170	3.99%	107	2.51%
	每月一次	112	2.63%	42	0.99%
	不定期	976	22.93%	414	9.73%
	不使用	1933	45.42%	70	1.64%
手机	每天	1270	29.84%	3274	76.93%
	每周3—4次	323	7.59%	291	6.84%
	每周一次	160	3.76%	106	2.49%
	每月2—3次	92	2.16%	86	2.02%
	每月一次	80	1.88%	50	1.17%
	不定期	850	19.97%	361	8.48%
	不使用	1481	34.80%	88	2.07%
平板电脑	每天	243	5.71%	1112	26.13%
	每周3—4次	166	3.90%	341	8.01%
	每周一次	121	2.84%	172	4.04%
	每月2—3次	105	2.47%	122	2.87%
	每月一次	65	1.53%	62	1.46%
	不定期	605	14.22%	903	21.22%
	不使用	2951	69.34%	1544	36.28%
电子书阅读器	每天	228	5.36%	668	15.70%
	每周3—4次	249	5.85%	377	8.86%
	每周一次	185	4.35%	195	4.58%
	每月2—3次	100	2.35%	198	4.65%
	每月一次	86	2.02%	76	1.79%
	不定期	792	18.61%	1236	29.04%
	不使用	2616	61.47%	1506	35.39%

续表

选项	使用频率	会上网以前		现在	
其他	每天	208	4.89%	296	6.95%
	每周3—4次	188	4.42%	167	3.92%
	每周一次	93	2.19%	93	2.19%
	每月2—3次	85	2.00%	84	1.97%
	每月一次	86	2.02%	90	2.11%
	不定期	1524	35.81%	1657	38.93%
	不使用	2072	48.68%	1869	43.91%

调查发现,如表4—126所示,包括图书、报纸、期刊、广播、电视、光盘型媒介在内的传统媒介形式的使用(阅读)频率在下降,而电脑、手机、平板电脑及电子书阅读器等数字阅读媒介的使用频率在上升。

纸媒使用频率总体上是下降的,但图书、报纸和期刊的情况有所不同。就图书而言,每天读书、每周读3—4次的读者比例在下降,但每周1次、每月2—3次以及每月1次的读者比例有所上升。不定期读书和不读书的读者比例也在上升。报纸的使用频率,每天读书、每周读3—4次的读者比例在下降,每周1次的读者比例也在下降,每月2—3次和每月1次的报纸读者比例略有上升,不定期和不读报的读者比例也在上升。杂志的使用频率普遍下降,只有不定期的读者比例在上升。

电脑和手机成为使用频率最高的媒介。每天使用台式、笔记本电脑的读者达到72.23%。手机使用频率上升趋势更加明显,每天使用手机的读者比例大大上升,手机成为超过七成的读者每天都使用的媒介。平板电脑的使用频率提升迅速,26%的读者每天都使用平板电脑,每天使用的比例已经超过图书、报纸和杂志。

三 我国国民的媒介使用时长嬗变

（一）媒介使用时长变化总体情况

表 4—127　　　　　　媒介使用时长变化

选项	阅读时长	会上网以前		现在	
图书	0—20 分钟	666	15.65%	1188	27.91%
	21—40 分钟	916	21.52%	794	18.66%
	41—60 分钟	513	12.05%	421	9.89%
	1 小时以上	1273	29.91%	722	16.96%
	不确定	888	20.86%	1131	26.57%
报纸	0—20 分钟	1572	36.94%	1846	43.37%
	21—40 分钟	1073	25.21%	738	17.34%
	41—60 分钟	387	9.09%	239	5.62%
	1 小时以上	325	7.64%	307	7.21%
	不确定	899	21.12%	1126	26.46%
杂志	0—20 分钟	1012	23.78%	1353	31.79%
	21—40 分钟	1072	25.19%	777	18.26%
	41—60 分钟	567	13.32%	413	9.70%
	1 小时以上	515	12.10%	321	7.54%
	不确定	1090	25.61%	1392	32.71%
广播	0—20 分钟	1681	39.50%	1894	44.50%
	21—40 分钟	674	15.84%	503	11.82%
	41—60 分钟	282	6.63%	253	5.94%
	1 小时以上	402	9.45%	302	7.10%
	不确定	1217	28.59%	1304	30.64%
电视	0—20 分钟	425	9.99%	771	18.12%
	21—40 分钟	490	11.51%	484	11.37%
	41—60 分钟	550	12.92%	569	13.37%
	1 小时以上	1998	46.95%	1270	29.84%
	不确定	793	18.63%	1162	27.30%
光盘型载体	0—20 分钟	2297	53.97%	2095	49.22%
	21—40 分钟	330	7.75%	328	7.71%
	41—60 分钟	199	4.68%	225	5.29%
	1 小时以上	278	6.53%	204	4.79%
	不确定	1152	27.07%	1404	32.99%

续表

选项	阅读时长	会上网以前		现在	
台式、笔记本电脑	0—20 分钟	2381	55.94%	307	7.21%
	21—40 分钟	327	7.68%	413	9.70%
	41—60 分钟	248	5.83%	370	8.69%
	1 小时以上	443	10.41%	2460	57.80%
	不确定	857	20.14%	706	16.59%
手机	0—20 分钟	2153	50.59%	537	12.62%
	21—40 分钟	372	8.74%	517	12.15%
	41—60 分钟	224	5.26%	382	8.98%
	1 小时以上	586	13.77%	2013	47.30%
	不确定	921	21.64%	807	18.96%
平板电脑	0—20 分钟	3014	70.82%	1748	41.07%
	21—40 分钟	208	4.89%	341	8.01%
	41—60 分钟	169	3.97%	256	6.02%
	1 小时以上	207	4.86%	928	21.80%
	不确定	658	15.46%	983	23.10%
电子书阅读器	0—20 分钟	2836	66.64%	1832	43.05%
	21—40 分钟	242	5.69%	341	8.01%
	41—60 分钟	190	4.46%	260	6.11%
	1 小时以上	237	5.57%	613	14.40%
	不确定	751	17.65%	1210	28.43%
其他	0—20 分钟	2320	54.51%	2144	50.38%
	21—40 分钟	160	3.76%	197	4.63%
	41—60 分钟	128	3.01%	129	3.03%
	1 小时以上	115	2.70%	162	3.81%
	不确定	1533	36.02%	1624	38.16%

调查发现，如表4—127所示，读者每次阅读传统媒介的平均用时在下降，与之对照的是数字媒介的阅读平均用时在增长。

图书每次阅读0—20分钟的比例上升，但一次读书超过20分钟的比例下降了。超过四成的读者阅读报纸的平均用时不到20分钟，超过三成的读者阅读杂志的平均用时不到20分钟。

台式、笔记本电脑的使用时长与纸质媒体的使用时长表现出相反的特征，一次使用电脑20分钟以下的比例大幅度下降，一次使用1小时以上的比例大幅度上升。近五成读者每次使用手机平均用时超过1小时，这一比例大大超过图书的使用比例。一次使用平板电脑超过1小时的读者比例，也超过图书的使用比例。

表4—128　　　　　　　总体阅读时长

选项	非常同意		同意		说不准		不同意		很不同意	
总体阅读时间更长了	830	19.50%	1838	43.19%	1001	23.52%	538	12.64%	49	1.15%
阅读时间更加零碎了	775	18.21%	2622	61.61%	649	15.25%	200	4.70%	10	0.23%

调查发现，如表4—128所示，六成多（62.69%）读者认为自己的总体阅读时间更长了，与之相对应，也有近八成（77.82%）读者"非常同意"或"同意""阅读时间更加零碎了"。阅读总时长得到提升的同时，单次阅读的时间在下降，阅读时间的碎片化已成为国民阅读嬗变的重要表现。

（二）阅读时长与相关因素的交叉分析

表4—129　　　　　网龄与阅读时长的交叉制表

网龄分段 * 与会上网前相比，现在您：（总体阅读时间更长了）交叉制表							
			与会上网前相比，现在您：（总体阅读时间更长了）					合计
			非常同意	同意	说不准	不同意	很不同意	
网龄分段	1	计数	80	241	120	74	2	517
		比例	15.5%	46.6%	23.2%	14.3%	0.4%	100.0%
	2	计数	326	652	432	273	29	1712
		比例	19.0%	38.1%	25.2%	15.9%	1.7%	100.0%
	3	计数	424	945	449	191	18	2027
		比例	20.9%	46.6%	22.2%	9.4%	0.9%	100.0%
网龄分段 * 与会上网前相比，现在您：（阅读时间更加零碎了）交叉制表							
			与会上网前相比，现在您：（阅读时间更加零碎了）					合计
			非常同意	同意	说不准	不同意	很不同意	
网龄分段	1	计数	61	320	102	34	0	517
		比例	11.8%	61.9%	19.7%	6.6%	0.0%	100.0%

续表

网龄分段 * 与会上网前相比，现在您：（阅读时间更加零碎了）交叉制表

			与会上网前相比，现在您：（阅读时间更加零碎了）					合计
			非常同意	同意	说不准	不同意	很不同意	
网龄分段	2	计数	303	1051	281	74	3	1712
		比例	17.7%	61.4%	16.4%	4.3%	0.2%	100.0%
	3	计数	411	1251	266	92	7	2027
		比例	20.3%	61.7%	13.1%	4.5%	0.3%	100.0%

从网龄分段看，网龄 3—5 年的读者认可"总体阅读时间更长了"的比例是 62.1%，网龄 6—10 年和网龄 11—19 年的读者分别是 57.1% 和 67.5%。这三个网龄分段的读者认可"阅读时间更加零碎了"的比例分别是 73.7%、79.1% 和 82.0%。总体而言，网龄对阅读时间的碎片化认同有一定影响（见表 4—129）。

表 4—130　　年龄与阅读时长的交叉制表

年龄分段 * 与会上网前相比，现在您：（总体阅读时间更长了）交叉制表

			与会上网前相比，现在您：（总体阅读时间更长了）					合计
			非常同意	同意	说不准	不同意	很不同意	
年龄分段	1	计数	563	1181	725	429	49	2947
		比例	19.1%	40.1%	24.6%	14.6%	1.7%	100.0%
	2	计数	255	639	254	101	0	1249
		比例	20.4%	51.2%	20.3%	8.1%	0.0%	100.0%
	3	计数	12	18	22	8	0	60
		比例	20.0%	30.0%	36.7%	13.3%	0.0%	100.0%

年龄分段 * 与会上网前相比，现在您：（阅读时间更加零碎了）交叉制表

			与会上网前相比，现在您：（阅读时间更加零碎了）					合计
			非常同意	同意	说不准	不同意	很不同意	
年龄分段	1	计数	565	1837	439	100	6	2947
		比例	19.2%	62.3%	14.9%	3.4%	0.2%	100.0%
	2	计数	196	767	194	88	4	1249
		比例	15.7%	61.4%	15.5%	7.0%	0.3%	100.0%

第四章 数字时代我国国民阅读行为嬗变的表现

续表

年龄分段 * 与会上网前相比，现在您：（阅读时间更加零碎了）交叉制表							
			与会上网前相比，现在您：（阅读时间更加零碎了）				合计
			非常同意	同意	说不准	不同意	很不同意	
年龄分段	3	计数	14	18	16	12	0	60
		比例	23.3%	30.0%	26.7%	20.0%	0.0%	100.0%

从年龄差异看，中年读者有71.6%认同自己的"总体阅读时间更长了"，比年轻读者（59.2%）和老年读者（50%）高，年轻读者中认同自己的"阅读时间更加零碎了"的比例最高（81.5%），中年读者是77.1%，老年读者是53.3%（见表4—130）。

表4—131　　　　　　性别与阅读时长的交叉制表

性别 * 与会上网前相比，现在您：（总体阅读时间更长了）交叉制表							
			与会上网前相比，现在您：（总体阅读时间更长了）				合计
			非常同意	同意	说不准	不同意	很不同意	
性别	男	计数	481	1004	447	209	25	2166
		比例	22.2%	46.4%	20.6%	9.6%	1.2%	100.0%
	女	计数	349	834	554	329	24	2090
		比例	16.7%	39.9%	26.5%	15.7%	1.1%	100.0%

性别 * 与会上网前相比，现在您：（阅读时间更加零碎了）交叉制表							
			与会上网前相比，现在您：（阅读时间更加零碎了）				合计
			非常同意	同意	说不准	不同意	很不同意	
性别	男	计数	420	1280	337	119	10	2166
		比例	19.4%	59.1%	15.6%	5.5%	0.5%	100.0%
	女	计数	355	1342	312	81	0	2090
		比例	17.0%	64.2%	14.9%	3.9%	0.0%	100.0%

从性别差异看，男性读者中，认同（"非常同意"或"同意"）自己的"总体阅读时间更长了"的有68.6%，认同自己的"阅读时间更加零碎了"的有78.5%；女性读者中，这两项比例分别是56.6%和81.2%（见表4—131）。

表 4—132　　　　　　　户籍与阅读时长的交叉制表

户籍 * 与会上网前相比，现在您：（总体阅读时间更长了）交叉制表

			与会上网前相比，现在您：（总体阅读时间更长了）					合计
			非常同意	同意	说不准	不同意	很不同意	
户籍	农村居民	计数	321	684	447	230	17	1699
		比例	18.9%	40.3%	26.3%	13.5%	1.0%	100.0%
	城镇居民	计数	509	1154	554	308	32	2557
		比例	19.9%	45.1%	21.7%	12.0%	1.3%	100.0%

户籍 * 与会上网前相比，现在您：（阅读时间更加零碎了）交叉制表

			与会上网前相比，现在您：（阅读时间更加零碎了）					合计
			非常同意	同意	说不准	不同意	很不同意	
户籍	农村居民	计数	236	1063	294	101	5	1699
		比例	13.9%	62.6%	17.3%	5.9%	0.3%	100.0%
	城镇居民	计数	539	1559	355	99	5	2557
		比例	21.1%	61.0%	13.9%	3.9%	0.2%	100.0%

从户籍差异看，农村居民认可"总体阅读时间更长了"和"阅读时间更加零碎了"的比例（分别是 59.2% 和 76.5%）均比城镇居民（分别是 65.0% 和 82.1%）低（见表 4—132）。

表 4—133　　　　　　　学历与阅读时长的交叉制表

学历 * 与会上网前相比，现在您：（总体阅读时间更长了）交叉制表

			与会上网前相比，现在您：（总体阅读时间更长了）					合计
			非常同意	同意	说不准	不同意	很不同意	
学历	初中	计数	53	153	85	37	2	330
		比例	16.1%	46.4%	25.8%	11.2%	0.6%	100.0%
	高中/中专/技校	计数	140	316	165	57	7	685
		比例	20.4%	46.1%	24.1%	8.3%	1.0%	100.0%
	大专	计数	180	412	227	124	1	944
		比例	19.1%	43.6%	24.0%	13.1%	0.1%	100.0%
	本科	计数	424	839	481	308	34	2086
		比例	20.3%	40.2%	23.1%	14.8%	1.6%	100.0%

第四章　数字时代我国国民阅读行为嬗变的表现

续表

学历 * 与会上网前相比，现在您：（总体阅读时间更长了）交叉制表								
			与会上网前相比，现在您：（总体阅读时间更长了）					合计
			非常同意	同意	说不准	不同意	很不同意	
学历	硕士及以上	计数	33	118	43	12	5	211
		比例	15.6%	55.9%	20.4%	5.7%	2.4%	100.0%

学历 * 与会上网前相比，现在您：（阅读时间更加零碎了）交叉制表								
			与会上网前相比，现在您：（阅读时间更加零碎了）					合计
			非常同意	同意	说不准	不同意	很不同意	
学历	初中	计数	32	184	80	34	0	330
		比例	9.7%	55.8%	24.2%	10.3%	0.0%	100.0%
	高中/中专/技校	计数	103	378	146	57	1	685
		比例	15.0%	55.2%	21.3%	8.3%	0.1%	100.0%
	大专	计数	136	596	170	36	6	944
		比例	14.4%	63.1%	18.0%	3.8%	0.6%	100.0%
	本科	计数	459	1327	228	69	3	2086
		比例	22.0%	63.6%	10.9%	3.3%	0.1%	100.0%
	硕士及以上	计数	45	137	25	4	0	211
		比例	21.3%	64.9%	11.8%	1.9%	0.0%	100.0%

从学历差异看，初中、高中/中专/技校、大专、本科、硕士及以上这五种不同学历水平的读者，认可"总体阅读时间更长了"的比例分别是62.5%、66.5%、62.7%、60.5%、71.5%。他们认可"阅读时间更加零碎了"的比例分别是65.5%、70.2%、77.5%、85.6%、86.2%，呈递增趋势（见表4—133）。

表4—134　　阅读习惯改变幅度与阅读时长的交叉制表

阅读习惯改变幅度 * 与会上网前相比，现在您：（总体阅读时间更长了）交叉制表								
			与会上网前相比，现在您：（总体阅读时间更长了）					合计
			非常同意	同意	说不准	不同意	很不同意	
阅读习惯改变幅度	改变很大	计数	390	569	195	102	11	1267
		比例	30.8%	44.9%	15.4%	8.1%	0.9%	100.0%

255

续表

阅读习惯改变幅度 * 与会上网前相比，现在您：（总体阅读时间更长了）交叉制表

			与会上网前相比，现在您：（总体阅读时间更长了）					合计
			非常同意	同意	说不准	不同意	很不同意	
阅读习惯改变幅度	有所改变，但程度有限	计数	336	1043	605	320	24	2328
		比例	14.4%	44.8%	26.0%	13.7%	1.0%	100.0%
	没什么改变	计数	76	178	167	91	6	518
		比例	14.7%	34.4%	32.2%	17.6%	1.2%	100.0%
	说不准	计数	28	48	34	25	8	143
		比例	19.6%	33.6%	23.8%	17.5%	5.6%	100.0%

阅读习惯改变幅度 * 与会上网前相比，现在您：（阅读时间更加零碎了）交叉制表

			与会上网前相比，现在您：（阅读时间更加零碎了）					合计
			非常同意	同意	说不准	不同意	很不同意	
阅读习惯改变幅度	改变很大	计数	344	689	155	73	6	1267
		比例	27.2%	54.4%	12.2%	5.8%	0.5%	100.0%
	有所改变，但程度有限	计数	338	1552	353	82	3	2328
		比例	14.5%	66.7%	15.2%	3.5%	0.1%	100.0%
	没什么改变	计数	68	298	119	32	1	518
		比例	13.1%	57.5%	23.0%	6.2%	0.2%	100.0%
	说不准	计数	25	83	22	13	0	143
		比例	17.5%	58.0%	15.4%	9.1%	0.0%	100.0%

调查发现，如表4—134所示，阅读习惯改变幅度与阅读时长的关系密切。阅读习惯发生改变的读者，认同总体阅读时长增加的比例高于阅读习惯"没什么改变"的读者，阅读习惯发生改变的读者，认同阅读时间更加零碎的比例也高于阅读习惯"没什么改变"的读者。

四 我国国民的数字阅读付费行为及嬗变

（一）数字阅读付费行为总体情况

表4—135　　　　　　数字阅读付费意愿（1）

选项	小计	比例
愿意	525	12.34%
不愿意	2341	55.00%
看情况	1390	32.66%

表4—136　　　　　　数字阅读付费意愿（2）

选项	非常同意		同意		说不准		不同意		很不同意	
与会上网前相比，现在数字阅读的付费意愿增强了	240	5.64%	979	23.00%	1136	26.69%	1313	30.85%	588	13.82%

表4—137　　　　　　数字阅读付费形式偏好

选项	小计	比例
按流量支付	759	39.63%
按包月方式支付	700	36.55%
嵌入广告，阅读内容免费	430	22.45%
按内容专区付费	484	25.27%
成为会员付费	301	15.72%
可以免费阅读部分内容，但阅读全部内容要收费	504	26.32%
其他方式	31	1.62%
本题有效填写人次	1915	

表4—138　　　　　　数字阅读付费渠道偏好

选项	小计	比例
支付宝	960	50.13%
财付通	237	12.38%

续表

选项	小计	比例
网银	878	45.85%
信用卡	420	21.93%
直接扣除手机话费	733	38.28%
手机银行	272	14.20%
购买虚拟货币、充值卡	154	8.04%
其他	53	2.77%
本题有效填写人次	1915	

调查发现，如表4—135、表4—136、表4—137、表4—138所示，国民数字阅读付费意愿不高，仅有12.34%的读者明确表示愿意为数字阅读付费，近三成读者要看情况，不愿意付费阅读的则有55.00%。不过，与会上网之前相比，有近三成（28.64%）的读者认为自己的付费意愿增强了。这说明读者的数字阅读付费意愿的培育是有一个过程的，意愿增强不会马上落实到行动上。

在"愿意"和"看情况"的读者中，对付费形式的偏好比较分散，相对来说按流量支付和按包月支付更受欢迎。付费渠道偏好，支付宝超过半数，网银次之，直接扣除手机话费有38.28%的支持率。

（二）数字阅读付费意愿与相关因素的交叉分析

表4—139　　网龄、年龄与数字阅读付费意愿的交叉制表

			您是否愿意为数字阅读付费？			合计
			愿意	不愿意	看情况	
网龄分段	1	计数	41	311	165	517
		比例	7.9%	60.2%	31.9%	100.0%
	2	计数	176	999	537	1712
		比例	10.3%	58.4%	31.4%	100.0%
	3	计数	308	1031	688	2027
		比例	15.2%	50.9%	33.9%	100.0%

续表

年龄分段 * 您是否愿意为数字阅读付费？交叉制表

			您是否愿意为数字阅读付费？			合计
			愿意	不愿意	看情况	
年龄分段	1	计数	330	1711	906	2947
		比例	11.2%	58.1%	30.7%	100.0%
	2	计数	185	592	472	1249
		比例	14.8%	47.4%	37.8%	100.0%
	3	计数	10	38	12	60
		比例	16.7%	63.3%	20.0%	100.0%

调查发现，如表4—139所示，网龄长短对数字阅读付费意愿有一定影响。从网龄分段看，网龄越长，付费意愿越高。网龄11—19年的读者愿意为数字阅读付费的比例有15.2%，网龄6—10年的读者是10.3%，而网龄3—5年的读者仅有7.9%愿意付费。年龄差异对数字阅读付费意愿的影响表现在，年轻读者付费意愿相对最低，只有11.2%，中年读者有14.8%，而老年读者却有16.7%。

表4—140　性别、婚姻状况与数字阅读付费意愿的交叉制表

性别 * 您是否愿意为数字阅读付费？交叉制表

			您是否愿意为数字阅读付费？			合计
			愿意	不愿意	看情况	
性别	男	计数	306	1259	601	2166
		比例	14.1%	58.1%	27.7%	100.0%
	女	计数	219	1082	789	2090
		比例	10.5%	51.8%	37.8%	100.0%

婚姻状况 * 您是否愿意为数字阅读付费？交叉制表

			您是否愿意为数字阅读付费？			合计
			愿意	不愿意	看情况	
婚姻状况	未婚		274	1483	732	2489
		比例	11.0%	59.6%	29.4%	100.0%
	已婚	计数	251	858	658	1767
		比例	14.2%	48.6%	37.2%	100.0%

性别差异对数字阅读付费意愿有影响,男性愿意为数字阅读付费的比例(14.1%)略高于女性(10.5%)。从婚姻状况看,已婚读者的数字阅读付费意愿(14.2%)略高于未婚读者(11.0%)(见表4—140)。

表4—141　　　区域、户籍与数字阅读付费意愿的交叉制表

区域编号 * 您是否愿意为数字阅读付费? 交叉制表

			您是否愿意为数字阅读付费?			合计
			愿意	不愿意	看情况	
区域编号	1	计数	304	1346	829	2479
		比例	12.3%	54.3%	33.4%	100.0%
	2	计数	140	659	342	1141
		比例	12.3%	57.8%	30.0%	100.0%
	3	计数	81	336	219	636
		比例	12.7%	52.8%	34.4%	100.0%

户籍 * 您是否愿意为数字阅读付费? 交叉制表

			您是否愿意为数字阅读付费?			合计
			愿意	不愿意	看情况	
户籍	农村居民	计数	184	1001	514	1699
		比例	10.8%	58.9%	30.3%	100.0%
	城镇居民	计数	341	1340	876	2557
		比例	13.3%	52.4%	34.3%	100.0%

调查发现,如表4—141所示,区域差异对数字阅读付费意愿的影响并不明显。东部、中部、西部地区的读者愿意为数字阅读付费的比例差不多。从户籍差异看,城镇居民的付费意愿(13.3%)略高于农村居民(10.8%)。

表4—142　　　学历与数字阅读付费意愿的交叉制表

学历 * 您是否愿意为数字阅读付费? 交叉制表

			您是否愿意为数字阅读付费?			合计
			愿意	不愿意	看情况	
学历	初中	计数	33	155	142	330
		比例	10.0%	47.0%	43.0%	100.0%

续表

学历＊您是否愿意为数字阅读付费？交叉制表

<table>
<tr><th colspan="3"></th><th colspan="3">您是否愿意为数字阅读付费？</th><th rowspan="2">合计</th></tr>
<tr><th colspan="3"></th><th>愿意</th><th>不愿意</th><th>看情况</th></tr>
<tr><td rowspan="8">学历</td><td rowspan="2">高中/中专/技校</td><td>计数</td><td>92</td><td>344</td><td>249</td><td>685</td></tr>
<tr><td>比例</td><td>13.4%</td><td>50.2%</td><td>36.4%</td><td>100.0%</td></tr>
<tr><td rowspan="2">大专</td><td>计数</td><td>116</td><td>530</td><td>298</td><td>944</td></tr>
<tr><td>比例</td><td>12.3%</td><td>56.1%</td><td>31.6%</td><td>100.0%</td></tr>
<tr><td rowspan="2">本科</td><td>计数</td><td>244</td><td>1227</td><td>615</td><td>2086</td></tr>
<tr><td>比例</td><td>11.7%</td><td>58.8%</td><td>29.5%</td><td>100.0%</td></tr>
<tr><td rowspan="2">硕士及以上</td><td>计数</td><td>40</td><td>85</td><td>86</td><td>211</td></tr>
<tr><td>比例</td><td>19.0%</td><td>40.3%</td><td>40.8%</td><td>100.0%</td></tr>
</table>

从学历差异看，硕士及以上学历读者的付费意愿最高，有19.0%的人愿意付费。高中/中专/技校学历读者的付费意愿次之，有13.4%。大专学历读者的付费意愿为12.3%。本科学历读者的付费意愿为11.7%。初中学历读者的付费意愿最低，只有10.0%（见表4—142）。

表4—143　　职业与数字阅读付费意愿的交叉制表

职业＊您是否愿意为数字阅读付费？交叉制表

<table>
<tr><th colspan="3"></th><th colspan="3">您是否愿意为数字阅读付费？</th><th rowspan="2">合计</th></tr>
<tr><th colspan="3"></th><th>愿意</th><th>不愿意</th><th>看情况</th></tr>
<tr><td rowspan="10">职业</td><td rowspan="2">企业领导或管理人员</td><td>计数</td><td>80</td><td>140</td><td>120</td><td>340</td></tr>
<tr><td>比例</td><td>23.5%</td><td>41.2%</td><td>35.3%</td><td>100.0%</td></tr>
<tr><td rowspan="2">公检法/军人/武警</td><td>计数</td><td>12</td><td>44</td><td>12</td><td>68</td></tr>
<tr><td>比例</td><td>17.6%</td><td>64.7%</td><td>17.6%</td><td>100.0%</td></tr>
<tr><td rowspan="2">学生</td><td>计数</td><td>119</td><td>834</td><td>326</td><td>1279</td></tr>
<tr><td>比例</td><td>9.3%</td><td>65.2%</td><td>25.5%</td><td>100.0%</td></tr>
<tr><td rowspan="2">专业技术人员/教师/医生</td><td>计数</td><td>100</td><td>388</td><td>252</td><td>740</td></tr>
<tr><td>比例</td><td>13.5%</td><td>52.4%</td><td>34.1%</td><td>100.0%</td></tr>
<tr><td rowspan="2">机关/事业单位干部</td><td>计数</td><td>40</td><td>176</td><td>116</td><td>332</td></tr>
<tr><td>比例</td><td>12.0%</td><td>53.0%</td><td>34.9%</td><td>100.0%</td></tr>
</table>

续表

职业 * 您是否愿意为数字阅读付费？ 交叉制表

			您是否愿意为数字阅读付费？			合计
			愿意	不愿意	看情况	
职业	私营或个体劳动者	计数	60	232	120	412
		比例	14.6%	56.3%	29.1%	100.0%
	无业及失业人员	计数	12	52	80	144
		比例	8.3%	36.1%	55.6%	100.0%
	工人/商业服务业人员	计数	36	156	100	292
		比例	12.3%	53.4%	34.2%	100.0%
	一般职员/文员/秘书	计数	52	212	208	472
		比例	11.0%	44.9%	44.1%	100.0%
	离退休人员	计数	4	40	12	56
		比例	7.1%	71.4%	21.4%	100.0%
	其他	计数	10	67	44	121
		比例	8.3%	55.4%	36.4%	100.0%

从职业差异看，离退休人员、无业及失业人员、学生的付费意愿较低，均低于10%。而企业领导或管理人员的付费意愿最高，达到23.5%，公检法/军人/武警次之，有17.6%（见表4—143）。

表4—144　　　　月收入与数字阅读付费意愿的交叉制表

目前可支配月收入 * 您是否愿意为数字阅读付费？ 交叉制表

			您是否愿意为数字阅读付费？			合计
			愿意	不愿意	看情况	
目前可支配月收入	800元及以下	计数	41	503	163	707
		比例	5.8%	71.1%	23.1%	100.0%
	801—1500元	计数	102	554	293	949
		比例	10.7%	58.4%	30.9%	100.0%
	1501—3000元	计数	124	581	433	1138
		比例	10.9%	51.1%	38.0%	100.0%
	3001—5000元	计数	122	459	311	892
		比例	13.7%	51.5%	34.9%	100.0%

续表

目前可支配月收入 * 您是否愿意为数字阅读付费？交叉制表			您是否愿意为数字阅读付费？			合计
			愿意	不愿意	看情况	
目前可支配月收入	5001—10000 元	计数	87	172	161	420
		比例	20.7%	41.0%	38.3%	100.0%
	10001—20000 元	计数	30	40	21	91
		比例	33.0%	44.0%	23.1%	100.0%
	20001 元及以上	计数	19	32	8	59
		比例	32.2%	54.2%	13.6%	100.0%

从收入差异看，可支配月收入越高，付费意愿相对越高。月收入超过 10000 元的读者其数字阅读付费意愿超过 32%；月收入 5001—10000 元的读者，付费意愿是 20.7%；3001—5000 元的读者，付费意愿是 13.7%。月收入 800 元及以下的读者，付费意愿最低，仅有 5.8%（见表 4—144）。

从阅读媒介的形态维度看，我国国民阅读行为的嬗变主要表现在以下几个方面。

第一，书报刊等传统纸质媒介的使用率、使用频率和使用时长都在下降，纸质媒介阅读率提升乏力。但远未到唱衰纸本阅读的时刻，纸本阅读依旧有其魅力，预计会在很长时期内与数字阅读并存。

第二，数字媒介的出现将人们带入了一个色彩斑斓的虚拟世界，构建起读者的阅读需求和丰富的数字文本资源之间的桥梁，使读者投入比以往更多的时间来关注在线文献的阅读，网络阅读、手机阅读增长迅猛。数字阅读媒介的使用率、使用频率、使用时长均有明显增长。尤其是手机、平板电脑等手持型数字化阅读媒介的提升势头非常强劲。

第三，数字阅读的付费意愿也有所增强，不过仍然维持在一个较低的水平。

第三节 基于阅读内容维度的国民阅读行为嬗变表现

一 我国国民的阅读主题偏好及嬗变

表4—145　　　　　　　　阅读主题偏好

选项	会上网以前		现在	
社会新闻（包括娱乐、体育等）	2791	65.58%	3307	77.70%
行业信息（金融、IT、汽车、房产、旅游、餐饮、家电等）	1052	24.72%	2486	58.41%
生活常识	2284	53.67%	2733	64.22%
时尚消费	1100	25.85%	2247	52.80%
文学/历史/军事/艺术	2125	49.93%	2460	57.80%
职业发展/专业知识	1048	24.62%	2272	53.38%
流行文化	1360	31.95%	2156	50.66%
情感/两性	648	15.23%	1436	33.74%
婚姻/家庭/育儿	665	15.63%	1347	31.65%
其他	730	17.15%	1065	25.02%

调查发现，如表4—145所示，数字时代读者对各类阅读主题都有了更大的偏好。从位次变化看，前三位没变化，社会新闻依然是第一大偏好主题，生活常识、行业信息分列第二、三位。文学/历史/军事/艺术的偏好度提高。时尚消费、职业发展/专业知识的偏好度提高较为明显。

阅读主题多样化趋势明显，将读者选中的主题数累加之和除以样本总数（4256），得知：会上网以前，读者偏好的阅读主题数平均为3.24个，现在达到5.05个。

表 4—146　　　　　不同性别读者的现在阅读主题偏好

选项	男		女	
社会新闻（包括娱乐、体育等）	1650	76.2%	1657	79.3%
行业信息（金融、IT、汽车、房产、旅游、餐饮、家电等）	1347	62.2%	1139	54.5%
生活常识	1245	57.5%	1488	71.2%
时尚消费	904	41.7%	1343	64.3%
文学/历史/军事/艺术	1368	63.2%	1092	52.2%
职业发展/专业知识	1106	51.1%	1166	55.8%
流行文化	971	44.8%	1185	56.7%
情感/两性	625	28.9%	811	38.8%
婚姻/家庭/育儿	557	25.7%	790	37.8%
其他	546	25.2%	519	24.8%

调查发现，如表4—146所示，性别因素对阅读内容主题偏好有一定影响。男性读者对行业信息、文学/历史/军事/艺术两大主题的偏好度较女性读者高，女性读者对生活常识、时尚消费、流行文化、情感/两性、婚姻/家庭/育儿等主题的偏好度明显高于男性，而对社会新闻、职业发展/专业知识及其他主题的偏好度两者持平。

表 4—147　　　　　不同网龄读者的现在阅读主题偏好

选项	网龄 3—5 年		网龄 6—10 年		网龄 11—19 年	
社会新闻（包括娱乐、体育等）	407	78.7%	1341	78.3%	1559	76.9%
行业信息（金融、IT、汽车、房产、旅游、餐饮、家电等）	278	53.8%	963	56.3%	1245	61.4%
生活常识	315	60.9%	1114	65.1%	1304	64.3%
时尚消费	247	47.8%	909	53.1%	1091	53.8%
文学/历史/军事/艺术	271	52.4%	955	55.8%	1234	60.9%
职业发展/专业知识	245	47.4%	913	53.3%	1114	55.0%
流行文化	206	39.8%	925	54.0%	1025	50.6%
情感/两性	184	35.6%	577	33.7%	675	33.3%
婚姻/家庭/育儿	169	32.7%	442	25.8%	736	36.3%
其他	161	31.1%	379	22.1%	525	25.9%

调查发现,如表4—147所示,网龄因素对阅读内容主题偏好没什么明显的影响。不同网龄段的读者,其阅读主题偏好的分布比例比较平均。

二 我国国民的作品符号类型偏好及嬗变

表4—148　　　　　　　　作品符号类型偏好

选项	平面文字作品		平面图片作品		纯音频作品（如听书）		音视频作品	
会上网以前	3264	76.69%	1651	38.79%	806	18.94%	1196	28.10%
现在	2713	63.75%	2561	60.17%	1341	31.51%	2793	64.36%

作品作为阅读内容,是通过一定的符号表现出来的。作品符号大体可以分为文字、图片、音频和视频四类。调查显示,除了对平面文字作品的偏好有所下降外,其他三类包括平面图片作品、纯音频作品和音视频作品的偏好均有增长,尤其是音视频作品。不过,从偏好率来看,平面文字作品依然排在第一,音视频作品紧随其后。这说明,数字时代人们对作品的选择还是多样化的,平面文字作品的魅力依然存在。但不可否认,在数字时代平面文字作品的龙头老大地位已经岌岌可危（见表4—148）。

表4—149　　　　不同性别读者的现在作品符号类型偏好

选项	男		女	
平面文字作品	1355	62.6%	1358	65.0%
平面图片作品	1335	61.6%	1226	58.7%
纯音频作品（如听书）	700	32.3%	641	30.7%
音视频作品	1352	62.4%	1387	66.4%

调查发现,如表4—149所示,性别因素对作品符号类型偏好的影响非常有限,不同性别的读者,其阅读作品符号偏好的分布比例比较平均。

表 4—150　　不同网龄读者的现在作品符号类型偏好

选项	网龄 3—5 年		网龄 6—10 年		网龄 11—19 年	
平面文字作品	297	57.4%	1121	65.5%	1295	63.9%
平面图片作品	238	46.0%	1030	60.2%	1293	63.8%
纯音频作品（如听书）	151	29.2%	490	28.6%	700	34.5%
音视频作品	357	69.1%	1102	64.4%	1280	63.1%

调查发现，如表 4—150 所示，不同网龄的读者，现在作品符号类型偏好有所不同，但网龄差异与作品符号类型偏好之间并没有明确的关联性。

三　我国国民的作品长度类型偏好及嬗变

表 4—151　　文字类作品长度偏好

选项	会上网以前		现在	
100 字左右	428	10.06%	547	12.85%
1000 字左右	1785	41.94%	1549	36.40%
1 万字左右	1489	34.99%	1577	37.05%
10 万字左右	1161	27.28%	1321	31.04%
100 万字左右	398	9.35%	728	17.11%
1000 万字左右	138	3.24%	247	5.80%

表 4—152　　音视频作品长度（时长）偏好

选项	会上网以前		现在	
1 分钟左右	420	9.87%	295	6.93%
5 分钟左右	1455	34.19%	1258	29.56%
20 分钟左右	1393	32.73%	1543	36.25%
1 小时左右	1286	30.22%	1493	35.08%
2 小时左右	398	9.35%	866	20.35%
5 小时左右	55	1.29%	191	4.49%

调查发现，如表 4—151、表 4—152 所示，文字类作品长度偏好总体上比较分散，没有表现出特别的偏好。音视频作品长度偏好同样

比较分散，除 2 小时左右的音视频作品增幅较为明显外，其他长度类型的作品偏好度变化幅度不是特别明显。

结合前文我国国民媒介使用时长嬗变情况分析可知，我国国民的阅读碎片化特点主要表现在阅读用时上，而并非表现在作品形态上。这就提醒我们在促进国民阅读的过程中，要着力解决好作品形态与媒介形态的融合，无须片面担心作品内容本身的深浅。

四　我国国民对广告的接受度及嬗变

表 4—153　　　　　　　　　　广告接受度

选项	非常同意		同意		说不准		不同意		很不同意	
在阅读过程中对广告的接受度提高了	399	9.38%	1778	41.78%	935	21.97%	942	22.13%	202	4.75%

调查发现，如表 4—153 所示，读者认可"在阅读过程中对广告的接受度提高了"的超过了半数（51.16%），"不同意"和"很不同意"的有 26.88%。

表 4—154　　　　　网龄、年龄与广告接受度的交叉制表

网龄分段 * 与会上网前相比，现在您：（在阅读过程中对广告的接受度提高了）交叉制表

			与会上网前相比，现在您：（在阅读过程中对广告的接受度提高了）					合计
			非常同意	同意	说不准	不同意	很不同意	
网龄分段	1	计数	44	238	92	126	17	517
		比例	8.5%	46.0%	17.8%	24.4%	3.3%	100.0%
	2	计数	150	687	397	376	102	1712
		比例	8.8%	40.1%	23.2%	22.0%	6.0%	100.0%
	3	计数	205	853	446	440	83	2027
		比例	10.1%	42.1%	22.0%	21.7%	4.1%	100.0%

年龄分段 * 与会上网前相比，现在您：（在阅读过程中对广告的接受度提高了）交叉制表

			与会上网前相比，现在您：（在阅读过程中对广告的接受度提高了）					合计
			非常同意	同意	说不准	不同意	很不同意	
年龄分段	1	计数	298	1212	633	654	150	2947
		比例	10.1%	41.1%	21.5%	22.2%	5.1%	100.0%

续表

年龄分段 * 与会上网前相比，现在您：(在阅读过程中对广告的接受度提高了) 交叉制表

			与会上网前相比，现在您：(在阅读过程中对广告的接受度提高了)					合计
			非常同意	同意	说不准	不同意	很不同意	
年龄分段	2	计数	93	546	290	276	44	1249
		比例	7.4%	43.7%	23.2%	22.1%	3.5%	100.0%
	3	计数	8	20	12	12	8	60
		比例	13.3%	33.3%	20.0%	20.0%	13.3%	100.0%

网龄差异对广告接受度影响不明显。网龄3—5年的读者认可自己"在阅读过程中对广告的接受度提高了"的比例是54.5%，网龄6—10年的读者为48.9%，网龄11—19年的读者是52.2%。

年龄差异对广告接受度有影响。年轻人认可自己"在阅读过程中对广告的接受度提高了"的比例是51.2%，中年人为51.1%，老年人是46.6%（见表4—154）。

表4—155　　　　性别、婚姻状况与广告接受度的交叉制表

性别 * 与会上网前相比，现在您：(在阅读过程中对广告的接受度提高了) 交叉制表

			与会上网前相比，现在您：(在阅读过程中对广告的接受度提高了)					合计
			非常同意	同意	说不准	不同意	很不同意	
性别	男	计数	222	883	503	427	131	2166
		比例	10.2%	40.8%	23.2%	19.7%	6.0%	100.0%
	女	计数	177	895	432	515	71	2090
		比例	8.5%	42.8%	20.7%	24.6%	3.4%	100.0%

婚姻状况 * 与会上网前相比，现在您：(在阅读过程中对广告的接受度提高了) 交叉制表

			与会上网前相比，现在您：(在阅读过程中对广告的接受度提高了)					合计
			非常同意	同意	说不准	不同意	很不同意	
婚姻状况	未婚	计数	250	1035	542	524	138	2489
		比例	10.0%	41.6%	21.8%	21.1%	5.5%	100.0%
	已婚	计数	149	743	393	418	64	1767
		比例	8.4%	42.0%	22.2%	23.7%	3.6%	100.0%

性别差异对广告接受度影响不明显。男性读者认可（"非常同意"或"同意"）自己"在阅读过程中对广告的接受度提高了"的比例是51%，女性读者为51.3%，基本持平。

婚姻状况对广告接受度的影响也不明显。未婚和已婚读者认可自己"在阅读过程中对广告的接受度提高了"的比例分别是51.6%和50.4%，差别不大（见表4—155）。

表4—156　　　　区域、户籍与广告接受度的交叉制表

区域编号 * 与会上网前相比，现在您：（在阅读过程中对广告的接受度提高了）交叉制表

区域编号			非常同意	同意	说不准	不同意	很不同意	合计
区域编号	1	计数	238	1076	517	538	110	2479
		比例	9.6%	43.4%	20.9%	21.7%	4.4%	100.0%
	2	计数	93	455	273	251	69	1141
		比例	8.2%	39.9%	23.9%	22.0%	6.0%	100.0%
	3	计数	68	247	145	153	23	636
		比例	10.7%	38.8%	22.8%	24.1%	3.6%	100.0%

户籍 * 与会上网前相比，现在您：（在阅读过程中对广告的接受度提高了）交叉制表

户籍			非常同意	同意	说不准	不同意	很不同意	合计
户籍	农村居民	计数	155	736	321	406	81	1699
		比例	9.1%	43.3%	18.9%	23.9%	4.8%	100.0%
	城镇居民	计数	244	1042	614	536	121	2557
		比例	9.5%	40.8%	24.0%	21.0%	4.7%	100.0%

区域差异对广告接受度有微弱影响。东、中、西部读者认可自己"在阅读过程中对广告的接受度提高了"的比例分别是53%、48.1%、49.5%，东部略高。

户籍因素对广告接受度的影响也不大。农村居民认可自己"在阅读过程中对广告的接受度提高了"的比例是52.4%，略高于城镇居民（50.3%）（见表4—156）。

表4—157　　　　　　　学历与广告接受度的交叉制表

学历 * 与会上网前相比，现在您：（在阅读过程中对广告的接受度提高了）交叉制表

			与会上网前相比，现在您：（在阅读过程中对广告的接受度提高了）					合计
			非常同意	同意	说不准	不同意	很不同意	
学历	初中	计数	24	141	80	73	12	330
		比例	7.3%	42.7%	24.2%	22.1%	3.6%	100.0%
	高中/中专/技校	计数	72	290	122	167	34	685
		比例	10.5%	42.3%	17.8%	24.4%	5.0%	100.0%
	大专	计数	82	393	186	212	71	944
		比例	8.7%	41.6%	19.7%	22.5%	7.5%	100.0%
	本科	计数	209	852	484	456	85	2086
		比例	10.0%	40.8%	23.2%	21.9%	4.1%	100.0%
	硕士及以上	计数	12	102	63	34	0	211
		比例	5.7%	48.3%	29.9%	16.1%	.0%	100.0%

学历因素对广告接受度的影响不明显。初中学历读者认可自己"在阅读过程中对广告的接受度提高了"的比例是50%，高中/中专/技校学历读者的比例是52.8%，大专学历读者的比例是50.3%，本科学历读者的比例是50.8%，硕士及以上学历读者的比例是54%（见表4—157）。

表4—158　　　　　　　职业与广告接受度的交叉制表

职业 * 与会上网前相比，现在您：（在阅读过程中对广告的接受度提高了）交叉制表

			与会上网前相比，现在您：（在阅读过程中对广告的接受度提高了）					合计
			非常同意	同意	说不准	不同意	很不同意	
职业	企业领导或管理人员	比例	32	172	84	44	8	340
		比例	9.4%	50.6%	24.7%	12.9%	2.4%	100.0%
	公检法/军人/武警	计数	16	24	16	12	0	68
		比例	23.5%	35.3%	23.5%	17.6%	0.1%	100.0%
	学生	计数	131	484	288	306	70	1279
		比例	10.2%	37.8%	22.5%	23.9%	5.5%	100.0%
	专业技术人员/教师/医生	计数	56	336	164	168	16	740
		比例	7.6%	45.4%	22.2%	22.7%	2.2%	100.0%
	机关/事业单位干部	计数	40	140	64	76	12	332
		比例	12.0%	42.2%	19.3%	22.9%	3.6%	100.0%

续表

职业 * 与会上网前相比，现在您：（在阅读过程中对广告的接受度提高了）交叉制表							
		与会上网前相比，现在您：（在阅读过程中对广告的接受度提高了）					合计
		非常同意	同意	说不准	不同意	很不同意	
职业	私营或个体劳动者	计数	16	212	76	92	16	412
		比例	3.9%	51.5%	18.4%	22.3%	3.9%	100.0%
	无业及失业人员	计数	16	60	40	20	8	144
		比例	11.1%	41.7%	27.8%	13.9%	5.6%	100.0%
	工人/商业服务业人员	计数	24	136	44	56	32	292
		比例	8.2%	46.6%	15.1%	19.2%	11.0%	100.0%
	一般职员/文员/秘书	计数	44	160	132	120	16	472
		比例	9.3%	33.9%	28.0%	25.4%	3.4%	100.0%
	离退休人员	计数	12	4	8	24	8	56
		比例	21.4%	7.1%	14.3%	42.9%	14.3%	100.0%
	其他	计数	12	50	19	24	16	121
		比例	9.9%	41.3%	15.7%	19.8%	13.2%	100.0%

职业差异对广告接受度有一定影响。企业领导或管理人员认可自己"在阅读过程中对广告的接受度提高了"的比例最高（60%），公检法/军人/武警是58.8%，私营或个体劳动者是55.4%，工人/商业服务业人员是54.8%，机关/事业单位干部是54.2%，专业技术人员/教师/医生是53%，学生是48%，一般职员/文员/秘书是43.2%，离退休人员是28.5%（见表4—158）。

表4—159　　　　　　月收入与广告接受度的交叉制表

目前可支配月收入 * 与会上网前相比，现在您：（在阅读过程中对广告的接受度提高了）交叉制表							
		与会上网前相比，现在您：（在阅读过程中对广告的接受度提高了）					合计
		非常同意	同意	说不准	不同意	很不同意	
目前可支配月收入	800元及以下	计数	73	259	182	156	37	707
		比例	10.3%	36.6%	25.7%	22.1%	5.2%	100.0%
	801—1500元	计数	94	386	197	211	61	949
		比例	9.9%	40.7%	20.8%	22.2%	6.4%	100.0%

续表

目前可支配月收入 * 与会上网前相比，现在您：（在阅读过程中对广告的接受度提高了）交叉制表

目前可支配月收入			与会上网前相比，现在您：（在阅读过程中对广告的接受度提高了）					合计
			非常同意	同意	说不准	不同意	很不同意	
	1501—3000元	计数	104	450	250	261	73	1138
		比例	9.1%	39.5%	22.0%	22.9%	6.4%	100.0%
	3001—5000元	计数	82	425	167	196	22	892
		比例	9.2%	47.6%	18.7%	22.0%	2.5%	100.0%
	5001—10000元	计数	28	180	99	104	9	420
		比例	6.7%	42.9%	23.6%	24.8%	2.1%	100.0%
	10001—20000元	计数	10	41	28	12	0	91
		比例	11.0%	45.1%	30.8%	13.2%	.0%	100.0%
	20001元及以上	计数	8	37	12	2	0	59
		比例	13.6%	62.7%	20.3%	3.4%	.0%	100.0%

收入差异对广告接受度有影响。月可支配收入为800元及以下的读者认可自己"在阅读过程中对广告的接受度提高了"的比例最低，为46.9%。月可支配收入为801—1500元的读者的比例是50.6%，1501—3000元的是48.6%，3001—5000元的是56.8%，5001—10000元的是49.6%，10001—20000元的是56.1%，20001元及以上的是76.3%。也就是说，收入因素会影响广告接受度，但收入越高，并不意味着对广告的接受度就一定会高（见表4—159）。

结合调查，可以将读者在数字时代阅读内容上的嬗变概括为：

第一，功利阅读超越人文阅读，"浅阅读"（主要表现为阅读兴趣单一，集中体现在对生活类、时尚类等通俗读物的偏好上）、泛阅读的取向明显。流行阅读超越经典阅读，信息获取超越知识习得，新闻关注超越文学感受，娱乐追求超越理论探讨，但这些并不能表明经典、知识、文学、理论阅读的缺失，阅读内容多元化是数字时代我国国民阅读行为嬗变的重要特征。

第二，数字时代，国民对阅读内容的符号偏好已不再是单纯的文字，而正在由文字转向集文字、声音、图片以及动态画面于一体的、一种文字图声并茂的综合体验阅读对象。与此同时，在数字时代，读者对作品长度

并不是特别在意,并没有出现一味偏好"短""微"作品的现象,关键还是看内容本身是否有吸引力。

第三,广告已成为数字时代重要的作品类型,无形中广告已成为国民阅读的重要主题。调查发现,在阅读过程中,超过半数的读者对广告的接受度提高了。

第四节 基于阅读方式维度的国民阅读行为嬗变表现

一 泛读与研读并存

表4—160 研读/泛读方式选择

选项	非常同意		同意		说不准		不同意		很不同意	
研究性阅读多了	714	16.78%	1753	41.19%	1082	25.42%	624	14.66%	83	1.95%
泛读多了	822	19.31%	2758	64.80%	513	12.05%	128	3.01%	35	0.82%

研究性阅读是指读者围绕一定的主题或者为了解决某个问题收集资料认真研读,即所谓"深阅读""精读""主题性阅读"。调查发现,近六成(57.97%)读者同意自己的研究性阅读增加了,可见,数字时代的读者并没有普遍性地放弃研读。

与此同时,超过八成的读者认为泛读增加了。这说明数字时代读者的阅读方式在存在泛化、浅化、娱乐化、碎片化趋向的同时,往往是泛读与研读并存,浅阅读与深阅读互存,碎片化阅读与整体性阅读同在(见表4—160)。

表 4—161　研读/泛读方式选择与相关因素的交叉制表

背景资料		认可（非常同意/同意）研读增加 计数	占所在读者群体总数的比例（%）	认可（非常同意/同意）泛读增加 计数	占所在读者群体总数的比例（%）
性别	男性	1405	64.9	1822	84.2
	女性	1062	50.8	1758	94.1
户口	城镇居民	1504	58.9	2151	84.2
	农村居民	963	56.7	1429	74.1
年龄	年轻人 18—35 岁	1740	59.1	2503	84.9
	中年人 36—60 岁	687	55.0	1029	82.4
	老年人 61—70 岁	40	58.0	48	80.0
网龄	3—5 年	315	60.9	429	83.0
	6—10 年	937	54.7	1427	83.4
	11—19 年	1215	60.0	1724	85.0
学历	初中	180	54.5	253	76.7
	高中/中专/技校	416	60.8	527	76.9
	大专	567	60	798	84.6
	大学本科	1145	54.9	1825	87.5
	硕士及以上	159	75.3	177	83.9
职业	企业领导或管理人员	260	76.5	292	85.9
	公检法/军人/武警	40	58.8	52	76.4
	学生	707	55.2	1074	84
	专业技术人员/教师/医生	484	65.4	640	86.5
	机关/事业单位干部	160	48.2	296	89.2
	私营或个体劳动者	228	55.3	356	86.4
	无业及失业人员	68	47.2	96	66.6
	工人/商业服务业人员	184	63.0	236	80.8
	一般职员/文员/秘书	244	51.7	396	83.9
	离退休人员	28	50.0	44	78.6
	其他	64	52.9	98	81
婚姻	已婚	1033	58.5	1468	83.1
	未婚（含离异、丧偶）	1434	57.6	2112	84.9

调查发现，如表4—161所示，对研读与泛读方式选择比例有明显影响的因素有性别、学历、职业，而户口、年龄、婚姻因素对研读与泛读方式的选择没有显著影响。需要注意的是，调查发现，网龄长短对研读和泛读方式的选择的影响是微弱的。网龄较长的读者，选择泛读的比例相对有所上升，但幅度非常有限。

二 职业/专业阅读

表4—162　　职业/专业阅读方式选择

选项	非常同意		同意		说不准		不同意		很不同意	
所从事的工作/职业/专业需要您开展大量阅读	785	18.44%	2254	52.96%	884	20.77%	306	7.19%	27	0.63%

超过七成的读者所从事的工作/职业/专业需要他开展大量阅读，职业阅读或专业阅读往往需要开展主题性阅读。这或许是支撑研读的重要原因。如果说为了工作和学习而开展的阅读被称为功利性阅读的话，那么这种功利性阅读也就必然地占据着我国读者的较大阅读空间，相应的，休闲阅读、无明确目的的"非功利阅读"也就显得奢侈起来（见表4—162）。

表4—163　　职业/专业阅读方式选择与相关因素的交叉制表

背景资料		认可（非常同意/同意）所从事的工作/职业/专业需要开展大量阅读	
		计数	占所在读者群体总数的比例（%）
性别	男性	1571	72.5
	女性	1468	70.3
户口	城镇居民	1818	71.1
	农村居民	1221	71.9
年龄	年轻人（18—35岁）	2154	73.1
	中年人（36—60岁）	847	67.8
	老年人（61—70岁）	38	63.4

续表

背景资料		认可（非常同意/同意）所从事的工作/职业/专业需要开展大量阅读	
		计数	占所在读者群体总数的比例（%）
网龄	3—5年	378	73.2
	6—10年	1220	71.2
	11—19年	1441	71.1
学历	初中	185	56.1
	高中/中专/技校	479	69.9
	大专	689	73.0
	大学本科	1524	73.1
	硕士及以上	162	77.0
职业	企业领导或管理人员	264	77.9
	公检法/军人/武警	44	64.7
	学生	955	75.0
	专业技术人员/教师/医生	592	88.1
	机关/事业单位干部	236	71.1
	私营或个体劳动者	236	57.3
	无业及失业人员	80	55.5
	工人/商业服务业人员	208	71.3
	一般职员/文员/秘书	308	65.3
	离退休人员	32	57.1
	其他	84	69.4
婚姻	已婚	1216	68.8
	未婚（含离异、丧偶）	1823	73.3

调查发现，如表4—163所示，对"所从事的工作/职业/专业需要开展大量阅读"这一说法认可（非常同意/同意）的读者比例，与性别、户口关系不大，与年龄、网龄、学历、职业和婚姻状况有一定关联。其中，年龄因素与认可这一说法的读者比例之间的关系，表现为随着读者年龄的上升，认可这一说法的读者比例有所下降。随网龄增长，认可这一说法的比例有所降低，但幅度非常有限。随学历增高，认可这一说法的比例上升的趋势较为明显。职业差异对认可这一说法的读者比例有影响，专业性较

强的职业（如专业技术人员/教师/医生）认可这一说法的读者比例相对较高。已婚读者认可这一说法的比例相对未婚读者来说要低。

三 通过网络分享阅读心得

表4—164　　　　　　　　阅读反馈方式

选项	非常同意		同意		说不准		不同意		很不同意	
喜欢通过网络分享自己的阅读心得	593	13.93%	1853	43.54%	1154	27.11%	586	13.77%	70	1.64%

调查显示，近六成读者喜欢通过网络分享自己的阅读心得。"分享"已成为数字时代阅读的重要特征。当然，通过网络分享的方式很多，包括博客和轻博客、微博、QQ签名、微信等（见表4—164）。

表4—165　　　　阅读反馈方式与相关因素的交叉制表

背景资料		认可（非常同意/同意）"喜欢通过网络分享自己的阅读心得"	
		计数	占所在读者群体总数的比例（%）
性别	男性	1271	58.7
	女性	1175	56.2
户口	城镇居民	976	57.5
	农村居民	1470	57.4
年龄	年轻人（18—35岁）	1667	56.6
	中年人（36—60岁）	743	59.5
	老年人（61—70岁）	36	60.0
网龄	3—5年	315	60.9
	6—10年	966	56.4
	11—19年	1165	57.5
学历	初中	193	58.5
	高中/中专/技校	434	63.4
	大专	525	55.7
	大学本科	1189	57.0
	硕士及以上	105	49.7

续表

背景资料		认可（非常同意/同意）"喜欢通过网络分享自己的阅读心得"	
		计数	占所在读者群体总数的比例（%）
职业	企业领导或管理人员	220	64.7
	公检法/军人/武警	36	53.0
	学生	730	57.0
	专业技术人员/教师/医生	452	61.1
	机关/事业单位干部	184	55.5
	私营或个体劳动者	236	57.3
	无业及失业人员	76	52.8
	工人/商业服务业人员	172	58.9
	一般职员/文员/秘书	268	56.8
	离退休人员	32	57.1
	其他	40	33.0
婚姻	已婚	1424	57.9
	未婚（含离异、丧偶）	1022	57.2

调查发现，如表4—165所示，户口、婚姻因素对认可（非常同意/同意）"喜欢通过网络分享自己的阅读心得"的选择比例的影响较小。性别因素、年龄因素、网龄因素略有影响。学历因素的影响比较明显，高学历读者"通过网络分享阅读心得"的意愿反倒比低学历的读者要低一些。职业因素的影响，体现在"企业领导或管理人员""专业技术人员/教师/医生""喜欢通过网络分享自己的阅读心得"的意愿相对较高。

数字时代国民在阅读方式方面的嬗变表现可以概括为以下几个方面。

第一，由过去单纯的读，变为现在的读、听、看三种方式并存。随着多种媒体的兴起，尤其是互联网的飞速发展，快速浏览和扫读超越慢速凝视和审读，选择性阅读超越接受性阅读，跳跃性阅读超越连续性阅读，"F"式阅读超越"Z"式阅读。在传统纸质文献上深度阅读的频率和时长均有下降的趋向，但研究性阅读并没有受到轻视。

第二，超过七成的读者"所从事的工作/职业/专业需要他开展大量阅读"，近六成读者"喜欢通过网络分享自己的阅读心得"。

第五节　基于阅读环境维度的国民阅读行为嬗变表现

一　我国国民的阅读场所偏好及嬗变

表 4—166　　　　　　　阅读场所变化（1）

选项	会上网以前		现在	
家中/寝室	3510	82.47%	3364	79.04%
书店	1960	46.05%	1159	27.23%
咖啡店/茶馆	477	11.21%	1299	30.52%
旅行途中（火车/飞机/汽车/轮船上）	890	20.91%	1824	42.86%
办公室/教室	1995	46.88%	2456	57.71%
上班途中（地铁/公交车上）	422	9.92%	1402	32.94%
图书馆	1766	41.49%	1402	32.94%
公园	460	10.81%	644	15.13%
其他	95	2.23%	75	1.76%

表 4—167　　　　　　　阅读场所变化（2）

选项	非常同意		同意		说不准		不同意		很不同意	
图书馆去得少了	808	18.98%	2249	52.84%	729	17.13%	404	9.49%	66	1.55%
书店去得多了	278	6.53%	880	20.68%	1329	31.23%	1522	35.76%	247	5.80%

调查显示，如表 4—166 和表 4—167 所示，读者首选在家中/寝室阅读，其次是办公室/教室。与会上网前相比，家中/寝室的偏好度略有下降，而办公室/教室偏好度有所上升。图书馆仍然是读者的重要阅读场所，但有 71.82% 的读者承认图书馆去得少了。书店作为阅读场所偏好度下降明显，同时也有相当比例的读者承认书店去得少了（41.56%）。旅行途中和上班途中的交通工具作为阅读场所偏好度增长非常明显，增幅均超过 20 个百分点。与此同时，咖啡店/茶馆的偏好度也有所上升。

表 4—168　　　　　　不同性别读者的阅读场所偏好

选项	男 计数	占所在读者群体总数的比例（%）	女 计数	占所在读者群体总数的比例（%）
家中/寝室	1669	77.1%	1695	81.1%
书店	529	24.4%	630	30.1%
咖啡店/茶馆	603	27.8%	696	33.3%
旅行途中（火车/飞机/汽车/轮船上）	976	45.1%	848	40.6%
办公室/教室	1237	57.1%	1219	58.3%
上班途中（地铁/公交车上）	717	33.1%	685	32.8%
图书馆	627	28.9%	775	37.1%
公园	322	14.9%	322	15.4%

调查发现，如表 4—168 所示，男性读者对在途阅读的选择比例较女性读者高，而其他阅读场所，女性的选择比例均比男性要高。

表 4—169　　　　　　不同网龄读者的阅读场所偏好

选项	网龄 3—5 年		网龄 6—10 年		网龄 11—19 年	
家中/寝室	416	80.5	1354	79.1	1594	78.6
书店	142	27.5	462	27.0	555	27.4
咖啡店/茶馆	115	22.2	462	27.0	722	35.6
旅行途中（火车/飞机/汽车/轮船上）	166	32.1	689	40.2	969	47.8
办公室/教室	218	42.2	929	54.3	1309	64.6
上班途中（地铁/公交车上）	136	26.3	560	32.7	706	34.8
图书馆	201	38.9	615	35.9	586	28.9
公园	97	18.8	219	12.8	328	16.2

调查发现，如表 4—169 所示，网龄差异对读者选择家中/寝室、书店、图书馆、公园这几类阅读场所的影响不确定。其他几种场所的选择比例，有随着网龄增长而上升的倾向。

二 我国国民对阅读环境的评价及嬗变

表4—170　　　　　　　　　阅读环境评价

选项	非常同意		同意		说不准		不同意		很不同意	
目前您个人的阅读环境变好了	935	21.97%	2138	50.23%	816	19.17%	312	7.33%	55	1.29%
目前我国社会阅读环境总体上变差了	610	14.33%	1634	38.39%	1321	31.04%	643	15.11%	48	1.13%

表4—171　　　　　　　　　家庭藏书变化

选项	非常同意		同意		说不准		不同意		很不同意	
家庭藏书多了	276	6.48%	1192	28.01%	1075	25.26%	1485	34.89%	228	5.36%

调查发现，如表4—170、表4—171所示，数字时代我国读者对个人阅读环境认可度比较高，有72.2%的读者认为自己的阅读环境变好了。五成多的读者认为社会阅读环境变差了，约三成读者说不准，近两成读者认为社会阅读环境变好了。调查还发现，34.49%的读者家庭藏书变多了，不过也有40.25%的读者家庭藏书没有增加。

三 我国国民对阅读对策的认知

表4—172　　　　　　　　　阅读对策认知

选项	非常同意		同意		说不准		不同意		很不同意	
政府应该发挥更大的作用	1331	31.27%	2300	54.04%	477	11.21%	124	2.91%	24	0.56%
阅读推广活动开展得比较充分	697	16.38%	1933	45.42%	875	20.56%	657	15.44%	94	2.21%
国家应该颁布《国民阅读促进法》	712	16.73%	1868	43.89%	1068	25.09%	517	12.15%	91	2.14%

续表

选项	非常同意		同意		说不准		不同意		很不同意	
广播、电视、互联网应大力推广阅读	1012	23.78%	2542	59.73%	537	12.62%	141	3.31%	24	0.56%
没必要发展小型社区图书馆或农家书屋	275	6.46%	752	17.67%	595	13.98%	1923	45.18%	711	16.71%
大学图书馆不应该向社会开放	268	6.30%	955	22.44%	739	17.36%	1658	38.96%	636	14.94%
书店应该得到政策扶持	930	21.85%	2409	56.60%	646	15.18%	237	5.57%	34	0.80%
我国没必要开展扫盲工作了	142	3.34%	663	15.58%	606	14.24%	1796	42.20%	1049	24.65%
打击盗版有助于国民阅读良性发展	1055	24.79%	2026	47.60%	800	18.80%	284	6.67%	91	2.14%
推进素质教育有助于国民阅读良性发展	1327	31.18%	2523	59.28%	322	7.57%	74	1.74%	10	0.23%
政府领导、社会知名人士应该在促进国民阅读方面作出表率	1373	32.26%	2310	54.28%	419	9.84%	112	2.63%	42	0.99%
您本人不愿意为促进国民阅读贡献力量	231	5.43%	733	17.22%	603	14.17%	1665	39.12%	1024	24.06%

超过八成的读者希望政府在促进国民阅读方面发挥更大的作用，有近六成的读者认为国家应该颁布《国民阅读促进法》，近八成的读者认为书店应该得到政策扶持，近七成（72.39%）读者认为打击盗版有助于国民阅读良性发展，90.46%的读者认为推进素质教育有助于国民阅读的良性发展，超过八成（86.54%）的读者认为政府领导、社会知名人士应该在促进国民阅读方面作出表率。

与此同时，只有61.80%的读者认为阅读推广活动开展得比较充分了，只有24.13%的读者认可没必要发展小型社区图书馆或农家书屋，只有28.74%的读者认为大学图书馆不应该向社会开放，只有18.92%的读者认为我国没必要开展扫盲工作了，只有22.65%的读者不愿意为促进国民阅读贡献力量（见表4—172）。

由此可见，读者对促进国民阅读的做法是认可的，认为社会各个方面都应该采取措施共同推进国民阅读工作。

阅读是在一定的环境中展开的。阅读环境有个人环境和社会环境、物理环境与制度环境之分。数字时代我国国民阅读环境的嬗变有几个特点：

第一，在途阅读兴起，传统的图书馆、书店作为阅读场所其吸引力有所降低，去咖啡馆阅读的兴起说明读者对阅读环境的舒适度要求进一步提高。

第二，读者对个人阅读环境改善的认可度高于对社会总体阅读环境改善的认可度，说明社会阅读环境尚有很大的提升空间。

第三，读者认可社会各界应为改善和促进国民阅读作出积极努力，大多数读者个人也愿意为此付出努力。

第 五 章

数字时代我国国民阅读行为嬗变的原因

第一节 影响国民阅读行为的因素

前面我们描述了我国国民在数字化时代阅读行为嬗变的基本状况和表现,现在我们要探究其中的原因。是哪些因素导致了国民阅读行为的嬗变?

美国的道格拉斯·韦普尔斯、伯纳德·贝雷尔松和富兰克林·R.布兰德肖从社会、政治的大环境出发论证阅读的社会效果,认为包括印刷、广播、电影在内的大众传播可以为决策者的利益宣传服务,从而左右国内外政策的制定。范凡分析了影响阅读的五种因素,包括社会环境(社会习俗、群体冲突和个人状况)、图书发行的方法、不同出版物本身的差异、读者不同的倾向、其他传播的影响等。[1]

我国学者黄晓新认为影响社会阅读的基本因素主要有四个:第一,社会文化人口,即一定时期内社会上至少达到脱盲水平有阅读能力的人口数。第二,影视等大众传播媒介。第三,社会思潮。它是指社会发展到一定时期(或阶段)一部分或大部分人的价值观念、审美观念、生活方式等,它反映了一定时期(或阶段)社会物质生产和精神生产的发展状况和轨迹。第四,阅读物的生产、传播系统。[2]

上述观点让我们知道与国民阅读相关的因素是复杂多样的,我们在分析数字时代我国国民阅读行为嬗变的原因时,也不可能用单一因素就

---

[1] 范凡:《芝加哥学派的阅读研究》,《高校图书馆工作》2007年第2期。
[2] 黄晓新:《试论阅读与社会的联系》,《出版发行研究》1991年第2期。

能把这些现象解释清楚。我们可以从阅读媒介、阅读主体和阅读环境三个方面展开探讨。我们认为：数字化技术引发的阅读媒介发生变化，是国民阅读行为嬗变的直接原因；现代市场化运行规制下的中国媒介（报刊、广播电视、网络、手机等）发展的重合性和叠加性，是我国国民阅读行为嬗变的特殊原因；社会政治、经济、文化、教育体制的变化，是国民阅读行为嬗变的环境因素；作为阅读主体的读者，在信息素养、生活形态等方面发生的变化导致阅读需求的变化是国民阅读行为嬗变的基础原因。

第二节　阅读媒介的变化

一　数字化技术引发的阅读媒介变革

阅读是基于媒介展开的行为，媒介发生了变化，阅读行为也会发生变化。人类的阅读史也是人类的媒介史。既有的调查结论和我们的调查结果也说明了阅读行为嬗变与媒介变革之间存在密切关系。

加拿大"媒介之父"马歇尔·麦克卢汉认为"媒介即信息"，即人们对传播媒介的使用所产生的影响超过媒介所传播的特定内容对人们造成的影响。[1] 麦克卢汉认为，传播媒介是我们人类意识的延伸，意识则是我们个人能量的"固定资产"，它塑造了我们每个人的认知经验。因此，"果"随着"因"同时出现，媒介与信息如影相随，密不可分；媒介传递的是媒介本身，与具体内容无关。[2]

媒介形态的演变在数字时代大大加剧，不仅是媒介的内容和形式发生了改变，更重要的是它重新构建了人们的感觉和思想。我们认为不管是媒介形式还是媒介内容产生影响，都需要通过阅读行为才能发生。相应的，阅读行为会因为媒介及各种原因产生变化，并因此导致读者其他行为的变化。人类社会正在经历一场巨大的阅读媒介变革，变革的主要

---

[1] ［加拿大］马歇尔·麦克卢汉：《人的延伸：媒介通论》，何道宽译，四川人民出版社1992年版，第16页。

[2] 邵培仁：《传播学》，高等教育出版社2007年版，第215页。

表现就是：信息科技的蓬勃发展促进了阅读媒介的大融合与大裂变，新的阅读媒介层出不穷，人类"目不暇接"，阅读行为的嬗变过程突然加快、加剧。

人类的阅读媒介一直是不断发展变化的，社会需求和科技进步是导致媒介变革的两个基本动力。从科技的角度看，推动这一次媒介变革的主要是数字化信息技术，包括信息处理技术、信息传输技术以及信息储存技术等。人类社会开始从机械社会向数字社会演化。与人类阅读相关的媒介系统，诸如印刷媒介系统、广电系统、计算机系统、电信系统等，从各自相对独立和分割地为读者提供阅读服务，到现在因为数字化开始走向融合。所有的媒介都是以数字形式存在和传播，图书、电视、电影、音乐和图画等所有的阅读对象最终都是以0和1的形式在传播，人类的阅读媒介走向统一，即融合型数字阅读媒介。

表5—1　　　　　　　　纸质阅读与数字阅读的比较

阅读类型	纸质阅读	数字阅读
阅读媒介	印刷媒介、纸质媒介 形态：图书、期刊、报纸等 载体：纸张	电子媒介、数字媒介、网络媒介 形态：数字图书、数字期刊、数字报纸、数字电视、数字广播、数字音像等 载体：电脑、手机、MP4、MP5、电子阅读器、平板电脑等
作品	符号：文字、图片 形制：册页制、散页制	符号：音视频、图片、文字 形制：屏幕制
传播渠道	实体渠道：书店、报刊亭、超市、咖啡馆、书市、邮局等	广电、互联网渠道（虚拟渠道）：广播电视网、有线互联网、无线互联网
阅读方式	（1）平面、静态、线性 （2）内容静止、阅读主体相对运动 （3）用手翻动、折角，用笔画重点、写眉批、做评点	（1）立体、动态、非线性 （2）内容动态、阅读主体相对静止 （3）手指翻动、鼠标滚动和点击，用键盘打字
阅读感受	联想式，有墨香和质感	体验式，能互动
阅读思维	（1）麦克卢汉认为，印刷媒介强调的是人的直线思维。印刷媒介强调的是内部互动式的阅读模式，信息知识传播主要靠文字，人需要有一定的知识背景、想象力、抽象力	（1）麦克卢汉认为，电子媒介（electronic media）是人的中枢神经系统的延伸，它强调的是事物的关联性、深刻性和整体性，它不仅扩展了个人的分析能力，而且"把个人的能力集合起来，创建组织的智能和统一的行动能力"；

续表

阅读类型	纸质阅读	数字阅读
阅读思维	和分析力 (2) 印刷媒介的同一性、序列性等属性，容易使人们形成线性思维模式，每个科学家和学者都遵循前人的研究轨迹，在一个学科领域人们都读着基本相同的前人作品。人们追求文字、语法、句法和发音等方面的正确和统一，说话的棱角却被磨平了。印刷时代和机械时代最本质的特点是世界被分解和互不关联，创造的是相对理性的文化和社会	解除了专业分工的局限，在某种意义上，人类得到了深刻的解放，这种解放要求人类更深刻地参与到整个社会过程中，要求人类发挥自我参与社会的想象力 (2) 电子媒介使人成了整体思维的人，更容易从整体上把握和认识世界，知识、事实等与人的心理感受力、情感等交织在一起，带来感性与理性、精神信念与感官享乐、意义与欲望的尖锐冲突
优势	(1) 直观性强 (2) 携带方便 (3) 易于保存 (4) 书面语言的标准化 (5) 安全性、真实感 (6) 容易翻页，便于阅读，不需要具备一定的使用有关设备的知识，不受辅助设备的局限 (7) 视觉体验舒适 (8) 知识产权保护基础较好 (9) 符合人们的阅读习惯 (10) 目录可以帮助读者在不同的章节里切换，书签、折页可以帮助读者快速回到上次的阅读状态 (11) 有基于纸质实体所形成的版本、图书馆、借阅等文化，有历史感 (12) 阅读的整体感较好，读者能够随时知道自己阅读的内容在整体内容中的哪个层级上，也就是读者对内容定位比较容易 (13) 可以同时参阅几本书，比较方便地开展比较阅读	(1) 形象、生动、丰富 (2) 生产周期短 (3) 成本低、价格低廉 (4) 体积小、重量轻、存储密度大 (5) 受众涉入度较高，交互性强 (6) 复制简便、快捷 (7) 传输速度快 (8) 个性化强 (9) 检索方便，便于信息管理 (10) 超文本链接，超媒体 (11) 随时打印下载 (12) 载体形式容易转换 (13) 可以调整界面呈现方式，比如加大字号、调整图片大小 (14) 修订再版容易 (15) 提供了多样性、深刻性解释内容的可能

续表

阅读类型	纸质阅读	数字阅读
劣势	（1）内容受页数多少的限制 （2）需要中介，如编辑、发行、销售等过程，具有一定的复杂性 （3）需要一定的知识水平与文化层次才能阅读 （4）单向传播，在个性化、真实性、亲和力、交互性等方面存在缺陷，检索不便 （5）复制成本相对较高 （6）纸媒作为单纯的内容呈现载体，不具备信息搜索和信息管理的功能	（1）有时权威性、信任度易受到怀疑 （2）安全性、保密性、完整性偏弱 （3）版权保护门槛相对较高 （4）软件、硬件、内容的保存性较差 （5）稳定性较弱 （6）容易传播失真 （7）需要一定的辅助性设备才可以进行阅读和欣赏 （8）历史感缺失 （9）屏幕尺寸固定，在内容展示方面有一定限制，读者对内容定位相对比较困难

表5—1描述了数字化技术引起阅读媒介变革，阅读媒介变革导致人类阅读行为的变化。就国民个体而言，这种变化最直接的体现在于：纸质阅读是阅读一页页的印刷出来的信息，数字阅读是阅读一屏屏的数字化的信息。通过屏幕阅读，看起来与一页页地翻阅区别不大，但其实，在网页上拖拉滚动条或者点击鼠标所涉及的身体动作和感官刺激与捧着书本翻阅书页时的情形截然不同。

媒介融合颠覆了阅读与印刷的传统关系，陈伟军提出，阅读转换为信息接收、屏幕读取、文本消费，阅读的对象则主要是文化产业提供的各种商品，更加个体化的接受模式、消费方式被推广。[1] 研究表明，阅读时的认知行为不仅涉及我们的视觉，而且还涉及触觉。阅读既要看得见，也要摸得着。挪威文学研究教授安妮·曼根（Anne Mangen）认为，从纸面转到屏幕，改变的不仅是我们的阅读方式，它还影响了我们投入阅读的专注程度和沉浸在阅读之中的深入程度。[2]

佳比·伍德认为，电子书的崛起提高了我们对书面文字的理解，也让

---

[1] 陈伟军：《媒介融合语境中的阅读文化转型》，《国际新闻界》2012年第4期。
[2] 转引自［美］尼古拉斯·卡尔《浅薄：互联网如何毒化了我们的大脑》，刘纯毅译，中信出版社2010年版，第96页。

更多的人对读书产生了兴趣。[①] 数字阅读的颠覆性在于，它"第一次把人类的知识本身以一种最纯粹的方式剥离出来"[②]，以数字化的方式进行存储，这意味着无限制的可塑性，要它方就方，要它圆就圆，只是改变一种展示方式而已。"互联网没有违背我们的意愿去改变我们的思维习惯，而是在顺应我们意愿的情况下，改变了我们的思维习惯。"[③]

二 中国媒介发展的市场化与产业化

阅读媒介是内容与形式的综合体，不仅是阅读的中介，也是阅读的对象。因媒介技术导致的阅读媒介变化是阅读行为嬗变的直接原因。而作为一个社会的行业或者部门，承担着为国民提供阅读产品的中国媒介（报刊、广播电视、网络、手机等），其发展会表现出一些特征，这是我国国民阅读行为嬗变的特殊原因。具体而言，随着我国社会数字化水平的逐步提高，媒介行业发展呈现出快速的市场化与产业化特征，以此为基础，原先相对分割的媒介市场和媒介产业，呈现出重合、叠加和融合的图景。

1978年开始，我国社会进入改革开放的新时期，市场经济体制与计划经济体制并行。1992年，中共十四大总结改革开放十四年所发生的历史性变化，提出建立社会主义市场经济体制。这样一场深刻的变革，引起我国社会经济、政治、文化、科学等各个领域的深刻变化，并引起人们行为规范、生活方式、精神状态、价值观念、是非标准的重大转变。与此相适应，我国的媒介体制也开始进入全面适应和建构市场经济体制的时期。

1946年，世界上诞生了第一台通用数字电子计算机。随着计算机技术、网络技术的不断提高和广泛使用，不仅人类的处理、存储信息能力大大提高了，人类交流信息的能力也大大扩展了，全球已然开始进入数字时代。中国也是如此，在国际互联网于1994年4月20日正式登陆中国以来，其得到了爆炸式的大发展，并将中国迅速地引入了网络时代。2000年，中国三大门户网站搜狐、新浪和网易在美国纳斯达克挂牌上市，标志

[①] 中国软件网：《阅读的未来：电子书给文学带来别样的生动》，http://www.soft6.com/news/201203/12/211898.html。

[②] 杨涛：《思考：数字阅读改变"传统"阅读习惯》，http://tech2ipo.com/56107。

[③] [美]尼古拉斯·卡尔：《浅薄：互联网如何毒化了我们的大脑》，刘纯毅译，中信出版社2010年版，第97页。

着我国大步跨入网络时代,也标志着网络大规模进入我国居民的日常生活和精神生活。

一方面媒介生存要接受行政化管制并适应市场化法则,另一方面是媒介技术日新月异。在这样的媒介环境下,短短二十余年时间,包括图书、报纸、杂志、广播、电视、互联网、手机等各种媒介在内的中国媒介行业取得长足发展。

欧美发达国家市场化历史长、程度高,其媒介发展存在渐进性,纸质媒介、广电媒介、网络媒介等每种媒介都在市场体制中有它的充分发展期。数字化技术兴起后,才逐步实现融合。媒介集团兼容图书、杂志、报纸、广播、电视等多种媒介类型,还包括网络新兴媒介,各种媒介类型之间形成自由联合。西方国家的这种基于市场和技术的媒介融合是在既定的媒介集团化、国际化、资本化、跨产业化的基础上展开的。

与西方媒介产业发展不同的是,中国媒介发展存在同步性。在确立市场经济体制之前,党和政府比较强调媒介的意识形态属性,即便有的媒介单位实施"企业化运作",但也遵循"事业化管理"。确立全面实施市场经济体制以后,媒介运行机制逐步市场化。图书出版单位已全面完成企业化改制,图书发行体制多样化,报刊、广电行业的经营管理体制也发生了深刻变革。与传统媒体的改制转型同期,我国网络及手机新媒体发展迅猛。可以说,中国媒介没有经历"媒介特殊性"的洗礼,带有晚近发展的深刻烙印——速成。

在政策、技术、市场等多种因素的共同作用下,我国的媒介融合步伐加快,并向纵深发展,已形成如下格局:第一,通信企业、互联网企业与传统媒介机构的合作逐步深化与多元化。第二,传统媒介的转型过程中逐步形成以互联网为中心的格局,传统纸媒逐步成为互联网媒介的延伸。第三,移动互联网成为媒介发展的着力点。第四,媒介融合产品的研发大大加快,内容、终端、技术应用等基于媒介融合趋势的创新日新月异。第五,跨媒体营销受到重视,媒介集团的全媒体化整体效应开始显现。第六,媒介融合带来了产业链的变革。

媒介发展的重合、叠加与融合趋势,导致读者阅读习惯的养成也是混杂的。一方面,市场化、商业化运作模式,逼迫媒介组织从以追求社会效益为主变成以追求经济效益为主,发行量、收视率、收听率、点击率成为媒介生存的生命线。也就是说,媒介发展的市场化与产业化,改变了信息内容的生产与提供方式。在利润的驱动下，媒介都纷纷迎合受众偏好，新闻信息飞速增加，娱乐信息急剧攀升，广告信息铺天盖地。另一方面，媒介环境的快速变化为人们进行多元化媒体接触、便捷地获取信息资源增加了可能性，导致没有哪一种媒介可以从容地培养读者市场，读者的媒介忠诚度、媒介依赖性减弱。

第三节　阅读的社会环境因素

一　政治环境

数字时代我国国民阅读行为的嬗变，体现着人类社会行为发展的一般性规律，也是对进化史观一贯正确性的验证。阅读行为的嬗变规律，既受制于与阅读行为直接相关的阅读媒介形态的变革，又与媒介内容的提供方式、媒介产业的发展特征紧密相关，同时，还受到政治、经济、文化、教育等发展形态的影响。

政治环境一般是指一个国家或地区在政治制度、体制、方针政策、法律法规等方面的综合反映，是政治体系存在和从事政治活动、开展政治决策的背景条件的总和。

政治势力利用阅读活动来扩大自己的力量或稳固自己的统治，如果得不到预期的效果，政治势力就会加大影响的力度，有时几乎是不惜代价。因此，政治环境对阅读的影响往往是非常深刻和直接的。政治环境包括国际政治环境和国内政治环境。国际政治环境主要包括国际政治局势、国际关系、目标国的国内政治环境等。国内政治环境包括政府、政党和政治制度、政治团体、政治氛围等方面。其中，以政府影响最为重要。政府的影响，是指政府利用手中的权力，通过法律、政策及管理制度，以使阅读活动不损害社会或政府的利益。政府的影响手段大致有法律、政策、信息源控制，以及创办媒介机构提供阅读产品、开展阅读推广活动等。这些影响活动通过国家对国民阅读的管理活动综合体现出来。归结起来，政治因素总是以主宰的地位控制着阅读内容的取舍，规定着阅读发展的方向，调节着社会对阅读的需求，调整着阅读活动的社会关系。

近二十年来，我国坚持并完善中国特色社会主义政治制度，政治上保持稳定，朝着开明、民主、法治的方向发展，对国民阅读的影响总体上是正面和积极的。

（一）在政治变迁过程中构建的政治文明为阅读嬗变提供了良好的政治环境

数字时代的社会变迁不只是数字技术变革的过程，而是包括政治、经济、文化等基本内容在内的整体性社会变迁进程。近二十年来，我国社会基于数字科技发生了巨大的变革，不仅社会经济文化取得进步，政治文明建设也取得了重大成就。

人民代表大会制度是我国的根本政治制度，中国共产党领导的多党合作和政治协商制度、民族区域自治制度是我国的基本政治制度。这三项体现中国特色社会主义的政治制度近二十年来不断巩固和完善，保持稳定。这种稳定不仅保证了社会政治的稳定，也为国民阅读提供了基本的价值规定。近二十年来，党和国家领导体制逐步走向制度化与法治化、政府行政管理体制改革不断推进、网络新媒体成为重要的公共领域、以经济发展为中心，这些在政治生活中的变化则为国民阅读提供了丰富多彩的内容和自由交流的氛围。

随着社会利益结构的变化，利益追求成为国民行为的基本动力。意识形态对国民个人生活的控制大大弱化，"单位"对个人控制的范围和程度也在减少，国民在阅读行为方面的自由度也不断扩大。

（二）政府主导的公共文化服务体系的建构为阅读嬗变提供了直接动力

社会政治制度通过一定的机构运用一定的规则对偏离社会"公共秩序"的思想和行为实施干预，以维护统治阶层主导的政治活动有序、良性运转，进而对社会成员施加影响。国民阅读活动，作为促进和谐社会建设、提高国民文化素质、拉动文化消费的重要举措，已得到政府的认可。近二十年来，党和国家对国民阅读越来越重视，大力推动公共文化服务体系建设。建立起比较成熟的国民阅读组织协调机制，引领统筹全国的阅读推广。地方各级党委和政府将国民阅读活动作为增强地方文化软实力的重要措施，许多城市也将阅读推广作为打造"文化名片"的重要载体。政府在阅读推广方面所做的努力，为国民阅读行为嬗变提供了直接动力。

（三）转型社会的价值失范与不良的政治文化制约了阅读行为的良性嬗变

总体而言，社会政治环境对国民阅读行为的嬗变起着正面的保证与导向作用，但现实与历史的多种原因造成的不良政治文化也制约着阅读行为的良性嬗变。不良政治文化包括官本位思想、以宗法观念为核心的人治、等级与特权意识、权力依附意识、法律淡薄意识等。在现实的政治生活中，人民参政的实效性有待进一步提高、法律权威有待进一步加强、政府职能转变与党政分开需要进一步推进、腐败现象比较严重，所有这些不良的政治文化都会反映到阅读文化中并对良性阅读形成制约与冲击。意识形态的淡化一方面会促进自由阅读，但由此产生的负效应（包括社会道德真空、社会生活规范的无政府状态等）也会对阅读造成不利影响。国民阅读呈现出的阅读取向的功利化、阅读目的的虚无化、阅读体验的刺激化等现象，与社会政治环境中的不良因素是密切相关的。

二 经济环境

经济环境是指一个国家或地区的经济政策与经济状况的背景条件的总和。马克思主义唯物史观启示我们，属于精神生活领域的阅读首先要以物质生活为基础，阅读的发展是与经济的发展相适应的。各种类型的资本（经济资本、文化资本和社会资本）对国民掌握阅读技能、提高阅读素养具有一定的影响，从而也影响着国民阅读行为的嬗变。

（一）社会经济的长足发展为国民阅读行为嬗变奠定了良好的经济基础

近二十年来，我国社会经济实现了长期、持续、快速、平稳的增长，人民物质文化生活水平全面提升，经济实力显著增强，取得了举世瞩目的成就。可以说，我国经济发展已经具备了较好的物质基础，宏观调控经验不断丰富，企业竞争力和抗风险能力明显提高；财政收支状况良好，金融体系运行稳健，社会资金比较充裕。良好的整体经济环境，促进了我国读者在阅读方式、购书花费，以及对新阅读产品的接受和使用等方面发生改变。国民阅读由此蕴藏着巨大的需求，并将随着我国全面建设小康社会而进入快速提高阶段。

（二）数字经济、知识经济的发展直接催化了国民阅读行为的嬗变

美国经济学家罗伯特·萨姆森曾经用三个 M 概括美国人为什么爱读书——Maturity（长大成熟者爱读书）、Marriage（结婚成家者爱读书）、Mortgage（按揭房奴者不得不读书）。[①] 这三个 M 体现了美国读者的阅读行为与经济发展的内在联系，阅读已是美国读者的刚性需求。数字信息技术使社会在从事物质生产的同时具有更多的可能去从事知识生产和消费。数字型、知识型经济的发展则进一步提升了信息和知识的重要性，读者必须努力阅读才能适应社会发展，这就会大大提升阅读的动力。随着信息化水平的提高，信息和知识密集型产业占我国社会经济的比重越来越高，社会经济发展对技术工人和知识工人的需求越来越多。这种经济发展环境会大大催化国民阅读行为的嬗变。

（三）社会经济发展过程中存在的问题对国民阅读行为嬗变造成不良影响

尽管我国社会经济发展已取得巨大成就，但也面临着诸多问题和困难。城乡、区域、经济社会发展不够平衡，为经济增长付出的资源环境代价很高，农业稳定发展和农民持续增收比较困难，社会保障、劳动就业、收入分配、教育卫生、居民住房、司法和社会治安、安全生产等关系到人民群众切身利益的问题仍然较多，低收入群体生活比较困难，社会发展总体水平仍然处于发展中国家之列。党的十六大以来才开始进入全面建设小康社会时期，而占全国人口总数超过半数的农村居民，很多才刚刚解决生存和温饱问题。针对这种社会经济发展环境，相较于衣食住行等基本生活需求，阅读需求处于较高层次，许多阅读产品还不是人们的生活必需品，这会制约国民阅读行为的数字化嬗变。

---

① 陈晓民：《阅读：知识经济时代的"套利"之道》，《21世纪经济报道》2013年7月22日第20版。

三 文化环境

文化环境给予阅读行为的影响是指整体意义上的人们的精神生活施加于阅读活动的影响，是指以社会意识、思想道德、价值观念及生活方式等文化规范为手段，对阅读活动施加影响和控制。文化影响人类的行为，也影响人们的阅读兴趣和阅读倾向。当然，阅读活动本身就是一种文化活动。心理学家奥斯古德（Osgood）认为，就个人而言，一个词的全部意义就是他在其生长的文化环境中对该词感受的结果。①

王龙认为，"如果把阅读行为分为内部机制和外部机制的话，那么其内部机制是一种复杂的精神活动，而外部机制则是一种重要的社会活动"②。汪琴曾专门论述社会意识对阅读的影响，她认为社会意识的社会心理、社会意识形式和社会思潮三个层次对阅读活动都会产生深刻影响，包括各类文本的丰富程度和作用大小，以及文本的内容和形式变化；读者的阅读价值观；读者的阅读行为和社会阅读潮流。③陈力丹与叶梓在探讨美国类畅销书在中国"遇冷"的原因时，认为文化的因素起到了重要的作用。"中国的读书人一直受传统文化的熏陶，追求的是读书的文化性，所以，即使是中国的悬疑小说也没有很大的阅读市场。"④可见，文化环境对阅读行为的影响是全方位的，社会文化环境在提供阅读内容支撑的过程中影响着阅读行为的嬗变。

（一）崇尚阅读的文化传统与社会主义文化建设引导阅读行为嬗变

"我国倡导的社会主义文化建设，应该是一种将人文精神、人本精神与现代科学精神、理性精神融于一体的自觉自由的现代文化。"⑤而且，自古以来我国就有崇尚阅读的优良文化传统。总体而言，我国的社会文化环境理应对阅读行为形成良性的引导和支撑。

从文化的具体形态来分析，诸如教育文化、出版文化、科学文化、休

---

① 朱慧：《试论文化因素在阅读中的作用》，《贵州大学学报》1997年第2期。
② 王龙：《阅读研究引论》，天马图书有限公司（香港）2003年版，第111页。
③ 汪琴：《论社会意识对阅读的影响》，《高校图书馆工作》2007年第3期。
④ 陈力丹、叶梓：《美国类畅销书在中国的"遇冷"》，《中国图书评论》2012年第5期。
⑤ 胡惠林：《文化政策学》，上海文艺出版社2003年版，第2页。

闲文化、宗教文化、语言文化等，无一不是影响阅读的重要因素。我国读者的阅读首先就是围绕教育展开，包括基础教育、高等教育、成人教育，以及各类国家资格认证考试的专业学习等，各类"应试阅读"是我国阅读的重要形态。比如我国读者对外语类书籍（主要是英语图书）的需求非常巨大，为了英语应试恐怕是重要因素。其次是拓展知识面、文化视野方面，读者群主要包括学生与社会各行业人士，他们为了不断追求创新，适应工作需要和社会快速发展。再次是休闲娱乐方面，包括文学名著、古今中外的名人传记等。

国民阅读行为的转变与社会文化的转型密切关联。前几年，我国刚刚加入世贸组织，人们普遍认识到在经济领域里存在着很多创造财富的机会，只有掌握真才实学，才能驾驭市场，走向成功。因此，很多人热衷于MBA、炒股等相关学习，觉得这会对投资、理财和工作有帮助，整个社会对经济学、管理学方面的图书需求比较旺盛，与经济相关的图书销量很大。而近几年，经济类书籍的热度已经开始有所减退，很多人开始注重培养个人兴趣、提高个人文化素养，阅读的目的变得越来越多元化，国学、健康、政治、社会科学、心理等都成为重要的阅读主题。

曾有人盘点了2012年我国的十大阅读热点，[①] 包括：莫言获得诺贝尔文学奖带动了文学阅读热、"外国人写中国"受欢迎，社科学术书成畅销书，抗战史被深度挖掘，"大数据"成为阅读热词，《芬尼根的守灵夜》沉寂73年首译中文版，又掀董桥出版热，《传家》唤醒中国式美好，黄裳著译作品集中上市，《2666》掀起拉美文学潮。所有这些阅读热点的产生，其背后都有社会文化因素的催化。

（二）社会文化发展的媒介化（信息化）推动国民阅读行为的嬗变

数字信息技术的发展不仅促进了经济（包括文化经济、知识经济、信息经济）的发展，也开拓了文化本身的生产和消费的新前景。也就是说，我国社会文化发展在根本上已成为一种媒介文化（或者叫信息文化），如图书、报纸、期刊、电影、广播、电视、互联网、手机等成了当代文化的主要载体。阅读对象本身已转化为文化发展成果的主要载体。反

---

① 刘悠扬：《2012十大阅读热点》，http://www.360doc.com/content/12/1226/11/188532_256331833.shtml。

过来说，文化发展需要依赖国民阅读方能体现出进展与成果。

阅读率已成为衡量文化发展的重要标准，为此，博得读者（受众）的注意（阅读）已成为各种文化形态在发展过程中努力的方向。"有人看、有很多人看"已成为文化建设成功与否的法则。这种追求阅读率的文化发展模式无形中推动了国民阅读行为的嬗变。

（三）社会文化发展过程中出现的问题对阅读行为嬗变会产生不利影响

在我国社会文化的发展中产生了诸多矛盾和问题，对阅读行为嬗变也会产生不利影响。它主要表现为：物质文明建设相对发达，而文化建设相对落后。为了改变文化建设落后的局面，党和政府要求文化"大发展、大繁荣"，大力推进文化产业的发展。

近二十年来，我国的文化发展取得长足进步，但遗憾的是，我们必须面对当前文化现状的种种问题。[①] 首先，不同文化发展之间存在非均衡性，包括精英文化与大众文化的差异、城市文化与乡村文化的距离、中国文化与西方文化的矛盾等。其次，文化在市场化、商业化和产业化的过程中，逐渐丧失了文化自身的本性。再次，文化发展面临着虚无主义、技术主义和享乐主义三种威胁。

文化生活为阅读活动提供了永不枯竭的内容来源，并潜移默化地孕育着国民的阅读理念。社会意识推崇什么，读者自然追着阅读什么。在市场经济的大潮中，国民信奉经济利益，许多读者就会去读理财方面的书；大家都想当公务员，公务员考试的辅导书销量大增。"读书无用论""拼爹""官本位"等观念引发的不仅是人们对阅读的漠视，还有普遍的对知识、对科学、对创造、对创业的轻视。"如果一个社会不能为一个好读书、爱读书的人提供一个机会均等、心态平和的环境，则读书的价值必然受到怀疑；反之如果在一个社会中读书的价值普遍受到怀疑且可能受到无端的嘲讽，则公众阅读的热情必然下降。"[②]

---

① 彭富春：《当前中国文化存在的 N 种问题——当代文化现象一瞥》，http：//www.chinanews.com/gn/2011/04－28/3004638.shtml。

② 余波：《全民阅读的社会学考量》，《中国出版》2007 年第 4 期。

第四节 阅读主体因素

一 人口发展

阅读的主体是人，人口发展直接影响着社会整体的阅读生态。根据第六次全国人口普查的结果，中国总人口13.7亿。我国人口占世界的比重，从改革开放初期的22%已经下降至2010年的19%。我国人口结构的变化对阅读行为的影响，主要表现在学历结构、城镇人口的变化等方面。

我国人口学历结构发生的较大变化，[①] 主要表现是：8.93%的人口具有大学（指大专以上）文化程度；14.03%具有高中（含中专）文化程度；38.79%具有初中文化程度；26.78%具有小学文化程度。同2000年相比，大学文化程度的人口增长5.32%；具有高中文化程度的人口增长2.89%；具有初中文化程度的人口增长2.89%；具有小学文化程度的人口下降8.92%。这十年我国人口的文化素质提高速度之快是新中国成立以来少有的。这一变化趋势反映了十年来我国落实扫除青壮年文盲，普及九年制义务教育和大力发展高等教育等措施所取得的成果。

人口学历结构的改善，尤其是具有初中以上文化程度的人口数大大增加，意味着具备独立阅读能力的读者基数大大上升。这就为阅读行为嬗变提供了基础条件，我国国民中读者人口数总体上肯定是增加的，社会总体阅读需求肯定是呈上升趋势的，阅读需求也会发生多样化。随着我国人口学历水平的提高，国民阅读水平的发展也会相应提高。

2011年年末，我国大陆总人口为134735万人，城镇人口比重首次超过50%，达到51.27%。[②] 与此同时，我国大陆人口发展还表现出这样几个特点：增长模式发生转变，生育水平显著下降；老龄化趋势加快、出生人口性别比持续偏高、人口流动迁移活跃。[③]

[①] 国家统计局：《2010年第六次全国人口普查主要数据公报》，http://www.chinanews.com/gn/2011/04-28/3004638.shtml。

[②] 国家统计局：《2011年我国人口总量及结构变化情况》，http://www.stats.gov.cn/tjfx/jdfx/t20120118_402779722.htm。

[③] 李晓宏：《中国占世界人口比重降至19%》，《人民日报》2011年7月12日第013版。

我们通过第四章可以知道，户籍、性别、年龄、地域等因素都是影响我国国民阅读行为嬗变的重要因素。而这些因素在数字时代随着我国社会人口发展发生了诸多变化，势必会对国民阅读行为嬗变造成影响。

二 阅读需求

阅读嬗变也源于读者的阅读需求的变化。90%的接受个人访谈的受访者认为，阅读行为变化与其自身的阅读需求有关。"读者的阅读需求既是一种个人需求，也是一种社会需求"[1]，它反映的是读者在社会发展的客观环境下，对某种知识、信息或情报的需求和向往，从而产生的对此类信息和知识努力探索和利用的兴趣。读者的阅读需求是"与时俱进"的，既反映了社会各阶层的社会理念变化又折射了传播媒介（即知识和信息载体）的理念更新，是展示社会环境的一个"图景"。

自从人类学会了阅读，总是希望更简便、更快捷、更愉悦地获得希望获得的信息。[2] 这种需求，势必是互联网与新媒体发展的最重要动力之一，也是人类自身阅读行为嬗变的重要原因。

伴随着媒介技术的不断革新和经济社会的转型，作为个体的国民只有不断更新知识结构才能适应快速发展的社会环境。原先一体化的文化信念逐渐解体，更多的读者有了表达个人种种欲望的要求和冲动。在改革开放过程中逐渐获得主体意识的读者，不仅需要新的阅读形式，而且还需要表达这一阶层意愿的意识形态。于是，"知识分子设定并固守的作品的意义世界受到了空前的挑战和消解，而表达大众自身各种感性欲望的大众文化日益凸显"[3]。

随着社交网络的快速发展，各种社会化媒介的应用使得人们的阅读需求发生了改变，最显著的变化就是将读者对信息内容的需求转化为对人与人之间关系的一种需求。于是，信息的生产、传播、消费更多地成为读者编织属于自己的社会关系网络的途径。"人们生产内容的目的，往往不在

---

[1] 张树华、张涵：《什么是读者研究》，http://www.slibrary.com/news_detai.lphp?newsid=303&catid=3/2004-10-22。

[2] 陆小华：《最超越想象的变革将基于移动互联——新媒体变革取向漫谈之四》，《新闻记者》2007年第4期。

[3] 汪振城：《媒介变革中的文化转向与审美位移》，《中州学刊》2005年第6期。

于内容本身,而在于以内容为纽带,延伸自己在网络社会中的关系。关系在某种意义上比内容更为重要。"① 《中文自修》杂志有关写作和阅读的调查显示:61.39% 的中学生以微博、QQ 签名和人人网状态等方式记录生活,日记甚至博客的书写比例不到 30%。② 微博和豆瓣是我国现在网上最具分享功能的两个平台,也是当下新形态阅读的主要生发地。读者每天花大量的时间在这两个平台上分享阅读的乐趣,也渐渐地定制出属于自己的阅读界面,用"互相关注"、"加为好友"等方式形成了一个属于自己的阅读链。③ 这是一个群,也可以说是一个圈子。网络上,这样的圈子很容易形成,也很容易解散。但如论如何,我们必须知道,社会化阅读不再只是什么"潮流、时尚"的应用,而是一个永远不会回头的大趋势。

三 生活形态

生活形态是一种系统性的概念,来源于社会学和心理学,是指人们生活以及使用时间、金钱的方式,反映出个人所从事的活动、有兴趣的事物及对各种议题的意见。尽管生活形态的变化很大程度上是因为新的发明和技术应用的推动。但生活形态变化本身会提供更多的需求,提供更多的市场空间,也会提供更多的对变革的推动,相应的,也会推动阅读行为的嬗变。

CSM 基于对现代性(与时俱进)、冒险导向(成功渴望)、网络依赖、时尚消费、自我肯定、追求内心体验、做事专注、广告依赖(品牌信任)、计划(果断、谨慎)、保守理财、读报习惯、广告排斥、传统医疗保健等 13 个因子分析的结果,采用快速聚类法对我国 102 个城市的 57977 个样本进行了分类,最终将样本聚为六类,以之代表 102 个城市中具有不同生活形态轮廓及特征的受众类型。这六类分别为现代适应型、广告疏离型、中庸随性型、事业奋斗型、信息依赖型和适从跟随型。④ 不同生活形态受众的媒体接触呈现出一定的差异性;同类生活形态的受众,其媒介消

---

① 彭兰:《社会化媒体与媒介融合:双重旋律下的关键变革》,《新闻界》2012 年第 2 期。
② 屈一平:《微博:碎片阅读之忧》,http://news.sohu.com/20120514/n343112971.shtml。
③ 绿茶:《我的阅读分享和主张》,http://news.ifeng.com/gundong/detail_ 2012_ 01/01/11712173_ 0.shtml?_ from_ ralated。
④ CSM:《中国 100 城市媒介消费地图》,CSM2012 年版,第 4 页。

费表现出近似的特征。比如,信息依赖型、现代适应型受众半年内读报的比例较高,在杂志的阅读频次上也表现为较其他类型受众更为频繁,其互联网接触频率更高,且上网时间更长。可见,生活形态是影响阅读的重要因素。

  数字时代,社会生活节奏加快、闲暇时间变长、各种娱乐休闲方式增加、通勤时间延长等生活形态变化的因素,都是导致阅读行为改变的原因。"如果仅仅从有时间大量阅读欣赏这一点看,今天一个中产阶级市民所获取的信息量可以超过18世纪三个贵族所获得信息之和。"[1] 人们消遣的方式日趋多样化,人们已经不再满足于独对青灯、闭门苦读。人们比以往任何时代都拥有更多的选择,多种消遣方式代替了单一的图书阅读。[2] "'旅途阅读'已成为每天几小时上下班折返路上、每月数日差旅途中,甚至每年几次度假时光里最佳的闲暇消遣方式,'途书'正逐渐地培养和提升着中国人的阅读习惯。"[3] 再比如,市场经济的发展也逐步改变了人们的生存方式和价值观,影响着人们的生活。成年人有就业职场、养家糊口压力,大学生有考试、就业压力,中小学生有应试压力,相应的,职业阅读、应试阅读的需求自然就会上升。

---

[1] 卿家康:《文献社会学》,武汉大学出版社1994年版,第231页。
[2] 汪修荣:《阅读率下降的三大因素》,《编辑学刊》2005年版,第2页。
[3] 张弘:《"旅途阅读"和我们的生活》,http://www.bjnews.com.cn/ent/2011/04/30/121187.html,2011.04.30。

第 六 章

数字时代我国国民阅读
行为嬗变的影响

第一节　国民阅读行为嬗变影响分析的角度设置

前面描述了国民阅读行为在数字时代的嬗变表现,进而解释了嬗变原因,按照逻辑的推演,接下来应该分析上述嬗变表现并由此总结出的嬗变趋势造成的影响。而开展影响分析,首先需要设置角度。"什么人阅读,读的是什么,阅读是在什么时候和什么情况下发生的,阅读的效果又是怎样的,这类问题把阅读研究跟社会性联系起来了。"[1] 美国学者罗伯特·达恩顿的这一观点,为我们提供了阅读研究的几个向度,同时也能启发我们分析阅读行为嬗变所产生的影响。

从影响的层次看,可以从国民个体和社会整体两个角度分析。所谓在国民个体层面所造成的影响,就是在纷繁复杂的数字时代的国民阅读活动中抽象出一个个体性的读者,分析其阅读行为所发生的变化对其个人的学习和思维、生活和工作等方面形成的影响。所谓在社会整体层面所造成的影响,就是国民阅读行为在数字时代所发生的嬗变给予社会整体意义上的包括文化、教育、经济、政治等方面的影响。这两个层次是相互联系、密切统一的,也是相对而言的。

从影响的价值判断看,可以从积极影响和消极影响两个角度研究。所谓积极影响,就是国民阅读行为嬗变造成的有利于个体发展和社会发展的

---

[1] [美]罗伯特·达恩顿:《拉莫莱特之吻:有关文化史的思考》,华东师范大学出版社2011年版,第110页。

影响。所谓消极影响，则是国民阅读行为嬗变可能造成的不利于个体发展和社会发展的影响。显然，这种带有价值判断的影响分析，是建立在既定的价值观的基础上的，当然也是相对的，在一定的条件下也是可以转换的。甚至是所谓的积极影响本身换个角度看或许就是消极影响，反过来也一样。或者说，目前阅读行为嬗变所带来的负面效应正是我国国民阅读的进化所要付出的代价。

表6—1　　　　　　国民阅读行为嬗变影响分析的角度

	国民个体层面	社会整体层面
积极影响	表层、深层	表层、深层
消极影响	表层、深层	表层、深层

上述两种角度相互交叉，形成四个象限（四种分析角度），可参见表6—1。下面我们从积极和消极两个角度来研究我国国民阅读行为嬗变所带来的个体性和社会性影响。

第二节　阅读行为嬗变在国民个体层面的影响

一　阅读行为嬗变对国民个体产生的积极影响

"数字时代的来临，超文本链接的使用，使阅读像迎面不断开启一扇一扇的门，在许多你可能感兴趣的地方都设有新的链接，可以开启新一扇门，可以直接获取你所感兴趣的深度信息。以往则要等你读完所有信息后才会发现你感兴趣的东西。这是一次即时、深度的阅读革命。"[1] 从个体读者来说，阅读行为嬗变的积极影响是，数字时代的阅读可呈放射型树状或网状阅读路径，可以直线阅读、比较阅读、寻找阅读，读者既可纵向探索，又可以横向比较，还可以交叉、重叠、转折、反向地研讨、思维，容易处于活跃状态，一改纸媒体或平面媒体线状阅读路径限制创造型思维的局限。也就是说，数字时代我国国民阅读行为嬗变总体上是一种顺应社会

---

[1]　王强：《数字化时代的阅读》，http://blog.sina.com.cn/s/blog_59875d970100wbly.html。

发展潮流的主动选择和积极选择，给国民个体造成的影响主要是正面的，有助于我国国民个体更加自由全面地发展。我们从调查数据的分析中可知，读者对自身在数字时代阅读习惯变化上的认知总体上是积极肯定的。在个体层面产生的积极影响具体表现为以下两个方面：

（一）阅读更加自由、便捷

阅读自由是指读者的阅读活动与其自身发展之间处于一种和谐状态，主要体现为读者可以根据自己的意志开展阅读选择，包括阅读方式的选择、阅读时间的选择、阅读媒介的选择、阅读内容的选择、阅读环境的选择等。

在阅读方式方面，读者的选择可以更加个性化。传统纸质阅读过程中，读者要顺着作者的意识阅读，因为作品的信息符号总是以串行的顺序进入读者大脑。而跳转链接在数字化阅读过程中可以轻松地实现，读者可以从一段陈述、论述链接到其他章节段落，从一个镜头跳转到其他镜头，甚至从一件作品链接到其他作品中去。① 于是，不同的读者或同一读者，在不同的阅读时段和场合，阅读同一作品时所获取的信息内容结构很可能会有不同。读者阅读自主权大大提升，发散式阅读大大增加了读者接受不同信息组合的可能，可以说，数字阅读开创了个性化阅读的新阶段。

在阅读时间方面，读者的选择更自由。尽管读者在数字化时代的生活被分割得很严重，但基于数字化技术的阅读媒介对读者生活的渗透也非常全面，读者在阅读时间的支配上也非常自由。原先忙于奔波而无暇读书的人们，在奔波的同时利用手机和其他便携式终端就能把书读了。

在阅读媒介方面，数字媒介的兴起，并不意味着传统纸质媒介的消亡。读者完全可以自由选择，既可以拒绝数字化坚守书斋生活，也可以拥抱互联网摒弃纸质图书，当然更可以"左书右网"。数字技术日新月异，新型阅读载体不断推出，读者可以尽情地选择。

在阅读内容方面，从来没有一个时代能够像数字时代这样可以让读者如此自由地选择。只要读者愿意阅读，总是能找到读者想读的。哪怕是读

---

① 田胜立：《数字传媒时代对编辑规范和人才的要求》，《编辑之友》2007年第11期。

者不愿意阅读的,也有可能会在不经意间推到读者的眼前。一方面,人们将过去负载在纸质等传统载体上的内容数字化后存储在数字空间;另一方面,人们不停地创作和生产着数字信息。数字时代信息的巨量生产和高速传播,甚至产生了信息爆炸。

在阅读环境方面,读者的选择也更从容。原先只在书房和卧室里读书的人们,现在可以在出行和等待中就把书读了。即便是没有光线的野外,只要读者有电子阅读器也照样可以阅读。尤其重要的是,人们获得"读者资格"更容易了,只要会用手机,就可以享受阅读的乐趣。数字阅读降低了读书的门槛,一部手机,一个站立之地,读者就可以享受到阅读的乐趣。总体读书人数无疑是增多了,读书总体时间也延长了,读者队伍空前壮大,知识传播更加便捷。"人们既可以在数字阅读中掌握实用信息,提高工作生活的效率,也能从中汲取更多的文化知识,用丰富的营养武装头脑。"①

渴望更便捷、更舒适的阅读体验是所有读者的内在需求。移动互联网的出现与普及对读者开展网络阅读的黄金时间重新作了界定,醒来后、睡觉前、堵车时、地铁上……所有不起眼的碎片时段都可以成为阅读的高峰期。这是一个重新界定读者与内容交互形式的机会,同样也是一个由读者来控制内容的绝好机会。人们会看到崭新的叙事形式在电子"画布"上兴起。耶鲁大学专业出版课程学术指导罗伯特·E. 拜恩斯奇说:"你的书体量越大,就越适合电子出版的内容。大体量的纸质书从价格到运输,以及寻找容身之所,都会成为你购买它的麻烦,电子书则没有这个问题……打败纸质书的不是电子阅读器,不是手机,也不是平板电脑,而是人性本身。"②

(二) 精神生活更自由丰富

基于阅读更自由、便捷,国民的精神生活更自由了。国民个体的学习与思维方式、表达与创作方式的选择更加多样化,国民个体心理生活、文

---

① 《"浅阅读"时代不能没有"深阅读"》,http://news.ifeng.com/gundong/detail_2012_04/24/14107580_0.shtml?_from_ralated。

② 吴越:《后 iPad 时代,数字出版如何跟上》,http://whb.news365.com.cn/ewenhui/whb/html/2012-01/09/content_65.htm。

化生活和心灵生活更加自由。

　　就学习与思维方式而言，读者不再一味地求助于教师、图书，也不再一味地强调识记、计算，基于数字化阅读，读者可以实现泛在学习。泛在学习就是指无处不在的学习，是一种任何学习者可以在任何地方、任何时刻获取所需的任何信息的学习方式。"在泛在学习环境中，学生根据各自的需要在多样的空间、以多样的方式进行学习，即所有的实际空间成为学习的空间。知识的获得、储存、编辑、表现、传授、创造等的最优化的智能化环境将提高人们的创造性和问题解决能力。"[1] 数字阅读是追求一种动态和综合性理解的阅读。"这样的阅读，才能帮助读者构建充实而高尚的精神境界，塑造健全的人格，净化心灵空间，丰富思想情感，发展创造性思维，培养科学精神。"[2] 基于数字阅读的学习方式，赋予学习主体更大的自主性。数字阅读的超链接特征看似造成了阅读的不连贯性，但事实上，"在学习者知识建构方面是连续的，而最重要的是对在线学习者自己的知识建构是习惯的、合理的、具有内在逻辑的"[3]。

　　就表达与创作方式来说，数字时代实现了"读者即作者"，也实现了表达和创作的更大自由。从表达方式看，读者不仅可以通过文字的方式，也可以通过语音、图像和影像的方式；不仅可以通过纸质媒介，也可以通过网络与新媒体媒介；不仅可以通过深度反馈，也可以通过快意表达。从创作方式看，读者的创作不仅可以通过著述、编撰、注释、翻译、音乐创作的方式来实现，也可以通过造型、拍摄、编制和编程等方式来完成。创作可以职业化，也可以是大众化的；可以个体完成，也可以团队写作。来自美国近代著名科幻小说家弗里蒂克·布朗的《敲门声》，全文只有20余字："地球上最后一个人独自坐在房间里，这时，忽然响起了敲门声……"但这是最短悬疑经典。140字微博的出现，为大众参与信息生产提供了平等的机会，从而削平了精英信息让人仰视的高度，使得信息的民主性得以充分实现。[4]

　　研究表明，网络阅读有助于大学生形成独立、开放、善于沟通的现代

---

[1] 《泛在学习》，http：//baike.baidu.com/view/2226339.htm。
[2] 熊冰：《新媒体时代的国民阅读与图书馆工作》，《大众文艺》2009年第11期。
[3] 衷克定：《在线学习与发展》，高等教育出版社2011年版，第32页。
[4] 《微博盛行掀碎片阅读之忧，专家称社交便利未善用》，http：//www.china.com.cn/education/2012-05/17/content_25410257.htm。

性格。调查发现，29%的人认为网络使他们"更统一，既善于与人交流又能保持自己思想的独立性"，17.6%的人选择了"更开放，更善于与人交流"，14%的人选择了"更独立，更不易为周围意见左右"。与此相关联，网络在总体上有助于提高大学生的信息解读和甄别能力。25.4%的人认为网络使他们的信息解读、判断能力"更准确、高效，且更具有批判接受能力了"；24.1%的人认为"更准确"，两者的合计接近半数。①

《当代中国人精神生活调查研究》一书指出：我们的时代是传统神圣价值受到严重挑战的时代，也是精神生活空间高度开放的时代；是精神生活越来越等同于文化消费的时代，也是人们越来越有条件过一种不受日常的物质生活和社会生活拖累的精神生活的时代。② 这样的精神生活较之过往的时代似乎更加自由一些，我们认为阅读自由是实现精神生活自由的重要原因，也是阅读行为嬗变积极影响的表现。读者通过阅读必然形成带有自己主观色彩的新认识，主观色彩包括读者的学校教育、先前的阅读经验、知识水平和其个性心理特征等，"在这里，心理因素同社会性紧密地联系起来"，阅读"无论从哪方面都反映了读者在书籍创造的个人生活情景中所拥有的自由"③。而在数字化的阅读环境中，阅读所呈现的读者精神生活的自由远远超越了书籍创造的自由。

二 阅读行为嬗变对国民个体产生的消极影响

麦克卢汉告诉我们，实事求是地评价一项新技术，或者一项新的进展，需要对所失和所得具有同样的敏感性。我们不应该允许技术的荣耀蒙住内心的双眼，完全无视我们自身某个至关重要的部分将陷入麻木状态的可能。④ 从我们目前已有的普遍的意识形态和价值观出发，结合我们已知的有关数字时代阅读行为的嬗变表现来看，对国民个体而言消极影响可能表现在以下这些方面：

---

① 周朝霞等：《大学生网络传播行为嬗变的实证研究》，《复旦学报》（社会科学版）2006年第4期。
② 童世骏等：《当代中国人精神生活调查研究》，经济科学出版社2009年版，第1页。
③ ［法］埃斯卡皮：《文学社会学》，浙江人民出版社1987年版，第96页。
④ ［美］尼古拉斯·卡尔：《浅薄：互联网如何毒化了我们的大脑》，刘纯毅译，中信出版社2010年版，第231页。

(一) 数字阅读硬件设备存在的缺陷形成不良影响

关于数字阅读设备给予读者人体尤其是视力的影响,来自医学、计算机科学、神经心理学等多学科的专家开展过多项研究,尽管结论有一定差别,但基本共识就是数字阅读设备较之传统纸质阅读载体更容易给眼睛"造成伤害",其辐射水平也比较高。

近年来,基于电子纸显示技术的电子阅读器发展迅速,产生了Kindle、Nook、Sonyreader、iLiad、汉王等多个知名品牌。电子纸是一种"超薄、超轻、柔软、可擦写"的显示屏,其外观和普通纸非常接近。它有许多优点,主要是:可重写,长时间凝视也不会使眼睛感觉疲劳,省电,可以适度折叠、卷曲,重量轻,携带方便等。尽管如此,电子纸在投产方面存在着成本较高、显示维持时间、驱动电压以及可靠性等方面的诸多障碍,尤其关键的是它的阅读体验还有待改进,基于电子纸的阅读感觉与使用纸时的感觉还有不小的距离。

那时下流行的平板电脑呢?刚刚发布的新一代iPad配置了Retina屏,使得电子阅读设备第一次在A4大小的尺寸上的显示精细度超越了纸张,高达2048×1536分辨率的屏幕,细腻程度已超过纸质图文。[1]的确,iPad带给读者的阅读体验是非常出色的。2010年7月至2011年6月,美国密苏里新闻学院雷诺兹新闻研究所(Reynolds Journalism Institute,RJI)与美联社(The Associated Press,AP)、网络出版商协会(Online Publishers Association,OPA)及Google的子公司AdMob进行了一项关于苹果iPad新闻消费行为的跨年度调查,总共涉及近9200名iPad等平板电脑使用者。调查发现,近四分之三的受访者(73%)认为在iPad的阅读体验超过纸质报纸的阅读体验,其中认为明显超过者占42%,一般超过占31%。14%左右的人感觉iPad的阅读体验与纸质报纸基本相同。[2]

不过,专家解释说,作为直接发光体的平板电脑,其鲜艳亮丽的画面色彩在带给读者良好的阅读体验的同时,对人的视觉刺激也是较为强烈的。其显示屏的发光强度一般都超过每平方米300cd,而这一数字只要超

---

[1] 孙大飞:《The new iPad:再次向纸质阅读发起挑战》,http://tech2ipo.com/46676/。
[2] 李文舒、林叶青:《美四大机构五项调查:谁在使用iPad?》,http://news.xinhuanet.com/newmedia/2011-11/11/c_122266373_4.htm。

过100cd，就容易使人的眼睛疲倦。而且，为了提高平板电脑屏幕的色彩对比度，生产商大多会使用"擦亮技术"，使显示屏表面看起来像装了块玻璃一样，大大增强画面的质感，不过其缺点就是会增加光线反射，从而加重眼睛干涩和视疲劳。此外，平板电脑屏幕发出的光含有不规则频率的高能短波蓝光，具有较强的穿透力，容易使视网膜与黄斑区发生损伤及病变，导致色觉敏感度降低和视力下降。[1]

总体而言，截至目前，数字阅读设备尤其是新型阅读显示技术，似乎还没有达到堪称完美、能够完全取代纸的地步。当然，随着科技的进一步发展，我们相信会有更加符合读者阅读需求的阅读介质面世，并可能实现对纸介质的全面超越。

（二）阅读耐心的减弱

数字阅读设备容易造成视力疲劳的特性，其影响不仅仅表现在对视力的"伤害"上，也会表现在阅读上，因为阅读是与人的视觉密切相关的。容易造成视觉疲劳，最直接的影响，就是容易导致读者的阅读持续性下降。在电子书里，已故作家约翰·厄普代克（John Updike）所说的"边界"不见了，消解于互联网上浩渺无边的滔滔洪水之中。印刷书籍所具有的那种线性特征被打破了，一起打破的还有传统书籍所鼓励的那种平静安宁的专注阅读方式。[2]"当我们把互联网作为自己的万能传媒，全身心投入其中的时候，在我们作出的所有牺牲当中，最大的牺牲可能就是专注能力的丧失。"[3]

深度阅读需要读者集中精力、持续专注书页，因为需要读者在阅读时展开思考，需要读者持续不断地阅读，然后稍微停顿一下，整理思绪，完善脑海中关于书的架构，一点点形成整体印象。对于阅读量足够的人来说，"阅读的过程里他会不断抽取脑海里的关联书籍进行分析和对比，读一本书相当是在同时翻阅十数本书籍。这种过程对于专注之力的要求极高，因为一旦思考被打断，就很难回到之前建立起来的阅读氛围之中，彻

---

[1] 陈俊珺：《电子屏幕让眼睛很"受伤"》，《生活之友》2012年第7期。
[2] ［美］尼古拉斯·卡尔：《浅薄：互联网如何毒化了我们的大脑》，刘纯毅译，中信出版社2010年版，第112页。
[3] 同上书，第212页。

底从原书的意境中退出"[1]。但数字阅读容易使读者、甚至要求读者迅速地在各种信息之间跳转,不要在同一信息上停留过多时间,要求读者尽可能快地消费信息。

认知心理学研究表明,读者的认知加工能力是有限的。当读者所承载的认知负荷超过认知加工能力时,就会发生阅读困难。超文本阅读中读者的注意焦点容易发生频繁跳转,不仅容易导致迷路而且会使读者产生较大的认知负荷,在阅读过程中读者既要搜索所需要的信息,维系各种主题信息以及相互之间的关系,又要抵制有趣但与主题无关的信息干扰,认知负荷大大高于纸质阅读环境。当读者的阅读目标不很清晰时所承受的认知压力更为严重,阅读效果因而受到影响。

阅读耐心的减弱不是指读者的阅读兴趣的减弱,而是指对同一部作品、同一个内容的阅读和思考的持续时间的缩短。大体上表现为两个方面。一方面,数字时代读者在阅读时往往会被动地被各种 Push 和通知机制生成的信息打断,客观上无法静心持久地阅读和思考同一部作品或同一个内容。数字时代,一位读者几乎不可能在较长的时间内静心地阅读研究一本书了,也不太可能去重复阅读了。对大多数读者而言,从头至尾将一本图书阅读完的次数减少了。另一方面,读者阅读过程中的跳转链接非常得频繁,不管是这种跳转链接是否顺畅,都容易造成阅读关注点的转移,从而失去对原先作品内容的阅读。久而久之,读者愈发追求速度,想快速找到自己想要的信息,但结果往往是愈发觉得达不到阅读的效果和目的。正可谓"欲速则不达"!

心理学家、神经生物学家、教育专家以及网站设计人员进行了很多不同研究,这些研究都指向同一个结论:当我们上网的时候,就进入了一个鼓励粗略阅读、三心二意、肤浅学习的环境……对互联网的使用涉及许多似是而非的悖论。其中,必将对我们的思维方式产生长远影响的一个最大的悖论是:互联网吸引我们的注意力,只是为了分散我们的注意力。[2]

文本泛滥、信息过载和无用积累的话语,这是数字时代读者面对的情

---

[1] 李桦:《网络写手"和菜头"暂别微博,称碎片化阅读伤脑》,http://www.yicai.com/news/2012/10/2182902.html。

[2] [美]尼古拉斯·卡尔:《浅薄:互联网如何毒化了我们的大脑》,刘纯毅译,中信出版社 2010 年版,第 127—128 页。

境。追求速度是这个时代最基本的阅读特征，人们容易产生焦虑，把阅读学习简单化，而失去了传统意义上的耐心、平和及宝贵的冥想。阅读耐心的减弱，扑面而来的都是即时的信息，直接导致读者缺乏手工复制和机械复制时代所能体验的那种绵延的历史感。恰恰由于这个时代离开过去的速度越来越快，人们不自由自主地产生了恋旧和回望。

（三）思想深度的缺失

媒介提供阅读的内容，同时它们也在影响思考的过程。专注能力的丧失，意味着深度思考的减少，读者面临缺失思想深度的风险。"传统的书意味着深度阅读。而我们之所以需要深度阅读，是因为它能带我们进入深度思考的状态。"[1] 互联网所做的似乎就是把我们的专注和思考撕成碎片，抛到一边。[2]

在数字屏幕前阅读，一般是不连续的阅读过程，查找、使用关键字或专题的标题、片段，读者希望找到电子期刊中的一篇文章，一本书中的一段话，或在一个网站上的一些信息。这是不需要审读整个连贯性的文本而只需要提取一些必须知道的片段即可的行为。在一定意义上，人们可能会说，在数字世界中的所有文本实体像数据库一样可以提供片段，但这样的阅读并不意味着作品本身和它所蕴涵的意义，至少不能意味着完整意义上的原始作品。韩国出版学会会长、中央大学名誉教授李正春指出，网络中的简短文章以及日益泛滥的影像环境使人们远离了印刷出版物的阅读，使成人趋于儿童化，形成了"peek－a－boo－world"现象，受到了所谓"越简单越方便"的看似"合理"的误导价值观的支配，我们有必要对此表示担忧。[3]

著名作家王蒙对网络时代催生的碎片化、肤浅化阅读趋势忧心忡忡，他曾表示，互联网让人们在享受便利的同时也遇到了新问题："我发现敲敲键盘点点鼠标，网络上要什么有什么，一分钟涉足15个阅读领域都不成问题……可如此一来，阅读会不会变为表层浏览、浅层思维？人们夸夸

---

[1] 果壳姬十三：《脑的阅读观》，http：//tech.qq.com/a/20121015/000140.htm。

[2] ［美］尼古拉斯·卡尔：《浅薄：互联网如何毒化了我们的大脑》，刘纯毅译，中信出版社2010年版，第5页。

[3] ［韩］李正春等：《"peek－a－boo－world"现象的试探性研究——影像时代的"读图"能否代替"读书"？》，载《第14届国际出版学术会论文集》，中央编译出版社2010年版，第126页。

其谈、看似无所不知,事实上却缺乏深入的、系统的、一贯的思考。"①余秋雨曾这样说过:"现代社会,人们的阅读观念正在发生着深刻的变化。大众阅读在多样化的同时,也走向了浅表化。"②赵林不无忧虑地说:"人类经历了几十万年的进化过程才发展出理性思维能力,然而目前的这种感性化、平面性、视觉效应化的阅读方式正在快速地消解着人的理性思维能力,把人们引上了一条从人到动物的退化道路。"③ 2007年诺贝尔文学奖获得者多丽丝·莱辛在颁奖典礼的演讲中说道:互联网已经使整整一代人沦落于空虚之中,即使那些相当理智的人也会承认,一旦他们上了瘾,就无法自拔,整天泡在网络上。如果读者仅仅沉迷于八爪鱼般地点击、浏览和释放简单信息,而无法对信息开展深加工并使其谱系化,阅读者就很可能沦为信息的奴隶,而不是信息的主人。也就是说,"浅阅读"不能代替"深阅读",如果"浅阅读"过于泛滥以至于挤占了"深阅读"的时间,那也将给知识和文明的传播带来副作用,公众将面临着头脑浅薄化和碎片化的危险。④ "屏幕数量的泛滥,使得阅读和写作的数量增长,但是,那不是图书阅读,是屏幕阅读。"⑤美国计算机预言家凯文·凯利在《数字化时代:全新的阅读方式》中坦言,书籍有助于开发一种沉思冥想式思维,屏幕则鼓励更为功利使用的思考方式。

"太多的资讯就如同太少的资讯一样,都是一种对理解力的阻碍。换句话说,现代的媒体正以压倒性的泛滥阻碍着我们的理解力。"⑥数字阅读中的读者所面对的是一种复杂的组成——从独创的华丽辞藻到经过审慎挑选的资料与统计——目的都在让人不需要面对困难或努力,很容易就整理出"自己"的思绪。但是这些精美包装的资讯效率实在太高了,让观众、听众或读者根本用不着自己做结论……网络媒介带给人们极大便利的

---

① 李爽:《浅阅读让人浮躁》,http://book.qq.com/a/20120809/000044.htm。
② 辛士红:《党报的"深阅读"与"浅阅读"》,http://www.zjol.com.cn/05cjr/system/2004/09/30/003409785.shtml。
③ 赵林:《关于我的两部演讲集,兼论当今国民阅读的误区》,《中国图书评论》2007年第4期。
④ 李星文:《"浅阅读"时代不能没有"深阅读"》,http://bjyouth.ynet.com/3.1/1204/24/7019636.html。
⑤ 屈一平:《微博:碎片阅读之忧》,http://news.sohu.com/20120514/n343112971.shtml。
⑥ [美]莫提摩·J.艾德勒、查尔斯·范多伦:《如何阅读一本书》,郝明义、朱衣译,商务印书馆2004年版,第8页。

同时，又消解着人们的理性思维，使人变成了懒得思考的"平面人"。①

趋向浅薄化的阅读会造成思想深度的缺失，而思想深度的缺失又会产生怎样的影响呢？

第一，读者的"意识框架"越来越难以获得，尤其是年轻一代。框架本意是指事物的组织和结构。在软件设计领域，框架是指整个或部分系统的可重用设计，表现为一组抽象构件及构件实例间交互的方法。简单地说，意识框架是指人们既有的思维结构。俄国著名教育家鲁巴金认为，读者对存储的特定"印记"的回顾及赋予一本图书以特定意义的主要因素是读者的思想，而不仅仅是图书内容本身。也就是说，读者的既有思想是决定阅读效果的重要因素。如果没有思维结构，或者说没有独立的思考能力，阅读行为自然就失去了灵魂。认知神经学家玛丽安·伍尔夫认为"我们不仅是所读图书的产物，而且，我们也是阅读方式的产物"。读书有助于人们建立比较清晰固定的意识框架。图书作为一种阅读媒介，其最大特征就是其内容围绕一定的主题，按照一定的架构，把知识和信息串联起来。图书的这种清晰结构有助于读者知识结构和意识结构的确立。它的优势在于可以品味细节、深入研读、交流思想、发生联想，同时也有助于培养读者的抽象思维能力。但是如果沉湎于数字信息海洋，尤其是缺乏基本意识框架的读者，就很容易迷失方向。在数字信息环境中，读者习惯于便利的超链接，却缺乏细致深入的思考，过多地依赖搜索引擎，长期非常方便地得到答案信息，却纵容了思想的懒惰，弱化了思维能力。

第二，读者对所谓传统经典容易产生怀疑和不信服。从前所有阅读主体的体验和经验都是依靠世世代代公认的优秀的文化典籍来传承的，而现在的知识不再是官方的、集权的、集体的、统一的，而是民主的、民间的、个人的、分散的，这对传统的、权威性的东西产生了前所未有的挑战和颠覆。一方面，传统经典湮没于数字时代茫茫的信息海洋中，读者阅读传统经典的可能在降低；另一方面，传统经典的内容在读者心目中所形成的或艰涩或陈旧的刻板印象，使读者阅读传统经典的意愿降低。于是，在阅读行为的数字化转型过程中，传统经典在读者心目中的地位发生动摇，并由此动摇藉由传统经典建构的传统价值观。

---

① 曹进等：《网络对思维方式及思想发展的正负面影响——基于哲学、社会学、传播学、文化学的分析》，http://www.qstheory.cn/wz/hlw/201204/t20120423_153095.htm。

第三，读者容易失去面对未来的方向感和安全感，传统意识中认为可以稳定维系的社会关系不再可靠，人与人之间的关系也会发生深刻的变化。基于纸本阅读建构起来的思维模式和价值观相对比较稳定，对于未来的思考和判断也基于既定的理论。而数字时代的信息变革速度大大加快，社会发展对读者更新知识和技能的要求也大大提高，希望通过阅读建构起对未来的稳定判断变得非常困难。与此同时，人与人之间关系的建立因为阅读行为的便捷自由而变得更加容易、快速，但人与人之间关系的维系也由此变得更加困难、脆弱，人与人之间关系的不稳定性伴随着数字时代阅读行为的嬗变得以加深。

阅读行为嬗变是一个综合全面的过程，对国民个体的影响肯定也是全方位的。有积极的一面，也有消极的一面。有表层的影响，也有深层的影响。不过综合来看，以阅读速度快、兴趣适应性强、方式个性化为基本特色的数字化阅读为人们所向往和钟情，并必将为人们所接受和习惯，数字阅读本身也会沿着技术与人本两个维度得以全面发展。

第三节 阅读行为嬗变在社会整体层面的影响

一 阅读行为嬗变在社会整体层面的积极影响

从社会性影响而言，积极的方面表现为有助于政治民主、经济发展、文化繁荣和社会和谐。

（一）有助于政治民主

美国学者约舒亚·梅罗维茨（J. Meyrowitz）在其专著《消失的地域：电子媒介对社会行为的影响》中，论证了媒介本身如何成为一种环境。[①]他认为，在现代社会，媒介发生的变化必然导致社会环境发生变化，而社会环境的变化又必然会导致人类行为的变化。因为电子传播媒介能更有效地重新组织社会环境和削弱自然环境及物质"场所"间一贯密切的联系，

---

① ［美］约舒亚·梅罗维茨：《消失的地域：电子媒介对社会行为的影响》，肖志军译，清华大学出版社2002年版。

所以它对社会变化所产生的巨大影响更令人瞩目。美国当代文化研究杂志《刺猬评论》在其2008年秋季号的《作为公民意味着什么》专辑中,将互联网民主简单定义为:人们一阅读、二反应、三选择、四参与,则事成。① 网民动一动鼠标就能完成选举,只要登录上网就能表达政治诉求。美国学者托马斯·弗里德曼(Thomas L. Friedman)在《世界是平的:一部21世纪简史》一书中描述了当代世界发生的重大变化,并分析了这种变化是如何透过科技进步与社会协定的耦合(诸如手机、网络、开放源代码程式等)而实现的,其中就谈到了网络对社会政治结构的重大影响。他认为,由于网络信息技术的影响,"自上而下"的政治一去不复返了,世界正在以更快的速度变平,并且还在不断地改变各种规则、角色以及相互的关系……"网络民主"使得公民在针对即时政治事件时能直接阐述自己的观点,这与直接民主相一致。②

李公明主张在自由交流中改善国民阅读,"民主化与自由交流,这应该成为我们对国民阅读电子化趋势的一种具有重大意义的期盼。面对电子出版的趋势,我们与其以惆怅和怀旧的怨情去面对,倒不如把它视之为民主、开放、共享的社会发展进程"③。我们认为,国民阅读行为的嬗变与政治民主的促进之间的逻辑关联主要体现在以下几个方面。

第一,阅读行为的嬗变有助于培育公民社会,让更多的人参与政治。现代国家政治发展的规律表明,公民社会的强大、繁荣和成熟,能够培养和深化民主价值文化,把市场经济对政治发展的要求转化为现实,从而推进民主进程。数字化环境下,阅读行为对国民生活的渗透更加深入,阅读既是精神层面的信息接收,也是日常生活离不开的活动,同时也是表达和保障自我政治权利的重要途径。阅读行为的嬗变促进了国民在政治生活中的联系,有助于更多的国民参与到政治生活中,形成更强大的国家权威和个人自由之间的缓冲地带。

第二,阅读行为的嬗变有助于国民更便捷、更有效地参与政治。政治参与是指普通的公民通过一定的方式直接或间接地影响公共政治生活

---

① 姚薇:《网络民主及其对民主政治发展的影响》,http://www.ycdx.gov.cn/news.asp?id=1379。
② 胡伟:《网络民主:机遇与挑战》,http://www.qstheory.cn/tbzt/2012tbzt/2012lh/tbgz/wlgl/200911/t20091103_14508.htm。
③ 李公明:《在自由交流中改善国民阅读》,《社会科学报》2012年5月10日。

的政治行为。参与方式的便捷性直接决定着参与政治的效果，也影响着政治民主的发展。阅读行为的嬗变意味着国民接受信息方式的改变，数字化阅读意味着国民可以更加便捷地接受信息，也意味着阅读反馈更加便捷。数字阅读至少在议政层面有助于国民参与政治，从而促进政治民主。

（二）有助于经济发展

第一，国民阅读行为向数字化方向嬗变，对经济发展的促进也是明显的。据统计，与纸质书相比，电子书具有低碳、环保的特点，以一个容量为4G的电子阅读器来说，它能容下约3000本电子图书。而如果要制造这3000本纸质书，不仅需要砍伐30多棵树龄在20年至40年的树木，还得大约耗费150吨水、900度电、1.8吨煤和450公斤化工原料。[①] 这自然是最显性的表现。也就是说，阅读行为的嬗变可以促进绿色经济的发展。

第二，进一步说，阅读行为的嬗变可以有效促进信息消费，有效拉动消费需求，催生新的经济增长点，促进消费升级、产业转型和民生改善。据统计，2012年我国网民总数已达5.6亿人，电子商务交易规模超过8万亿元，2013年一季度达2.4万亿元，同比增长45%。[②] 到2015年，我国信息消费规模将超过3.2万亿元，年均增长20%以上，带动相关行业新增产出超过1.2万亿元。其中，基于互联网的新型信息消费规模达到2.4万亿元，年均增长30%以上。电子商务交易额超过18万亿元，网络零售交易额突破3万亿元。[③] 国民阅读行为的数字化嬗变可以促进基于电子商务、云计算等信息平台的消费快速增长，有效激发经济活力。

第三，国民阅读行为的嬗变可有效促进劳动力素质的提升，促进国民的整体现代化，这于信息经济、知识经济的发展无疑是有益的。英格尔斯在《人的现代化》一书中指出："发展最终所要求的是人在素质方面的改

[①] 王敏娜：《未来纸质阅读会不会成为一种奢侈？》，http://roll.sohu.com/20120105/n331196794.shtml。

[②] 李克强：《企业上项目经过27个部门影响创业积极性》，http://news.163.com/13/0515/00/8USIFRU600014JB5_all.html#p1。

[③]《国务院关于促进信息消费扩大内需的若干意见》，http://www.gov.cn/zwgk/2013-08/14/content_2466856.htm。

变，这种改变是获得更大发展的先决条件和方式，同时也是发展过程自身的伟大目标之一。"① 国民阅读行为的嬗变，可有效促进信息的快速扩展、知识的快速普及、商机的快速把握等，在提升国民素质的同时亦可提高知识转化为生产力的速度和效率。

（三）有助于文化繁荣

不容回避，数字阅读行为的兴起，冲击了传统文化产业，包括图书出版、报纸出版、音像出版、实体书店、电影发行等。互联网改变了阅读产品制作和发布的经济特性，从而侵占了很多新闻、信息和娱乐公司的利润，对销售有形产品的传统企业的影响尤为明显。② 大众图书、报纸、杂志、音乐唱片、电影、DVD、贺卡和明信片、信函、传统教材等行业都受到了影响。

但与此同时，数字阅读行为也促进了传统文化产业的转型，尤其是促进了新型文化产业的兴起，从而促进文化的繁荣。出版物的网上出版和发行可以满足那些不常去图书馆和书店的读者的潜在阅读需求，数字阅读在现代文化生活中不容回避并且有利于作品的文化开发和商业运作。③ 新型阅读方式的兴起，使得阅读本身成为一种新兴产业。这种景观一如机械复制时代刚开始时人类文化事业所面临的状况。

美国西蒙·波特以个人出版的方式，用十年时间揽下了1400个作者……如今，他已以每册99便士的定价在Kindle上售出了近五万本书，并获得了35%的版税收入。④ 在数字时代，西蒙·波特的故事已经不再稀奇，类似的故事会层出不穷，这也印证了阅读行为嬗变所带来的文化活力。阅读需求是出版的根本动力，⑤ 也是文化发展的根本动力，阅读强国是文化强国的根基。

---

① ［美］阿历克斯·英格尔斯：《人的现代化》，殷陆君译，四川人民出版社1985年版，第7页。

② ［美］尼古拉斯·卡尔：《浅薄：互联网如何毒化了我们的大脑》，刘纯毅译，中信出版社2010年版，第98页。

③ 梁建生：《阅读革命——论多媒体文献对人类阅读方式的影响》，《现代情报》2001年第8期。

④ 朱玲：《"个人出版"成书业焦点》，http://bjyouth.ynet.com/3.1/1204/20/7007890.html。

⑤ 于文：《风险、利润与现代出版业的起源》，《出版科学》2012年第6期。

（四）有助于社会和谐

政治、经济的手段往往关注社会平稳、利益平衡的外部和谐，而阅读活动更关注人们的内心和谐。人们的内心和谐是调整内部矛盾的关键所在。依循马克思的观点，社会发展不是什么观念或文化（狭义）的变迁，而是人类社会实践结构（生产方式）的有序进化。[①] 近二十年来，我国社会经济保持持续协调健康发展，创造了大量的社会财富，但也积累了各种矛盾，包括就业压力过大、贫富差别悬殊、社会失衡严重等。国民阅读行为的嬗变是与我国社会实践结构进化相统一的，与和谐社会的建设也是相统一的。历史证明公民能够自发联合与自治对政府和国家而言乃一大幸事。[②] 因为，自治的民间社会有助于社会和谐，而数字时代的阅读嬗变有助于民间社会的发育与成长，也有助于政府施政理念的革新。数字化阅读方式让读者的意见可以更自由地表达，社会压力可以多一种渠道释放，从而促进社会平等与社会和谐。

二　阅读行为嬗变在社会整体层面的消极影响

消极的方面则表现为对政治权威的怀疑、对经济发展的迷茫、对文化发展的失望和对社会共同理想的消解。

（一）对政治权威的怀疑

按照政治学的解释，政治权威就是政治权力的合法化，或者说是对政治权力正当性的认同。它通常以政治权力为基础，依据正义或人格的感召力，产生具有高度稳定性、可靠性的政治影响力和支配与服从的权力关系。它是政治权力最有效能的表现方式。

"数字化世界是一片崭新的疆土，可以释放出难以形容的生产能量，但它也可能成为恐怖主义和江湖巨骗的工具，或是弥天大谎和恶意中伤的

[①]　张一兵：《关于社会发展本质的深层哲学分析》，《哲学动态》1991年第12期。
[②]　马云驰：《自治的民间社会更有助于社会和谐》，http://jb.sznews.com/html/2010-01/30/content_950392.htm。

大本营"①,这是美国国家信息基础设施顾问委员会委员埃瑟·戴森的观点。的确如此,数字化是柄双刃剑。我们在庆幸阅读行为数字化嬗变带来的种种积极影响时,也会因其带给我们的种种负面影响而苦恼。数字化可能导致的无序化发展的典型表现是"信息爆炸""信息匮乏"和"信息虚假"等。"信息爆炸"是指信息的巨量生产和高速传播,造成信息泛滥、信息超载、信息浪费乃至信息疾病。"信息匮乏"是指媒介提供的巨量信息中缺乏受众所需要的"有价值的"、"能了解事情真相的"、"对自己有用的"的信息。"信息虚假"则是通过造谣造势、片面放大等手段在数字世界伪造出一个以假乱真的信息环境,并进而影响现实世界。

政治权威的特征之一是依附于一定的政治组织或权力结构中的某些角色(主要是领导职位)体现严肃性。值得注意的是,在数字化的阅读内容中,包括领导人在内的政治信息与大量的花边新闻、广告信息乃至谣言熔于一炉,读者对信息处理的层次感已经不再分明,政治信息甚至得不到读者的有效关注,无形中政治角色的严肃性已大大弱化。

政治权威的特征之二是以一定程度的政治认同为基础。政治认同是政治权威获得遵从和承认的必要条件。遗憾的是,数字化的阅读环境中,政治认同的遵从与承认似乎不再像纸质阅读环境那般容易。基于传统阅读方式的政治认同构建方式在数字环境中似乎不仅存在失灵的风险,反而存在适得其反的效果。数字阅读环境中,国民的政治认同路径似乎更加私人化、无序化、平民化,数字世界的权威往往因为带有"反权威"的基因才得以被遵从和承认。

政治权威的特征之三表现为品德、素质、能力优异的政治领导者和其领导行为所产生的政治凝聚力。这种力量使他们能够获得国民的理解、热忱和支持,形成人格的感召力。可惜的是,大多数政治领导者还没有来得及或者不懂得占领和驾驭数字空间,试图一劳永逸地沿着传统阅读方式凝聚与感召国民,忽视了国民在阅读行为嬗变的过程中产生的新的被凝聚与被感召的需求。

政治权威的特征之四就是一般以符合道德的合法方式引起人们的自愿

---

① 胡伟:《网络民主:机遇与挑战》,http://www.qstheory.cn/tbzt/2012tbzt/2012lh/tbgz/wlgl/200911/t20091103_14508.htm。

服从，更注意满足人们的心理需要和情感平衡。不得不面对的现实是，我国国民的道德秩序本身在数字化阅读过程中需要重建，传统的道德秩序已经被打破，新的道德秩序尚未确立。数字化阅读嬗变可能加剧了国民的道德模糊感，自愿服从政治权威的意愿有弱化的趋势。

（二）对经济发展的迷茫

一个国家或地区摆脱贫困落后状态，走向经济和社会生活现代化的过程即称为经济发展。数字阅读的兴起固然可以带动相关产业的发展，并在整体意义上促进经济发展。但总体而言，我国国民数字阅读的付费意愿还有待提高，版权保护意识和水平也有待提升。现阶段除了移动服务商、信息搜索、电子商务等领域的相关主体可以赚取高额利润外，传统图书的内容提供者、作者、出版商在数字阅读领域获得的收益还不是很明显。我们还要看到，数字阅读的兴起也会在客观上助推虚拟经济的发展，而虚拟经济具有双面性。近年来发生的全球性金融危机和网络泡沫的根本原因都是虚拟经济严重脱离实体经济。①

我们知道，经济发展不仅意味着国民经济规模的扩大，更意味着经济和社会生活素质的提高。也就是说，经济发展涉及的内容远远超越单纯的经济增长，它还涉及经济结构的改进和优化、经济质量的改善和提高。阅读的数字化转型虽然时间不长，但速度迅猛、影响巨大。而现实情况是，在数字信息海量增长的同时，重要信息却相对匮乏。数字阅读似乎不如传统阅读那样能够带给读者愉悦、安宁和智慧，数字阅读本身似乎太过强调经济利润和读者的在场体验了，留给读者的思考空间反而缩小了。

读者在物质层面感受着经济发展带来的种种福利，但在阅读过程中似乎没有得到精神层面的愉悦，反而感受到"山雨欲来风满楼"的紧迫感和压力感。广大读者一方面身陷社会经济转型，另一方面面临信息经济与知识经济的风暴。这种被裹挟的体验在数字阅读环境中远远比在传统阅读过程中要强烈。数字阅读似乎可以促使读者更加依赖物质享受，沉溺于感官刺激，却把精神与心灵的归属需要搁置一边。爱情、亲情、友谊、追梦、尽孝、感悟等人生体验在数字阅读过程中让位于效率、成功、时尚、消费、感觉等。但人之所以为人，是需要对包括经济行为在内的自我行为

---

① 奚国华:《互联网：经济变革的重要引擎》, http://www.cnii.com.cn/20080623/ca546382.htm。

的认同感的。读者在阅读行为嬗变过程中,知识量似乎更容易超载,真性情却容易迷失,快乐本能容易失却,提升幸福的能力得不到提升。如此一来,对经济发展的迷茫感会在无形中形成。

(三) 对文化发展的失望

"阅读传统"是人类自文明创立以来逐渐养成的一种惯于通过书写符号系统来扩充知识和增长自我的文化习性。① 读者阅读行为在数字时代的嬗变,意味着对"阅读传统"的逐步疏离。数字时代的读者还是会读书,但读书的耐心和雅兴不同于以往,传承人类文明的哲学、文学、艺术等文化经典对读者的吸引力不再强烈。我们相信在这种"阅读传统"的损害与丢失过程中,一种新的文化会诞生并彰显出新的生命力,但无论如何对植根于"阅读传统"的文化发展还是会有客观存在的消极影响。

聂震宁先生在探讨出版转型与阅读文化重建的问题时,指出:"如果人们的专业阅读仅满足于各种知识元的检索和知识云朵的解决,如果人们把专业出版和专业阅读仅看成是知识处理过程,那么,人类社会将陷入科学主义的泥淖,各种学科发展过程中的完整性研究将被忽略,思维科学将遭到弱化,蕴涵于学科研究成果中的不可或缺的人文精神将遭到遗弃,而人类社会的发展必将是残缺的。"② 文化发展需要传承经典,需要追寻文化基因。

而阅读行为的数字化嬗变是否有利于传承经典,是否有利于文化基因的追寻的完整答案不可能在短短十几年的数字化嬗变过程中得到,因为从某种意义上说,数字化才刚刚开始。不过,从这十几年的有限经验看,文化传承似乎不仅没有在数字阅读行为中得以解决,反而产生了许多新的矛盾和问题。伴随着数字阅读行为的嬗变,我们创造了网页、邮件、博客、轻博客、微博、短信、微信、应用等屏阅读文体,但这些是文化传承的载体和文化基因的体现吗?一百年、五百年后,我们这个时代还会留下什么?这些都是值得思考的问题。

---

① 辰目:《阅读传统的丢失及其他》,《出版发行研究》2004年第9期。
② 聂震宁:《出版转型与阅读文化重建》,《现代出版》2013年第1期。

（四）对社会共识的消解

社会要作为一个统一的有机的整体发展下去，需要全体或大多数成员对该社会有一种"共识"。社会共识又称社会合意，是指社会成员对社会事物及其相互关系确立的趋同或大体一致的认识。只有在社会共识的基础上，人们的判断和行动才会有共通的可能，社会关系才可能实现和谐。社会共识的形成离不开政治、宗教、经济、文化、教育、大众传媒等各个系统的共同作用。大众传媒通过将同样的信息内容和价值观念传达到社会的各个阶层，有助于形成具有普遍性的社会共识。

阅读行为的变化，势必引起读者观念的变化，人类社会的文化形态和知识结构也会因此不断刷新。安迪·沃霍尔认为，随着信息自由化和经济自由化，以任何名义、任何方法营造的所谓精英的、统一的意识形态将被瓦解、被打破，"一切坚固的东西烟消云散"，大众文化、流行文化将成为当代文化的发展趋势，人人可参与、可制造的状态，将是文化的自由状态。[①] 不过这样的状态下，读者往往难以形成社会共识，难以为社会共同理想奋斗。即便是已经形成的社会共识也有可能被消解。

---

① 赵子龙：《互联网革了当代艺术形态的命》，http://tech.sina.com.cn/i/2012-08-11/10507493943.shtml。

第七章

数字时代我国国民阅读行为嬗变的对策

第一节 国民个体与家庭组织的对策

一 国民个体的对策

今天,在我们看来,阅读似乎是一件全体国民都有能力也应当去做的事情。但其实这样的阅读历史并不是很长。在西方,具有独立意识的普通读者的阅读,是在文艺复兴和宗教革命,尤其是宗教革命之后才逐渐发展起来的。"宗教改革把阅读《圣经》的工作交付给普通的信众,使他们不再只是驯服顺从地接受少数人所规定的圣经真理。从此,所有的信众都可以也必须平等地阅读《圣经》,对他们来说,自由的阅读才是通往自己信仰的唯一必经之路。"① 在我国,随着社会的发展、教育的普及,尤其是新中国成立以后,阅读人口即被称作是读者的国民数量快速增长。随着数字时代的来临,我国读者的阅读自由得到进一步保障和释放,同时,也面临着纷繁复杂、难以选择的新的阅读环境。那么,即在数字时代,就个体读者来说,该如何应对呢?

(一)更新阅读观念,设定阅读目标

"尽管这个时代是由技术推动,但一切变革都以人为本,因此,你我

---

① 徐贲:《阅读和"精明的公民"》,http://blog.sina.com.cn/s/blog_4cacf1f30102dqoy.html,2011.07.16。

的所知、所想、所为才最重要。"① 人是能动的，阅读行为受阅读观念的影响。阅读观念是人们对阅读的总认识，即在数字时代我国国民应当树立怎样的阅读观。

首先，我国国民应该树立一种能够适应数字时代发展的大阅读观。"大阅读"主要体现在阅读媒介、阅读内容的扩大上。相较于机械时代的阅读，数字时代的阅读不再局限于传统纸质阅读，阅读不只是读书。郝明义说："'网络'与'书'是两种不同的知识载体，各有功能。在阅读的世界里，过去使用传统的纸本书籍，如步行走路，而网络出现之后，好比有了汽车可以驾驶。有了汽车，没有理由不利用这种交通工具的方便性，但有了汽车之后，也不表示每个人都不需要走路了。重要的是如何适当地交互使用。"② 阅读内容也不再局限于文学、宗教、政治等传统主题，阅读包含对各类作品信息的获取。

其次，阅读是一种权利，同时也是一种义务。法国文学大师福楼拜说"阅读是为了活着"。我们认为，阅读是每一个公民不可剥夺的一种权利。国民个体有权要求国家保障这种阅读权，国家也有责任保障国民的阅读自由权。同时，阅读也是国民的一种义务。国民有义务通过阅读提高自己的素养，为社会贡献自己的智慧。

再次，阅读并非万能。国民个体要认识阅读能力的大小，直接影响到他的成长、职业能力和他对社会的贡献。高希均认为"阅读可以救自己"，一个没有显赫或富足家庭背景支撑的平凡孩子，如果想在社会上立足，一定要靠自身所具备的本领。这个本领就是依靠教育，而教育的根本即阅读。③ 但阅读不是万能的，人生绝不只是阅读而已。正因为如此，国民个体更应该把阅读当作爱好，而不要只是把阅读当作工具。美国著名传记作家、两届普利策奖获得者大卫·麦卡洛（David McCullough）说："信息并不是知识。信息不是诗歌，不是艺术，不是智慧。信息、事实、数据等等，它们的价值取决于我们对它们的理解，取决于使用者的判断力。"他说："光有事实并不够。事实和数据并没有灵魂。

---

① [美]霍华德·莱茵戈德：《网络素养：数字公民、集体智慧和联网的力量》，电子工业出版社2013年版，第57页。
② 宋妍：《"网络与书"解决现代阅读问题》，《互联网周刊》2005年第20期。
③ 杨帆：《阅读救自己——台湾著名出版人高希均主题演讲记》，http：//news.163.com/11/0424/01/72CA3F2K00014AED.html，2011.04.24。

一个人写作或者研究历史，可能掌握了所有的数据，但仍然可能得出错误的结论。一个人可能掌握了所有的事实，但仍然可能找不到历史真相。就像一个有经验的钢琴教师对学生的批评，你弹出了所有的音符，但是没有弹出音乐——知识来自阅读图书，来自经典名著。它来自优秀的教师，来自个人的努力，孜孜不倦的努力。"[1] 传统蒙学《弟子规》教导人们说，学文之前先要做好孝悌、谨信、爱众、亲仁。而孝悌、谨信、爱众、亲仁是需要在与人的交往中才能践行的，光靠阅读是不够的。

国民个体的情况千差万别，其阅读行为也是各不相同，设定目标似乎与阅读的关联不大。的确，不见得每位读者都必须有个远大的阅读计划或者说阅读理想。但我们认为，人的行为总是在一定目标的指引下开展的，阅读也不例外。国民个体不妨根据自己的实际情况，设置一些合理的阅读目标，并将目标细化；也可以把目标写下来，不断提醒自己，并抵制诱惑，努力实现阅读目标。

（二）提升阅读素养，养成阅读习惯

第一，阅读自由的实现，要基于具备阅读素养之上。这就要求国民个体自觉地提升自身阅读素养。阅读不自由的最初障碍是文字，数字时代文字似乎不再是阅读的障碍。但无论如何，文字依旧是人类作品的重要表现符号，也是人类传达信息的重要手段。提高语言文字能力，以便阅读作品无疑是提升阅读素养的首要之义。

第二，在掌握独立阅读技能的基础上，创造条件学习并掌握计算机、网络等现代技术，提高获取信息的能力。进入数字时代，意味着我们必须适应在同一时间内从多方位来搜索信息、构筑知识。沃尔夫（Wolf）提出，超越文本自主思考，用可发展、可学习的方式获得知识，才是阅读的核心。作者思想的终结才是我们思考的开始。在我们的大脑完全陷入这个数字社会之前，我们需要培养熟练的阅读思维，获得为自己思考的时间和动力。真理不应被大量、迅捷的信息迷惑掩埋。[2]

---

[1] 郝振省、陈威：《中国阅读——全民阅读蓝皮书》（第一卷），中国书籍出版社、海天出版社 2009 年版，第 284 页。

[2] Maryanne Wolf, *Learning to Think in a Digital World*, http：//www.boston.com/new/globe/editorial_ opinion/oped/articles/2007/09/05/learning_ to_ think_ in_ a_ digital_ world/.

第三，根据实际情况，应读些工具类的、前沿类的、有助于阅读的图书或文章，对阅读方式和环境保持必要的自主能力，并不断建构自己的意识框架。所谓意识框架，是指一个人关于人生、价值和世界等问题的基本看法。人类意识的能动性永远是一个过程，并且永远存在着个体差异。每一个人从生到死都在人生旅途上奔波，为了提高生命质量，需要自觉地开展、设计和规划人生。阅读是构建意识框架的重要途径。在建立起基本的框架之前，尤其需要更多地阅读纸质图书建立起基本的意识体系。如同人首先要学会直立行走，然后才能学着去奔跑。纸质图书在引导读者建立知识和意识框架方面有其独特的功能，而数字信息海洋在完善、扩展、延伸、补充知识和意识框架方面功能强大。每个独立的国民个体不可能读尽天下书，只能沿着自己的心向和意识去阅读。

提升阅读素养的同时，还要调适自己的阅读动机和需求，践行终身学习的理念，养成良好的阅读习惯。比方说，在床头放一本自己想读的书，晚上睡觉前哪怕只读一页或者是几行，这也是不错的习惯。当然，阅读无定法。正如爱默生在题为《书》（Books）的文章中写道："最好的读书方法是师法自然，而不是机械的阅读方法。"在知识库里建立感兴趣的知识站点。别人读什么书，对你来说已经没有太大意义。即使昨天对一个人有用的东西，今天对另一个人可能就没有用了。对你有没有用是衡量你的阅读是否有价值的关键。和过去大脑充当知识存储器的时代不同，不是知识获得多了就一定有用。过去"知识就是力量"，今天"选择了的有用的知识才是力量"。以前是"我要阅读什么"，现在要学会"我不阅读什么"。学会"不阅读什么"，并坚持"阅读什么"，或许是数字时代国民个体的重要阅读策略。

（三）开展阅读活动，积累阅读成果

数字时代的阅读，内容多元化、方式多样化。对国民个体而言，在开展"轻阅读""浅阅读""泛阅读"的同时，也应该注意"深思考""深阅读"。不排斥消遣性、任务性阅读的同时，倡导研究性、兴趣性阅读，力求读出作品的精要，入乎其里，又出乎其外，从而进入文化创意、知识创新和科学创造的新境界。开展阅读，要利用好零碎时间，安排出专门时间。争取读一手书，阅读一手资料。但在读者没有时间和精力去阅读那些

抽象、深奥、晦涩的经典文本时，也不妨通过音视频媒介，借助知识精英的导读来获取知识，"让李敖去读经典，我们读李敖"，形成阅读的"二次消费"。余华说："每个人的阅读趣味和阅读方式都不同，没有统一标准的阅读，所以也不会有统一的毛病。"就像他自己，就喜欢入睡前躺在床上看纸质书。"不能说别人喜欢在地铁里看电子书，就说这是毛病。说到底，只要在阅读就很好，读什么，怎么读，其实都不重要。"① 绿茶也说："其实阅读不分出发点，就看你是否阅读，在阅读中是否得到启发和收获，并能用自己的方式讲述出来，和更多的人分享。"② 的确如此，只要"在阅读"就够了，按照自己喜欢的方式去读自己喜欢读的。

国民个体应该根据自身的社会分工、职业以及自我期望的社会身份等实际情形，作出阅读努力，积累并与社会共享阅读成果。尤其是作家、教师、科研工作者、媒体从业人员、政府领导人、公务员、演员等直接与阅读内容生产与传播相关的国民，必须以积极的姿态跟上数字时代的步伐。刘慈欣说："将来迟早有一天，大部分的阅读都将是在网上进行，这种阅读的进行，不光是媒介的变化，对创作方式和理念，与读者关系，都将会有根本性改变。必须适应这种改变。"③ 作为普通读者，也可以通过网络表达自己的阅读体验，在与社会分享的过程中创造内容。"随着互联网的迅速发展，可以预料的结果是，人们大多数的阅读都会在电脑屏幕上进行……问题不在于传送文字的媒介，而在于你是否选择去成为一个读书人。"④

二 家庭组织的对策

家庭是社会的基本组织，也是一个人成长的重要组织。家庭组织应对数字时代国民阅读行为嬗变的基本对策，就是尽力优化阅读环境，努力营

---

① 陈宇浩：《读什么不重要只要阅读就好》，http://ent.163.com/11/0424/06/72CQP6QF00032DGD.html。
② 绿茶：《我的阅读分享和主张》，http://news.ifeng.com/gundong/detail_ 2012_ 01/01/11712173_ 0.shtml?_ from_ ralated。
③ 石剑峰：《各方角力中国电子书，数字阅读成未来走向》，http://news.cnfol.com/120315/101,1587,11976378,00.shtml。
④ ［美］贝克·哈克斯：《阅读致富》，四川大学出版社2003年版。

造家庭阅读氛围。有必要指出的是，这种优化是基于每个家庭的实际情况开展的。但不管条件如何，每一个家庭组织在阅读环境的优化方面都是可以有所作为的。

（一）优化家庭阅读硬环境

家庭阅读环境首先是硬环境，包括阅读空间的设置、阅读媒介的布局、图书的收藏和陈列、图书的种类和数量、阅读的硬件设备等。阅读空间是最为重要的硬环境。调查显示，许多中国家庭环境的布置不利于阅读的开展，有意识地为孩子准备书房、书橱和书桌的家庭的比例不到3%，近八成的孩子没有自己的专用书架。[1] 其实，有条件的家庭可以设置专门的书房，没条件的家庭也应该开辟出阅读的空间，即便是睡觉用的床也可以当作阅读的空间。现在很多家庭都把电视作为家庭媒介中心，可以在电视的周围摆放一些书报刊。根据条件增加家庭图书的收藏，并陈列出来，方便阅读。比方说，可以在家里布置一个空间专门供儿童阅读。对一个家庭而言，购置什么、摆设什么可以体现一个家庭的追求。电器是一种选择，麻将桌也是一种选择，但图书体现的是一种文化的追求。王余光主张将购书经费列入家庭开支，建立家庭必备的基本藏书。[2] 即便是许多图书不再去阅读，光是一种摆设，也能体现文化的气息。阅读的过程是一种思维的过程，读者即便只是看到书脊或者封面，也往往会有所思考，此时阅读也就开始了。

（二）塑造家庭阅读软环境

家庭阅读环境的优化更重要的是软环境的优化，尤其是有孩子的家庭，它包括家长阅读习惯、阅读时间的保证、家长与子女的互动、适合孩子的阅读方法等。家庭对儿童阅读活动有着重要影响。[3] 如果家庭没有很好的文化氛围，就缺乏激励孩子奋发读书的环境。在美国，人们给孩子送的最多的礼物就是书籍。而且所送都是历史、文学方面的书，而不是《如何成为百万富翁》等功利性畅销书。德国2000年开展了"新千年德

---

[1] 李燕玲：《小学阅读类教辅存在问题的原因分析》，《出版发行研究》2008年第4期。
[2] 徐雁、陈亮：《全民阅读参考读本》，海天出版社2011年版，第5页。
[3] 张必隐：《阅读心理学》，北京师范大学出版社2004年版，第252—257页。

国阅读行为调查",该项研究证实了家庭情况对社会总体阅读行为的高度影响——如果父母读书的话,那么子女就会成为经常阅读的人。① 家长要努力在家庭中塑造良好的阅读氛围,家长首先要自己喜欢阅读,用自身的阅读行为去感染孩子。即便是家长自己不看书,也应该在孩子看书的时候保持安静。家长要尽可能地为孩子创造安静、有趣、轻松、自在的阅读环境。开展家庭阅读活动,也可以充分利用社会资源。一项近期在城市家庭开展的调查显示:中国有近20%的家长从未带孩子去过书店或图书馆。②

家长要努力使自己能阅读、会阅读、爱阅读,并带着孩子一起阅读,开展亲子阅读,培养儿童的阅读兴趣。研究表明,早期阅读对儿童的成长具有重要意义,不仅可以使儿童增长知识,而且能促进儿童在情感、社会性等方面的发展。美国心理学家研究指出,早慧孩子的共同特点之一就是喜欢阅读,有44%的天才男童和46%的天才女童是在5岁以前开始阅读的。③ 阅读是孩子实现梦想、获取人生生存内容的方式。良好的阅读习惯对于孩子来说将是一生的财富。阅读也让家长和孩子之间有了更多的共同语言,沟通变得更流畅。④

一个家庭就是一个浓缩的社会。社会组织发动的各种阅读推广活动,要有家庭的对接才能落到实处。也只有家庭积极参与到社会阅读活动中去,家庭的阅读软环境才会优化,社会整体的阅读氛围才会改善。家里如果有儿童,那么家长应该意识到,家长的言传身教对儿童的学习会起到关键作用。家长应该努力做到:为孩子创造一个良好的读书环境(书房、书架);购买一定数量的课外读物;定期安排出家庭读书交流时间,开展家庭亲子读书活动。周婷提醒家长关注孩子的九个好的阅读习惯:经常去书店和图书馆,手不释卷、专心致志,摘抄,读与思结合,与人交流阅读体会,爱护书籍,善于使用工具书,零花钱用在买书上,说话引经据

---

① 课题组:《西欧三国国民图书阅读情况》,《出版发行研究》2008年第9期。
② 吴晶:《"E时代的阅读"成为中国幼儿成长新课题》,http://edu.ifeng.com/gundong/detail_2012_05/16/14574431_0.shtml。
③ 袁萍、田为梅:《学龄前儿童阅读兴趣的培养》,http://baby.sina.com.cn/edu/07_0509/091995656.shtml。
④ 周浩:《从小培养孩子阅读习惯》,http://news.163.com/11/0514/03/7400TP4100014AED.html。

典。① 家长要想培养孩子拥有这些良好的阅读习惯，要培养孩子静心、静气；给孩子的房间更多的书卷气；留心孩子的交友，鼓励孩子多与喜欢读书的人交往；节假日多带孩子逛逛书店、图书馆，看人文景观。

（三）尽力避免数字媒介成为孩子的"保姆"

数字时代，每个家庭都可以充分享受数字媒介带来的美好体验。但这种享受应该是家庭成员的共享，而不是孩子的"独享"，尤其是要尽力避免孩子沉溺于数字媒介而不能自拔。尽管有关数字媒介"成瘾"的研究有不同观点和结论，但比较一致的看法就是：孩子需要一个信息能受到一定控制的环境，这样他才能专心致志地去学习一些重要的观念、知识和技能。② 而网络上提供的各种各样的无止境且难以抗拒的超链接、强推送，会让孩子迷茫地陷入信息大海，漫无目的地"冲浪"。在观看视频的过程中，为了跟上每秒钟24格画面的节奏，孩子用于观察和思考的时间几乎不复存在。而且由于广告的缘故，视频节目总是被分割成一小节一小节，造成孩子无法长时间集中注意力。电子游戏机、平板电脑、手机等手持型数字媒介，以其很强的互动性对孩子充满吸引力，但往往流于对孩子的时间剥夺，而在情感教育方面近乎空白。

过多地接触数字媒介，会让孩子减少与身边的亲人朋友沟通互动的时间，并渐渐由于缺少这些带有人际情感元素的交流，降低了对身边事情的感知力，对亲情、友情等重要的人际情谊失去敏感性。中国古人说，过犹不及，凡是过了度，或许就有负面影响的产生。

第二节 政府组织的对策

一 国际社会与国外政府在促进国民阅读方面的部分举措

国际社会对阅读问题普遍比较重视。联合国倡导"阅读改变世界"，

---

① 周婷：《让阅读成为孩子的生活习惯》，http：//roll.sohu.com/20120101/n330937596.shtml。
② 潇然：《有多少父母懂得早期阅读》，http：//baby.163.com/10/1228/16/6P0L1E6500262I2G.html。

从 1995 年开始联合国教科文组织把每年的 4 月 23 日确定为"世界读书日"（也称"世界图书与版权日"）。2001 年发起"世界图书之都"计划，西班牙马德里、埃及亚历山大、印度新德里、比利时安特卫普、加拿大蒙特利尔、意大利都灵、哥伦比亚波哥大、荷兰阿姆斯特丹、黎巴嫩贝鲁特、斯洛文尼亚卢布尔雅那、阿根廷布宜诺斯艾利斯、亚美尼亚埃里温、泰国曼谷、尼日利亚哈考特港等 14 座城市先后享有这一称号。中国深圳已申请 2015 年"世界图书之都"的称号。评选活动已对促进世界图书出版和公众阅读发挥了积极作用。

总体而言，大多数国家的政府都会为促进国民阅读、珍爱图书、提升国民素质而积极努力。普遍的做法包括：一是政府领导人善于作出表率，引导社会阅读。二是在财政上予以资助。发达国家和地区平均 1 万人口的小区或每 1.5 公里半径就有一座图书馆，就是有力的证明。三是引导社会各界采取措施推广阅读。国际社会阅读推广活动呈现出推广主体多元化、合作化、角色层次化，推广客体范围不断拓展，推广对象以青少年为主兼顾其他人群，推广方式立体整合化等特点和趋势。[①] 这里列举一些国外政府的做法。

英国 1998 年提出"打造读书人的国度"。2006 年时任英国首相布莱尔发起"快速阅读"倡议，鼓励畅销书作家为成年人编写简略本图书，以鼓励繁忙的成年人读书。2006 年 6 月，英国女王生日活动的内容之一就是推广阅读，"让孩子们重拾经典"，让小朋友与经典童话中的人物形象在一起。[②] 2008 年"全国读书年"活动政府拨款 3700 万英镑。英国政府每年从财政预算中拨出固定的款项资助一些出版项目。对于符合国家政策方向的大项目，如开展"世界读书日"活动以扩大国民阅读和筹办、参加书展以扩大图书版权出口、发放世界读书日代金券给数百万儿童等，经行业协会或企业申报获批后，可以得到国家每年列入计划的财政拨款。英国的图书出版社不用缴纳所得税，法律规定其盈利可以用来扩大再生产，或者用于发展文化、科学事业。英国女王、首相、教育大臣等政府领导积极参加阅读推广活动。

[①] 赵俊玲等：《阅读推广：理念·方法·案例》，国家图书馆出版社 2013 年版，第 4—10 页。

[②] 吕学财：《图书馆的阅读推广活动研究》，吉林大学硕士学位论文，2008 年，第 4 页。

法国政府长期免征书店所得税。法国提出"阅读并不仅仅是一种私隐行为,而是要和别人的思想相遇,把自己向世界展开"的宗旨。法国也有专门的"图书节""图书与阅读月"。

德国政府不仅免征书店的所得税,还在增值税上给予书店优惠。在德国,旨在促进社会阅读的社团组织据说有200多个。其中,德国促进阅读基金会于1988年成立,其历任名誉主席均由德国总统亲自担任。基金会理事长海因里希·克雷比施曾说"给孩子读书和讲故事,是最不复杂也是最合算的对未来的投资"[①]。

阅读是犹太民族日常生活和工作的组成部分,他们认为一个人不读书就像房子没有窗户一样。为了培养孩子读书的习惯,犹太人的家庭会在《圣经》上滴上蜂蜜让孩子品尝。以色列人口少,国情特殊,服兵役是每个公民的义务。但即便在军营,每个士兵也要读完50本书,并安排专门的老师来指导士兵阅读。他们这样做就是为了提高大家的文化素养和文学鉴赏能力。以色列政府对图书馆的投入非常大,人均拥有图书馆的数量名列世界前茅。

为了纪念塞万提斯的辞世纪念日,并倡导读书活动,西班牙首倡"世界读书日"。葡萄牙社会党政府2006年推出"国家阅读计划"。北欧国家挪威规定政府官员和社会名人要经常深入学校,引导中学生开展阅读。东欧国家保加利亚,法律规定即便是只有30户居民的村子也要设立"阅读室"。2006年11月,俄罗斯制定并发布《国家支持与发展阅读纲要》,为促进国民阅读提供制度保障。

为了激发国民阅读的更大热情,美国近年来陆续实施一系列阅读推广计划。1995年美国政府再度提出"学童读写"运动。1997年克林顿政府提出"美国阅读挑战计划"。1998年美国国会通过《阅读卓越法》。2001年布什政府提出"不让一个孩子落后"法案,其政策主轴就是"阅读优先",并推出了"阅读、阅读再阅读"计划。在该法案中,专门提出用"经费补助"与"师资培训"的方式提高儿童阅读能力的政策。"9·11"事件发生当天布什本人正在一所小学给小学生读《我的宠物山羊》。2010年2月,奥巴马夫妇来到首都华盛顿一所小学,与孩子们一起读书。美国

[①] 邬书林:《养成阅读习惯是一门科学》,http://www.gmw.cn/01gmrb/2009-06/08/content_931186.htm。

还成立了国际阅读协会、全美阅读小组等专业机构从事阅读的促进和研究工作。美国出版协会倡导国民阅读，开展畅销书排名，组织图书评奖。美国出版商协会和书商协会举办各种图书周活动。美国明确规定高中生必读的 21 种书，从荷马、柏拉图、亚里士多德、莎士比亚、托尔斯泰到惠特曼，还有《共产党宣言》和《圣经》等。

加拿大政府为独立书店购置电脑设备支付一半的费用。墨西哥为少儿阅读专门推出"国家阅读计划"，创办了大量的图书馆。到 2005 年，每 15000 人就有 1 家图书馆。建立了 4000 多座读书屋，方便读者阅读。还在全国各地设立国家阅读办公室，通过国家阅读办公室组织专家为学校和班级图书馆选书，然后由政府公开招标采购。[①]

日本政府在政策、立法和资金等多方面积极支持国民阅读的推广。1950 年颁布了《图书馆法》，1953 年颁布《学校图书馆法》。2000 年被日本参众两院通过决议定为"学生读书年"。2001 年公布和实施了《儿童阅读推进法》，明确了读书活动的理念，规定了国家、地区和公共团体在读书活动中的责任。为此，文部科学省还制订了"日本中小学生读书活动计划"，全方位指导读书活动的开展。2005 年，日本国会通过了《文字、活字和文化振兴法》，主要内容之一就是推进国语教育和读书推广。该法还将 10 月 27 日设立为"文字、活字文化日"。2008 年 7 月，日本内阁会议正式决议 2010 年为"日本国民读书年"。日本有专门的"读书协会"，经常举办"日本读书周"之类的阅读推广活动。皇室的新年诗歌阅读会已经有 1000 多年的历史。日本制定图书最低折扣以保护实体书店与网络书店处于平等的竞争关系。

韩国政府也非常重视阅读推广，1994 年就制定了《图书馆与读书振兴法》。2006 年 12 月又通过了《阅读文化振兴法》。该法规定：文化体育观光部为国民阅读推广的官方机构，每五年需制订一份读书文化振兴规划；成立读书振兴委员会，指导和推动国民阅读；规定中央和地方政府必须为全体公民提供均等的阅读教育的机会；明确社区、学校、公司企业等各种机构在推行全民阅读中的责任。

新加坡政府提出"天生读书种、读书天伦乐"，开展"Read！Singa-

---

① 吕学财：《图书馆的阅读推广活动研究》，吉林大学硕士学位论文，2008 年，第 4—5 页。

pore"活动。从2001年11月开始,新加坡婴儿出生时,"如何读书给婴儿听"成为医院护士必须叮嘱产妇的事项。

二 我国政府组织应对国民阅读行为嬗变的对策建议

读书是一个国家文明程度的基础,全民阅读与全民素质的提高紧密相连。我国政府组织历年来也非常重视国民阅读,基本情况可以概括为七个方面:① 第一,对全国的全民阅读活动进行整体布置和安排。中共十八大报告第一次把"开展全民阅读活动"写进党的政治报告,体现了我们党对全民阅读活动的高度重视。设立了全民阅读活动组织协调办公室,统一组织管理全民阅读活动。第二,中央各大部委纷纷在本系统组织开展全民阅读活动。1997年1月,由中共中央宣传部、文化部、新闻出版署等九个部委联合发出了《关于在全国组织实施"知识工程"的通知》。2000年,全国知识工程领导小组把每年的12月确定为"全民读书月"。② 第三,许多省市举办读书节。如广东的阅读推广活动还形成了一定的模式,即"政府倡导引导,社会资源支持,强势媒体推动,专业机构运作"的南方阅读模式。③ 第四,推进"农家书屋"工程,开展农民读书活动。第五,促进儿童和青少年阅读。第六,推动公共图书馆免费向公民开放,服务社会阅读。第七,对图书出版业采取税收优惠政策,扶持实体书店的发展。

不过,我国政府在促进国民阅读方面才刚刚开始,如何做好还有很长的路要走。④ 概括而言,还存在如下问题:第一,在政府组织工作上的机制虽已建立,但具体的实施不够深入,没有得到系统的整合,全国阅读活动统一协调机制不够有力;第二,阅读推广活动数量较多,但活动的可持续性需要进一步提升,阅读活动的实际成效有待进一步提高;第三,教育类技能类的阅读盛行,而传统文化等修养类阅读受到冷落,儿童和学生的

---

① 郝振省、陈威:《中国阅读——全民阅读蓝皮书》(第一卷),中国书籍出版社、海天出版社2009年版,第6—22页。
② 王余光、李雅:《图书馆与社会阅读研究述略》,《山东图书馆季刊》2008年第2期。
③ 蔡宝春:《科学阅读、分级阅读、快乐阅读助力书香校园建设》,http://www.oeeee.com/a/20111126/1030193.html。
④ 舒文:《全民阅读任重道远》,http://book.people.com.cn/GB/14314536.html。

阅读行为亟待引导。

为此，许多研究机构和专家学者提出多种对策建议，我们概括如下：

（一）将促进国民阅读作为国家战略，[①] 并切实加强制度建设

所谓国家战略，是指平时和战时在组织和使用一国武装力量的同时，组织使用该国政治、经济、心理上的力量，以实现国家目标的艺术和科学。朱永新认为，要将阅读提升到建设民族共同思想基础和核心价值体系、提高国家文化实力和营造全社会共同精神家园的国家战略高度上，重新审视推动全民阅读对提高民族文化素质和国家竞争力的重要意义。[②]

阅读推广不能仅仅停留在专家呼吁、政协委员提建议的层面，除了要有顶层设计外，还需要制度设计和制度建设。只有在制度的规约下，阅读推广活动才会扎实有效。阅读推广方面的制度包括但不限于：进一步完善全民阅读活动的主管机构，推动设立国家全民阅读指导委员会，研究制订国家全民阅读中长期规划；制定《国家阅读大纲》，推动全民阅读国家立法，设立国家阅读节或全民阅读日；使分散的各类全民阅读促进活动进一步系统化、组织化、有序化；统筹组织农家书屋、社区书屋、青工书屋、公共图书馆、城市读书节活动等各类阅读工作；设立国家阅读基金或国家阅读专项资金，将全民阅读提升为国家重要文化工程；从儿童早期阅读抓起，建立起儿童和青少年阅读引导与促进机制；发放购书券拉动图书消费，促进全民阅读；发展民间阅读公益组织和志愿者，调动全社会力量推广阅读；推动无障碍阅读，满足弱势群体阅读需求；开展"书香之家"的推荐活动，发挥"书香家庭"的示范作用；建议将市民阅读状况指数纳入文明城市指标体系；[③] 进一步扶持资助实体书店的发展；开展阅读研究与指导，关注数字阅读的积极作用和负面影响；国家领导人和政府公务员的阅读行为和率先垂范会激发民众的读书热情，"各级领导人应该亲自

[①] 郝振省、陈威：《中国阅读——全民阅读蓝皮书》（第一卷），中国书籍出版社、海天出版社2009年版，第32页。

[②] 王坤宁、牛春颖：《全国人大代表朱永新：财政出资设立国家阅读基金》，http://funds.hexun.com/2012-03-13/139276092.html。

[③] 王玉梅、朱烨洋：《13位全国政协委员建议将阅读指数纳入文明城市指标体系》，http://news.hexun.com/2012-03-08/139106653.html。

倡导和推动全民阅读。建议国家领导人和各级主要领导每届任期内至少一次到校园与学生一起读书,以推动全民阅读"①。

(二) 加大对文化教育事业的财政投入

对政府而言,促进国民阅读的根本措施,还是要加大对文化教育事业的投入。仅就公共图书馆或社区学习中心而言,我国与发达国家的差距就非常大。统计数据显示,美国国内共有近 12 万个各类图书馆,其中公共图书馆(大部分在社区乡镇)有 9445 个。按照美国三亿人口计算,平均 2500 人就拥有一个图书馆。调查表明,68% 的美国人拥有读者证,每年至少有 14 亿人次光顾过图书馆。在美国,公共图书馆主要由财政税收支持,设立管理委员会,对所有人免费开放和提供服务。有统计表明,中国在图书馆上花的钱,仅占 GDP 的 0.01% 左右,是美国的 1/10。同时,由于美国 GDP 是中国的 3 倍左右,人口是中国的 1/4,如果按照人均计算,美国的图书馆开支是中国的 120 倍。② 国家财政性教育经费支出占国内生产总值 4% 是世界衡量教育水平的基础指标。1993 年,中共中央、国务院发布《中国教育改革和发展纲要》,提出国家财政性教育经费支出占 GDP 比例要达到 4%。但由于种种原因,这一目标未能如期实现。直到 2012 年,我国财政性教育经费支出占 GDP 比例才首次达到 4%。③

中国台湾作家、出版人高希均说:"没有一个国家,会因为教育支出太多而导致财政崩溃;没有一个现代国家,国家是现代的,教育是落后的。"④ 的确如此,读者的阅读需求是推动全民阅读的根本动力,而阅读需求是需要发达的教育事业作为支撑的。尽管我国教育事业的发展成就巨大,但远未达到理想的状态,尤其是喊了多年的素质教育的落实还存在很

---

① 郝振省、陈威:《中国阅读——全民阅读蓝皮书》(第一卷),中国书籍出版社、海天出版社 2009 年版,第 34 页。

② 周大伟:《中国小城镇为何不见公共图书馆?》,http://view.163.com/12/1108/11/8FPL52F700014MO9.html。

③ 崔清新等:《我国财政性教育经费支出占 GDP 比例首次实现 4%》,http://news.sohu.com/20120305/n336688434.shtml。

④ 杨帆:《阅读救自己——台湾著名出版人高希均主题演讲记》,http://news.163.com/11/0424/01/72CA3F2K00014AED.html,2011.04.24。

大缺陷。在功利教育、应试教育的体系中成长起来的读者,其阅读习惯往往会出现畸形。教育类、技能类的阅读盛行,而传统文化等修养类阅读受到冷落,就是这一现象的生动写照。

为了推广全民阅读,有识之士提出了诸多措施,包括将全民阅读提升为国家重要文化工程、发放购书券拉动图书消费、设立国家阅读基金或国家阅读专项资金、扶持实体书店、发展农家书屋、发展社区图书馆等,所有这些措施都需要资金的支持。没有投入就想深入推广阅读,是不可能实现的。

(三) 加强阅读的权利意识

联合国教科文组织于1994年颁布的《公共图书馆宣言》中明确指出:"每一个人都有平等享受公共图书馆服务的权利,而不受年龄、种族、性别、宗教信仰、国籍、语言或社会地位的限制",公共图书馆应该"保证市民获取各种社区信息","使社区每一人都能确实得到图书馆服务"。可见,国际社会普遍把阅读视作公民的一种权利。政府组织在为了推广阅读采取各种具体措施、制定各种政策乃至颁布法律的同时,一定要牢记国民具有自由阅读的权利,一定要树立保障这种权利是政府的职责所在这样一种施政理念。宪法赋予每个公民人身自由,阅读自由则是人身自由的基础和前提。

阅读自由是人的自由全面发展的重要内容,每一位公民都享有阅读自由权。这种意识在当下中国不仅在国民个体层面,在政府层面也不够强烈。我国某些政府组织认为推广全民阅读似乎是对读者的"恩赐",是"锦上添花",是"附加功能",殊不知这应该是政府组织的职责和义务。政府应当为国民个体具备基本的阅读素养、开展独立自主的阅读提供保障。

(四) 政府在主导文化发展的过程中要释放全社会的积极性

全民阅读与文化发展关联密切。一个尊重知识、鼓励创新的社会,一个追求创意、崇尚文化的社会,其全民阅读的氛围必定是浓郁的。文化创新与发展不仅可以为读者提供新鲜的内容,而且也会激发读者的阅读需求。

政府主导是当下我国文化产业发展的重要特征。遗憾的是,政府直接主导的文化发展活动已被证明往往是低效率、低效益的。我国的文化发展最根本的是要激发市场的活力,依靠国有企业的同时,也应该向民营企业开放,要释放全社会的积极性,激发全民族的文化创造活力。祝君波先生曾发问:"在一个日趋开放的时代,我们有多少理由长期把民企排在文化和出版活动之外,又有什么理由长期以'买卖刊号和书号'为由限制民营的文化、出版企业?我们有什么理由怀疑在社会主义制度下,在党的领导之下,今天的文化出版业向民营、向自己国民进一步开放的积极意义呢?"①

(五) 努力消除"阅读障碍"和"阅读歧视"

此处所指阅读障碍,并不是指读者因为阅读素养不够,导致无法独立自主地开展阅读,而是指由于社会因素,导致阅读成本偏高,国民个体有能力阅读却无法阅读他想阅读的内容。这种阅读障碍从理论上说,无论在哪个国家都是或多或少的存在的,即便是发达国家也不例外。不过在我国,有些本来是可以消除或者是应该努力去消除的"阅读障碍"却客观地存在着,这应该引起我们的注意。比如说,许多农村地区中小学校缺乏图书资料、公共图书馆和国有书店没有设置残疾人士的专门通道、不少新闻节目没有设置手语主持、盲文读物偏少等,这些都是客观存在的"阅读障碍"。阅读推广过程中需要推广"无障碍阅读"。据统计,我国盲人有900万,但2003年只有104种供盲人阅读的新版图书,盲文期刊仅8种。在美国,美国国会图书馆与160所图书馆共同合作,每年选送用来录音及制成盲文的书籍达到2500本,以满足盲人的阅读需求。普林斯顿盲人科技图书馆在全国设立了32个录音室,每年录制专业科技图书约5000册,其中3000册为新版图书。②

"阅读歧视"则是指社会在向全民提供阅读服务的过程中存在的一种不公平、不公正现象。长期以来,我国许多公共图书馆对社会弱势群体存在或多或少的"歧视",由此导致杭州图书馆向乞丐开放这一正常举动成为社会新闻引发热议。公共阅读资源没有让全民平等地共享,甚至存在人

---

① 祝君波:《盛大、嘉德、现代启示录》,《编辑学刊》2013年第1期。
② 张映娣、张小慰:《谁来关注盲人的阅读需求?》,http://www.pep.com.cn/cbck/2005_12xz464/201012/t20101229_998273.htm。

为地把读者划分为三六九等。阅读推广的本义就是普及阅读，激发阅读，尽可能地减少因为外在条件的限制导致不能阅读的情形。（Glasshoff）认为，阅读推广的目的在于使读者更好地阅读，推广个人阅读经验，发掘阅读的快乐之处。① "阅读歧视"的存在与阅读推广的精神是无法兼容的，应当努力予以消除。

（六）加强基层阅读服务组织建设

徐雁指出，对于社会群体来说，各行各业各阶层人员都应该成为阅读推广的对象。一座现代化的都市，不仅要有以所在城市命名的地标式公共图书馆，而且要积极建设大量分布在城乡各个位置的、依据所在区域居民人群和文化消费特点而合理配置的社区图书馆（乡村阅览室）。② 遗憾的是，我国社会面临着基层阅读服务组织建设严重滞后的尴尬现实。

数据显示，2008年，全国公共图书馆人均藏书量是0.501册。不仅数量少，各地图书馆的发展也极不平衡。上海的人均藏书是3.39册，而最少的三个地区安徽、河南、西藏都分别只有0.17册。③ 从我国的情况看，与国际标准还有很大差距。

专家建议，无论是新城建设还是小区规划，都要增加书店与文化设施数量。④ 这无疑是一种美好的建议。只有当社区书店、社区学习中心、基层文化馆、基层图书馆等遍布社会基层并得到有效利用时，我们才可以说阅读真正得到推广了。

（七）提高阅读推广活动的协同性和长效性

阅读推广涉及面广、持续时间长，需要强有力的组织机构，调动社

---

① 赵俊玲、郭腊梅、杨绍志：《阅读推广：理念·方法·案例》，国家图书馆出版社2013年版，第3页。
② 徐雁：《国民的阅读效率和阅读量"不断倍增"》，http：//news.eastday.com/gd2008/e/2011/1231/1654478802.html。
③ 梁瑛：《全国图书馆人均藏书仅0.5册，最高为上海》，http：//www.sznews.com/zhuanti/content/2009-11/18/content_4192724.htm。
④ 吴祚来：《实体书店的命运该如何拯救》，http：//www.bjnews.com.cn/news/2011/03/13/110559.html。

会各种资源,加强协同,提高推广活动的系统性,效果才会更加显著。我国设立了全民阅读活动组织协调办公室,统一组织管理全民阅读活动,大大促进了阅读推广活动的深入开展。但该办公室层级较低,社会资源的整合能力有待进一步加强。当前,我国全民阅读推广活动内容丰富,但组织不够有序,实施不够深入,协调机制不够有力。本书所总结的各项阅读推广措施应该加以有效整合,让有限的投入产生尽可能大的效能。

据说,日本皇室组织的新年诗歌阅读会已经有1000多年历史,其推广效应非常显著。我国系统开展阅读推广活动的历史较短,从一开始就应该设计一些效果好、有特色的推广活动,持续地开展下去。阅读推广贵在坚持,形成习惯和传统才会持续释放其效益。那些短、平、快的推广项目,能产生一时的影响,但不可能产生持久的能量。

(八) 提升社会组织参与阅读推广的积极性

媒介组织与阅读推广之间本应存在天然的密切关系。从某种意义上说,媒介组织都是阅读服务组织。只有为读者提供更好的阅读服务,媒介组织才得以生存。但现实是图书、报纸、期刊、广播、电视、网络与新媒体等媒介组织系统,对全民阅读推广活动的积极性都有待提高。这就需要政府制定政策,完善法规,加强引导。

纸媒机构对能够直接带来利润的签售会、推广会似乎更感兴趣,但对群众性的阅读推广活动似乎不太热心,纸媒机构较少举办读书会、读者节活动。读书类栏目的缺乏或者不景气是我国广播电视的一个特点。网络与新媒体组织为全民提供了大量的信息,但能启发心智、引导读者深阅读的内容严重不足。总体而言,我国媒体在倡导全民阅读方面做得还不够用力和用心,更多的是应景和急功近利。

国民在阅读方面所陷入的误区,与媒介塑造的唯经济主义"拟态环境"不无关系。正是由于受到唯经济主义的舆论的影响,国民在阅读方面会愈发功利化、短视化和感性化。而这种特点又反过来进一步加强了唯经济主义的价值取向。[①] 比如,近年来我国少儿图书市场出现的"贵族

[①] 赵林:《关于我的两部演讲集——兼论当今国民阅读的误区》,《中国图书评论》2007年第4期。

化"倾向,已成为一股令人忧虑的风潮。[①] 政府应当引导媒介组织提高品位与觉悟,自觉地"重铸民族魂和时代精神",从而提升国民的理性睿智,陶冶国民的道德情操和加强国民的文化素质,从改造国民性的角度推广阅读,而不是一味地追求利润。

加强学术研究,提升阅读推广活动的科学性是非常必要的。只有在科学理论的指导下,阅读推广活动才不会盲目。比方说,推荐阅读书目是阅读推广的重要方法,但书目的编制需要科学研究,切不可沦为商业工具。目前我国的几个与阅读有关的研究机构,彼此之间的交流沟通不足,阅读研究的学科交叉不够。全国还没有成立统一的一级学会——阅读学会,阅读学的学科定位不够清晰,学科地位尚未得到学术界的广泛认可。对一些具体的学术问题,诸如数字阅读的积极作用和负面影响的研究还不够深入。所有这些问题,都需要政府引导从事阅读研究的学术共同体展开合作,共同解决。

第三节　教育组织的对策

一　教育组织应对国民阅读行为嬗变的特殊作用

研究表明,学校对社会阅读有着重大的影响。[②] 各类教育组织中汇集着良好的阅读资源,在促进国民阅读过程中应该承担特殊重要的角色并发挥重要的功能。第一是因为在各类教育组织中受教育的国民构成了我国的中坚读者力量,他们的阅读行为也直接决定着我国国民阅读行为的整体发展走向。第二,在各类教育组织中集聚了我国优秀的阅读指导队伍,包括广大教师、教育研究人员、受过教育养成良好阅读习惯的学生等,他们对社会阅读有着巨大的辐射示范效应。第三,教育组织中设有大量的研究所、图书馆、出版社,并不断生产出可供社会大众阅读的出版物。第四,在数字时代各种因

[①] 郦亮:《童书"贵族化"有隐忧》,http://book.sina.com.cn/news/v/2013-05-30/0952477440.shtml。

[②] 张必隐:《阅读心理学》,北京师范大学出版社2004年版,第257—265页。

素造成的读者阅读行为的变化面前,教育组织有责任和义务作出积极的应对。

所以,在应对阅读行为嬗变、推广阅读活动的过程中,教育组织应该成为实施者、组织者和改进者。① 教师自身要树立正确的阅读观,教育行政部门应加强阅读的监督。② 不管是幼儿园,还是中小学、高等院校等不同层面的教育组织,都应该根据阅读环境的变化和教育对象的特点采取有针对性的措施。

二 基础教育组织的对策

从幼儿园到小学、中学,这是一个国民阅读成长历程中的重要阶段。除了要掌握基本的阅读技能,更重要的是通过学习阅读技能养成基本的阅读习惯,并在阅读的过程中培育自己的精神,包括价值观、世界观。德国的一项研究表明,一个人如果在13岁最迟15岁前养不成阅读的感情和习惯,那么他今后的一生中,就很难再从阅读中找到乐趣,阅读的大门可能会永远对他关闭。③ 基础教育组织应对国民阅读行为嬗变可采取以下几个方面的措施。

(一) 建设专业的阅读指导教师队伍

我国青少年阅读之所以成为一个社会问题,"很大一部分原因是国内缺少专业的阅读老师,而中国很多学校都以语文课来代替阅读课,这是不可取的"④。林文宝认为,阅读是一条永远也走不完的路,在此过程中,教师的素质非常重要。杨红樱也认为"孩子的阅读是有个性的",她建议,家长一旦管了孩子的阅读,就要付出,最好和孩子一起读书。而老师及时了解孩子们关注的作家和作品也很有必要。"在国外,如果孩子们都偏好某位作家的书,老师们就必须要了解这位作家及其作品,知道孩子们为什

---

① 张曼玲:《提高国民阅读兴趣是传统出版的不竭之源》,《北京印刷学院学报》2011年第1期。

② 罗慧:《教师的阅读研究——基于城区小学、幼儿园的调研》,《内蒙古民族大学学报》2008年第5期。

③ 邬书林:《阅读是事关个人和社会的大事》,《刊授党校》2009年第7期。

④ 林文宝:《给孩子阅读,不是沉重的书包》,http://roll.sohu.com/20120411/n340247769.shtml。

么喜欢，做到心里有数。"①

由此可见，教育管理部门有必要组织教育学、心理学、文学、医学、哲学等多个领域的专家和中小学教师，逐步建立起一支专业的阅读指导教师队伍，共同开展对阅读的系统研究，让广大教师掌握科学的阅读指导方法。将阅读作为基础教育中的重要内容，渗透到每个学生的学习生活中去。

（二）分级阅读：什么年龄段的孩子读什么书

当代西方英语国家普遍建立了分级阅读体系。分级阅读要求一切从读者的实际情况出发，阅读推广人必须了解什么年龄的孩子需要什么样的阅读。"虽然有老少咸宜的经典读物，但通常老与少对同一读物的阅读理解是完全不一样的，即使同一个读者，在生命的不同阶段阅读同一本书也会有不同的理解。"现任中国儿童文学研究中心主任、中国作家协会儿童文学委员会副主任王泉根说，"什么年龄段的孩子读什么书"是儿童阅读的黄金定律。分级阅读的目标就是为青少年提供"最合适的文本"。根据美国的标准，"合适的文本""是指在阅读中，读者能够认识十个单词中的九个，并克服较小困难而理解文意"。②

英国小学生的"家庭作业"，就是"阅读"作业。学生的书包里装着老师与家长的联系本和一本课外阅读书。英国少儿读物分级，每本书的封面，都有级数标注，单词量和语法难度逐级增加……由于这些课外读物难易适当，加之没有作业的压力，英国孩子对阅读表现出浓厚的兴趣。③ 应该说，这种做法是值得我国教育组织借鉴的。当然，我国针对青少年的阅读教育也并不是说没有层次、级别的概念，毕竟每个人的阅读能力的提升都是一个循序渐进的过程。只不过我国做得还不够科学细致。好在近年来分级阅读已经引起我国出版界、教育界、文学界等多个领域的专家学者的关注，并已开始落实到行动中。由朱永新领衔的团队推出的"中国小学

---

① 刘明辉、杨红樱等：《名家向中小学生推荐阅读书目》，http://news.ifeng.com/gundong/detail_2012_08/15/16804524_0.shtml。
② 王光明：《王泉根谈儿童阅读黄金定律》，http://finance.qq.com/a/20100406/000922.htm。
③ 辰目：《且看英国如何培养学生的阅读习惯》，《出版发行研究》2006年第9期。

生基础阅读书目"①,就是一个很好的尝试。朱永新指出:有调查表明,59.2%的学生只用很少的时间来阅读课外书籍,6.2%的学生阅读课外书籍的时间为零。一些父母,在面对书店里琳琅满目的图书时也为应该选择哪些图书给孩子读而备感困惑。所以,为儿童青少年推荐基础书目,就显得特别迫切。②

(三) 探索并培养学生正确的数字阅读习惯

数字化浪潮来袭,各级教育组织只能积极地去迎接,躲是躲不掉的。据英国《卫报》报道,从2009年9月开始,美国加州高中就已推行电子教材方案。③ 日本、韩国也已大范围推广数字化教育方案。我国的北京、上海、广州等城市及香港地区的许多中小学,也都开始利用电子书包进行教学探索,主要涉及语文、数学、英语、科学、综合活动等课程,以代替沉重的书本。积极研究数字化媒介的特征,加以利用,这有助于学生养成正确的数字阅读习惯。

(四) 掌握知识和技能不是阅读教育的落脚点

我国教育部制定的《义务教育语文课程标准》(2011年版)中规定了阅读教育的目标就是让学生具有独立阅读的能力,学会运用多种阅读方法。要求在阅读教学中训练学生掌握基本的阅读技能和技巧,比如精读与略读、朗读与默读、快速阅读,使用工具书检索、查阅等。但在实际操作过程中,我国基础教育阶段的阅读教学往往过分偏重精读和理解,而没有实现阅读目的的多样化,比如利用公共阅读资源开展阅读、获取信息的阅读、欣赏性阅读、娱乐性阅读、研究性阅读等。④ 对广播、电视、电影等大众传播媒介对学生阅读素养的促进作用也发挥不够,学生的媒介素养、

---

① "中国小学生基础阅读书目"是项目组组织儿童教育学、儿童心理学、儿童文学等多个领域的专家以及一批小学教师,参考了国内外近50个儿童文学奖项和100多种推荐书单,从数万种小学生能够阅读的各类图书中精选出的中国小学生的基础图书书目。

② 宋晓梦:《专家推荐小学生基础阅读书目在国家图书馆发布》,http://www.wenming.cn/wcnr_pd/xxyz/201105/t20110506_168359.shtml。

③ 朱原谅、曹夷:《基于图式理论的网络阅读研究》,《农业图书情报学刊》2011年第6期。

④ 李燕玲:《小学阅读类教辅存在问题的原因分析》,《出版发行研究》2008年4期。

信息素养与阅读素养如何实现互动研究得不够深入；对读者阅读的关怀程度也远远不足，阅读教学目标更多集中在要求学生对于读物客体的精确理解和背诵积累上，而不重视学生对读物的反应、鉴别、批判和评价，不注意让学生自觉地通过阅读去表达自己的观点，参与大众交际，参与社会建构。"很多书籍是传播科学知识的。因此，在读书的配餐中，知识性的书籍占了相当大的一部分。但是，许多知识性书籍并没有令我们的小读者在掌握知识的同时，树立起科学精神、科学的世界观和方法论。"① 阅读教育的目标不只是掌握知识，而应定得更高远一些——培养具有独立精神、思想自由和敢于表达的公民。② 改革教育体制尤其是改革中小学教育体制，逐步摆脱应试教育的束缚，是改善国民阅读状况的重要基础。

三 高等教育组织的对策

高等教育组织尤其是普通高校应该成为阅读文化的中心。尽管价值取向、现实压力和科技双刃剑改变了大学的读书氛围，但陈达凯还是认为，大学成为读书文化中心是历史的必然，大学应该给予大学生知识传递、思维方式、创造能力和批判精神。③ 高等教育组织应该积极应对数字阅读行为嬗变，具体而言，包括以下几个方面。

（一）高等教育组织自身应成为国民阅读的示范中心

人才培养离不开阅读。要将大学生培养成对社会有用的人才，抓阅读是重要的手段。许多专业的人才培养方案都有阅读专业图书的要求，并列有阅读书目；有些高校开展"读百部书、看百部电影"活动；有的高校设立了阅读基金；有的高校开展"书香校园"建设，有的高校推行通识教育改革——书院式经典阅读，等等。这些做法值得总结和推广。高等教育组织是社会文化的传承者、创造者，是国民阅读的高地，理应成为国民

---

① 巴丹：《阅读改变人生——中国当代文化名人读书启示录》，东方出版社2004年版，第29页。
② 郜云雁：《儿童哲学阅读悄然起步，语文课标更加高远》，http://politics.people.com.cn/h/2011/0721/c226651-1336411484.html。
③ 陈达凯：《变迁与变异：关于大学作为读书文化中心的认识》，《出版科学》2012年第1期。

阅读的示范中心。

（二）高校教师应发挥意见领袖的作用

高校教师是高级知识分子群体，在促进国民阅读的过程中，应该发挥精神导师和意见领袖的作用。国民阅读力的提高需要大众读者的自觉，也需要依靠专家学者指点迷津。专家学者不应只顾自己的精神"孤旅"，也不应该只满足于"贩卖"自己专业领域内的研究成果。一方面，由他们教育好大学生，让大学生为社会阅读贡献力量。另一方面，他们应该走出校园，为社会阅读做好导向。高校教师应该结合当前形势及自己的阅读经验，指导大学生和社会民众开展阅读。在数字时代，知识精英的权威似乎有所消解，但社会发展离不开知识精英，即便知识精英的意见不见得能够准确预测社会发展的动向，也应该发挥警示和提醒的功能。高校教师的表率、引导和示范作用会激发大学生和普通民众的阅读热情，是阅读推广应该加以发挥的。推广阅读应当成为高校教师的职责所在。

（三）大学生可成为促进国民阅读的志愿者

当下，学习、就业、生活、情感等多重压力可以将大学阅读往功利、娱乐的方向上挤迫，旨在启示心灵、树立远大理想的阅读的气氛似乎不够。但不管怎样，大学生应当拥有独立思考的能力和自主判断力，增加阅读时间、优化阅读结构，有针对性地弥补自身的不足，成长为我国社会的知识阶层。通过传染扩散、等级扩散和刺激扩散，大学生的自觉阅读行为会影响到更多的人。大学生成为促进国民阅读的志愿者，不仅可以改善国民阅读的状况，对大学生自身的成长也非常有益。

（四）高等院校的图书馆可以尝试向社会开放

高校图书馆除了为所属高校服务外，可以考虑向社会开放。高校图书馆可探索建立统一的协调机构，制定统一的规范标准，在分工协作、义务承担、平台建设、资源共享等各方面发挥积极作用，实现图书馆文献资源共建共享，为社会市民提供更加便捷优质的图书馆服务。与此同时，高校图书馆还可以为社区图书馆、社区学习中心的建设贡献力量。

（五）大学出版社、期刊社为社会提供高质量出版物

高等教育组织是知识生产的中心和高地，许多高校设有出版社或期刊社，主要承担学术出版任务。近年来，我国高校出版社和期刊社获得了长足发展，为社会提供了大量优秀的出版物，是推进国民阅读的重要力量。

（六）为社会培养专业的阅读指导人才

高校应该开设阅读学方面的相关课程，可以结合图书馆学、编辑出版学、汉语言文学、新闻学等专业，为社会培养专业的阅读指导和阅读推广人才。比如说，可以尝试培养媒介素养教育专业方向的本科人才，毕业后可以从事中小学生的媒介素养教育工作，阅读指导教学则是其工作的重要内容之一。

（七）改善大学生阅读结构

从某种意义上说，大学生的阅读结构直接决定着大学生的专业成长，关系到人才培养质量。高等教育组织应该认真研究人才培养方案，从阅读结构的角度考察大学生的信息接收状况，着力优化阅读结构。大学要大力开展研究性学习，倡导学生自主阅读；英语学习占用了大学生太多的阅读时间，普通高校应该加强研究其利弊，并着力改革英语教育；大学生普遍采用手机接收信息，高校应该着力思考如何借助手机媒体开展阅读指导，等等。

第四节 媒介组织的对策

一 媒介组织向读者传播阅读产品的基本策略

信息分享是媒介组织与读者之间达成传播关系的动因，也是产生读者阅读行为的前提。媒介组织要从读者的阅读需求出发，有效运用传播技术，运用传播策略，合理进行传播决策。

传播技术是指媒介组织对作品信息"原样"传输的操作技能，是反

映在物质形态的工具、机器等装备中的人类传播水平。它直接决定着阅读产品的形态,影响着阅读方式,对传播装备有很大的依赖性。传播策略是指为了优化作品信息的传播,运用传播理论、技术所表现出来的对传播方式、方法和技巧的选择和使用。它反映的是对作品信息"包装"传播的技能,对传播原理有很大的依赖性。传播技术是传播策略选择的重要基础,传播策略是对传播技术的熟练掌握,两者的有机统一形成传播决策。总的来说,数字时代媒介组织应对读者阅读行为的变化,要基于媒介融合从扩大信息流量、提升阅读价值、易读指数和追求美学品格四方面入手。

(一) 扩大信息流量

媒介组织追求阅读产品的快速、大量扩散,本质上就是追求作品信息的快速、大量传递,媒介传播的根本落脚点还是在对信息质量(包括质和量两方面)的追求上。媒介组织对作品信息的处理,"与其说是旨在贮藏,不如说旨在流通"。[①] 正是作品信息的流通体现了媒介组织的功能和价值。流通面越广,流通速度越大,就越能发挥作用。因此,追求尽可能大的作品信息的流通量,是媒介组织的首要传播策略。

追求尽可能大的信息流量,就要求作品信息通过传播渠道传得快、传得多、传得通、传得全。"快"要求提高流通速度,缩短流通时间,扩大流通空间。"多"意味着要提高阅读产品的信息含量和信息总量。"通"要求能够自由流通。"全"指传递的信息要全面、完整。不过应该明确,"快、多、通和全"主要是对媒介组织在传播过程中的技术性要求,是对作品信息量的要求,而并非是指媒介组织生产的内容(表现为作品信息质的高低)也应完全按照这样的标准。内容创作有其自身规律,不可一味求快、求多、求通和求全。

---

① 因为,"把科学研究的成果详细记载在书籍和文章里而后标明'密件'存入图书馆,无论其数量如何巨大,都不足以在任何时间长度内保证我们的安全,因为世界上的有效信息是在不断地增加着的。对于人脑说来,没有马奇诺防线"。([美]N·维纳:《人有人的用处——控制论和社会》,陈步译,商务印书馆1978年版。http://www.booksea.com/zxzj/zx/r/renyouren/008.htm。)

1. 扩大异指量与同指量，提高阅读产品信息含量

作品信息量主要由作品信息的异指量和同指量构成。那些作品信息所指对象不同（相异）的信息数量就是异指量。如《红楼梦》和《兄弟》就是两部完全不同的著作，它们的内容就属于异指信息，是完全不同的精神成果，构成两个异指信息量。所指对象相同，但信息所指（内容）却不同的信息的数量是同指量。如同样是对中国编辑出版史的理论总结，就有肖东发主编、黄镇伟编著等多部不同的《中国编辑出版史》，它们的内容是同指信息，构成同指信息量。这就为人类从事阅读产品传播实践扩大信息流量指明了一条有效的途径，那就是不断创作新作品，创作过去没有过的，或者过去虽有同类出版物，但有突破和创新、有独到之处的作品，乃至形成一种新的体系。换句话说，媒介组织在推出一部作品时，应该考虑这部作品与其他作品相比在信息量上来说是否具有较高的异指量或者是同指量。

2. 提高相对重复量，促进内容资源开发

相对重复量是指信息所指内容相同，但其形态、形式、物质载体却不同的信息数量。同一首歌曲的录音、乐谱和不同演唱版本，同一本图书的不同语言版本等，就是同一信息的相对重复量。相对重复量的提高于扩大信息流量同样具有很大的指导意义。在传播实践中应该采取版权贸易、品牌衍生、信息增值、组合包装、跨界运营等诸多策略，极力促进作品内容资源的深度开发。

3. 增加绝对重复量，加强阅读产品推广

同一本图书、同一份报纸、同一期杂志的发行量越多，同一作品、同一信息被阅读的人数越多，则意味着其传播范围越广，相应的，实现信息价值、产生信息效应的可能就越大，即绝对重复量与信息价值的实现程度成正比。这一原理提示媒介组织扩大信息流量可以通过增加绝对重复量，而增加绝对重复量的重要策略就是加强阅读产品的营销推广。

4. 提高信息载体的承载能力，保证作品自由流通

无论是扩大异指量与同指量，还是增加相对和绝对重复量，都是就作品本身的信息量而言的。而扩大作品信息流量，还可以从媒介和渠道入手，即提高信息载体的承载能力、保证作品自由流通。提高信息载体的承载能力，主要是结合作品特点确立合适的媒介形态，并尽量使用现代化的媒介形态，做好不同媒介形态之间的优化组合。保证

作品自由流通，则需要改善传播渠道，增加读者接收阅读产品的机会和可能。

（二） 提升阅读价值

价值是客体对主体的特殊效应，是客体对主体的意义，也就是客体对主体的功能与效用。按照哲学价值论的逻辑，阅读价值就是作为阅读客体的作品的要素、属性、功能对作为阅读主体的读者所产生的实际效应。它反映的是读者通过阅读活动来满足自身特定的生存和发展的需要。作品特征在价值上的表现为作品的社会价值、经济价值、史料价值、文化价值、学术价值、市场价值、阅读价值等。作品的价值是一个包含作品的阅读价值在内的内涵丰富的价值体系。作品的阅读价值评价往往是作品价值的终极价值，也可称之为"检验评价"。媒介组织在提升阅读价值的过程中，重点是解决以下两个问题。

1. 满足读者的阅读需求

首先，媒介组织应努力适应读者的阅读需求。读者需要是媒介组织向读者传播阅读产品的前提。媒介组织的首要任务就是根据读者需求物色组织合适的作者，完成特定的创作任务。对阅读产品内容的审读、整理和加工不但要考虑读者的需求，而且还要顾及读者的阅读口味、兴趣和接受能力。媒介组织的根本宗旨就是满足读者需要，全心全意为读者服务。

其次，媒介组织不能一味地迎合读者的兴趣和口味，要努力实现引导读者、提高读者的目标。媒介组织应该把读者作为处于平等地位的对象来对待，以作品内容吸引读者、影响读者，提高他们的阅读素养、知识水平和欣赏品位。

再次，在数字技术的助推下，面对日益主动的读者，为了提高产品开发和营销创新成功的几率，媒介组织应该让读者参与到内容的生产和传播过程中来。

2. 处理好阅读产品的功能与阅读成本之间的关系

增加产品功能，降低阅读成本，这是最理想化的策略。读者最希望获得"物美价廉"的阅读产品，但要做到"物美价廉"就必须在提高阅读产品功能的同时降低读者的阅读成本。上海文化出版社推出的"五角丛书"、广西师范大学出版社出版的"建设社会主义新农村丛书"就是生动的例子。① 其他几种策略就是：保持产品功能不变，降低阅读成本；保持阅读成本不变，提高产品功能；大幅度提高产品功能，适当增加阅读成本；稍微降低产品功能，加大幅度降低阅读成本。

阅读成本包括为阅读支出的费用和花费的时间。按照湛庐文化的理解，时间成本往往是阅读的最大成本，包括选择、阅读、误读阅读产品所花费的时间。可见，降低阅读成本重点不是降低阅读产品的价格，主要是减少读者花费的时间。减少选择花费的时间和误读浪费的时间是重点，而阅读本身所花费的时间是很难减少甚至是没必要减少的。阅读收益来自于获取知识后，应用于自己的工作和生活，获得品质的改善和提升，并由此产生满足感。这种满足感或许会成为读者工作的动力，也可能会促进个人价值观的转变，抑或会提高个人专业素养。阅读产品的功能（或者说是品质）是决定阅读收益的重要因素。提升阅读产品的功能不是让阅读产品内容全面化、精细化、复杂化，而主要是提升阅读产品内容与读者阅读需求之间的契合度。

（三） 提高易读指数

易读指数的追求是对阅读产品信息的编码形式提出的要求。"一篇提出足以使全世界震动的重要论断的社论，如果写成只有受过大学教育的人才看得懂，那么，它将失去88%的读者。"② 媒介组织向读者传播阅读产品，作品的信息编码方式要符合读者的接受要求、视听习惯。易读性不只是针对文字作品而言的。随着媒介形态的发展，易读性已扩大为包含易听性、易视性在内的概念。

西方从事易读性研究的专家众多，其中最有影响的是美联社顾问弗勒施和合众国际社顾问甘宁。他们以英语句子的平均长度和词的平均音节作为分析的元素，并提出了自己的测量公式。弗勒施提醒美联社的撰稿人要注意使用短语、短句，并要写得富有人情味。甘宁提出著名的"迷雾指数"，专指对抽象而深奥难懂的词汇采用的测量方法。虽然我国的汉语特

---

① 王玉梅：《让农民买得起、看得懂、用得上、留得住，出版未一年发行86万册——广西"一元书"一路走俏》，《中国新闻出版报》2007年5月29日第1版。

② [美] 赛弗林·坦卡特：《传播学的起源、研究与应用》，陈韵昭译，福建人民出版社1985年版，第69页。

点和表达习惯与西方语言不尽相同，我们不必也不可能完全套用西方的公式去追求易读性，但有以下几点可供借鉴。

1. 形式新颖，内容贴实

一般文字作品应注意字词、句子和行段的形式，降低迷雾指数。研究表明，读者对每段容忍限度是10—15行、200—300字。在报纸上，通常在6—10行之间。行段的排列提倡横排。阅读横排文字的速度快，而阅读竖排文字时速度慢。在内容上应提高人情味成分，做到"贴近生活，言之有物，主题突出，表达准确，材料充分，文风朴实"。研究表明，接近读者生活、与读者心灵能够产生共鸣的内容越多越好。阅读体验是数字化阅读环境下读者特别强调的。字体、字号、行距、空白、颜色、质感、手感、味道等都是可能影响阅读体验的元素。利用移动终端阅读时，除了传统的排版设计，还可以实现读者和内容的互动（比如读者自己选择字体、行距、颜色、皮肤等），在形式的设计和呈现方面需要结合阅读需求积极探索。当然，不同性质的作品，其形式也往往不一样。学术著作往往追求严谨、专业、创新，在形式上也会与之相符。但形式还是要为内容服务的，内容是根本。

2. 结合视觉和听觉特点编排作品

一部作品不光要写得好，而且还应编排得好，才能为读者所喜爱。文字类作品的编排也要有趣、引人阅读。即便是专业图书也不应墨守成规，而应打破学术八股，实现内容（观点）与形式的高度一致。机械工业出版社出版的美国经济学者 B. 约瑟夫·派恩和詹姆斯·H. 吉尔摩的著作《体验经济》为此提供了一个范例。诉诸人的听觉的出版物，要多用口语，少用书面语，做到通俗、简明、易懂。诉诸人的视听两大系统的出版物，应以视觉感受为主，加强图像直观作用和现场感，并配合口语直播形式，形成视听兼备、声色并茂的综合效果。

3. 特别重视标题和作品的开头

标题的制作和作品的开头对扩大阅读产品的影响力至关重要。《现代媒体编辑技巧》一书的作者引述一项有关报纸的调查显示：参与调查的读者中，56%只阅读标题，而阅读正文的，只有25%。所以该书作者多萝茜·A. 鲍尔斯和黛安·L. 博登特别强调："在今天繁忙的社会中，报纸读者在很大程度上只是标题的浏览者。"[1] 这一事实告诉我们：要想使阅读产品有吸引力，就要先使标题有吸引力，否则就可能功亏一篑。当然，凡事有个度，不能为了吸引读者，过分追求标题和作品开头的刺激性、新颖性，从而误导读者。

（四） 追求美学品格

作为一种精神产品，阅读产品不仅在理念上对人的精神世界发生作用，还从感知上对人的精神世界产生影响。读者对于阅读产品的阅读，除去汲取内容营养外，我们不应忽视阅读行为本身乃是一个审美过程。[2] 媒介组织的职责就是策划好选题、物色好作者获得最好的内容；依靠编辑加工、装帧设计赋予阅读产品完美的形式。这是对媒介组织更高层次的要求，需要媒介组织"树立美学理念、具备美学精神，通过审美调节和创造，以传播流程为中介，实现阅读产品的内容和形式的综合之美"[3]。阅读产品的美学品格是一种多元美、整体美，需要运用整体的眼光、美学的观点加以塑造。

1. 媒介组织要接受美学熏陶，以美的手段开展内容生产与传播

阅读产品作为精神产品，整个生产过程处处体现着人的审美观念。媒介组织应适应时代发展的需要，"按照美的法则"，从事精神产品生产。媒介组织应该创造学习美学知识和提高审美意识的氛围，在组织内部形成一个审美意识得到充分发挥的环境，以美的手段指导内容生产与传播。

2. 加强阅读产品的创作和编制，力促内容美与形式美的完美统一

数字时代的读者不仅要求阅读内容有美的呈现形式，对承载阅读内容的介质以及阅读过程中与内容的互动也要求有美的体验。阅读产品多元美的实质，是内容与形式的完美统一，只有达到内容与形式完美统一的程度，才能称作多元美。[4] 就内容美的要素而言，是指观点是否明晰、知识是否准确、文字是否洗练、语言是否流畅、描述是否生动、结构是否合理

---

[1] 刘晴：《媒体传播效果与标题制作，工会理论与实践》，《中国工运学院学报》2002年第6期。
[2] 崔胜洪：《让出版复归艺术》，《中国出版》1994年第11期。
[3] 黄理彪：《图书出版美学》，首都师范大学出版社1998年版，第1—20页。
[4] 韩任伟：《图书的多元美》，《中国出版》1995年第10期。

等。拿语言来说，它是作品得以存在并生成意义的软载体。作品的表达形式与内容互相协调，才能使人产生美的感受。再拿结构来说，作品系统既有逻辑思维的内部结构，同时又有空间划分的外部形式。内部构造决定、制约着外部形式；外部形式既能反映并反作用于内部构造，又具有相对独立性。只有保证整个作品系统结构的整体性、层次性及其功能的优化，才能达到结构美的效果。就形式要素而言，阅读产品形式美和一般形式美一样，都由简单形式美和复杂形式美构成。简单形式美指色、形、音、线、质的美，复杂形式美指由色、形、音、线、质有机组合构成的美。

3. 优化传播渠道，构建流程美

传播流程美，是在传播渠道中从事阅读产品传播实践活动形成的，它可以包括几个层次：一是阅读产品传播场所的静态美；二是传播主客体关系的动态美。就第一个层次而言，从环境美学的角度来看，传播场所首先应符合形式美的规范和生态美的要求，要暗合诸如整体和谐、主次统一、多样统一、色彩和谐等一般形式美的规律，要使生态环境美与建筑环境美吻合统一，形成更大的复合形态的环境美场，即静态传播环境美。就第二个层次而言，阅读产品的发行人、营销员与读者之间要建立起一种便利、和谐、互敬、友爱的动态关系。在基于移动互联网的传播流程中，媒介组织应该提升阅读便利性、社交性，提供多样化的支付渠道，这些为流程美的构建注入了新的内涵和要求。

二 媒介组织向读者提供怎样的阅读产品

（一）纸质图书与数字图书

1. 图书的本质特征

图书是指以文字或图像等符号记录或描述作品信息，按一定主题和结构组成的一个相对独立的整体，以印刷或非印刷的方式复制在可供携带的载体上以向读者传播作品的阅读产品。[①] 图书的本质特征是：具有相对独立、集中的主题；内容比较系统，论述比较深入。此外，图书出版的周期一般较长，可以重版和修订再版，往往具有较好的传播循环性。尽

---

① 李新祥：《出版学核心：基于学科范式的范畴、方法与体系研究》，中国书籍出版社 2010 年版，第 232—233 页。

管图书有"图",但最能体现图书特质的信息表现方式还是文字,而文字作为古老的信息呈现方式,具有深邃、抽象的特点,图书需要人们平心静气地阅读和参透。图书可谓人类作品的精华沉淀,是典型的阅读产品。图书的载体形态是变化发展的,但"主题集中、论述系统深入"的特征却是永恒的,正是这个特征体现了图书的存在价值,也决定了它在数字时代的存在意义。数字时代人类的信息生产能力大大提升,但总有一部分信息是需要沉淀和传承的,图书承担着承载这类信息的功能。数字时代,图书在外在形式上会有所变化,但本质上不会变化,读者对图书的需求也不会减少。

2. 媒介融合背景下的纸质图书

"做出版应该要有一种人文关怀,针对小众图书阅读与市场应该有长久打算,就算一百个人的爱好与意见也很重要……起码要给人们的阅读选择提供多一些可能性,要让这些灵光闪耀的作品得以存在。"[1] 图书是媒介之母,是读者的最高精神需求。数字时代,纸质图书将会和数字图书长期共存,但媒介组织在传播纸质图书的过程中需要注意以下几个方面。

第一,品种增加、单个品种的印数下降,估计会是一个趋势。读者阅读需求的个性化、多样化特征进一步强化。单就内容主题而言,读者阅读的需求不再局限于文学、宗教、政治等主题,尤其是文学作品作为读者阅读的基点已发生改变。读者阅读以知识需求为基础,但资讯需求大大提升,希望快速兑现阅读价值。由此,媒介组织需要提供更为丰富的品种供读者选择。

第二,保持并强化纸质图书的韵味。"一本好版本的书就是一件艺术品。因为所凭依的是纸媒介,所以它的一切艺术性都体现在纸张上……它是寂静无声的,正因为如此,它赋予读者以自由的空间,正是在这一方面,是它优于影视媒体的地方,在这方空间,凝聚着更密集的精神。"[2] 媒介组织在向处于数字时代的读者提供纸质图书时,应当强化这种质感和体温。纸质图书是"静态的、引发内向传播的"[3]。媒介组织应该更加强

---

[1] 肖风华、梁茜等:《阅读的未来》,http://culture.ifeng.com/gundong/detail_2012_03/18/13268060_0.shtml。

[2] 朱洪举:《数字时代纸质书籍的韵味》,http://book.douban.com/review/4955796/。

[3] 董璐:《电子书促使传统纸书回归静态深阅读》,《国际关系学院学报》2011年第6期。

调"图书编辑和设计的审美意识、艺术鉴赏能力和书籍设计能力"[1]，顺应媒介发展历史规律，突出图书的引发读者思考、启迪心智的功能。

第三，充分利用数字技术，借力媒介融合，生产和传播纸质图书。数字技术不仅为纸质图书的内容生产、制作提供便利，也为纸质图书的营销、传播插上了翅膀。媒介融合为纸质图书内容资源的开发提供了多种可能。

第四，特别重视内容编排，吸引读者阅读。"论述深入"是图书媒介的本质特征，但这不是"难懂晦涩"的借口，更不应该成为妨碍阅读的因素。所有的图书都应该在内容编排上认真研究，争取尽可能多的读者。前面提到旨在论述体验经济的专业图书《体验经济》在章节的编排上匠心独运，作者将书的章节当作剧本来编排。这本书的目录是这样的：序幕：从现在出发，第1章：欢迎进入体验经济；第2章：大幕拉开；第3章：好戏开演；第4章：积极行动；第5章：减少顾客损失；幕间：惊喜新体验；第6章：工作即演出；第7章：表演的形式；第8章：表演的分工；第9章：顾客即产品；第10章：找到你的角色；谢幕：舞台退场。这份目录对读者的吸引力应该说是不言而喻的，如果换成我们常见学术图书特别强调抽象的概念和理论的方式，至少在吸引阅读方面会大打折扣。

3. 媒介融合背景下的数字图书

数字图书不会取代纸质图书，至少在可以预见的时期内不会。但数字图书的兴起却是无法阻挡的趋势，而且这种趋势似乎总是会超出读者的想象。美国出版商协会整合了1186家公司的数据显示：2012年上半年图书销售额达到23.3亿美元，同比增长13.1%。最重要的信号是，电子书销售额持续走高，涨幅高达34.4%，达到6.2亿美元，这一数字与精装书销售额不相上下。[2]

百道网从产业链和商业模式的角度，提出了E-Book3.0的概念。[3] E-book 3.0指除了具备常见的文字、图、表等平面静态阅读要素以外，还集成了动画、声音、视频、交互模块、实时变化模块（如嵌入的网页

---

[1] 娄帅：《抗衡数字阅读趋势，纸质书走精装书路线》，http://info.printing.hc360.com/2012/07/031523449611-2.shtml。

[2] Peter Osnos：《图书业正在回春：Kindle用户阅读量变4倍》，http://www.bookdao.com/article/52486/。

[3] 阮凌：《未来"书"的模样》，http://www.ftchinese.com/story/001037206?full=y。

等）等要素的多媒体读物。今天，这样的数字图书已成为现实：基于移动终端开发的阅读应用程序混杂了游戏与学习、文本与音画，在数字虚拟图书中嵌入视频内容的"视频书"；适应多种搜索引擎的"全自动图书"；社交网络功能融入电子阅读器，读书转变为一种团体活动，可以在读书的同时彼此交谈，也可以传递虚拟笔记。[1]

未来的数字图书，不再只是文字与图片的组合，而是可以实现在移动阅读设备上的动态展示和人机互动的混搭型内容，包括音嵌入触摸手控、视频、音频、全景图、图像序列、图像对比、图像扫视、地理标注、网页视图、滚动内容、投票、图表、自由拖拽、动感图像、幻灯片、拼图游戏、弹出内容、动画、超链接、重力感应、在线升级、在线付费等各种富媒体效果和功能。

数字时代，媒介组织通过技术传输和内容生产所形成的垄断性优势将会大大降低，[2] 向读者提供的图书能否赢得读者主要在于内容的吸引力和形式的完美性。媒介组织的任务依然是寻找并支持好书，与作者紧密合作，经由数字编辑团队的深度加工，通过各种方式得到读者的认同。于尔根·斯诺恩提示：出版商必须专注于对内容质量的把握，静下心来，回到基础，实现内容的移动化。[3]

（二）纸质杂志与数字杂志

1. 杂志的本质特征

杂志，是指有相对固定的名称和内容主题，用卷、期或年、月顺序编号，成册的连续性阅读产品。杂志具有连续性和周期性的特征。美国著名的杂志专家韦恩·华纳曾说："用杂志，我们能够在需要的时候，在需要

---

[1] 美国南加州大学安纳堡传播中心下属的一个研究机构——图书未来研究所，该所的本·弗什波夫（Ben Vershbow）说："书中很快就会出现关于本书的评论，这些讨论既有现场交谈，也有通过批注形式进行的非同步交流。你将可以看到还有谁在读这本书，并且可以向他们发起对话。"凯文·凯利说："图书一旦实现了数字化，就可以分拆成单独的页面，或者进一步缩减为一页当中的许多片段。这些片段可以重新组合，成为重新编排的新书，而这些新书随后又可以"出版发行，在公众之间相互交换"。（[美]尼古拉斯·卡尔：《浅薄：互联网如何毒化了我们的大脑》，刘纯毅译，中信出版社2010年版，第114—115页。）

[2] 张伟哲：《互联网带给传统媒介的变革研究》，http：//www.100ec.cn/detail-5157862.html。

[3] Jürgen Snoeren：《小说新纪元：让阅读在现代社会中死里逃生》，http：//www.bookdao.com/article/23413/? type=159。

的地方读到我们需要的东西。我们可以以自己的速度来一遍遍地阅读，折叠它们，保存它们，残害它们，撕下优待券、广告或令我们感兴趣的文章，总之，可以随心所欲地对待它们，因为这是'我们的'杂志。"[1] 杂志是介乎图书与报纸之间的一种阅读产品，正是这种特征体现了杂志的独特魅力和阅读价值。

2. 媒介融合背景下的杂志

纸质杂志在阅读体验、内容质量、版权保障、保存价值、受众适应性等方面具有优势，在数字时代仍有足够的存在理由和巨大的发展空间。相比而言，数字杂志在表现形式、存储容量、传播速度、互动效果、成本控制等方面有优势，代表着一种趋势。VIVA 无线新媒体 CEO 韩颖认为，"目前市场化程度高的中国杂志已经全部实现了数字化。杂志以本为单位的阅读目前面临着个性化、碎片化、社区化阅读的挑战，用户阅读习惯正被进一步细分"[2]。但现实是纸质杂志的阅读增长乏力，而数字杂志的盈利模式不太清晰，那么生产杂志的媒介组织应如何应对呢？

首先，强化杂志的固有价值，包括着力塑造对目标读者的号召力和影响力，强调信息获取、内容生产、形式装帧的独家性。纸媒必须延伸自己，同时必须提炼并强化核心价值，保持固有优势，形成读者的阅读期待感。充分开发内容资源，做好杂志商业价值的立体开发。

其次，媒介组织应该明确数字时代仅有内容是不够的，必须和应用相结合。[3] 基本的解决方案就是错开时间，或者内容差异性，就是传统媒体上是成品和精品，其他媒介上可以相对碎片化，或者做定制产品。全面的解决方案是向读者提供全媒体杂志，媒介组织本身也实现全媒体化。杂志从业者要通过网络平台，充分使用博客、微博、微信、空间等新媒体，结合自己的媒介工作，与读者展开交流。媒介组织则要推进数字化变革，实现跨媒体发展。我国的读者集团近年来媒介融合步伐非常迅速，卓有成效，包括创办读者网、发行手机报、推出电纸书、建设云图书馆性质的读者数据库、杂志实现有声阅读等，还进军动漫产业、强化手机出版，甚至

---

[1] 转引自李新祥《出版传播学》，浙江大学出版社 2007 年版，第 137 页。
[2] 黄鑫：《数字阅读市场将进一步细分，多屏幕多终端纵深发展》，http://finance.people.com.cn/GB/70846/17253150.html。
[3] 梁宵：《有价阅读乃新媒体传播大势所趋》，http://www.cb.com.cn/1634427/20111022/290385_3.html。

与 PHICOMM 斐讯合作推出读者智能手机。[①]

(三) 纸质报纸与数字报纸

1. 报纸的本质特征

报纸是指以刊载新闻和评论为主的按照较短周期定期连续向公众发行的阅读产品。纸质报纸一般不需要装订,也不成册,内容按版面顺序编排;其内容主要是对新近发生的有关社会政治、经济、文化教育、科学技术以及体育卫生等方面人们希望了解的事件进行报道,包括进行评论和解释等;通常还刊载广告信息。数字报纸的形式和纸质报纸的形式大有区别,只保留了周期相对较短、内容具有地域性或行业性的特征。由于纸质报纸固有的"生产周期短,内容丰富、时效性强"等特征,在网络媒体面前被大大弱化甚至是荡然无存了,所以传统的纸质报纸在数字时代的生存空间会渐趋狭小。不过,新闻信息是读者在数字时代的重要需求,以提供新闻信息见长的报业组织依然可以找到生存的巨大空间。

2. 媒介融合背景下的报纸

在纸媒时代,报纸以时效性、通俗性、贴近性取胜,但在数字时代,这几个特征都不再是报纸的优势。因此,纸质报纸较之纸质图书、纸质期刊,在数字时代立足似乎更加艰难,维护好既定的读者群体已属不易,想拓展在数字时代浸润生长的年轻读者群体难度更大。纸质报纸和杂志将成为一个小众的精品市场。[②]

近年来,国外多家大报纷纷停止发行纸质报纸。英国卫报新闻媒体有限公司总经理蒂姆·布鲁克思(Tim Brooks)说:"仅靠文字就能成功经营的日子已经一去不复返了。"[③] 他们将所有投资全部用于多媒体数字产品,而这些产品主要通过网站发布。媒介融合背景下的报纸如何创新呢?

第一,就纸质报纸来说,创新文本表达形式是非常必要的。《华西都

[①] 张孝成:《〈读者〉迎来 30 岁生日,积极拓展电子阅读市场》,http://news.cntv.cn/20110416/109331.shtml。

[②] 郑峻:《专访 Flipboard 创始人:数字阅读将取代纸质报刊》,http://tech.sina.com.cn/i/2012 - 03 - 24/08066871150.shtml。

[③] [美] 尼古拉斯·卡尔:《浅薄:互联网如何毒化了我们的大脑》,刘纯毅译,中信出版社 2010 年版,第 99 页。

市报》力求在视觉表达、文图比例和阅读效果等方面实现突破,①《洛阳日报》在牡丹节期间推出 4D 报纸,② 可以为纸质报纸的创新提供一些思路。数字时代的报纸,在形式编排上要打破常规、方便阅读,在内容上要强化深度报道,在受众定位上要走"精准细分"市场之路,细化到为不同的阅读对象提供清晰的、定制的阅读内容,这是报纸的唯一出路。

第二,报纸全媒体化,不仅在 PC 上可以原版在线阅读,还需要在无线智能终端上呈现,还可以打造"书架式"精品报纸,以便读者利用身边的各种终端轻松实现阅读。

第三,媒介组织应该从战略上考虑把从属于报纸的线上资源独立出来,实现线下线上互动阅读。③ 报社利用既有的平台优势开展活动策划,培育品牌,加强文化创意,延伸报纸的影响力,也是着眼于未来的战略之举。解放日报报业集团"文化讲坛"的成功举办就是最好的例证。

第四,提供读者需要的新闻信息是报业组织的本职,也是报业组织最擅长的工作。在数字时代,报业组织的这一职责不应该弱化,反而应该大大强化。提供新闻信息的方式会发生变化,但读者对新闻信息的需求却是永恒的。

(四) 音像、电子与网络阅读产品

音像制品是指采用数字或非数字方式存储作品信息的含有录音和录像内容的需要借助一定工具方可视听的阅读产品,主要包括录音带、唱片、激光唱盘、录像带和激光视盘等。电子阅读产品是以数字代码方式将图文声像等信息编辑加工后存储在磁、光、电介质上,通过计算机或者具有类似功能的设备读取使用,用以表达思想、普及知识和积累文化,并可复制发行的产品。为了与网络出版物进行有效区分,电子出版物主要限定于数字化了的信息知识以光、电、磁为存储载体的包盒型、封装型或单版产品,以光盘型出版物为代表。

---

① 方野:《从"浅浏览"到"深阅读"》,http://roll.sohu.com/20120604/n344739273.shtml。
② 4D 报纸是指运用分子扩散技术,把特殊的味道在印刷的时候融入报纸,印刷后密闭一段时间,保持住香味,读报的时候戴上配送的红蓝眼镜,既可以看到活生生的牡丹,又可以闻到扑鼻香味。参见崔岩新《洛阳推出国内首份 4D 立体报纸,配送专用眼镜阅读》,http://news.cntv.cn/map/20110501/103171.shtml。
③ 郑红:《新阅读时代与报纸生存空间》,http://media.people.com.cn/GB/137684/15499132.html。

网络阅读产品主要限定于纯网络版的网络出版物，包括网络联机数据库、计算机通信型出版物（包括电子论坛、BBS、Newsgroup、Webblog、播客等）。随着手机媒体化步伐的加快，手机出版物应运而生。它具有不同于网络出版物的一些特点，如篇幅的短小性、及时的时效性、受众的广泛性、阅读的移动性等。手机阅读产品是指通过无线网络、有线互联网络或内嵌在手机载体上，供用户利用手机或类似的移动终端阅读、使用或者下载的出版物，它是网络阅读产品的一种。

从上述这些概念界定，就可以看出这些概念之间的区别是非常模糊的。随着数字技术的发展，这几类阅读产品之间的界限将会被进一步打破。

首先，音像制品转向成为数字音像。数字音像是指在包括宽带互联网、移动互联网、有线电视网上除了广播电视以外的带有"音"和"像"的数字化内容，以下载和点播等方式传输的文化商品，这是在网络新媒体下孕育出现的音像产业新业态，目前以手机彩铃、手机音乐、付费下载和音视频点播等为主要形式。[①] 而这些形式均属于新媒体增值业务，与网络出版物、手机出版物之间的区别并不明显。

其次，电子出版物包括只读光盘（CD-ROM、DVD-ROM等）、一次写入光盘（CD-R、DVD-R等）、可擦写光盘（CD-RW、DVD-RW等）、软磁盘、硬磁盘、集成电路卡等，具有信息量大、稳定性好、承载信息丰富、交互性较强、制作和阅读过程需要相应软件的支持等特点。不过，很多业内人士指出，"电子出版只是产业升级过程中的一种过渡品，一旦光盘载体消亡，产业也将随之消亡"[②]。电子出版物在数字时代需要解决光盘不能脱离图书与电脑独立使用的制约，使其从出版的辅助产品转化为能够在网络上顺畅、独立传播并对网络阅读人群有吸引力的出版形态。一张没有索引、没有标注的光盘，早已不能满足数字时代独立阅读或者学习知识的需求。数字时代的电子出版物，需要解决信息与知识的有效表达、知识结构的有序化等问题，满足读者想到就有、需要就读、读就能懂的阅读需求。

---

① 张惠：《传统音像行业已经糟到不能再糟》，http://roll.sohu.com/20120828/n351722915.shtml。
② 郑晓龙：《电子出版走向没落，数字出版异军突起》，http://www.jyb.cn/book/rdss/200903/t20090325_258210.html。

再次，网络阅读产品是指互联网信息服务提供者将自己创作或他人创作的作品经过选择和编辑加工，登载在互联网上或者通过互联网发送到用户端，供公众浏览、阅读、使用或者下载的在线传播的产品，包括互联网图书、互联网报纸、互联网杂志、互联网音像出版物、互联网电子出版物、手机出版物、互联网学术出版物、互联网文学出版物、互联网教育出版物、互联网地图、互联网游戏出版物等。可见网络出版物的范围极广，涵盖了基于网络的所有形态的阅读产品。

（五）基于移动终端的阅读应用

随着移动互联网的迅猛发展，移动终端日趋成为人们日常生活中不可或缺的一部分，越来越多的人开始用手机、平板电脑或者专用电子阅读器开展数字阅读，各种阅读应用也层出不穷。基于移动终端的阅读应用本质上属于网络阅读产品，但应用已成为网络阅读产品的重要形态，具备一些独特性，代表着数字阅读的某种趋势。我们在此做些讨论。

目前阅读应用按照内容开放程度可分为封闭式和开放式两种。封闭式应用是指出版物（以图书为主）以已确定的单本或多本的形式出现，读者后续无法自行扩充其他内容。封闭式应用又可以分为两类，一类是普通应用，另一类是富媒体应用。普通应用就相当于一本或若干本普通的图书或杂志，读者只能阅读图片和文字等，与纸质书刊阅读体验无太大差别。而富媒体应用集文字、图片、声音、视频于一体，在表现形式上有三大趋势：富媒体阅读、自助式阅读、互动式阅读。所谓富媒体阅读就是指读者在阅读文字的同时，还可以欣赏相应的插图，甚至收听、观看与文章所述内容相关的视频短片等。比如，一本《精美家常菜》的应用，读者选择浏览糖醋排骨这个菜后，不仅可以看到糖醋排骨的配料、做法以及实物图片，还可直接点击播放烹制糖醋排骨的视频。自助式阅读是指读者可以选择下载喜欢的图书、杂志等，结合自己的需要，自主选择、自主安排的阅读方式。读者可以任意添加书签、批注等。互动式阅读是指读者可以与网友直接在线分享自己的阅读心得以及交流各自的看法。还有一些儿童读物，读者可以通过触摸图书中的小动物来引发一些有趣的反应。比如，读者在点击图书中的小狗以后，小狗就会发出"汪汪汪"的叫声，这种形式类似于儿童点读机。

开放式是指读者可以自行扩充阅读内容，它又可分为有限开放式和无限开放式。有限开放式一般以"书架—书城"二元一体的形式出现。这种形式下，读者只能到软件开发商提供的书城，选择下载自己喜欢的图书到书架上。"QQ阅读"就是这一类应用，读者能且只能下载腾讯公司提供的QQ书城上的任一本图书。无限开放式指的是读者可以下载软件所支持的格式的任何出版物。这类阅读应用实际上相当于一个阅读器，读者下载完自己所需的内容导入以后便可阅读。比如iPhone、iPad自带的iBooks这一图书应用就是属于这类。

随着阅读需求的不断更新和技术的不断发展，基于移动终端的阅读应用本身也在快速地发展。媒介组织在向读者提供阅读应用产品的过程中需要注意的策略有以下几个方面。

第一，阅读方式强调互动与社会化。智能移动终端及其网络为开发具有互动性的阅读应用提供了良好的硬件基础和软件环境。阅读应用的互动性包括读者与开发者的交互性、读者与阅读内容的交互性、读者阅读反馈的共享性等。在与开发者的交互中，非常便捷地完成交易，非常直接地完成评价。在与内容的互动中开展阅读，让阅读变得更加好玩，让学习不再枯燥，让思维不再痛苦，或许是一种方向。在与好友的分享中，便捷直观地完成阅读反馈，分享自己的阅读收获，并维系或者构建一种社会关系。比如，ZAKER3.0就带有"好友分享"功能，这就实现了真正意义上的社会化阅读。iBooks成为移动图书类行标，flipboard开启资讯杂志化阅读趋势。网易云阅读四平台（iPad、iPhone、Android、Android Pad）在功能和内容上完美整合资讯与书籍，并首创书讯同屏模式，完美整合书籍、资讯内容，为移动综合阅读类应用界面屏显问题提供了解决方案。无觅阅读主打移动端的智能阅读推荐，它可以根据读者的阅读习惯向读者推荐相关资讯、观点和美图，无需订阅即可实现，并且可以一站式阅读各大门户网站的新闻资讯，关注各大知名博客的评论和观点，畅读最新报纸、杂志，关注微博最新热点。多看阅读是一款经典的阅读应用，支持本地Txt/Epub等多种格式的电子书阅读，同时书城还提供大量的电子书供用户下载，其中众多的图书都是经过多看团队的编辑之后才提供给用户的，因而能带给读者完全优于普通电子书的阅读体验，在书城中多看推荐、特价免费、图书排行、分类浏览各项目分类合理，读者可以按照不同分类去寻找自己感兴趣的书籍。"QQ阅读中心"参考"QQ游戏中心"的模式，为读者提供一站式移动社交化轻阅读体验。它无需下载专门的阅读软件，基于新增的云存储可让读者随身携带读书笔记，读者还可以与QQ好友定向分享喜欢的图书或某个具体章节。

第二，阅读内容强调跨界、嫁接与动态化展示。基于移动阅读终端，媒介形态之间的界限完全被打破，真正实现了媒介融合。不仅如此，阅读行为与人的其他许多行为也开始融合。阅读行为与学习教育、休闲游戏、即时通信、电子商务、科研创作、交友恋爱、文化创意乃至烹饪旅行等行为都可以实现融合。现实进一步虚拟化，虚拟则进一步现实化。阅读范畴的外延也会不断扩大，甚至很难与人的其他行为区分开来。

第三，阅读模式强调盈利与可持续。机械复制时代建立起来的阅读产品生产与传播的商业模式逐步被打破，但阅读还是会基于商业化、市场化机制得以进一步发展。也就是说可持续的盈利才能支撑新的阅读模式发展下去。阅读应用只有成为让读者愿意付费的产品和服务，才有可能实现这一点。当前，基于移动终端的阅读已发展出包括包月、打赏、广告嵌入等多样化的比较成熟的商业模式，支付渠道也日渐丰富，随着读者移动化、社交化阅读习惯的进一步养成，媒介组织应着力在阅读内容优化上多做文章，以实现移动阅读的可持续发展。

综上所述，数字时代的阅读产品可以分为纸质阅读产品和数字阅读产品，而且纸质阅读产品也要基于网络展开内容生产和产品营销，阅读产品之间的共栖和杂交催生了一种而且只有一种阅读产品，即"融合型阅读产品"。

三 媒介组织通过什么渠道向读者提供阅读产品

（一）媒介融合时代传播渠道的类型及其发展方向

1. 媒介融合时代传播渠道的类型

阅读产品经由媒介组织生产出来以后，并不能直接得以为读者阅读。阅读产品的集中化与读者需求的分散化之间总是存在对立，传播的社会化与接收的个性化之间总是存在矛盾，阅读产品与潜在读者之间总是存在着空间上即区域上的分离，即便在网络传播的情境中同样存在这些矛盾，这些基本矛盾决定了渠道存在的必要性和重要地位。传播渠道就是阅读产品得以被读者接触到所需要借助的一定的时空通道。

根据媒介组织向读者传播阅读产品环节的多寡，可将渠道分为直接渠道和间接渠道。直接传播渠道是指媒介组织不通过中间性的传播机构，实现传收直接结合，让读者获得所需阅读产品。间接传播渠道，是指媒介组织借助专门的中介性机构，让读者间接获得阅读产品。

按照空间结构，可将传播渠道分为纵向渠道、横向渠道和立体渠道三种类型。纵向渠道有四种模式：一是媒介组织—批发机构—零售商—读者；二是媒介组织—零售商—读者；三是媒介组织—平台—读者；四是媒介组织—读者。横向渠道主要包括书店渠道、商场超市渠道、广播电视渠道、CD－ROM渠道、VCD和录像带渠道、互联网渠道、手机渠道、电子阅读器渠道及其他渠道等。立体发行渠道包括授权开发和自行开发。后者有翻译授权（地区别、语言别）和衍生授权之分。如图书的衍生授权形式包含广播（评书广播、广播小说、广播诗歌等）、电影、电视剧，VCD、DVD、CD－ROM、录像带、LD，漫画，游戏软件，网络，商品授权（玩具、食品、服装、文具等）及拍卖权、推广授权等。

2. 媒介融合时代传播渠道发展的四个方向

数字时代，媒介融合大行其道，阅读产品传播渠道的发展已呈现出服务化、虚拟化、扁平化和一体化的趋势。渠道服务化，渠道不只是流通的物理管道，其本身会成为阅读体验的一部分。渠道服务是包括了媒介组织需要通过渠道得以实现的对读者实施的综合服务，包括质量服务、品种服务、效率服务、品牌服务、售后服务等。渠道数字化，数字化的阅读产品已经实现了读者梦寐以求的内容与载体的相对分离，传播渠道也不再非要物理化的实态空间，完全可以借助虚拟化的网络空间实现阅读产品的传递。传播渠道也就呈现出有形与无形、实态与虚拟的结合趋势。渠道扁平化，简单地说就是减少中间环节，使阅读产品经过尽可能短的渠道与读者见面。媒介组织通过云平台向读者传播阅读产品会成为重要的趋势。渠道一体化，表现为渠道形态网络化、渠道环节整体化的一体化趋势。媒介组织应树立"整体发行"（Whole Distribution）观念，将阅读产品从媒介组织经分销到达读者之手所经历的过程视为一个整体，通过有效的管理与协调，利用发行渠道网，将阅读产品送至读者面前。

（二）实体渠道：将阅读现场体验做到极致

数字时代可谓用户体验的时代。体验就是企业以服务为舞台，以商品为道具,以用户为中心,创造能使用户参与、值得回忆的活动。[①] 根据特里斯、阿伯特的界定,用户体验是用户在获取与利用信息产品(服务)过程中建立起来的一种纯主观的心理感受。[②] 读者阅读体验强调的是用户在获取与利用阅读产品的过程中所看、所做、所想、所感,是读者的本能、行为与心理的综合反映,是信息交互由读者内在状态(倾向、期望、需求、动机、情绪等)、系统特征(复杂度、目标、可用性、功能等)与特定阅读情境(或环境)相互作用的产物。

传统实体书店在数字时代立足的基本法则就是将阅读现场体验做到极致,让读者体会到其他渠道提供不了的服务,将阅读服务做到极致。主要包括以下几种模式。

第一,体验式书店。体验经济强调购物语境,提倡像经营剧场一样经营商场,主张围绕一定主题,在购物体验中加入娱乐、美学、教育等方面的因素,使消费者惊喜并保持心理期待。实体书店可在将读者群体细致分类后,针对不同读者群体,采取不同的跨界商业模式,提供不同的周边产品和衍生品,并为此提供不同的服务……图书作为一种阅读产品,是对接文化产业上下游的一种工具,以书为载体,放大书的衍生产业如教育培训、各类讲座等,让书店复合型、多元化发展,成为一个公共交流平台。[③] 书店的用途将越来越多地体现在它的"阅读场所"功能上,而非纯粹为卖书而设。单纯"卖内容"的书店会越来越少。书店业的总体趋势是那些生存下来的书店将变得更小,以图书为主营业务的零售商将越来越多地倾向于展示和销售"艺术性"的图书,而非"实用性"书籍。[④] 台湾诚品书店是这种模式的代表。沿着这种模式发展的书店不再是传统意义的书店,已成为文化消费综合体。

第二,阅读与文化服务商。杭州著名的民营书店枫林晚的转型思路是成为大型企业的"图书馆",着力为企业打造企业文化软环境提供服务,负责企业图书馆运营、企业文化培训、沙龙活动等。枫林晚书店在阿里巴

[①] 程勇来:《体验的〈爆米花报告〉》,http://www.cnw.com.cn/cnw_old/2004/htm2004/2004128_14118.htm。

[②] [美]特里斯、阿伯特:《用户体验度量》,机械工业出版社2009年版。

[③] 赵昂:《体验式阅读:开启悦读时代》,http://biz.xinmin.cn/2012/11/26/17329368.html。

[④] [美]麦克·沙特金:《书店未来走向大预测》,http://www.bookdao.com/article/67085/?term=478&ismail=9。

巴总部开设的书店试点取得成功后，准备大规模复制该模式，转型成为企业的阅读与文化服务商。在这些企业书店中，销售额不再重要，为企业员工提供的文化服务才是书店的盈利方向。①

第三，基层小连锁。近年来，政府大力推进公共文化服务体系建设和优化出版物发行网点布局，传统实体书店尤其是新华书店响应这一政府行为的重要举措就是推进基层小连锁的发展。浙江省新华书店推出"农村小连锁"②，效果明显。这种模式可以与城市社区连锁书店、农村农家书屋相结合，并与社区图书馆、社区学习中心、社区文体中心结合起来，乃至考虑与电子商务物流体系实现无缝对接，对打造富有生机和活力的城乡阅读文化生态具有重要意义。③

（三）广电渠道：将阅读视听体验做到极致

一般而言，广播、电视、电影这三大音视频媒介并非专门性的阅读型媒介，但从广义的角度看，它们是读者阅读的重要渠道。随着媒介融合进程的展开，媒介之间的界限日益模糊化，广电渠道与阅读之间的关系会日趋密切。一方面，广电渠道所传播的内容本身就是重要的阅读内容；另一方面，其他媒介组织所生产的阅读产品可以通过广电渠道得以向广大读者传播。广电渠道应对数字时代读者阅读行为嬗变的基本举措就是将阅读视听体验做到极致。

第一，对优秀纸质阅读产品的资源进行深度挖掘。广播、电视、电影与传统纸媒嫁接可以生成多种融合型节目，包括听书、说书、评书、读报、读刊以及图书的影视改编等，从某种意义上说，这是通过广电渠道的深度阅读实现国民的大众阅读。

第二，广电媒介组织本身会生产大量内容，这些内容经过编辑整合，生成具有传承意义、可被反复阅读的产品。

第三，利用广电媒体的优势，为聋哑人、盲人、行动不便的特殊人群

---

① 韩文嘉：《民营书店：等救还是自救》，http://news.china.com.cn/rollnews/2012-02/23/content_12870317.htm。

② 梅芳燕、叶辉：《浙江省新华书店推出"农村小连锁"》，http://www.gmw.cn/01gmrb/2009-08/22/content_968069.htm。

③ 马翠莲：《阅读不死，书店不亡》，http://www.shfinancialnews.com/xww/2009jrb/node5019/node5051/node5064/userobject1ai92617.html。

第七章 数字时代我国国民阅读行为嬗变的对策

提供无障碍阅读服务。一项调查显示,中央电视台等32家国家级和省级电视台(卫视频道)晚间黄金时间的新闻节目均未全程加配字幕。[1]电视新闻节目配上字幕和手语,是作为残疾人本应受到的特殊照顾,是正常的权利诉求。

第四,进一步推进媒介融合,与设备生产企业合作,尤其是与互联网嫁接,生成数字广播、数字电视、数字电影等新形态的阅读媒介和阅读产品。

(四)互联网渠道:将阅读便捷体验做到极致

互联网作为一种渠道会成为数字时代国民阅读的基础性渠道,传统的实体渠道和广电渠道都将基于网络实现一体化。互联网渠道应对数字时代国民阅读行为嬗变的基本举措是将阅读便捷体验做到极致。

第一,发动各种媒介组织,整合各种阅读资源,搭建阅读服务云平台。数字时代,读者对便捷性的追求达到一个前所未有的高度,阅读同样需要便捷性。读者需要能够聚集各种阅读资源的网络服务云平台,包括网络文学、图书、报纸、杂志、文章、漫画、图片、有声读物、音乐、视频等。基于云平台,媒介组织可以更智能、更个性化地向读者推荐阅读内容。

第二,手机阅读具有版权保护好、传播快捷高效、盈利模式清晰等特点,有望成为数字阅读产业的"希望之星"。以中国移动手机阅读基地为代表的手机阅读市场,已进入发展的"爆发期"。[2]

第三,注重新型阅读终端研发,提供更舒适的阅读体验。近年来,电子书阅读器、平板电脑、大屏幕智能手机等各种适宜阅读的终端设备发展迅速。随着技术的发展,读者期待着更为优秀的阅读终端的出现。

第四,根据阅读需求,提供新阅读应用。谁能真正解决用户在信息海洋中的阅读需求,谁就能在这个市场取胜。基于互联网的数字阅读除了传统的以"内容"为核心之外,还要增加"关系"这个核心要素,[3]在应

---

[1] 王传涛:《电视新闻,应赋予聋人阅读的权利》,http://opinion.people.com.cn/GB/15756399.html。
[2] 梁书斌:《杀出"重围"的手机阅读》,http://business.sohu.com/20110614/n310048174.shtml。
[3] 巴力立:《酷云阅读首发评测:将个性化阅读发展到极致》,http://www.pcpop.com/doc/0/752/752230.shtml。

用中形成社交关系链,让读者之间、内容之间、用户和内容之间产生互动。社区化阅读是数字时代读者的新需求。[①]

第五节 公共图书馆及其他社会组织的对策

一 公共图书馆的对策

阿根廷国家图书馆馆长、著名作家博尔赫斯曾经说过:"如果有天堂,天堂应该是图书馆的模样。"[②] 巴特勒认为图书馆是将人类记忆的东西移植于现在人们的意识之中的一个社会装置。美国图书馆学家谢拉认为:图书馆是这样的一个社会机关,它用书面记录的形式积累知识,并通过馆员将知识传递给团体和个人,进行书面交流。与谢拉同时期的德国图书馆专家卡尔施泰特则认为,图书是客观精神的容器,图书馆是把客观精神传递给个人的场所。我国图书馆学界权威专家吴慰慈教授综合了众多观点,提出:"图书馆是社会知识、信息、文化的记忆装置、扩散装置。"[③]而从阅读的角度看,可以把图书馆看作一种公共阅读服务组织。

数字时代图书馆何去何从是图书馆学界及其从业者非常关心的话题,为此展开了诸多研究。此处只讨论公共图书馆如何应对数字时代国民阅读行为的嬗变。

第一,公共图书馆的基本精神是开放、平等、免费、政府创建、公费支持。国际社会将享有图书馆服务列为基本人权之一。联合国早在1949年就发布过世人所认同的《公共图书馆宣言》:"自由地、不受限制地获取知识、思想、文化和信息是个人行使民主权利和获得平等发展机会的基础。"[④] 国际图联规定,通常每5万人口建设一个公共图书馆,特殊情况

[①] 宋平:《2011年欧美书业热点:传统出版拥抱数字阅读》,http://www.chinanews.com/cul/2011/12-20/3546521.shtml.

[②] 宋芳、杨海峰等:《阅读,让我们的世界更丰富》,http://news.ifeng.com/gundong/detail_2012_04/24/14107329_0.shtml?_from_ralated.

[③] 吴慰慈等:《图书馆学概论》,北京图书出版社2002年版,第53页。

[④] 周宇:《价格居高不下,国家图书馆怎么了》,http://news.163.com/05/0322/11/1FEP1VMF0001120T.html.

下不足5万也要建立公共图书馆,但最小的公共图书馆服务人口不得少于3000人。我国公共图书馆数量偏少,布局不尽合理,是不争的事实。目前,全国每45.9万人才拥有一座公共图书馆,人均图书占有率不足一册,有的基层图书馆年购书费用不足千元。大多数城市只有市级和区级图书馆,居民很难享受社区公共图书馆的服务。① 国家应该整合更多的资源,划拨更多的财政,用于公共图书馆的建设,这是第一要务。尤其是地处基层的社区图书馆、农村、城镇图书馆等。

第二,公共图书馆应充分利用所拥有的公共阅读资源,提高阅读服务水平,促进国民阅读。不列颠图书馆与英国信息系统联合委员会在其研究报告《未来研究人员的信息行为》中指出:如果没有对用户的足够了解,图书馆馆员等信息工作者就只能在数字消费者市场上扮演更为边缘的角色。② 的确如此,公共图书馆的基本职能之一就是为读者提供阅读服务。为此,每座公共图书馆都要结合自身定位,根据读者需求提供阅读服务,包括举办活动、开设讲座、流动服务、指导家庭阅读等。

第三,顺应阅读媒介形态的变动潮流,开展新型阅读服务,提升读者的媒介与信息素养。尤其是如何借助网络开展文献借阅服务值得深入研究和积极实践。公司化运营的"青番茄"是一家新形态的图书馆,读者在其网站注册成为其会员后,再支付110元押金后,就可以通过网络免费借阅图书。支付押金后,无论借多少本、借多少次书,都无须再支付额外的租金;而且整个借阅过程足不出户,都通过快递完成,且快递费不由读者支付,由"青番茄"承担。③ 网上书店"快书包"承诺:在客户下订单后的一个小时内,将书送到客户的手中。目前该网络书店在北京、上海、成都等七个城市开通服务。④ 这样的服务无疑代表着一种趋势,所有阅读服务组织都可以从中得到启发。

---

① 范军:《图书阅读率下降的十个影响因素》,《中国图书商报》2007年7月3日第A02版。
② 邓小昭等:《网络用户信息行为研究》,科学出版社2010年版,第1页。
③ 闻文梓:《关于阅读的生意,它是怎样赚钱的呢》,http://blog.sina.com.cn/s/blog_6a02bc0701011t8n.html。
④ 张杰:《一"网"打尽小书店? 出版人:此说木有想象力》,http://www.wccdaily.com.cn/epaper/hxdsb/html/2011-08/19/content_369217.htm。

二 其他社会组织的对策

除了图书馆,博物馆、文化馆、科技馆、电影院、青少年宫、剧院等文化服务组织都应该在促进国民阅读方面有所贡献。一方面这些文化服务组织内可以开设一些专门性的书店或阅读服务区;另一方面这些服务组织可以通过读书会等活动来开展与自身定位相符的阅读服务。

在美国,美国医学会、美国心脏学会、美国教师联合会等行业协会从1993年开始发起"反电视运动",将每年的4月22—28日定为"关闭电视周",呼吁美国人在这一周关闭电视机。目前,"反电视运动"已扩及英国、加拿大、丹麦、澳大利亚、新西兰等国。[①] 在日本,有多家从事阅读推广的社会组织,如出版社、图书馆、书店等机构组成的"读书周实行委员会"和由日本书籍出版协会、日本教科书协会等共同组成的"读书推广运动协会"等,在这些组织的推动与号召下,日本开展了一系列读书推广活动。[②]

我们应该学习美国和日本的相关做法,相关行业协会、研究机构、学术团体、群众组织,如中国出版协会、中国期刊协会、中国新闻出版研究院、中国图书馆学会、中国阅读学研究会等,在促进国民阅读的过程中可以发挥各自的作用,并在各自发挥作用的过程中加强协调,促进协同。当前,应该把阅读作为一门科学提上日程,深入研究国民阅读的特点和规律,为国民阅读活动提供决策依据和科学指导。

阅读关乎社会各界,市场经济的主体组织——企业也应该关注阅读。对企业而言,一方面要意识到消费者的阅读习惯关乎企业的经营,因为,传播渠道复杂化和内容多元化的时代已全面到来,传统的打扰式营销传播方式效果在衰减,取而代之的是社会化媒体时代,企业同消费者沟通的压力在不断提升,企业信息的阅读诉求迫切需要有新的方法来解决。[③] 另一方面,企业应该成为学习型企业,从企业负责人到企业员工都要有阅读的

[①] 乔丽:《我国阅读现状及应对策略》,《出版发行研究》2006年第4期。

[②] 吕财财:《图书馆的阅读推广活动研究》,吉林大学硕士学位论文,2008年,第3—4页。

[③] 张伟哲:《互联网带给传统媒介的变革研究》,http://www.100ec.cn/detail--5157862.html。

时间和条件。① 这就需要企业创造条件开展企业图书馆、"职工书屋"的建设。让全体员工共同阅读、共同参与、相互交流，产生一种阅读热力，形成一种阅读氛围。通过阅读热力提升阅读兴趣，提高员工学习力，最终提高企业竞争力和幸福力。

社会基层组织应该致力于阅读氛围的营造，因地制宜，根据实际情况开展阅读推广活动。据说，德国的社区经常性地开展图书漂流活动，设有很多流动书架，完全开放式，任人拿取。② 上海市虹口区推出"菜场书屋""职工书屋"，受到职工群体的认同和欢迎。③

总之，我们需要的不是单一的阅读模式，而是复合型阅读，多重阅读，互动阅读，立体阅读。④ 每一种阅读方式有其适合的人群，每一个人，也可以采用不同的阅读方式以互补。为此，社会各界应该通力合作，建立一种立体阅读的理念，即借助纸媒、广播、电视、网络等多种媒体和渠道，整合它们的优势，形成对信息综合处理的最佳方式，构建更个性化、更快捷、更有效、更准确、更具有权威性的交流信息、情感、思想的阅读生态。

---

① 陈墨：《"十大团购图书"推出阅读新概念》，http：//news.xinhuanet.com/xhfk/2011-06/07/c_121504280.htm。
② 张修枫：《爱阅读的德国人》，http：//www.dfdaily.com/html/63/2012/4/18/778597.shtml。
③ 徐晗：《12万人注册手机版"职工书屋"首批十名"阅读达人"产生》，http：//ld.eastday.com/l/20110820/u1a912917.html。
④ 巴丹：《阅读改变人生——中国当代文化名人读书启示录》，东方出版社2004年版，第150页。

第八章

结　语

第一节　研究结论

　　从数字时代我国国民阅读行为嬗变的表现看，结论主要有：（1）数字化时代作为阅读主体的读者，在数量上是不断扩大的，总体阅读率上升。但阅读主体的素质是参差不齐的，结构异常复杂。数字时代我国国民对阅读重要性进一步认可，对纸质阅读的前景不如互联网出现前那么乐观，但依然有相当比重的读者对数字阅读会颠覆纸质阅读的观点不太认可。读者需求进一步多元化，知识需求依然是第一需求，但资讯需求提升明显。值得注意的是，思想需求和审美需求没有随着数字化进程减弱，反而有提升的趋向。读者的阅读耐心减弱是数字时代我国国民阅读行为嬗变表现出的一个重要特点，而阅读能力、阅读目的、阅读积极性、阅读范围、阅读量等指标总体上呈现出积极的变化。个人阅读总体满意度提升不明显。读者阅读习惯发生改变的比例较高，但认为改变程度有限的比改变很大的还是要多，而且读者比较认可自己的阅读习惯。（2）从阅读媒介维度看，数字阅读媒介兴起，书报刊等传统纸质媒介的阅读率提升乏力。但远未到唱衰纸本阅读的时刻，纸本阅读依旧有其魅力，将在很长时期内与网络阅读并存。数字阅读的付费意愿有所增强，但仍然维持在一个较低的水平。（3）读者在数字时代阅读内容上的嬗变可以概括为：功利阅读超越人文阅读，"浅阅读"（主要表现为阅读兴趣的单一，集中体现在对生活类、时尚类等通俗读物的偏好上）、泛阅读的取向明显。流行阅读超越经典阅读，信息获取超越知识习得，新闻关注超越文学感受，娱乐追求超越理论探讨，但并不能表明经典、知识、文学、理论的缺失。（4）阅读方式上，由过去单纯的读，变为现在的读、听、看三种方式并存。随着多种媒体的兴起，尤其是互联网的飞速发展，快速浏览和扫读超越慢速凝视和审读，选择性阅读超越接受性阅读，跳跃性阅读超越连续性阅读，"F"式阅读超越"Z"式阅读。在传统纸质文献上深度阅读的频率和时长均有下降的趋向，但研究性阅读并没有受到轻视。（5）数字时代我国国民阅读环境的嬗变有几个特点：第一，在途阅读兴起，传统的图书馆、书店作为阅读场所其吸引力有所降低，去咖啡馆阅读的兴起说明读者对阅读环境的舒适度要求进一步提高。第二，读者对个人阅读环境改善的认可度高于对社会总体阅读环境改善的认可度，说明社会阅读环境有更大的提升空间。第三，读者认可社会各界为改善和促进国民阅读作出的积极努力，大多数读者个人也愿意为此付出努力。

从数字时代我国国民阅读行为嬗变的原因看，结论主要是：数字化技术引发的阅读媒介发生变化，是我国国民阅读行为嬗变的直接原因；现代市场化、产业化运行规制下的中国媒介（报刊、广播电视、网络、手机等）发展的重合性和叠加性，是我国国民阅读行为嬗变的特殊原因；社会政治、经济、文化、教育体制的变化，是国民阅读行为嬗变的环境因素；作为阅读主体的读者，在人口结构、信息素养、生活形态等方面发生的变化导致阅读需求的变化是国民阅读行为嬗变的基础原因。

从数字时代我国国民阅读行为嬗变的影响看，结论主要是：（1）从个体读者而言，阅读行为嬗变的积极影响是，数字时代的阅读可呈放射型树状或网状阅读路径，可以直线阅读、比较阅读、寻找阅读，读者既可纵向探索，又可横向比较，还可以交叉、重叠、转折、反向地研讨、思维，容易处于活跃的状态。概括而言，就是读者的阅读更自由、更便捷，相应的，读者的精神生活也获得了更大的自由，内容更加丰富。消极影响可以概括为数字阅读硬件设备存在的缺陷形成不良影响、阅读耐心的减弱、思想深度的缺失三个方面。不过，综合而言，数字化阅读必将为人们所接受和习惯。（2）从社会性影响而言，积极的方面表现为阅读行为的嬗变会推动政治民主、经济发展、文化繁荣和社会和谐的进程，消极的方面则表现为对政治统治的怀疑、对经济发展的迷茫、对文化发展的失望和对社会共同理想的消解。当然，这种带有价值判断的影响分析，是建立在既定的价值观的基础上的，当然也是相对的，在一定的条件下也是可以转换的，甚至是所谓的积极影响本身换个角度看或许就是消极影响，反过来也一样。

　　从数字时代我国国民阅读行为嬗变的应对之策看，结论是：（1）就国民个体而言，应对数字时代的阅读媒介和环境，首先，要树立能够适应数字时代发展的"大阅读观"，要有"阅读是一种权利""阅读并非万能"的意识；其次，学习并掌握一些计算机、网络等现代技术是必要的，提高获取信息、分析信息的能力，提升阅读素养是国民个体的权利和义务；再次，建构自己的意识框架，在知识库里建立感兴趣的知识站点。开展"轻阅读""浅阅读""泛阅读"的同时，也应该注意给"深思考""深阅读"留点空间。家庭组织可以在优化家庭阅读硬环境、塑造家庭阅读软环境两方面下功夫，特别注意要避免数字媒介成为孩子的"保姆"。（2）对政府组织而言，加大对文化教育事业的投入是促进阅读的根本之策。尤其重要的是政府组织一定要牢记国民具有自由阅读的权利，一定要树立保障这种权利是政府的职责所在这样一种施政理念。在这一理念的指导下，政府组织可以采取有利于国民阅读的各种对策和措施。（3）教育组织在应对国民阅读行为嬗变的过程中应该承担特殊重要的角色并发挥重要的功能。就基础教育组织而言，理念层面要明确"掌握知识和技能不是阅读教育的落脚点"，阅读教育的目标是培养具有独立精神、思想自由和敢于表达的公民。操作层面主要是建设专业的阅读指导教师队伍、推进分级阅读、迎接数字化。高等教育组织应成为国民阅读的示范中心，要改善大学生的阅读结构，高校教师要发挥意见领袖的作用，大学生可成为推广国民阅读的志愿者，高校的阅读资源可向社会开放，高校应为社会培养专业的阅读指导人才。（4）媒介组织的对策：遵循扩大信息流量、追求阅读价值、追求易读指数、追求美学品格的原则，优化传播渠道，顺应媒介融合，生产与传播能满足和引导读者需求的阅读产品。具体而言，就是通过实体、广电、网络三种渠道，向读者提供纸质图书与数字图书，纸质杂志与数字杂志，纸质报纸与数字报纸，音像、电子与网络阅读产品等。基于移动阅读终端的阅读应用已发展成为数字阅读产品的重要形态，媒介组织要特别予以重视。（5）公共图书馆的对策：充分利用所拥有的公共阅读资源，提高阅读服务水平；顺应阅读媒介形态的变动潮流，开展新型阅读服务。其他社会组织也应该为促进国民阅读贡献自己的力量。社会各界应该通力合作，构建更个性化、更快捷、更有效、更准确、更具有权威性的交流信息、情感、思想的阅读生态。

第八章 结语

第二节 本研究的创新与不足

本研究的创新之处主要是：（1）研究方法的整合创新。在全面梳理国内外研究成果的基础上，借鉴运用传播学、心理学、教育学、图书馆学及信息科学等学科理论，运用文献研究法、社会调查法及三角交叉检视法等研究方法，设置了阅读行为嬗变的指标体系，对数字时代我国国民阅读行为嬗变开展了可操作性描述。根据可操作化描述，设计了问卷并实施了调查，随后的样本抽取、调查过程、数据分析等环节均按照科学的社会调查原则展开，并开展了个人访谈和专家访谈。基于从全国采集的4256个有效样本数据和访谈结果，开展数据分析和质化研究，得出研究结论。（2）本书在研究结论上科学鲜明，有所拓新。在描述数字时代我国国民阅读行为嬗变的具体表现时，得出一些颇有价值的结论。比如，数字时代依然有相当比重的读者不太认可"数字阅读会取代纸质阅读"；知识需求依然是第一需求，但资讯需求提升明显，思想需求和审美需求没有减弱；读者的阅读耐心减弱，而阅读能力、阅读目的、阅读积极性、阅读范围、阅读量等指标总体上呈现出积极的变化；个人阅读总体满意度提升不明显，尤其是女性读者的阅读满意度比会上网前还有所降低；读者阅读习惯发生改变的比例较高，读者总体上比较认可自己的阅读习惯；书报刊等传统纸质媒介的阅读率提升乏力，但远未到唱衰纸本阅读的时刻；数字阅读的付费意愿有所增强，但仍然维持在一个较低的水平；在传统纸质文献上深度阅读的频率和时长均有下降的趋向，但研究性阅读并没有受到轻视。本书在探寻国民阅读行为嬗变的原因时，除了特别强调阅读媒介的因素外，还从媒介产业发展、阅读环境和阅读主体等多个角度展开分析，体现了多学科交叉的特点。本书从个体读者和社会整体两个层面，对阅读行为嬗变的积极影响和消极影响开展论述，较为全面客观。（3）本书所提对策颇具现实指导意义。为应对阅读行为嬗变，本书为国民个体、家庭、政府、教育、媒介、图书馆及其他社会组织等不同的行为主体提出了一系列对策。这些对策具有较强的综合性和可操作性，对阅读实践具有较强的指导功能。

尽管本研究达到了预期的研究目的，完成了预定的研究任务，取得了较好的研究成果，但不足和缺陷还是存在的。主要表现在：（1）尽管数字化进程非常迅猛，但从宏观的人类历史看，或许数字时代才刚刚开始，所以本课题所研究的或许只是整体性的我国国民在数字时代的阅读景观的一个景点而已，具有暂时性。（2）囿于研究条件，在样本的抽取上未能做到随机概率抽样，研究结果的代表性是有限的。（3）课题本身是比较宏观的，所以研究深度不够，对诸如国民阅读内容、阅读方式、阅读付费等问题的研究还是比较肤浅。比如说，本次研究发现，女性读者在数字时代的阅读满意度不仅低于男性读者，而且低于会上网前的水平，这是带有规律性的特征？原因是什么？有待在后续研究中深入研究。

第三节　后续研究的设想与建议

阅读行为是人的重要行为，无论是传播学中的受众研究、出版学中的读者研究、文学中的文学接受研究、图书馆学中的读者服务研究，还是教育学中的阅读素养培养研究等，都离不开对阅读这一课题的探讨。后续研究可以在研究方法和研究主题的设置上加强创新。在研究方法上，可以使用眼动仪研究读者在阅读过程尤其是数字阅读过程中的眼球运动特征，可以借助数字阅读行为自动跟踪记录软件更加有效的研究网站阅读、手机阅读等数字阅读行为，也可以采用个案研究、比较研究、控制实验等方法开展研究。

基于大数据开展阅读行为研究无疑也是一个很好的方向。电子书阅读器捕捉了大量关于文学喜好和阅读人群的数据：读者阅读一页或一节需要多长时间，读者是略读还是直接放弃阅读，读者是否画线强调或者在空白处做了笔记……这些数据可以将长期被视为个人行为的阅读动作转换成一种共同经验，聚集起来，也可以用量化的方式向出版商和作者展示一些有价值的信息，如读者的好恶和阅读模式。美国巴诺公司通过分析 Nook 电子阅读器的数据了解到，人们往往会放弃阅读长篇幅的非小说类书籍。公司从中受到启发，从而推出"Nook 快照"，加入了一系列健康和时事等专题的短篇作品，受到读者欢迎。①

---

① ［英］维克托·迈尔—舍恩伯格、肯尼斯·库克耶：《大数据时代：生活、工作与思维的大变革》，盛杨燕、周涛译，浙江人民出版社 2013 年版，第 148 页。

在信息经济与知识经济的社会环境中,阅读行为与信息消费研究密切相关,信息消费行为就是经济学中消费者研究的重要内容。因此,阅读行为嬗变的后续研究可以从信息消费行为的角度切入,尤其是我国受众在数字阅读过程中付费型信息消费习惯的养成直接关系到数字阅读产业的健康发展,值得深入研究。

参考文献

连续出版物（中文期刊文献）

［俄］艾森贝格：《阅读与自修在个性发展中的社会文化作用》，鲁军译，《国外社会科学文摘》1987年第3期。

［韩］李正春：《数字时代出版与阅读环境变化的诊断与预测》，《现代出版》2011年第3期。

《把握市场走势，提供决策依据——第二届全国国民阅读与购买倾向抽样调查成果在京发布》，《出版发行研究》2002年第6期。

曹光灿：《阅读本质论》，《西南师范大学学报》（哲学社会科学版）1996年第1期。

曾克宇：《网络时代的大众阅读——"网络阅读"研究综述》，《高校图书馆工作》2007年第2期。

曾祥芹：《汉文阅读学在中国的发展》，《图书与情报》2006年第1期。

辰目：《且看英国如何培养学生的阅读习惯》，《出版发行研究》2006年第9期。

辰目：《阅读传统的丢失及其他》，《出版发行研究》2004年第9期。

陈达凯：《变迁与变异：关于大学作为读书文化中心的认识》，《出版科学》2012年第1期。

陈东华：《试论大众阅读对国民素质养成的意义》，《中国出版》2007年第4期。

陈芳序、李川子：《广州城市阅读文化初探》，《城市观察》2009年第3期。

陈俊珺：《电子屏幕让眼睛很"受伤"》，《生活之友》2012年第7期。

陈力丹、叶梓：《美国类畅销书在中国的"遇冷"》，《中国图书评论》

2012年第5期。

陈鹏飞：《少年儿童网络阅读现象及对策》，《大众文艺》2008年第10期。

陈七妹：《从媒介分析角度看网络对传统阅读方式的影响》，《新闻界》2004年第6期。

陈伟军：《媒介融合语境中的阅读文化转型》，《国际新闻界》2012年第4期。

陈晓阳：《后图书时代及其文化特征的解读》，《出版发行研究》2011年第6期。

崔磊：《数字出版环境中的受众阅读及其反思》，《编辑之友》2012年第4期。

崔胜洪：《让出版复归艺术》，《中国出版》1994年第11期。

《第七次全国国民阅读调查成果发布》，《当代图书馆》2010年第2期。

《第三届"全国国民阅读与购买倾向抽样调查"结果发布》，《传媒》2005年第1期。

董璐：《电子书促使传统纸书回归静态深阅读》，《国际关系学院学报》2011年第6期。

杜金卿：《阅读：国民不可或缺的精神涵养——美国书展引发的思考》，《中国出版》2006年第11期。

端木庆一：《阅读学及外语阅读教学理论发展简析》，《河南师范大学学报》（哲学社会科学版）2000年第1期。

范凡：《芝加哥学派的阅读研究》，《高校图书馆工作》2007年第2期。

风笑天：《社会调查方法还是社会研究方法？》，《社会学研究》1997年第2期。

甘其勋：《阅读孕育创造》，《图书与情报》2006年第1期。

高爱民：《文学经典阅读兴趣低迷的原因探析》，《职业教育研究》2009年第3期。

葛连升、张春晓：《论后读图时代》，《山东大学学报》（哲学社会科学版）2009年第4期。

郭成等：《论语文阅读的内涵与理念》，《山东教育学院学报》2011年第1期。

韩立红：《阅读革命带来的利好与冲击》，《领导之友》2011年第4期。

韩琳:《由国民阅读与购买倾向看出版企业经营战略》,《西安财经学院学报》2007年第2期。

韩任伟:《图书的多元美》,《中国出版》1995年第10期。

韩小梅:《超越阅读——文本阐释理论中的阅读范畴》,《图书馆理论与实践》2005年第1期。

郝振省:《让阅读成为国民基本生活方式的一部分》,《出版参考》2003年第29期。

何山石:《学术著作长效阅读价值生成因素考察——以钱钟书〈谈艺录〉、〈管锥编〉为例》,《出版发行研究》2011年第7期。

贺修铭:《信息消费概念的确立及其理论基础——兼论信息消费学的建设》,《图书情报工作》1996年第4期。

贺子岳:《论网络阅读模式的构建》,《武汉大学学报》(人文科学版)2006年第3期。

洪岗:《英语专业阅读课教学模式的探讨》,《现代外语》1994年第2期。

洪莉:《国内英语阅读十年研究综述》,《绥化学院学报》2011年第3期。

洪缨等:《印刷出版物文字信息传递的可读性与易读性研究》,《现代传播》2011年第9期。

胡悦晗、万华:《社会变迁下的当代国民阅读与国民素质》,《图书情报工作》2009年第13期。

黄俊贵:《关于社会阅读的思考》,《图书·情报·知识》2010年第6期。

黄俊贵:《提升阅读理论,构建阅读社会》,《图书馆论坛》2005年第6期。

黄曼华:《浅谈构建理想阅读生态》,《福建省图书馆理论与实践》2007年第4期。

黄晓斌、林晓燕:《刘子明,数字媒体对大学生阅读行为影响的调查分析》,《图书情报工作》2008年第2期。

黄晓新:《试论阅读与社会的联系》,《出版发行研究》1991年第2期。

黄晓新:《阅读的社会过程研究》,《出版发行研究》1989年第6期。

及树楠:《阅读的本质和阅读教学规律》,《湖南教育》1999年第2期。

江作苏:《有感于温总理倡导全民读书》,《新闻前哨》2009年第4期。

课题组:《西欧三国国民图书阅读情况》,《出版发行研究》2008年第9期。

蓝亭：《浅阅读与深阅读：读还是不读?》，《图书馆建设》2008 年第 4 期。

李保东：《以深化全民阅读力促新闻出版强国建设——基于珠三角地区的视角》，《中国出版》2011 年第 2 期。

李东东：《将全民阅读提升为民族文化复兴战略工程》，《现代出版》2011 年第 3 期。

李公明：《在自由交流中改善国民阅读》，《社会科学报》2012 年 5 月 10 日。

李红梅：《大学生网络阅读中存在的问题及引导措施》，《中国成人教育》2007 年第 15 期。

李秋芳：《出版的大阅读时代：当纸媒遭遇网络》，《编辑之友》2012 年第 10 期。

李新娥：《大众传媒对少年儿童阅读的影响及对策》，《江西图书馆学刊》2007 年第 3 期。

李新亮：《接受理论与解构主义的阅读差异》，《中南大学学报》（社会科学版）2011 年第 4 期。

李燕玲：《小学阅读类教辅存在问题的原因分析》，《出版发行研究》2008 年第 4 期。

李迎辉：《移动阅读，传统出版业的新挑战》，《中国出版》2011 年第 8 期。

梁桂英：《1997—2007 年国内网络阅读研究综述》，《图书馆杂志》2008 年第 4 期。

梁衡：《论读者需求与出版人的责任》，《传媒》1999 年第 2 期。

梁建生：《阅读革命——论多媒体文献对人类阅读方式的影响》，《现代情报》2001 年第 8 期。

林金芳：《"消费主义"下的国民阅读》，《四川党的建设》（城市版）2006 年第 11 期。

刘承华：《原典阅读：培养原创力的重要途径——从芝加哥大学"社会思想委员会"谈起》，《教育与现代化》1997 年第 2 期。

刘德寰等：《数字化时代对国民阅读影响的文献综述》，《广告大观》（理论版）2009 年第 2 期。

刘德寰：《上网、读书时间与催化剂》，《广告大观》（理论版）2007 年第

6期。

刘琨珊：《网络时代大学生阅读规律的研究》，《全国新书目》2008年第13期。

刘晴：《媒体传播效果与标题制作》，《工会理论与实践——中国工运学院学报》2002年第6期。

刘儒德等：《网上阅读与纸面阅读行为的对比调查》，《电化教育研究》2004年第5期。

刘铁芳：《阅读的层次与类型》，《教师博览》2009年第3期。

刘孝学：《浅论阅读的社会价值》，《上饶师范学院学报》1999年第1期。

刘昕亭：《浅阅读：书展时代的读书生活》，《中国图书评论》2011年第12期。

刘雪梅：《从阅读的本质探索英语阅读教学规律》，《中国成人教育》2008年第22期。

刘英莲：《阅读的本质和阅读理解中的知识提取》，《辽宁工学院学报》（社会科学版）2005年第3期。

卢锋：《阅读本质的再思考》，《山东图书馆学刊》2010年第4期。

陆小华：《最超越想象的变革将基于移动互联——新媒体变革取向漫谈之四》，《新闻记者》2007年第4期。

罗慧：《教师的阅读研究——基于城区小学、幼儿园的调研》，《内蒙古民族大学学报》2008年第5期。

慕毅飞：《国民阅读三大尴尬》，《语文新圃》2006年第10期。

南长森、朱尉：《跨媒体传播与国民阅读方式变革对文化消费的启示》，《图书馆论坛》2010年第6期。

倪锦诚：《阅读理解的本质和层次研究》，《湖南医科大学学报》（社会科学版）2009年第5期。

聂震宁：《出版转型与阅读文化重建》，《现代出版》2013年第1期。

聂震宁：《国民阅读状况的改善不能搞政绩工程》，《中国职工教育》2008年第4期。

潘涌：《阅读教育的革命——论PISA阅读素养观的内涵扩展和升华》，《首都师范大学学报》2012年第6期。

裴秀贤等：《论消遣阅读的社会意义》，《大学图书馆学报》1998年第2期。

彭兰：《社会化媒体与媒介融合：双重旋律下的关键变革》，《新闻界》2012年第2期。

彭妍：《从关联理论的角度探讨阅读本质》，《长沙铁道学院学报》（社会科学版）2006年第3期。

乔丽：《全民阅读与大众出版创新》，《出版发行研究》2012年第8期。

乔丽：《我国阅读现状及应对策略》，《出版发行研究》2006年第4期。

《全国国民阅读倾向抽样调查结束，获得了大量有重要参考价值的数据》，《出版参考》2000年第3期。

沈水荣：《新媒体新技术下的阅读新变革》，《出版参考》2011年第9期。

沈小丁、郑辉：《论阅读》，《图书馆》2007年第6期。

石义彬等：《阅读方式变革与文化身份认同的两极互动》，《新闻与传播研究》2010年第4期。

时少华、何明生：《网络阅读一般模式的构建》，《哈尔滨工业大学学报》（社会科学版）2003年第12期。

史庆华：《论文学阅读的思想政治教育功能》，《辽宁工程技术大学学报》（社会科学版）2005年第5期。

宋新军：《刍论"网络时代"的阅读革命》，《理论导刊》2011年第1期。

宋妍：《"网络与书"解决现代阅读问题》，《互联网周刊》2005年第20期。

苏灏：《internet环境下"阅读"的内涵及界定》，《教育科学论坛》2003年第4期。

孙黎：《探析我国女性阅读品牌的可持续发展之路》，《中国出版》2011年第11期。

孙淑静：《浅阅读的内涵及其弊端》，《文学教育》（下）2007年第4期。

孙延蘅：《网络阅读的创新功能》，《泰山学院学报》2005年第4期。

田胜立：《数字传媒时代对编辑规范和人才的要求》，《编辑之友》2007年第11期。

《图书阅读率止住下滑，网络阅读率仍大幅攀升——第五次"全国国民阅读调查"成果发布》，《出版发行研究》2008年第8期。

万宇：《谈谈阅读社会学的发展前景》，《中国图书评论》2005年第3期。

汪家熔：《阅读类型、读者层次及其界定》，《图书馆学通讯》1989年第2期。

汪修荣：《阅读率下降的三大因素》，《编辑学刊》2005年第2期。
汪振城：《媒介变革中的文化转向与审美位移》，《中州学刊》2005年第6期。
王龙：《阅读社会学二论》，《图书情报论坛》1998年第4期。
王钱国忠：《文化传媒机构在国民阅读中的社会责任》，《图书馆研究与工作》2009年第1期。
王胜利：《阅读文化视角下的文本概念》，《重庆三峡学院学报》2008年第6期。
王素芳：《网络阅读的发展现状和前景探析》，《图书与情报》2004年第3期。
王欣欣：《阅读的本质与图书馆服务》，《图书馆论坛》2006年第2期。
王余光、李雅：《图书馆与社会阅读研究述略》，《山东图书馆季刊》2008年第2期。
王余光：《图书馆与社会阅读研究》，《中国图书馆学报》2008年第2期。
王玉娥：《论虚实相生的审美意义——兼论阅读活动本质》，《新疆教育学院学报》2004年第3期。
王峥：《阅读过程本质的认知阐释——图式理论及其在阅读教学中的应用》，《黑龙江教育学院学报》2005年第1期。
王志强：《从伽达默尔哲学解释学原理看阅读的本质》，《语文学刊》2008年第4期。
《我国国民阅读与购买倾向又有重要变化——2006年全国国民阅读与购买倾向抽样调查有六大发现》，《出版发行研究》2006年第5期。
邬书林：《阅读是事关个人和社会的大事》，《刊授党校》2009年第7期。
吴琼：《网络小说及其读者关注度分析》，《图书馆建设》2012年第3期。
吴赟等：《新媒体环境下中国国民阅读行为嬗变的特征及其问题反思》，《出版广角》2012年第12期。
谢鸣敏：《简论阅读与人的全面发展》，《福建图书馆理论与实践》2006年第1期。
谢晓波：《青少年网络阅读导读及其策略》，《图书馆工作与研究》2008年第9期。
熊冰：《新媒体时代的国民阅读与图书馆工作》，《大众文艺》2009年第11期。

徐才明：《"阅读"八议》，《山东图书馆季刊》2008 年第 4 期。

徐剑凌：《大学生阅读兴趣变化原因初探》，《攀枝花大学学报》1997 年第 1 期。

闫肖锋：《微阅读时代》，《青年记者》2009 年第 9 期。

阳海清：《建立"阅读学"断想》，《图书情报论坛》2007 年第 3 期。

杨帆：《阅读的革命》，《图书与情报》2003 年第 1 期。

杨红：《"浅阅读"时代图书馆的应对策略》，《图书馆》2008 年第 2 期。

杨军：《媒介形态变迁与阅读行为的嬗变——以印刷媒介与网络媒介为例的考察》，《图书馆工作与研究》2006 年第 2 期。

杨敏：《大学生网络阅读中存在的问题与对策探析》，《新西部》2008 年第 9 期。

叶阿庆：《大众传播与窄众传播的管理——谈〈新闻联播〉天气预报景观广告对企业传播结构的贡献》，《广告人》2007 年第 5 期。

叶诗茹：《超阅读：碎片背后的整体——以解构主义的眼光来思考超阅读真正的价值所在》，《浙江工商职业技术学院学报》2002 年第 2 期。

应江勇：《数字化生存时代的载体——手机新媒体》，《通信企业管理》2009 年第 2 期。

于文：《风险、利润与现代出版业的起源》，《出版科学》2012 年第 6 期。

余波：《全民阅读的社会学考量》，《中国出版》2007 年第 4 期。

余秋英：《公众阅读与和谐社会构建》，《江西图书馆学刊》2006 年第 3 期。

张辑哲：《论信息形态与信息质量（下）——论信息的质与量及其意义》，《档案学通讯》2006 年第 3 期。

张岚等：《大学生经典名著阅读与网络阅读透视》，《图书馆论坛》2008 年第 2 期。

张璐：《聚合技术发展与阅读革命——以 RSS 技术为例》，《新闻天地》2011 年第 4 期。

张曼玲：《提高国民阅读兴趣是传统出版的不竭之源》，《北京印刷学院学报》2011 年第 1 期。

张向葵等：《图式理论在小学语文阅读理解中的应用及其对语文学习成绩的影响》，《心理科学》1999 年第 5 期。

张昕：《阅读的异化——我们这个时代的阅读境况》，《出版广角》2005

年第 6 期。

张一兵：《关于社会发展本质的深层哲学分析》，《哲学动态》1991 年第 12 期。

张智君：《超文本阅读中的迷路问题及其心理学研究》，《心理学动态》2001 年第 2 期。

赵蕾蕾：《阅读对大众文化的影响——彼得·苏尔坎普的〈读者〉》，《当代艺术与投资》2010 年第 10 期。

赵林：《关于我的两部演讲集——兼论当今国民阅读的误区》，《中国图书评论》2007 年第 4 期。

赵维森：《远离图像亲近文字——关于文化工业时代阅读的社会学意义的思考》，《阅读与写作》2000 年第 8 期。

赵哲：《对国民阅读问题的时代性思考》，《理论学刊》2011 年第 8 期。

《中国出版科学研究所"第六次全国国民阅读调查"成果发布》，《传媒》2009 年第 5 期。

中国新闻出版研究院全国国民阅读调查课题组：《第八次全国国民阅读调查成果十大结论》，《出版参考》2011 年第 5 期。

周朝霞等：《大学生网络传播行为嬗变的实证研究》，《复旦学报》（社会科学版）2006 年第 4 期。

周国清：《读者及其阅读方式变化与编辑主体的自我调适述议》，《河南大学学报》2012 年第 3 期。

周慧虹：《"点"击国民阅读》，《山西老年》2008 年第 6 期。

周蔚华：《后现代阅读方式的兴起与出版转型》，《中国人民大学学报》2007 年第 2 期。

朱慧：《试论文化因素在阅读中的作用》，《贵州大学学报》1997 年第 2 期。

朱健桦等：《世界读书日前夕审视中国国民阅读》，《中国图书评论》2007 年第 4 期。

朱静亚：《中国阅读学的"拿来主义"》，《图书与情报》2006 年第 1 期。

朱尉：《跨媒体传播与国民阅读方式变革》，《编辑之友》2010 年第 9 期。

朱烨洋：《业界畅谈阅读的改变》，《中国出版》2012 年第 6A 期。

朱原谅、曹夷：《基于图式理论的网络阅读研究》，《农业图书情报学刊》2011 年第 6 期。

朱韫慧等：《新生代农民工公益出版物现状及平台构建》，《新闻界》2011年第6期。

祝君波：《盛大、嘉德、现代启示录》，《编辑学刊》2013年第1期。

中文专著（含译著）

［德］沃尔夫冈·依瑟尔：《阅读行为》，湖南文艺出版社1991年版。

［苏］瓦·阿·苏霍姆林斯基：《给教师的建议》，教育科学出版社1984年版。

［法］埃斯卡皮：《文学社会学》，浙江人民出版社1987年版。

［法］卡特琳娜·萨雷丝：《古罗马人的阅读》，广西师范大学出版社2005年版。

［法］罗贝尔·埃斯皮卡尔：《文化社会学》，上海译文出版社1998年版。

［加拿大］阿尔维托·曼古埃尔：《阅读史》，商务印书馆2002年版。

［加拿大］马歇尔·麦克卢汉：《人的延伸：媒介通论》，四川人民出版社1992年版。

［美］阿历克斯·英格尔斯：《人的现代化》，四川人民出版社1985年版。

［美］奥利维亚·戈德史密斯：《畅销书》，机械工业出版社2004年版。

［美］贝克·哈克斯：《阅读致富》，四川大学出版社2003年版。

［美］房龙：《欧洲印刷史话》，北京出版社2001年版。

［美］霍华德·莱茵戈德：《网络素养：数字公民、集体智慧和联网的力量》，电子工业出版社2013年版。

［美］杰米·特纳、列什马·沙阿：《社会化媒体运营》，中国人民大学出版社2013年版。

［美］凯文·凯利：《失控：全人类的最终命运和结局》，新星出版社2010年版。

［美］罗伯特·达恩顿：《阅读的未来》，中信出版社2011年版。

［美］罗伯特·达恩顿：《拉莫莱特之吻：有关文化史的思考》，华东师范大学出版社2011年版。

［美］莫提摩·J.艾德勒、查尔斯·范多伦：《如何阅读一本书》，商务印书馆2004年版。

［美］尼古拉斯·卡尔：《浅薄：互联网如何毒化了我们的大脑》，中信出版社2010年版。

[美] 尼古拉斯·米尔佐夫：《视觉文化导论》，江苏人民出版社 2006 年版。

[美] 赛弗林、坦卡特：《传播学的起源、研究与应用》，福建人民出版社 1985 年版。

[美] 斯坦利·巴兰等：《大众传播理论：基础、争鸣与未来》，清华大学出版社 2004 年版。

[美] 小赫伯特·S.贝利：《图书出版的科学与艺术》，武汉大学出版社 1987 年版。

[美] 小约翰：《传播理论》，中国社会科学出版社 1999 年版。

[美] 特里斯、阿伯特：《用户体验度量》，机械工业出版社 2009 年版。

[美] 约翰·费斯克等：《关键概念：传播与文化研究辞典》，新华出版社 2004 年版。

[新西兰] 史蒂文·罗杰·费希尔：《阅读的历史》，商务印书馆 2009 年版。

[英] 安东尼·吉登斯：《社会学（第四版）》，北京大学出版社 2003 年版。

[英] 奥利弗·博伊德—巴雷特等：《媒介研究的进路：经典文献读本》，新华出版社 2004 年版。

[英] 霍尔、布鲁克·杰克逊：《书，阅读》，武汉大学出版社 2007 年版。

[英] 毛姆：《书与你：阅读的艺术》，上海翻译出版公司 1988 年版。

[英] 弥尔顿：《论出版自由》，商务印书馆 1958 年版。

[英] 斯科特·拉什、[美] 西莉亚·卢瑞：《全球文化工业——物的媒介化》，社会科学文献出版社 2010 年版。

[英] 斯坦利·昂温：《出版概论》，中国书籍出版社 1989 年版。

[英] 维克托·迈尔—舍恩伯格、肯尼斯·库克耶：《大数据时代：生活、工作与思维的大变革》，浙江人民出版社 2013 年版。

[英] 伊恩·麦高文等：《国际出版原则与实践》，中国书籍出版社 2000 年版。

[英] 约翰·伯格：《观看之道》，广西师范大学出版社 2007 年版。

[英] 约翰·基恩：《媒体与民主》，社会科学文献出版社 2003 年版。

[英] 约翰·凯里：《阅读的至乐——20 世纪最令人快乐的书》，译林出版社 2009 年版。

巴丹：《阅读改变人生——中国当代文化名人读书启示录》，东方出版社 2004 年版。

仓理新：《书籍传播与社会发展——出版产业的文化社会学研究》，首都师范大学出版社 2007 年版。

曹明海、宫梅娟：《理解与建构——语文阅读活动论》，海洋大学出版社 1998 年版。

曹乃鹏：《网络受众心理行为研究——一种信息查寻的研究范式》，新华出版社 2002 年版。

曾祥芹等：《古代阅读论》，大象出版社 1992 年版。

曾祥芹等：《阅读学原理》，大象出版社 1992 年版。

曾祥芹、韩雪屏：《阅读学原理》，大象出版社 1992 年版。

曾祥芹：《阅读改变人生》，中国海洋大学出版社 2003 年版。

曾祥芹：《阅读学新论》，语文出版社 1999 年版。

陈建龙：《信息市场经营与信息用户》，科学技术文献出版社 1994 年版。

陈燕丽等：《阅读行为的调查与分析》，天津教育出版社 2007 年版。

陈幼华：《畅销书风貌》，武汉大学出版社 2007 年版。

邓小昭等：《网络用户信息行为研究》，科学出版社 2010 年版。

董海军：《社会调查与统计》，武汉大学出版社 2009 年版。

杜学增：《英语阅读的方法和技能》，外语教学与研究出版社 1996 年版。

葛颖：《电影阅读方法与实例》，复旦大学出版社 2007 年版。

顾晓鸣：《阅读的战略》，上海人民出版社 1985 年版。

郝振省、陈威：《中国阅读——全民阅读蓝皮书》（第二卷），中国书籍出版社、海天出版社 2011 年版。

郝振省、陈威：《中国阅读——全民阅读蓝皮书》（第一卷），中国书籍出版社、海天出版社 2009 年版。

洪子诚：《我的阅读史》，北京大学出版社 2011 年版。

胡昌平、乔欢：《信息服务与用户》，武汉大学出版社 2001 年版。

胡惠林：《文化政策学》，上海文艺出版社 2003 年版。

胡继武：《现代阅读学》，中山大学出版社 1991 年版。

黄娟娟：《认字、识字就等于早期阅读吗——2—6 岁婴幼儿早期阅读教育方案新探》，中山大学出版社 2006 年版。

黄俊贵等：《社会阅读与图书馆服务》，安徽大学出版社 2010 年版。

黄理彪：《图书出版美学》，首都师范大学出版社1998年版。

康晓光等：《中国人读书透视：1978—1998大众读书生活变迁调查》，广西教育出版社1998年版。

李彬：《符号透视：传播内容的本体诠释》，复旦大学出版社2003年版。

李德昌：《信息人社会学——势科学与第六维生存》，科学出版社2007年版。

李广建：《青少年阅读心理与读书方法》，海洋出版社1993年版。

李培林：《读图时代的媒体与受众》，新华出版社2005年版。

李新祥：《出版传播学》，浙江大学出版社2007年版。

李新祥：《出版学核心：基于学科范式的范畴、方法与体系研究》，中国书籍出版社2010年版。

林崇德、杨治良、黄希庭：《心理学大辞典》，上海教育出版社2003年版。

刘德寰：《年龄论——社会空间中的社会时间》，中华工商联合出版社2007年版。

刘燕南等：《国际传播受众研究》，中国传媒大学出版社2011年版。

龙协涛：《文学阅读学》，北京大学出版社2004年版。

马笑霞：《阅读教学心理学》，河北教育出版社1997年版。

莫雷：《阅读与学习心理的认知研究》，北京师范大学出版社2000年版。

钱玉芬：《传播心理学》，威仕曼文化事业股份有限公司（台北）2007年版。

卿家康：《文献社会学》，武汉大学出版社1994年版。

卿家康：《阅读与阅读艺术》，知识出版社1991年版。

全国国民阅读调查课题组：《全国国民阅读调查报告（2008）》，中国书籍出版社2009年版。

全国国民阅读调查课题组：《全国国民阅读调查报告（2009）》，中国书籍出版社2011年版。

全国国民阅读调查课题组：《全国国民阅读调查报告（2010）》，中国书籍出版社2013年版。

全国国民阅读调查课题组：《全国国民阅读调查报告（2011）》，中国书籍出版社2013年版。

全国国民阅读调查课题组：《全国国民阅读与购买倾向抽样调查报告

（2004）》，中国出版科学研究所 2004 年版。

全国国民阅读调查课题组：《全国国民阅读与购买倾向抽样调查报告（2006）》，中国书籍出版社 2006 年版。

邵培仁：《媒介地理学：媒介作为文化图景的研究》，中国传媒大学出版社 2010 年版。

沈德立：《学生汉语阅读过程中眼动研究》，教育科学出版社 2001 年版。

宋有权：《中国广播受众学》，中国广播电视出版社 1998 年版。

汪少林等：《书的知识手册》，百花洲文艺出版社 1990 年版。

图书情报工作杂志社：《国民阅读推广与图书馆》，海洋出版社 2011 年版。

王龙：《阅读研究引论》，天马图书有限公司 2003 年版。

王余光、徐雁：《中国读书大辞典》，南京大学出版社 1999 年版。

魏之渊：《教师阅读地图》，文化艺术出版社 2011 年版。

文军等：《当代中国人精神生活调查研究》，经济科学出版社 2009 年版。

吴敬琏等：《中国未来 30 年》，中央编译出版社 2011 年版。

吴慰慈等：《图书馆学概论》，北京图书馆出版社 2002 年版。

向继东：《新启蒙年代：我的 80 年代的阅读》，广东人民出版社 2011 年版。

徐冲：《做书店：转型期中国书业的终端记录》，广西师范大学出版社 2011 年版。

徐雁、陈亮：《全民阅读参考读本》，海天出版社 2011 年版。

谢新洲：《数字出版技术》，北京大学出版社 2002 年版。

张必隐：《阅读心理学》，北京师范大学出版社 2004 年版。

张维特：《30 年中国人的阅读心灵史》，中国对外翻译出版公司 2008 年版。

支庭荣：《大众传播生态学》，浙江大学出版社 2004 年版。

中国大百科全书编写委员会：《中国大百科全书·教育卷》，中国大百科全书出版社 1985 年版。

中国社会科学院语言研究所词典编辑室：《现代汉语词典》，商务印书馆 2001 年版。

衷克定：《在线学习与发展》，高等教育出版社 2011 年版。

周庆华：《阅读社会学》，扬智文化事业股份有限公司（台北）2003

年版。

朱作仁：《教育辞典》，江西教育出版社1987年版。

中文学位论文

陈晶晶：《跨屏情境下数字阅读产品用户界面模式研究》，湖南大学，2012年。

陈音：《阅读爱好对人格影响的研究》，广州中医药大学，2006年。

冯留燕：《全民阅读推广活动中的阅读推广项目运作策略研究》，云南大学，2011年。

冯瑜：《在全民阅读背景下图书馆化解阅读危机的策略研究》，辽宁师范大学，2010年。

郭慧娟：《"读屏时代"大学生手机阅读研究》，天津师范大学，2012年。

江叶婵：《手机阅读内容研究》，安徽大学，2011年。

李玥：《大学生网络阅读的价值分析》，北京邮电大学，2012年。

李玥：《电子阅读器对数字阅读的影响及未来趋势发展分析》，华东师范大学，2011年。

梁炎鑫：《手机阅读出版研究》，河北大学，2010年。

刘玮玮：《图书馆推进全民阅读的服务模式研究》，东北师范大学，2012年。

卢锋：《阅读的价值、危机与出路》，苏州大学，2013年。

吕学财：《图书馆的阅读推广活动研究》，吉林大学，2008年。

潘文娜：《手机阅读现状分析与用户接受行为研究》，华中科技大学，2011年。

庞晓莉：《手机阅读产业价值链研究》，安徽大学，2012年。

乔菊英：《近年来中国与相关地区、国家国民阅读状况比较研究》，华中师范大学，2009年。

夏叶：《青少年主流阅读倾向研究》，北京印刷学院，2006年。

许琳瑶：《从"振兴中华"读书活动到全民阅读推广工作：1982—2012》，南京大学，2013年。

杨程：《文化视域下的我国网络阅读研究》，湘潭大学，2010年。

赵曦：《数字阅读背景下书籍设计中纸质形态的研究》，苏州大学，2012年。

周雅蕾:《基于大学生手机阅读需求的手机出版策略》,湖南大学,2012年。

曾俊全:《手机阅读消费者购买决策驱动因素研究》,北京邮电大学,2012年。

中文报纸文献

陈晓民:《阅读:知识经济时代的"套利"之道》,《21世纪经济报道》2013年7月22日第20版。

戴炜:《加强社会阅读,提高人民素质》,《证券日报》2006年2月26日。

范军:《图书阅读率下降的十个影响因素》,《中国图书商报》2007年7月3日第A02版。

聂震宁:《国民阅读力问题应引起关注》,《工人日报》2007年3月9日第6版。

全民阅读活动组织协调办公室:《推动阅读成为时尚——关于全国读书活动的调查报告》,《中国新闻出版报》2008年4月23日第4版。

汪敏华:《阅读革命——激发新阅读产业》,《解放日报》2005年8月13日第13版。

许嘉璐:《实话实说"全民阅读与社会进步"》,《中华读书报》2007年5月9日。

阎海东:《从经典阅读到泛阅读30年》,《中国图书商报》2008年4月22日第1版。

周朗等:《危机与希望并存,国民阅读在路上》《人民日报》2008年4月8日第15版。

中文电子文献

1. 网页文献

[美]麦克·沙特金:《书店未来走向大预测》,http://www.bookdao.com/article/67085/? term=478&ismail=9。

《"E时代的阅读"成为中国幼儿成长新课题》,http://edu.ifeng.com/gundong/detail_ 2012_ 05/16/14574431_ 0. shtml。

《"第九次全国国民阅读调查"十大结论》,http://www.wenming.cn/wmzg_qmydhd/zhutihuodong/201204/t20120423_ 624946_ 1. shtml。

《"浅阅读"时代不能没有"深阅读"》，http：//news.ifeng.com/gundong/detail_ 2012_ 04/24/14107580_ 0.shtml?_ from_ ralated。

《"新阅读时代"将读书进行到底》，http：//www.cnr.cn/gundong/201112/t20111205_ 508881471.shtml。

《〈读者〉迎来30岁生日，积极拓展电子阅读市场》，http：//news.cntv.cn/20110416/109331.shtml。

《中国人移动阅读报告出炉，阅读进入"云"时代》，http：//www.xw-wb.com/web/wb2008/wb2008news.php?db=16&thisid=114069。

《2011年欧美书业热点：传统出版拥抱数字阅读》，http：//www.chinanews.com/cul/2011/12-20/3546521.shtml。

《2011年我国人口总量及结构变化情况》，http：//www.stats.gov.cn/tjfx/jdfx/t20120118_ 402779722.htm。

《2012十大阅读热点》，http：//www.360doc.com/content/12/1226/11/188532_ 256331833.shtml。

Jürgen Snoeren：《小说新纪元：让阅读在现代社会中死里逃生》，http://www.bookdao.com/article/23413/?type=159。

Peter Osnos：《图书业正在回春：Kindle用户阅读量变4倍》，http://www.bookdao.com/article/52486/。

The new iPad：《再次向纸质阅读发起挑战》，http：//tech2ipo.com/46676/。

艾瑞：《2010—2011年美国电子阅读用户规模显著提升》，http：//www.iresearch.com.cn/View/173808.html。

曹进等：《网络对思维方式及思想发展的正负面影响——基于哲学、社会学、传播学、文化学的分析》，http：//www.qstheory.cn/wz/hlw/201204/t20120423_ 153095.htm。

陈墨：《"十大团购图书"推出阅读新概念》，http：//news.xinhuanet.com/xhfk/2011-06/07/c_ 121504280.htm。

陈宇浩：《读什么不重要只要阅读就好》，http：//ent.163.com/11/0424/06/72CQP6QF00032DGD.html。

程超：《在线阅读将进入付费时代?》，http：//hzdaily.hangzhou.com.cn/dskb/html/2012-06/12/content_ 1287344.htm。

崔清新等：《我国财政性教育经费支出占GDP比例首次实现4%》，http：//

news. sohu. com/20120305/n336688434. shtml。

《当阅读遭遇互联网：2012年数字出版如何破局》，http：//www. techweb. com. cn/news/2012 - 01 - 11/1140863. shtml。

邓燕婷：《深圳新媒体阅读写作引领风潮》，http：//roll. sohu. com/20111216/n329204366. shtml。

《第十次全国国民阅读调查初步研究成果公布》，http：//book. sina. com. cn/newsyc/v/2013 - 04 - 18/1257454088. shtml。

《电子阅读器并未走向末路》，http：//www. admaimai. com/ShuJuJianCe/Detail/7693. htm。

《泛在学习》，http：//baike. baidu. com/view/2226339. htm。

方野：《从"浅浏览"到"深阅读"》，http：//roll. sohu. com/20120604/n344739273. shtml。

傅若岩：《盛大携资本扩张行销渠道，陈天桥全情投入手机阅读博弈》，http：//www. ittime. com. cn/index. php？m = content&c = index&a = show&catid'= 6&id = 29。

邰云雁：《儿童哲学阅读悄然起步，语文课标更加高远》，http：//politics. people. com. cn/h/2011/0721/c226651 - 1336411484. html。

《各方角力中国电子书数字阅读成未来走向》，http：//info. av. hc360. com/2012/03/231033415471. shtml。

耿占春：《阅读的社会学》，http：//acmilanzhu. blog. 163. com/blog/static/10664356120074151110976/。

《国务院关于促进信息消费扩大内需的若干意见》，http：//www. gov. cn/zwgk/2013 - 08/14/content_ 2466856. htm。

果壳姬十三：《脑的阅读观》，http：//tech. qq. com/a/20121015/000140. htm。

韩文嘉：《民营书店：等救还是自救》，http：//news. china. com. cn/rollnews/2012 - 02/23/content_ 12870317. htm。

胡伟：《网络民主：机遇与挑战》，http：//www. qstheory. cn/tbzt/2012tbzt/2012lh/tbgz/wlgl/200911/t20091103_ 14508. htm。

《互联网带给传统媒介的变革研究》，http：//www. 100ec. cn/detail - 5157862. html。

黄海均：《阅读形态的迁移》，http：//www. chinaz. com/manage/2012/0521/252888. shtml。

黄鑫：《数字阅读市场将进一步细分，多屏幕多终端纵深发展》，http：//finance. people. com. cn/GB/70846/17253150. html。

《解读高中生阅读心理现状》，http：//news. xinmin. cn/rollnews/2012/12/21/17751151. html。

金梁：《互联网运营商发力"移动阅读"新战场》，http：//jrzb. zjol. com. cn/html/2012-06/12/content_1564784. htm? div=-1。

《抗衡数字阅读，纸质书走精装路线》，http：//www. bookdao. com/article/41688/。

《酷云阅读首发评测：将个性化阅读发展到极致》，http：//www. pcpop. com/doc/0/752/752230. shtml。

李克强：《企业上项目经过27个部门影响创业积极性》，http：//news. 163. com/13/0515/00/8USIFRU600014JB5_all. html#p1。

李爽：《浅阅读让人浮躁》，http：//book. qq. com/a/20120809/000044. htm。

李文舒、林叶青：《美四大机构五项调查：谁在使用iPad?》，http：//news. xinhuanet. com/newmedia/2011-11/11/c_122266373_4. htm。

郦亮：《童书"贵族化"有隐忧》，http：//book. sina. com. cn/news/v/2013-05-30/0952477440. shtml。

梁书斌：《杀出"重围"的手机阅读》，http：//business. sohu. com/20110614/n310048174. shtml。

梁宵：《有价阅读乃新媒体传播大势所趋》，http：//www. cb. com. cn/1634427/20111022/290385_3. html。

林文宝：《给孩子阅读，不是沉重的书包》，http：//roll. sohu. com/20120411/n340247769. shtml。

娄池：《联想如何用7年超越三星? 新兴市场成胜负关键》，http：//www. techweb. com. cn/news/2013-05-24/1298745. shtml。

绿茶：《我的阅读分享和主张》，http：//news. ifeng. com/gundong/detail_2012_01/01/11712173_0. shtml?_from_ralated。

马翠莲：《阅读不死，书店不亡》，http：//www. shfinancialnews. com/xww/2009jrb/node5019/node5051/node5064/userobject1ai92617. html。

马云驰：《自治的民间社会更有助于社会和谐》，http：//jb. sznews. com/html/2010-01/30/content_950392. htm。

梅芳燕、叶辉：《浙江省新华书店推出"农村小连锁"》，http：//www. gmw. cn/

01gmrb/2009 – 08/22/content_ 968069. htm。

《名家向中小学生推荐阅读书目》，http：//news. ifeng. com/gundong/detail_ 2012_ 08/15/16804524_ 0. shtml。

彭富春：《当前中国文化存在的 N 种问题——当代文化现象一瞥》，http：// news. xinhuanet. com/book/2006 – 02/28/content_ 4237376. htm。

屈一平：《微博：碎片阅读之忧》，http：//news. sohu. com/20120514/ n343112971. shtml。

《让阅读成为孩子的生活习惯》，http：//roll. sohu. com/20120101/ n330937596. shtml。

任晓宁：《2012 年第一季度中国手机阅读市场总营收增速 2.57%》，http：//news. qq. com/a/20120531/001033. htm。

阮凌：《未来"书"的模样》，http：//www. ftchinese. com/story/001037206? full = y。

石剑峰：《各方角力中国电子书，数字阅读成未来走向》，http：//news. cnfol. com/120315/101, 1587, 11976378, 00. shtml。

《手机阅读市场付费意愿萎缩》，http：//www. techweb. com. cn/data/2011 – 10 – 09/1103462. shtml。

舒文：《全民阅读任重道远》，http：//book. people. com. cn/GB/14314536. html。

《数字化阅读发展迅猛，增势均强于传统阅读》，http：//www. chuban. cc/ztjj/yddc/2012yd/201204/t20120426_ 105907. html。

宋晓梦：《专家推荐小学生基础阅读书目在国家图书馆发布》，http：// www. wenming. cn/wcnr_ pd/xxyz/201105/t20110506_ 168359. shtml。

《体验的〈爆米花报告〉》，http：//www. cnw. com. cn/cnw_ old/2004/ htm2004/2004128_ 14118. htm。

《体验式阅读：开启悦读时代》，http：//biz. xinmin. cn/2012/11/26/ 17329368. html。

童桦：《年轻人爱上移动阅读》，http：//news. china. com. cn/rollnews/ 2012 – 03/23/content_ 13430871. htm。

图林老姜：《关于阅读的生意，它是怎样赚钱的呢》，http：//blog. sina. com. cn/s/blog_ 6a02bc0701011t8n. html。

王传涛：《电视新闻，应赋予聋人阅读的权利》，http：//opinion. people. com. cn/GB/15756399. html。

王光明：《王泉根谈儿童阅读黄金定律》，http：//finance. qq. com/a/20100406/ 000922. htm。

王国华：《文化，从阅读开始》，http：//www. wenming. cn/wxys/shuhua/201112/t20111227_ 440965. shtml。

王坤宁、牛春颖：《全国人大代表朱永新：财政出资设立国家阅读基金》，http：//funds. hexun. com/2012 - 03 - 13/139276092. html。

王强：《数字化时代的阅读》，http：//blog. sina. com. cn/s/blog _ 59875d970100wbly. html。

王玉梅、朱烨洋：《13位全国政协委员建议将阅读指数纳入文明城市指标体系》，http：//news. hexun. com/2012 - 03 - 08/139106653. html。

《网络写手"和菜头"暂别微博，称碎片化阅读伤脑》，http：//www. yicai. com/news/2012/10/2182902. html。

《微博盛行掀碎片阅读之忧，专家称社交便利未善用》，http：//www. china. com. cn/education/2012 - 05/17/content_ 25410257. htm。

《微阅读盛行，未必是阅读之危》，http：//bjyouth. ynet. com/3. 1/1212/14/7681053. html。

《未来纸质阅读会不会成为一种奢侈？》，http：//roll. sohu. com/20120105/n331196794. shtml。

《我国个人电子阅读终端超1.5亿人》，http：//roll. sohu. com/20111225/n330159947. shtml。

吴越：《后iPad时代，数字出版如何跟上》，http：//whb. news365. com. cn/ ewenhui/whb/html/2012 - 01/09/content_ 65. htm。

吴祚来：《实体书店的命运该如何拯救》，http：//www. bjnews. com. cn/news/2011/03/13/110559. html。

奚国华：《互联网：经济变革的重要引擎》，http：//www. cnii. cn/20080623/ca546382. htm。

徐贲：《阅读和"精明的公民"》，http：//blog. sina. com. cn/s/blog _ 4cacf1f30102dqoy. html，2011. 07. 16。

徐晗：《12万人注册手机版"职工书屋"首批十名 "阅读达人"产生》，http：//ld. eastday. com/l/20110820/u1a912917. html。

徐雁：《国民的阅读效率和阅读量"不断倍增"》，http：//news. eastday. com/gd2008/e/2011/1231/1654478802. html。

《学龄前儿童阅读兴趣的培养》，http：//baby.sina.com.cn/edu/07/0509/091995656.shtml。

杨帆：《阅读救自己——台湾著名出版人高希均主题演讲记》，http：//news.163.com/11/0424/01/72CA3F2K00014AED.html，2011.04.24。

杨涛：《思考：数字阅读改变"传统"阅读习惯》，http：//tech2ipo.com/56107。

辛士红：《党报的"深阅读"与"浅阅读"》，http：//www.zjol.com.cn/05cjr/system/2004/09/30/003409785.shtml。

易观国际：《中国手机终端市场销量预测（2010—2015）》，http：//tele.ctiforum.com/jishu/tongxin/tongxinyewujishu/shouji/jishudongtai/336220.html。

许光耀：《数字阅读可能影响儿童学习能力提高》，http：//www.people.com.cn/h/2012/0131/c25408-2828724368.html。

易观国际：《2012年Q3中国平板电脑销量达260.4万台，环比增长11.3%》，http：//www.199it.com/archives/74807.html。

《有多少父母懂得早期阅读》，http：//baby.163.com/10/1228/16/6P0L1E-6500262I2G.html。

《阅读，让我们的世界更丰富》，http：//news.ifeng.com/gundong/detail_2012_01/01/11712173_0.shtml?_from_ralated。

《阅读的未来：电子书给文学带来别样的生动》，http：//www.soft6.com/news/201203/12/211898.html。

《阅读的未来》，http：//culture.ifeng.com/gundong/detail_2012_03/18/13268060_0.shtml。

罗阳佳：《阅读素养：孩子面向未来的基础能力》，http：//paper.jyb.cn/zgjyb/html/2011-03/17/content_43647.htm。

张弘：《"旅途阅读"和我们的生活》，http：//www.bjnews.com.cn/ent/2011/04/30/121187.html，2011.04.30。

张杰：《一"网"打尽小书店？出版人：此说木有想象力》，http：//www.wccdaily.com.cn/epaper/hxdsb/html/2011-08/19/content_369217.htm。

张树华、张涵：《什么是读者研究》，http：//www.slibrary.com/news_detai.lphp?newsid=303&catid=3/2004-10-22。

张修枫：《爱阅读的德国人》，http：//www.dfdaily.com/html/63/2012/4/18/778597.shtml。

张映娣、张小慰：《谁来关注盲人的阅读需求？》，http：//www.pep.

com. cn/cbck/2005_12xz464/201012/t20101229_998273. htm。

赵子龙:《互联网革了当代艺术形态的命》,http://tech. sina. com. cn/i/2012-08-11/10507493943. shtml。

郑红:《新阅读时代与报纸生存空间》,http://media. people. com. cn/GB/137684/15499132. html。

郑峻:《专访Flipboard创始人:数字阅读将取代纸质报刊》,http://tech. sina. com. cn/i/2012-03-24/08066871150. shtml。

郑晓龙:《电子出版走向没落,数字出版异军突起》,http://www. jyb. cn/book/rdss/200903/t20090325_258210. html。

《中国图书商报联合读吧网第五次发布中国电子图书发展趋势报告》,http://book. sina. com. cn/news/v/2011-05-09/1758286161. shtml。

《周大伟:中国小城镇为何不见公共图书馆?》,http://view. 163. com/12/1108/11/8FPL52F700014MO9. html。

周浩:《从小培养孩子阅读习惯》,http://news. 163. com/11/0514/03/7400TP4100014AED. html。

周宇:《价格居高不下,国家图书馆怎么了》,http://news. 163. com/05/0322/11/1FEP1VMF0001120T. html。

朱洪举:《数字时代纸质书籍的韵味》,http://book. douban. com/review/4955796/。

朱玲:《"个人出版"成书业焦点》,http://bjyouth. ynet. com/3.1/1204/20/7007890. html。

朱玲:《书博会首设阅读大使》,http://bjyouth. ynet. com/3.1/1112/03/6558977. html。

朱永新:《一个民族的精神境界取决于阅读水平》,http://www. chinanews. com/cul/2012/01-06/3584563. shtml。

2. 网站

中国出版网——全民阅读调查专题,http://www. chuban. cc/ztjj/yddc/。

中国人民大学中国调查与数据中心,http://www. nsrcruc. org/index/aboutus。

全国新闻出版统计网,http://www. ppsc. gov. cn/tjsj/。

问卷星,http://www. sojump. com。

中国互联网络信息中心,http://www. cnnic. net. cn/。

中国全民阅读网，http：//www.cnreading.org/。

深圳全民阅读网，http：//www.szsky.com/。

中文在线—全民阅读网，http：//www.chineseall.org/。

中国文明网，http：//www.wenming.cn/qmyd_pd/。

全民阅读，http：//www.lib-read.org/。

外文文献

Andrew Berg, "Reading the Future of the Digital Book", *Wireless Week*, May/June 2009, p. 10.

Andrew Piper, *Book Was There: Reading in Electronic Times*, University of Chicago Press, 2012.

Anne Burke & Jennifer Rowsell, "Screen Pedagogy: Challenging Perceptions of DigitalReading Practice", *Changing English: Studies in Culture and Education*, 2008, 15：4, 445-456.

Arua E. Arua, Comfort E. Arua, "The Reading Behavior of Junior Secondary Students During School Holidays in Botswana", *Journal of Adolescent & Adult Literacy*, May 2011.

Birkerts, Sven, "Reading In A Digital Age: Notes on Why The Novel and The Internet Are Opposites, And Why The Latter Both Undermines The Former And Makes It more Necessary", *American Scholar*, Spring 2010.

Chen Nian-Shing, TengDaniel Chia-En, Lee Cheng-Han & Kinshuk, "Augmenting Paper-based Reading Activity With Direct Access To Digital Materials and Scaffolded Questioning", *Computers & Education*; Sep. 2011, Vol. 57, Issue 2, pp. 1705-1715.

Chorianopoulos et al., "Reading Behaviour of the Greek Population 1998-1999: National Book Centre of Greece", *Publishing Research Quarterly*, Summer 2000.

Doris Lessing, "On Not Winning the Nobel Prize", http://nobelprize.org/nobe_prizes/literature/laureates/2007/lessing; ectiure_en.html.

Dresang Eliza, T., Kotrla Bowie, "Radical Change Theory and Synergistic Reading for Digital Age Youth", *Journal of Aesthetic Education*, Summer 2009, pp. 92-107.

"E-mails Hurt IQ More Than Pot", http://edition.cnn.com/2005/WORLD/europe/04/22/text.iq/.

Erika Packard, "It's Fun, But Does It Make You Smarter", *Monitor Staff*, November 2007.

Esther Uso-Juan & Noelia Ruiz Madrid, "Reading Printed Versus Online Tests, A Study of EFL learners' Strategic Reading Behavior", *International Journal of English Studies*. Vol.9 (2), 2009, pp.59-79.

Evelyn B. Tribble, *Writing Material: Readings From Plato to the Digital Age*, Longman Inc. 2002.

Frank B. Withrow, *Literacy in the Digital Age: Reading, Writing, Viewing and Computing*, Scarecrow Education, 2004.

Hillesund, Terje, "Digital Reading Spaces: How Expert Readers Handle Books, The Web And Electronic Paper", *First Monday*, Apr.2010, Issue 4, p.1.

Jeff Gomez, *Print Is Dead: Books in our Digital Age*, Palgrave Macmillan, 2007.

Jennifer Rowsell & Anne Burke, "Reading By Design: Two Case Studies Of Digital Reading Practices", *Journal of Adolescent & Adult Literacy*, 53 (2), October 2009, pp.106-118.

Jennifer Rowsell & Anne Burke, "Screen Pedagogy: Challenging Perceptions of Digital Reading Practice", *Changing English*, Vol.15, No.4, December 2008, pp.445-456.

Joanne Garde-Hansen, *Save as Digital Memories*, Palgrave Macmillan, 2009.

Kenton O'Hara & Abigail Sellen, "A Comparison of Reading Paper and On-Line Documents", CHI, March 1997, pp.22-27.

Kevin Jeffay, Hong Jiang Zhang, *Readings in Multimedia Computing and Networking*, Morgan Kaufmann Publishers Inc. 2001.

Kouider Mokhtari, Carla A. Reichard, Anne Gardner, "The Impact of Internet and Television Use on theReading Habits and Practices of College Students", *Journal of Adolescent & Adult Literacy*, April 2009.

Leopoldina Fortunati & Jane Vincen, "Sociological Insights On The Comparison of Writing/Reading", http://dx.doi.org/10.1016/j.tele.2013.02.005.

Leslie Henry, "Books And The Consumer: The Who, What, And Why Of Consumer Book Purchasing", *Publishing Research Quarterly*, Fall 1993.

Lotta C. Larson, "Digital Readers: The Next Chapter in E-Book Reading and Response", *The Reading Teacher*, 64 (1), pp. 15-22.

Mahmood, Khalid, "Libraries and Promotion of Reading Habits in the Digital Age", *Pakistan Library & Information Science Journal*, Sep. 2004, Vol. 35, Issue 3, pp. 18 – 24.

Marc Prensky, "Digital Natives, Digital Immigrants Part 2: Do They Really Think Differently?", *On the Horizon*, Vol. 9, 2001, pp. 1 – 6.

Maynard, Sally, "The Impact of E-Books on Young Children's Reading Habits", *Publishing Research Quarterly*, Dec. 2010, Vol. 26, Issue 4, pp. 236 – 248.

N. Katherine Hayles, *How We Think: Digital Media and Contemporary Technogenesis*, University of Chicago Press, 2012.

National Endowment for the Arts, "Reading at Risk: A Survey of Literary Reading in America", 2004, http://www.nea.gov/pub/reading at risk.pdf.

National Endowment for the Arts, "To Read or Not to Read: A Question of National Consequence", 2007.

National Endowment for the Arts, "Reading on the Rise: A new chapter in American Literacy", 2009.

Sarah Ann Long, "Who's Reading in the United States?", *New Library World*, Vol. 106, No. 1208/1209, 2005, pp. 80 – 82.

O. Goldstein, Y. Shaham, T. Naftali, F. Konikoff, A. Lavy & R. Shaoul, "Toilet Reading Habits in Israeli Adults", *Neurogastroenterol Motil*, 2009 (21), pp. 291 – 295.

R. Colin Johnson, "E-Books: Battle Brews Over Display Alternatives", *Electronic Engineering Times*, February 22, 2010, p. 26.

R. W. Burniske, *Literacy in the Digital Age*, Corwin Press Inc. 2007, 2nd Revised edition.

Renee R. Hobbs, *Digital and Media Literacy: Connecting Culture and Classroom*, Corwin Press Inc. 2011.

Sandra Hughes – Hassell, Pradnya Rodge, "The Leisure Reading Habits of Urban Adolescents", *Journal of Adolescent & Adult Literacy*, September 2007.

Shafquat Towheed, "Reading in the Digital Archive", *Journal of Victorian Culture*, Vol. 15, No. 1, April 2010, pp. 139 – 143.

Shahriza, "Reading Habits and Attitude in the Digital Age", *Electronic Library*, 2007, Vol. 25, Issue 3, pp. 285 – 298.

Smith, M. Cecil, "The Relationship of Adults' Reading Attitude to Actual Reading Behavior", *Reading Improvement*, Summer 1990, pp. 116 – 121.

Sochocky, Christine, M., "Young Adult Reading Habits in Ukraine", *The Annual Conference of the International Association of School Librarianship* 23rd, Pittsburgh, Pennsylvania, July 1994, pp. 17 – 22.

Steven Levy, "The Future of Reading: Books Aren't Dead, They're Just Going Digital", *Newsweek Cover Feature*, Nov. 2007, pp. 57 – 64.

Ulla Johnsson – Smaragdi, Annelis Jonsson, "Book Reading in Leisure Time: Long – Term Changes in Young Peoples' Book Reading Habits", *Scandinavian Journal of Educational Research*, Vol. 50, No. 5, November 2006, pp. 519 – 540.

Ziming Liu, "Reading Behavior in the Digital Environment: Changes in Reading Behavior Over the Past Ten Years", *Journal of Documentation*, Vol. 61, Issue 6, 2005, pp. 700 – 712.

Ziming Liu, *Reading Behavior in the Digital Environment*, Documents in the Information Age, London, 2008, pp. 53 – 70.

Maryanne Wolf, "Learning to Think in a Digital World", http://www.bostoncom/news/globe/editorial_opinion/oped/articles/2007/09/05/learning_to_think_in_a_digital_world/.

Jensen & Rosengren, "Five Traditions in Search of Audience", *European Journal of Communication*, 1990 (5): 207 – 238.

附　录

调 查 问 卷

数字时代我国国民阅读行为变化情况调查问卷

尊敬的读者：

您好！为了全面了解数字时代我国国民在阅读行为方面所发生的变化，总结、分析数字化背景下我国国民阅读行为的特征与规律，我们开展本次调查。您的回答对我们十分重要，希望您能根据自己的实际情况填写这份问卷。我们将承诺保密您的信息。谢谢！

课题组

第一部分：背景资料

1. 与您联系的访问员编号是：_____号。（填空题，必答题）
2. 您的性别是_____。（1）男　（2）女　（单选题，必答题）
3. 请输入您的出生日期：_____年_____月_____日。（填空题，必答题）
4. 您所在的城市是_____。（填空题，必答题）
5. 您第一次上网是在哪一年？_____年。（填空题，必答题）
6. 您的学历是_____。（单选题，必答题）
（1）初中及以下　（2）高中/中专/技校　（3）大专　（4）本科
（5）硕士及以上
7. 您的户籍是_____。（单选题，必答题）
（1）农村居民　（2）城镇居民
8. 您的职业是_____。（单选题，必答题）
（1）企业领导或管理人员　　（2）公检法/军人/武警
（3）学生　　　　　　　　　（4）专业技术人员/教师/医生

（5）机关/事业单位干部　　　（6）私营或个体劳动者

（7）无业及失业人员　　　　（8）工人/商业服务业人员

（9）一般职员/文员/秘书　　（10）离退休人员

（11）其他

9. 如果您是学生，请选择您攻读的学科与专业类别＿＿＿＿＿。（单选题，如果第8题选（3）跳转回答本题）

（1）哲学　（2）经济学　（3）法学　（4）教育学　（5）文学

（6）历史学（7）理学　　（8）工学　（9）农学　（10）医学

（11）艺术学　（12）管理学　（13）中学生

10. 您的婚姻状况是＿＿＿＿＿。（单选题，必答题）

（1）已婚　　　　　（2）未婚

11. 您会上网前可支配的月收入是＿＿＿＿＿。（单选题，必答题）

（1）800元及以下　　（2）801—1500元　　（3）1501—3000元

（4）3001—5000元　　（5）5001—10000元　（6）10001—20000元

（7）20001元及以上

12. 目前您本人可支配的月收入是＿＿＿＿＿。（单选题，必答题）

（1）800元及以下　　（2）801—1500元　　（3）1501—3000元

（4）3001—5000元　　（5）5001—10000元　（6）10001—20000元

（7）20001元及以上

第二部分：主体问卷

13. 阅读对个人发展重要吗？（矩阵量表题，必答题）

阅读对个人发展重要吗	非常重要	重要	一般	不重要	没必要
会上网以前的认识					
现在的认识					

14. 阅读对社会发展重要吗？（矩阵量表题，必答题）

阅读对社会发展重要吗	非常重要	重要	一般	不重要	没必要
会上网以前的认识					
现在的认识					

15. 数字图书会取代纸质图书吗？（矩阵量表题，必答题）

数字图书会取代纸质图书吗	非常同意	同意	说不准	不同意	很不同意
会上网以前的认识					
现在的认识					

16. 数字报纸会取代纸质报纸吗？（矩阵量表题，必答题）

数字报纸会取代纸质报纸吗	非常同意	同意	说不准	不同意	很不同意
会上网以前的认识					
现在的认识					

17. 数字期刊会取代纸质期刊吗？（矩阵量表题，必答题）

数字期刊会取代纸质期刊吗	非常同意	同意	说不准	不同意	很不同意
会上网以前的认识					
现在的认识					

18. 数字阅读会取代纸质阅读吗？（矩阵量表题，必答题）

数字阅读会取代纸质阅读吗	非常同意	同意	说不准	不同意	很不同意
会上网以前的认识					
现在的认识					

19. 会上网以前您的阅读需求主要是_____，目前您的阅读需求主要是_____。（矩阵多选题，必答题）

（1）思想需求　　（2）审美需求　　（3）知识需求
（4）资讯需求　　（5）消遣需求　　（6）刺激需求

20. 请评估您的阅读素养。（矩阵量表题，必答题）

与会上网前相比,现在您	非常同意	同意	说不准	不同意	很不同意
阅读目的更加明确了					
阅读兴趣更浓了					
阅读更加积极了					
阅读能力提高了					
阅读耐心减弱了					
从头到尾读完一本书的次数变少了					
阅读内容更浅显了					
阅读范围更广了					
阅读量变大了					

21. 目前您觉得传统纸质阅读是否能满足您的需要？_____（单选题，必答题）

（1）是的，非常能够满足需求

（2）我觉得受到限制，有些需求无法满足

（3）是的，基本能够满足需求

（4）我觉得受到很大限制，很多需求无法满足

22. 目前您觉得网络数字阅读是否能满足您的需要？_____（单选题，必答题）

（1）是的，非常能够满足需求

（2）我觉得受到限制，有些需求无法满足

（3）是的，基本能够满足需求

（4）我觉得受到很大限制，很多需求无法满足

23. 阅读习惯改变幅度_____（单选题，必答题）

（1）改变很大　　　　（2）有所改变，但程度有限

（3）没什么改变　　　（4）说不准

24. 您认为目前的这种阅读习惯对您个人发展的影响_____。（单选题，必答题）

（1）非常有利　　（2）比较有利　　（3）说不准

（4）比较不利　　（5）非常不利

25. 在会上网以前您使用的阅读媒介是_____。（多选题，必答题）

（1）图书（2）报纸（3）杂志（4）广播（5）电视（6）手机

（7）台式电脑（8）笔记本电脑（9）平板电脑（10）电子阅读器

（11）光盘型媒介（如 CD、VCD、DVD）（12）其他

26. 目前您喜欢的阅读媒介是_____。（多选题，必答题）

（1）图书（2）报纸（3）杂志（4）广播（5）电视（6）手机

（7）台式电脑（8）笔记本电脑（9）平板电脑（10）电子阅读器

（11）光盘型媒介（如 CD、VCD、DVD）（12）其他

27. 您是否愿意为数字阅读付费？（单选题，必答题）

（1）愿意　　　　（2）不愿意　　　（3）看情况

*28. 您愿意接受的数字阅读付费形式是_____。（多选题，27 题选（1）或（2）跳转回答本题）

（1）按流量支付　　　　　　　（2）按包月方式支付

（3）嵌入广告，阅读内容免费　　（4）按内容专区付费

（5）成为会员付费

（6）可以免费阅读部分内容，但阅读全部内容要收费　（7）其他方式

29. 您喜欢的数字阅读付费渠道是_____。（多选题，必答题）

（1）支付宝（2）财付通（3）网银（4）信用卡（5）直接扣除手机话费（6）手机银行（7）购买虚拟货币、充值卡（8）其他

30. 请填写您的媒介使用频率。（表格数值题，必答题）

媒介	会上网以前的媒介使用频率					现在的媒介使用频率				
	每天	每周3—4次	每周1次	每月2—3次	每月1次	不定期	不使用	每天	每周3—4次	每周1次	每月2—3次	每月1次	不定期	不使用
图书										
报纸										
期刊										
广播										
电视										
光盘型载体										
台式/笔记本电脑										
手机										
平板电脑										
电子阅读器										
其他										

31. 请填写您每次媒介使用的大概时长。（表格数值题，必答题）

媒介	会上网以前每次媒介使用大概时长					现在每次媒介使用大概时长				
	0—20分钟	21—40分钟	41—60分钟	1小时以上	不确定	0—20分钟	21—40分钟	41—60分钟	1小时以上	不确定
图书										
报纸										
期刊										
广播										
电视										
光盘型载体										
台式/笔记本电脑										
手机										
平板电脑										
电子阅读器										
其他										

32. 请填写您会上网前对个人阅读的总体满意度。（单选题，必答题）
（1）很满意（2）满意（3）一般（4）不满意（5）很不满意

33. 请填写您现在对个人阅读的总体满意度。（单选题，必答题）
（1）很满意（2）满意（3）一般（4）不满意（5）很不满意

34. 请判断您的阅读情况。（矩阵量表题，必答题）

与会上网前相比，现在您	非常同意	同意	说不准	不同意	很不同意
总体阅读时间更长了					
阅读时间更加零碎了					
在阅读过程中对广告的接受度提高了					
图书馆去得少了					
书店去得多了					
家庭藏书多了					
数字阅读的付费意愿增强了					

35. 请填写您的阅读主题偏好，会上网前是_____，现在是_____。（矩阵多选题，必答题）

（1）社会新闻（包括娱乐、体育等）

（2）行业信息（金融、IT、汽车、房产、旅游、餐饮、家电等）

（3）生活常识　（4）时尚消费　（5）文学/历史/军事/艺术

（6）职业发展/专业知识　　（7）流行文化　（8）情感/两性

（9）婚姻/家庭/育儿　　　（10）其他

36. 您偏好的作品类型，会上网前是_____，现在是_____。（矩阵多选题，必答题）

（1）平面文字作品　（2）纯音频作品（如听书）（3）平面图片作品（4）音视频作品

37. 您偏好的音视频作品长度（时长），会上网前是_____，现在是_____。（矩阵多选题，必答题）

（1）1分钟左右　　（2）5分钟左右　　（3）20分钟左右

（4）1小时左右　　（5）2小时左右　　（6）5小时左右

38. 您偏好的文字类作品长度，会上网前是_____，现在是_____。（矩阵多选题，必答题）

（1）100字左右　　（2）1000字左右　　（3）1万字左右

（4）10万字左右　（5）100万字左右　（6）1000万字左右

39. 请对您的阅读方式作出判断。（矩阵量表题，必答题）

与会上网前相比，现在您	非常同意	同意	说不准	不同意	很不同意
研究性阅读多了					
泛读多了					
所从事的工作/职业/专业需要您开展大量阅读					
喜欢通过网络分享自己的阅读心得					

40. 请选择您的阅读场所偏好。（矩阵多选题，必答题）

（1）家中/寝室　　　　　（2）书店　　　　（3）咖啡店/茶馆

（4）旅行途中的火车/飞机/汽车/轮船上　　（5）办公室/教室

（6）上班途中的地铁/公交车上　　　　　　（7）图书馆

（8）公园　　　（9）其他

41. 请您评价阅读环境。（矩阵量表题，必答题）

与您会上网前相比	非常同意	同意	说不准	不同意	很不同意
目前您个人的阅读环境变好了					
目前我国社会阅读环境总体上变差了					

42. 请您评价我国的阅读政策。（矩阵量表题，必答题）

在促进国民阅读方面，您认为	非常同意	同意	说不准	不同意	很不同意
政府应该发挥更大的作用					
阅读推广活动开展得比较充分					
国家应该颁布《国民阅读促进法》					
广播、电视、互联网应大力推广阅读					
没必要发展小型社区图书馆或农家书屋					
大学图书馆不应该向社会开放					
书店应该得到政策扶持					
我国没必要开展扫盲工作了					
打击盗版有助于国民阅读良性发展					
推进素质教育有助于国民阅读良性发展					
政府领导、社会知名人士应该在促进国民阅读方面作出表率					
您本人不愿意为促进国民阅读贡献力量					

43. 如果您有促进国民阅读方面的建议和意见，请填写。（填空题，选答题）

44. 本次调查到此结束，感谢您的回答，请留下您的手机号码，以便我们给您寄送奖品（包邮）。您的手机号码是_____。（填空题，选答题）（提示：可以不填联系方式，不过填写联系方式的读者可参与抽奖。一等奖5名，奖品是价值800元的"迪奥女郎"时尚女装。二等奖10名，奖品是价值500元的"迪奥女郎"时尚女装。三等奖20名，奖品是价值300元的"迪奥女郎"时尚女装。幸运奖50名，奖品是《幸福中国人——对话年轻企业家潘存满》图书一册。）

跋

历时四年多，本书终于出版了。正是有了来自各方的支持、指导、帮助、批评、建议、鼓励和参与，本书才能顺利出版。在此，我要表达对大家的感激之情。

在项目立项和研究过程中，我们得到全国哲学社会科学规划办公室的大力支持，得到浙江省哲学社会科学规划办公室、浙江省教育厅的关怀与指导，在此表示衷心感谢。我们要特别感谢对本项目成果进行鉴定、给予我们鼓励的同行专家。

对本项目的研究也是我读博生活的重要主题。读博四年，获益良多。衷心感谢恩师朱静雯教授对我的谆谆教导和关心鼓励。恩师治学严谨、功底深厚，对我影响至深。恩师为人处世的态度和方法给予我深刻启迪。恩师对学生的关爱，让我切身体会到师生间的无私情谊。恩师给了一把学术的尺子，让我可以在科研的道路上丈量；也给了一面生活的镜子，让我处处有参照的榜样。

衷心感谢武汉大学信息管理学院出版科学系的方卿教授、罗紫初教授、黄先蓉教授、吴平教授、徐丽芳教授、张美娟教授、吴永贵教授、沈阳教授、王清教授、王晓光教授、姚永春副教授等诸位导师，他们孜孜不倦的学术追求和认真负责的教学态度令我感佩。武汉大学的陈传夫教授、周耀林教授、黄如花教授、余运华教授、袁银传教授等诸位教授也给予了我很大支持，在此深表感激。

我要感谢为本项目研究和为本人的学习成长提供帮助与支持的多位师长，包括：长江出版传媒集团总编辑周百义编审、北京大学肖东发教授、华中师范大学夏立新教授、南京大学张志强教授、南开大学徐建华教授、浙江教育出版社邱连根编审、浙江人民出版社叶国斌编审、《江南》杂志主编袁敏编审、浙江工商大学梁春芳和潘文年教授、北京印刷学院王彦祥和朱宇教授，还有中国新闻出版研究院郝振省教授、刘拥军教授、魏玉山教授和徐升国研究员等。

感谢我的供职单位浙江传媒学院的各位领导与同事，没有他们的支持，我不可能顺利完成课题研究。感谢我的学生，他们的期待促使我奋力前行。

感谢刘志杰、赵礼寿、宋艳辉、吴亮芳、徐媛、李建红、徐斌、王平、胡吉明、郭伟玲、杨丹丹、胡玉耀、汪全莉、刘畅、李靓、许斐然、孙庆庆、白玉、陈世银、张文萍、张昕、朱状文、于文等同学对我的帮助。

感谢项目团队的所有成员，感谢承担样本采集与调查工作的调查员。感谢参与本书问卷调查的所有被调查者以及接受课题组成员深度访谈的各位专家。

在本书的写作过程中，我们参考了大量的中外文文献资料，在此对所有参考文献的作者表示诚挚的谢意。课题经费则是由广大的纳税人提供的，亦向纳税人致敬！

本书的出版得到中国社会科学出版社的大力支持，尤其是田文编审与王琪编辑的敬业精神让我感动。

最后，要感谢我的家人，他们的支持是我最大的动力。

需要指出的是，限于能力与水平，本书肯定有不足与疏漏之处；同时，由于数字时代我国国民阅读行为研究是一个较新的研究领域，随着数字阅读媒介的发展变化，本书的一些观点、理论和方法也需要在实践中进一步完善。因此，恳请各位专家、学者和广大读者批评指正，同时期待着与我们有着共同兴趣的同仁一起交流探讨。

祝大家幸福！

李新祥

2014年2月